ULLSTEIN

Das Buch

Die Idee des »Dschihad«, des Heiligen Kriegs, und die Vision vom reinen, unverfälschten Islam stammt aus dem 18. Jahrhundert. Der Gedanke an Allah, so der islamische Geistliche Wahab, solle auf die Fundamente seines Ursprungs zurückgeführt, die Gebote müßten in strenger Auslegung beachtet werden. Um 1760 entstand auf der Arabischen Halbinsel das »Reich Allahs« – die strenge islamische Ordnung der »Wahabiten«, die das Königreich Saudi-Arabien bis heute prägt. In unserer Zeit hat der Geistliche Dr. Omar Abdel Rahman die wahabitische Idee verschärft. Er fordert die Rückkehr zur harten Auseinandersetzung mit den »Ungläubigen«, die während der Kolonialzeit zugunsten der Toleranz vernachlässigt worden sei. Von Rahman stammt der Gedanke des Krieges gegen den »Westen« und dessen »materialistische Lebensart«.
Während in Saudi-Arabien der Fundamentalismus entstand, sahen die USA lange Zeit den Feind des Westens im Iran. Warnungen vor Aktionen junger, vom Wahabismus beeinflußter Moslems wurden in Washington nicht beachtet, um die Beziehungen zu Saudi-Arabien nicht zu trüben. Die Quittung für diese Fehleinschätzung erhielt Amerika am 11. September 2001 …

Der Autor

Gerhard Konzelmann, Jahrgang 1953, studierte in Tübingen und Besançon, bevor er 1956 seine Fernsehkarriere begann. 1967 wurde er Arabien-Korrespondent der ARD und gilt als anerkannter Fachmann für Politik und Religion des Nahen Ostens. Er erhielt mehrere Fernsehpreise und zwei Klassen des Bundesverdienstkreuzes.

In unserem Hause ist von Gerhard Konzelmann bereits erschienen:

»Dies Land will ich deinen Kindern geben«

Gerhard Konzelmann

Dschihad

und die Wurzeln eines Weltkonflikts

Ullstein

Besuchen Sie uns im Internet:
www.ullstein-taschenbuch.de

Umwelthinweis:
Dieses Buch wurde auf chlor- und säurefreiem Papier gedruckt.

Ullstein Verlag
Ullstein ist ein Verlag des Verlagshauses Ullstein Heyne List GmbH & Co. KG.
Aktualisierte Taschenbuchausgabe
1. Auflage Dezember 2003

Umschlaggestaltung: Nele Schütz Design, München
Titelabbildung: Corbis
Satz: VerlagsService Dr. Helmut Neuberger
& Karl Schaumann GmbH, Heimstetten
Druck und Bindearbeiten: Ebner & Spiegel, Ulm
Printed in Germany
ISBN 3-548-36495-0

Inhalt

Statt eines Vorworts

Wer die Gefahr kennt, läßt sich nicht erschrecken. Wer um die Hintergründe des Terrorismus weiß, kann Risiken besser beurteilen. Dieses Buch will informieren, will dem helfen, der sich um Verständnis der brisanten Situation im Nahen Osten und in Zentralasien bemüht. Aufgehellt werden die Gründe der Spannung zwischen dem Islam und der Kultur des Westens. Erklärt wird der geistige und emotionale Nährboden, auf dem die Wurzeln von Haß und Terrorismus gewachsen sind. Kalkulierbar wird die Ernsthaftigkeit der Drohung, chemische, biologische und sogar nukleare Waffen einsetzen zu wollen.

»Dschihad«, der Heilige Krieg des Islam, ist keine Erscheinung der Neuzeit. Die Idee stammt aus dem 18. Jahrhundert, Urheber sind die Sheikhs des damals unbedeutenden Stammes as-Saud und der islamische Geistliche Mohammed Ibn Abdel Wahab. Der Mann des Schwertes und der Mann des Koran entwickelten um das Jahr 1760 in der Wüste der Arabischen Halbinsel die Vision vom reinen und unverfälschten Islam. Der Gedanke an Allah müsse wieder auf die Fundamente seines Ursprungs zurückgeführt, die Gebote müßten in strenger Auslegung beachtet werden.

Seit dem Tod des Propheten 632 in Medina, so sprach der Geistliche Mohammed Ibn Abdel Wahab, seien die Glaubensprinzipien verfälscht, die Härte der Gebote und Verbote gemildert worden. Für den Propheten sei es einst selbstverständlich gewesen, den Glauben an Allah durch das Schwert, durch »Dschihad« auszubreiten – Mohammed habe nicht der milden Methode der Missionierung vertraut.

Gemeinsam haben der Geistliche und der Sheikh nach 1760 »das Reich Allahs« auf der Arabischen Halbinsel geschaffen. Koran und Schwert waren die Waffen. Im Kampf für Allah ist damals die strenge islamische Ordnung der »Wahabiten« entstanden, die das Königreich Saudi-Arabien bis heute prägt.

In unserer Zeit hat der blinde und hochintelligente Geistliche

Dr. Omar Abdel Rahman die wahabitische Idee verschärft. Sein Gedankengang ist folgender: Während der Kolonialzeit sei der Wille zum »Dschihad« aus der Vorstellung der Gläubigen verdrängt worden. Die Geistlichkeit habe sich den Wünschen der damals allmächtigen Engländer und Franzosen gebeugt, da die Fremden Anstoß genommen hätten an der »Aggressivität des Islam«. Um ihnen zu gefallen, wollte sich der Islam als tolerant präsentieren. An Stelle der Proklamation der Pflicht zur Teilnahme am »Dschihad« sei die Ermahnung getreten, der Gläubige müsse Almosen geben.

Für Omar Abdel Rahman ist heute das Ende der Zeit der Milde gekommen. Er fordert die Rückkehr zur Härte der Auseinandersetzung mit den »Ungläubigen«. Von ihm stammt der Gedanke des Krieges gegen den »Westen« und die Forderung, das »Monument materialistischer Lebensart« zu vernichten. In den beiden Türmen des World Trade Centers sah er das Symbol für die Ideale der »Gottlosen«.

In Saudi-Arabien ist der Fundamentalismus entwickelt worden – nicht von Angehörigen des Königshauses selbst, aber doch von Männern, die der Sippe as-Saud ganz nahestehen. Im Ölkönigreich, das mit den USA im Bunde steht, entstand die Vorstellung, dem »Westen« müsse Schrecken eingejagt werden, die schließlich in dem Ziel gipfelte, die USA zu vernichten.

Die Verantwortlichen in den USA aber sahen zu diesem Zeitpunkt den Feind des Westens im Iran. Sie erkannten nicht, was sich in Saudi-Arabien entwickelte. Warnungen vor Aktionen junger Moslems, die unter dem Einfluß des Wahabismus standen, wurden in Washington nicht beachtet. Weil Saudi-Arabien Ölförderland ist, durften die Beziehungen nicht getrübt werden. Die Quittung für diese Fehleinschätzung erhielten die USA am 11. September 2001.

Präsident Bush sagt: »Der Krieg in Afghanistan ist erst der Anfang! Wir kämpfen gegen den internationalen Terrorismus!« Im Visier ist der Irak. Ende November 2001 forderte Bush Saddam Hussein auf, wieder Waffeninspektoren in sein Land zu lassen, und er fügte hinzu: »Wenn sich Saddam Hussein weigert, wird er sehen, was dann geschieht!« Diese Drohung wird in Baghdad ernst genommen.

Dieser Krieg könnte auch auf Libyen ausgedehnt werden. Bush glaubt, daß mit Moammar al-Kathafi noch Rechnungen offenstehen. Ziel könnte auch die palästinensische, auf den Islam gerichtete Kampforganisation Hamas sein und »Dschihad al Islamija«. Bewaffnete dieser Organisation haben Ende November 2001 in der Stadt Afula auf israelische Zivilisten geschossen.

Der Autor hat über 30 Jahre lang die Entwicklung der islamischen Welt beobachtet. Zur Zeit des ägyptischen Präsidenten Gamal Abdel Nasser war die religiöse Komponente in der Auseinandersetzung der arabischen Welt mit dem Westen unbedeutend. Nationale und panarabische Parolen peitschten die Massen auf. Erst nach dem Junikrieg 1967 traten religiöse Argumente allmählich in den Vordergrund. In Arabien wurde die Situation so gesehen: Die Moslems hatten gegen das jüdische Volk verloren – Hilfe konnte nur von Allah erwartet werden.

Intensiviert wurden die religiösen Gefühle durch den Kampf der Moslems gegen die Rote Armee und durch den Golfkrieg der USA in den Jahren 1990/1991. Die USA müssen sich sagen lassen, daß sie bei beiden Anlässen Fehler gemacht haben, die dazu beitragen, daß der Fundamentalismus und der Terrorismus als Gefahr für den Westen bestehen bleiben …

In Erinnerung geblieben ist ein Ereignis, das mehr als eineinhalb Jahrhunderte zurückliegt. Es war und ist auch dem deutschen Bildungsbürgertum vertraut – dafür hat Theodor Fontane (1819–1898) gesorgt.

»Gott schütze uns vor der Rache der Afghanen!« – eine Beschwörungsformel

Es war im Jahre 1841/42, als sich eine britische Armee unter dem Druck afghanischer Stämme gezwungen sah, Kabul zu räumen. Sie sollte zurück nach Pakistan abrücken, das damals zu Indien gehörte. Die Kolonne bestand aus 4500 Soldaten und aus 12000 Personen, die zum Troß gehörten – dazu zählten Zahlmeister, Pferdeknechte, Köche, Diener aber auch Frauen und Kinder. Noch in Reichweite von Kabul griffen sich afghanische Banden Angehörige des Trosses. Gefangengenommen wurde auch die Frau des Kommandanten von Jalalabad, Sir Robert Sale.

Strenger Winter herrschte, die Pfade waren verschneit. Die Soldaten saßen auf ihren Pferden, der Troß war zu Fuß unterwegs. Nur wenige Frauen und Kinder hockten auf Ochsenkarren. Die Flüchtenden waren ständig den Angriffen berittener Paschtunen ausgesetzt. Die britischen Soldaten aber waren der Taktik der Afghanen nicht gewachsen. Aus dem Hinterhalt brachen kleine Gruppen los, immer andere und aus unterschiedlichen Richtungen. Sie rissen Frauen und Kinder von den Ochsenkarren, sie raubten Gepäckstücke. Der Zusammenhalt der britischen Bewaffneten konnte nicht aufrechterhalten werden. Der Kommandeur, Major Bob Pottinger, wurde von einer Kugel getroffen. Er sank schwerverwundet vom Pferd und blieb im Schnee liegen. Nun flohen die berittenen Engländer in Panik nach Osten. Sie wurden alle eingeholt und erschlagen. Wer von den Frauen und Kindern noch lebte, der wurde nach Kabul verschleppt. Niemals mehr wurden sie gesehen.

Von den berittenen Engländern erreichte ein einziger Jalalabad. Es war Surgeon-Major Dr. William Brydon, der Arzt der Truppe. Er berichtete, wie nahezu 17000 Briten Opfer des »Heiligen Krieges gegen die Fremden« wurden. Theodor Fontanes Ballade aus dem Jahr 1857 »Das Trauerspiel von Afghanistan« zeigt, wie sehr damals, vor 150 Jahren, die Menschen in Deutschland, in Europa, aufgewühlt waren von der Konfrontation zwischen Europäern und den Kämpfern des Dschihad, die ihren eigenen Gesetzen folgten. Der Feind bleibt in dieser Ballade allerdings geheimnisvoll ungenannt. Seine Zahlen der Opfer dürfen nicht so genau genommen werden.

Der Schnee leis stäubend vom Himmel fällt,
Ein Reiter vor Jalalabad hält.
»Wer da?« – »ein britischer Reitersmann
Bringt Botschaft aus Afghanistan.«

Afghanistan! Er sprach so matt;
Es umdrängt den Reiter die halbe Stadt.
Sir Robert Sale, der Kommandant,
Hebt ihn vom Rosse mit eigener Hand.

Sie führen ins steinerne Wachhaus ihn.
Sie setzen sich nieder am Kamin.
Wie wärmt ihn das Feuer, wie labt ihn das Licht.
Er atmet hoch und dankt und spricht:

Wir waren dreizehntausend Mann.
Von Kabul unser Zug begann,
Soldaten, Führer, Weib und Kind,
Erstarrt, erschlagen, verraten sind.

Zersprengt ist unser ganzes Heer,
Was lebt, irrt draußen in Nacht umher.
Mir hat ein Gott die Rettung gegönnt.
Seht zu, ob den Rest ihr retten könnt.

Sir Robert stieg auf den Festungswall,
Offiziere, Soldaten folgten ihm all.
Sir Robert sprach: »Der Schnee fällt dicht.
Die uns suchen, die können uns finden nicht.

Sie irren wie Blinde und sind uns so nah,
So lasset sie hören, daß wir da.
Stimmt an ein Lied von Heimat und Haus.
Trompeter blast in die Nacht hinaus.«

Da huben sie an und sie wurden nicht müd.
Durch die Nacht klang es Lied um Lied.
Erst englische Lieder mit fröhlichem Klang.
Dann Hochlandlieder wie Klagegesang.

Sie bliesen die Nacht und über den Tag,
Laut, wie nur die Liebe rufen mag.
Sie bliesen – es kam die zweite Nacht.
Umsonst, daß ihr ruft, umsonst, daß ihr wacht.

Die hören sollen, die hören nicht mehr.
Vernichtet ist das ganze Heer,
Mit dreizehntausend der Zug begann.
Einer kam heim aus Afghanistan.

Die Jagd auf Osama Bin Laden beginnt

Am Abend des 7. Oktober 2001 starten die US-Streitkräfte Phase One der Aktion, die von Kommentatoren und Moderatoren der TV-Sender in den USA und in Europa als »Militärschlag« angekündigt und erwartet wurde. 26 Tage sind vergangen seit den Terroranschlägen auf die Türme des World Trade Centers in New York und auf das Pentagon in Washington. Von Vergeltung war die Rede gewesen für die mehr als 5000 Toten, die seit dem Zusammensturz der Twin Towers zu beklagen sind. Schließlich wechselte US-Präsident George W. Bush die Priorität: Osama Bin Laden sollte gefunden werden – tot oder lebendig. Das Ziel von Phase One konzentrierte sich auf diesen einen Mann.

Um 20.57 Uhr schlagen die ersten Marschflugkörper im Süden der afghanischen Hauptstadt Kabul ein. Der Krach der Detonationen ist gewaltig. Gleich darauf ist das geifernde Bellen leichter Flugabwehrgeschütze zu hören. Die leuchtenden Perlen der Spuren von Geschossen ziehen über den Himmel hin. Die Lichter in der Stadt erlöschen. Wenige Minuten später fliegt ein einzelnes schweres Kampfflugzeug vom Typ B-52, nur am dröhnenden Geräusch erkennbar, in großer Höhe nach Süden. Bald darauf zittert der Boden. Bomben schwerer Kaliber sind detoniert. Die Bewohner von Kabul rätseln, wem dort im Süden der Luftangriff gilt. Dort befindet sich der alte Damlaman-Palast, in dem einst die Könige von Afghanistan residiert haben. Im Südwesten liegt auch die Festung Balahisar, die schon seit langem keinen militärischen Wert mehr besitzt. Die Menschen von Kabul sind sicher, daß sich in der Nähe ihrer Stadt keine Basis der Organisation Al Qaida befindet. Sie wissen, daß Osama Bin Laden Kabul haßt. Sie selbst hassen ihn auch, doch es gibt für sie keine Möglichkeit, ihn loszuwerden.

Während der Tage vor dem Beginn von Phase One hatte George W. Bush ein Ultimatum an die Regierung von Afghanistan gerichtet – genauer gesagt an die Verantwortlichen der Taliban, und sie aufgefordert, Osama Bin Laden an die USA auszuliefern. Ein unsinniges Ultimatum, denn Osama Bin Laden ist der Schwiegervater des Regierungschefs, der zugleich Herr über die Taliban ist. Mullah Omar hat eine der fünf Töchter des Osama Bin Laden geheiratet. Niemals in der Geschichte des traditionsbewußten Landes südlich des Flusses Amu Darya hat es bei so engen Verwandten jemals Verrat gegeben. In Afghanistan gilt noch das Gesetz der Stämme: Wer zusammengehört, der hält zusammen.

Die Verantwortlichen in Washington haben nicht einkalkuliert, daß Verwandtschaft den Talibanchef Mullah Omar und Osama Bin Laden aneinanderbinden. Das Resultat ist, daß beide vom amerikanischen Präsidenten zu »Feinden der Menschheit« erklärt wurden. Die Kasernen der Taliban sind leicht von den Amerikanern zu treffen, die Verstecke der Al-Qaida-Kämpfer nicht. Diese befinden sich in Schluchten des Gebirges und sind selbst von Hubschraubern aus nicht zu entdecken.

Die Strategie der US-Planer aber besteht darin, die »Terroristen« aus den Verstecken zu treiben. Diese Feinde sollen sich nach den massiven Bombardements nicht mehr sicher fühlen, sie sollen zu Positionswechseln gezwungen werden, zur Flucht ins freie Gelände. Doch die Strategen wissen nicht, wo sich Osama Bin Laden und seine engsten Vertrauten befinden. Es gelingt den amerikanischen Spezialisten nicht, die drei wichtigen Männer aufzuspüren. Neben Osama Bin Laden sind dies Ayman al Zawahari und Sulaiman Abu Gheith.

Ayman al Zawahari, der 50 Jahre alt, in Ägypten geboren und von Beruf Arzt ist, stammt aus einem vermögenden und überaus religiösen Elternhaus. Er wird verantwortlich gemacht für die Ermordung von 58 Touristen vor dem Tempel der Hatschepsut in Luxor. Die US-Regierung ist sich auch sicher, daß er schon die Anschläge auf die US-Botschaften in Nairobi und Daressalam am 7. August 1998 geplant hatte. Er ist heute im Kreis um Osama Bin Laden derjenige, der hartnäckig darauf besteht, die USA zu bekämpfen. Erst wenn sie geschwächt seien, würden sie die Unterstützung des Staates Israel einstellen.

Sulaiman Abu Gheith ist jünger als Osama Bin Laden und Ayman al Zawahari. Er ist 1963 geboren, seine Heimat ist Kuwait City. Dort war er bis zum Jahr 2000 Lehrer, wo er zugleich an Freitagen in der Moschee im Vorort Rumithiya predigte. Dabei hatte er Ärger bekommen mit der Geheimpolizei des Emirats, die ihm vorwarf, er vermische Religion und Politik. Sulaiman Abu Gheith verteidigte sich mit dem Argument, darin nur dem Beispiel des Propheten Mohammed zu folgen, der genau diese Vermischung praktiziert habe. Der 39jährige ist der rhetorisch gewandteste der Führungsspitze von Al Qaida. Osama Bin Laden, dem der verbale Ausdruck schwerer fällt, hat ihn deshalb zum Sprecher der Organisation ernannt.

Der Aufenthaltsort dieser drei Männer in der Region von Kandahar bleibt den Terroristenfahndern der USA verborgen. Dieser Ort ist jedoch dem Team des Fernsehsenders »Al Jezira« bekannt, der im arabischen Golfemirat Qatar seinen Sitz hat. Dem Kamerateam gelingt es, Kontakt zu halten.

Am Tag, als die Suche nach Osama Bin Laden beginnt, verfügt der Sender »Al Jezira« über ein Interview auf Videoband, das im Versteck der Führung von Al Qaida aufgenommen worden ist. Zu sehen sind die drei Männer, die innerhalb der Organisation wichtig sind. Sie zeigen sich in einer Höhle, in der sich keinerlei Einrichtung westlicher Zivilisation befindet. Sie tragen Bärte von zwei handbreit Länge – dieses Maß ist den Männern Afghanistans vorgeschrieben.

Die von den USA gesuchten Männer erläutern ihren Standpunkt in diesem Konflikt.

Osama Bin Laden: »Die Schlacht zwischen dem Glauben und dem Unglauben hat jetzt begonnen. Allah hat die Amerikaner bestraft. Die höchsten ihrer Gebäude, auf die sie so stolz waren, wurden zerstört. Amerika zittert! Was die Bewohner der USA jetzt erleben, das wird uns schon seit Jahren angetan. Jetzt schreien diese Heuchler und Ungläubigen laut auf. Ich schwöre bei Allah, dem Allmächtigen, daß die Leute, die in den USA leben, niemals mehr von Sicherheit auch nur träumen können, solange nicht die Palästinenser in Sicherheit leben können. Ehe Amerika zur Ruhe kommen kann, müssen alle Truppen der Ungläubigen von dem Boden verschwinden, auf dem der Prophet Mohammed gelebt und gewirkt hat! Allahu Akbar!«

Sulaiman Abu Gheith sagt: »Die USA haben dem Islam den Krieg erklärt – nicht wir den Amerikanern. Ihre Außenpolitik zeigt ganz deutlich, daß sie Feindschaft hegen zum Islam und zu den Moslems. Sie unterstützen unbeschränkt Israel, die uns feindlichen Zionisten. Die Kriegserklärung der Amerikaner ist nicht allein gegen Osama Bin Laden gerichtet, sondern gegen alle Moslems. Wir führen nun den Heiligen Krieg gegen die Juden und die Christen. Wir werden diesen Krieg gewinnen und wenn alle Ungläubigen Position gegen uns beziehen. Das ist der Anfang vom Sturz der USA. Wir Moslems werden die Stärkeren sein!«

Ayman al Zawahari stellt eine Frage und gibt darauf auch zugleich die Antwort: »Habt ihr Amerikaner euch schon einmal gefragt, warum es in der islamischen Welt diesen Haß gegen euch gibt? Amerika ist seit 50 Jahren der Anführer des weltweiten Terrorismus!«

Sulaiman Abu Gheith läßt keinen Zweifel daran, von wem Al Qaida unterstützt wird: »Es sind die Golfstaaten!« Und er meint damit nicht nur Kuwait und die Vereinigten Arabischen Emirate, sondern auch Saudi-Arabien.

New Yorks Bürgermeister Rudolph Guiliani zieht am 11. Oktober 2001, genau einen Monat nach dem Anschlag auf das World Trade Center die Konsequenz: Er lehnt die Millionenspende des saudiarabischen Prinzen al Walid Bin Talal Bin Abdul Aziz as-Saud ab. Seine Begründung: »Der Prinz hat einen Zusammenhang hergestellt zwischen der amerikanischen Nahostpolitik und dem Anschlag vom 11. September.«

Im Klartext: Der saudiarabische Prinz hat deutlich gesagt, daß die amerikanische Nahostpolitik die psychologische Voraussetzung geschaffen habe für den arabischen Terrorismus. Der New Yorker Bürgermeister meint, damit habe Prinz al Walid dem Terrorakt eine moralische Rechtfertigung gegeben. Zum erstenmal geht ein Politiker der USA auf Distanz zu Saudi-Arabien. Die Wurzel für Mißtrauen ist gelegt. Die US-Politiker nehmen zur Kenntnis, daß Osama Bin Laden aus Saudi-Arabien stammt

Wer die komplizierten Verflechtungen des aufgeflammten Krieges verstehen will, muß sich nicht zuletzt mit der Vorgeschichte befassen, die etwas mehr als ein Vierteljahrhundert zurückliegt.

Anfang des Weltkonflikts: der Sturz des Königs

Auf die geflüsterte Frage, wer wohl in der Neuzeit der beste Staatschef Afghanistans war, antworteten im Spätsommer 2001 die meisten der heimlich befragten Afghanen, ebenfalls im Flüsterton, mit diesem Namen: »Zahir Schah« – und sie meinten den im Jahr 1973 gestürzten König ihres Landes, von dem allerdings die wenigsten überhaupt noch eine Ahnung haben. Zu seiner Zeit, so meinen die Befragten, hätten Ruhe und Glück im Lande geherrscht. Die Hauptstadt Kabul sei von grünen Gärten durchzogen gewesen und die Bewohner hätten ein zufriedenes und heiteres Leben geführt. Vom Vater und Großvater stammt heute das geringe Wissen über den Monarchen von einst.

Am 30. Oktober 1914 ist er geboren worden, als Sohn einer Sippe, die schon seit Generationen das Bergland südlich von Kabul beherrschte. Sein Clan, der Stamm der Paschtunen, dominierte Dutzende kleinerer Großfamilien. Die Macht bestand aus der größeren Zahl der Bewaffneten. Wie brüchig diese Macht allerdings war, ist daraus zu erkennen, daß zu Beginn des 20. Jahrhunderts zwei Monarchen aus dem Stamm der Paschtunen ermordet wurden; sie waren Stammesfehden zum Opfer gefallen. Das Gesetz der Blutrache bestimmte und bestimmt das Leben der Menschen im Gebiet südlich des Flusses Amu Darya, der in früherer Zeit Oxus geheißen hatte.

Im Jahr 1933 wurde Zahir Schah Monarch – er war damals erst 19 Jahre alt. Es war die Absicht des jungen Mannes, die Gesellschaftsstruktur Afghanistans zu verändern. Die Stämme und deren Gesetze und traditionellen Lebensregeln sollten nicht länger die beherrschenden Kräfte in Afghanistan sein. Doch es dauerte noch 31 Jahre bis er einen Verfassungstext vorlegen konnte, der Veränderungen versprach. Mit der Verfassung des Jahres 1964 wollte er dem Land eine stabile, moderne Basis geben. Zahir

Schah selbst verzichtete darauf, absoluter Monarch zu sein. Afghanistan wurde konstitutionelle Monarchie. Nicht mehr der Wille des Herrschers war maßgebend, sondern eine schriftlich fixierte und beschworene Verfassung. Eine wichtige Verfassungsbestimmung ordnete an, daß – außer dem König – kein Mitglied der königlichen Familie in einer öffentlichen Funktion tätig sein durfte. Von dieser Verordnung war Prinz Mohammed Daud schmerzlich betroffen. Der ehrgeizige Prinz war der Schwager des Herrschers und zugleich dessen Vetter. Prinz Mohammed Daud war Ministerpräsident gewesen. Er führte noch immer den Titel eines Generals. Daß er über Jahre hin von Funktionen im Machtgefüge Afghanistans ferngehalten wurde, war für den Prinzen ein unerträglicher Zustand. Insgeheim bemühte er sich, die Macht wieder in den Griff zu bekommen. Sein Mittel war die Destabilisierung der royalen Herrschaft – obgleich er selbst zur königlichen Familie gehörte.

Zahir Schah erkannte die Gefahr, die sich im eigenen Paschtunenstamm entwickelte. Er wollte sich eine eigene Basis aufbauen. Sie sollte aus einer bürgerlichen, gebildeten Elite bestehen, die in den Städten ihre Heimat hatte. Diese Elite wäre in der Lage gewesen, die Ansätze demokratischer Ideen zu begreifen und die Prinzipien der Gewaltenteilung in Exekutive, Legislative und Jurisdiktion zu verstehen.

Derartige Bemühungen wurden von General Mohammed Daud durch verdeckte aber hartnäckige Propaganda untergraben. Seine Ansatzpunkte waren erstaunlicherweise nicht die Sheikhs des eigenen Paschtunenstammes, die unzufrieden waren, daß sie durch Schaffung einer Stadtelite außerhalb ihres Stammesbereichs an Einfluß verloren. Der General wandte sich an das Militär. Obgleich er nicht mehr im Dienst war, pflegte er Kontakt zu den einstigen Offizierskollegen. Sie erinnerten sich daran, daß er als 39jähriger im Jahr 1937 das Amt des Oberbefehlshabers der Armee übernommen hatte, daß er später ein Kriegsminister gewesen war, der für das Offizierskorps gesorgt hat. Sein kantiges, energisches Gesicht strahlte noch immer Entschlossenheit aus. Die Kollegen glaubten ihm, wenn er bei den Treffs der Kameraden so nebenbei erzählte, Zahir Schah, der Herrscher, sei alt, verbraucht und müde. Es gelang ihm, vergessen zu lassen, daß er selbst sechs Jahre älter war als sein Verwandter auf dem Thron.

Der Eindruck, den der König bei Besuchern hinterließ, schien dem General recht zu geben bei der Beurteilung des königlichen Gesundheitszustands. Dazuhin leistete sich Zahir Schah im Sommer eines jeden Jahres langen Erholungsurlaub in Rom. Diese Wochen wollte Mohammed Daud für einen Putsch nutzen.

Unter den Offizierskollegen fand er Verbündete. Etwa 50 Oberstleutnante, Majore und Hauptleute schlossen sich der Verschwörung an. Von ihnen war bekannt, daß sie marxistische Vorstellungen verwirklichen wollten, daß sie Sympathie empfanden für die Sowjetunion. Ihnen gefiel das Ergebnis der Parlamentswahlen des Jahres 1969 absolut nicht, das deutlich machte, daß bereits königstreue, konservative Kräfte in Kabul wirksam waren. Die vom Herrscher gewünschten Stadteliten bildeten sich langsam.

Gegen diese Entwicklung waren Mohammed Daud und der marxistische Zirkel der Offiziere. Es gelang ihnen, die Studenten der Universität Kabul zu mobilisieren: Sie demonstrierten gegen den abwesenden König und gegen dessen bürgerliche Unterstützer. Die Unruhen in der Hauptstadt bescherten der Regierung eine Krise, der sie nicht gewachsen zu sein glaubte. Sie trat zurück. Der König hatte Mühe, einen anderen Chef der Exekutive zu finden. Da er sich gerade – wie in jedem Jahr – in Rom aufhielt, war ihm sein dortiger Botschafter als hilfsbereit aufgefallen. Ihm wurde der Posten des Ministerpräsidenten übertragen.

Es zeigte sich rasch, daß die Wahl des Königs falsch war: Der neue Mann auf dem Sessel des Ministerpräsidenten hatte zu lange im Ausland gelebt, um Entwicklungen in der Heimat verstehen zu können. Von ihm ging keine Initiative aus, um die Verschwörung einzudämmen. Der Ministerpräsident, vom König ernannt, verstand es nicht, die konservative Parlamentsmehrheit für sich zu aktivieren. Vom Monarchen war weder Rat noch Hilfe zu erwarten – Zahir Schah befand sich in Rom.

Mitte Juli 1973 gelang es dem König nicht mehr, von Rom aus mit seinem Ministerpräsidenten und mit seinem Palast in Kabul zu telefonieren. Niemand antwortete. Er mußte aus den italienischen

Tageszeitungen erfahren, daß sein Verwandter, Prinz Mohammed Daud, in die königliche Residenz eingezogen war und daß sich dieser Prinz jetzt Präsident der Republik Afghanistan nannte. Es gab kein Königreich Afghanistan mehr.

Der Putsch war ohne Gegenwehr, ohne Tote und ohne Verwundete verlaufen. Umzug des Mohammed Daud aus seiner Villa in den Palast des Herrschers bedeutete keinen Umsturz. Daß der Staat jetzt Republik hieß, nahmen die Bewohner der Stadt kaum und die Landbewohner gar nicht zur Kenntnis. Die Überzeugung herrschte vor, es habe sich innerhalb der regierenden Sippe ein Machtwechsel vollzogen – es handle sich um eine Familienangelegenheit. In Kabul war die Meinung zu hören, Mohammed Daud habe sehr geschickt durch Ablösung eines verbrauchten Herrschers die Macht der royalen Familie für die Zukunft gesichert. Ein Anzeichen für die »Bedeutungslosigkeit« der Veränderung war die Tatsache, daß mit Zahir Schah, dem bisherigen Herrscher, über eine stattliche Pension verhandelt wurde. Diese Gespräche zwischen Kabul und Rom waren bereits Mitte August 1973 abgeschlossen. Zahir Schah war mit dem Ergebnis sehr zufrieden: Es ermöglichte ihm ein königliches Leben in einer Villa auf dem Monte Mario in Rom – mit Blick auf den Vatikan. Verabredet war auch, daß diejenigen Mitglieder der königlichen Familie, die dem Exmonarchen genehm waren, Afghanistan verlassen durften.

Mohammed Daud war mit allen diesen Absprachen einverstanden. Er zögerte nur im Falle eines Verwandten mit der Ausreisegenehmigung: Generalleutnant Abdul Wali – er war der Schwiegersohn des Exkönigs – wurde einige Monate lang in Kabul unter Hausarrest festgehalten. Vor dem Verstand dieses Generals und vor dessen Einfluß innerhalb der Paschtunensippe hatte Mohammed Daud Respekt. Der Präsident verlangte von Abdul Wali die Zusicherung, er werde sich im Exil nicht politisch betätigen, und er werde nicht versuchen, eine Opposition gegen das neue Regime aufzubauen. Daud war erst wirklich beruhigt, als sich der Exkönig und sein Schwiegersohn in Rom offiziell verpflichteten, auf jeden Machtanspruch zu verzichten, sich in keiner Weise in afghanische Politik einzumischen, sich jeder Stellungnahme zu enthalten. Die beiden standen zu ihrem Wort – bis zum Jahr 2001.

Da der König und der Schwiegersohn ihr Schweigen tatsächlich nicht brachen, konnte Mohammed Daud ungehindert das abgelöste Regime als unfähig, korrupt und volksfeindlich beschimpfen. Er aber, Mohammed Daud, sei vom König daran gehindert worden, als Chef der Exekutive zum Wohl des Volkes zu wirken. Jetzt aber sei er in der Lage, alte Feudalstrukturen zu zerbrechen. Nicht länger sollten Aristokratie und Großgrundbesitzer das Leben der Afghanen bestimmen dürfen.

Das erwähnte Volk nahm derartige Verkündigungen nicht ernst. Jeder wußte, daß Mohammed Daud selbst Aristokrat und Großgrundbesitzer war. Die Offiziere aber, die ihm geholfen hatten, die Rückkehr des Königs aus dem Urlaub in Rom zu verhindern, hörten diese Parolen gern, entsprachen sie doch marxistischer Denkweise. Sie klatschten auch Beifall, wenn der »Rote Prinz« das Königshaus beschimpfte, es habe despotisch regiert und habe Land an sich gerissen.

Nach wenigen Wochen bemerkten die Offiziere, daß sich nichts im Staat veränderte. Die Bodenreform, die Daud proklamiert hatte, scheiterte daran, daß sich niemand darum kümmerte. Die in Afghanistan herrschende Furcht vor Aristokratie und Großgrundbesitzern, vor Stammessheikhs und islamischen Autoritäten war so groß, daß ihr Besitz unangetastet blieb. Ein Dekret aus dem Jahr 1976 sollte zwar den Umfang des Grundbesitzes, der weiterhin Privateigentum sein durfte, beschränken, doch es wurde nicht umgesetzt. Mohammed Daud profitierte ganz persönlich von diesem Respekt vor Privateigentum. Lautstark erklärte er seine Bereitschaft, fruchtbares Land aus seinen eigenen gewaltigen Latifundien zur Verfügung stellen zu wollen, doch er brauchte keine Sorge zu haben, er werde wirklich Boden abgeben müssen. Da existierte keine Behörde, die sich verpflichtet gefühlt hätte, die dekretierte »Landreform« zu verwirklichen.

Die konservativen Kräfte in Kabul begriffen rasch, daß Mohammed Daud nicht daran interessiert war, Afghanistan grundlegend zu verändern. Das spöttische Wort ging um in der Hauptstadt vom »Königreich namens Republik«. Dem geschickten Taktiker gelang es, sich selbst gegenüber der islamischen Geistlichkeit als überaus gläubigen Moslem darzustellen, der im Grunde seines Herzens nichts anderes als eine islamische Republik begründen wollte. Er bedauerte, daß er nicht wirklich in dieser Richtung aktiv werden könnte – da stünden ihm seine marxistischen Partner im Weg.

Daß sie ihm Schwierigkeiten bereiten würden, dessen war sich Daud völlig bewußt. Zur Absicherung seiner eigenen Position konzentrierte er Macht in seinen Händen: Er war nicht allein Staatschef, sondern auch Ministerpräsident, Außenminister und Oberbefehlshaber der Streitkräfte. Mohammed Daud besaß die oberste Polizeigewalt im ganzen Land. Vor innenpolitischen Feinden glaubte er sicher zu sein. Doch er wurde das Gefühl nicht los, die Sowjetunion denke daran, Afghanistan in ihren Machtbereich einzugliedern. 2238 Kilometer lang war die Grenze zur UdSSR. Sie war erst 1947 und 1948 durch eine sowjetisch-afghanische Kommission festgelegt worden.

Mohammed Daud wußte, daß die russische Politik seit der zweiten Hälfte des 19. Jahrhunderts darauf ausgerichtet war, das afghanische Bergland als Basis für ein Vordringen in Richtung Persischem Golf und Indischen Ozean zu nützen. Daß das Interesse der UdSSR an Afghanistan ungebrochen war, war im Dezember 1955 deutlich geworden, als Bulganin und Chruschtschow gemeinsam Kabul besuchten. Bulganin war in jenem Jahr Ministerpräsident der Sowjetunion und Chruschtschow Erster Sekretär des Zentralkomitees der KPdSU. Der Besuch der beiden hochrangigen Persönlichkeiten dauerte vom 15. bis zum 18. Dezember. Die Visite galt einem verhältnismäßig kleinen Land – das 647 000 Quadratkilometer umfaßte – mit einer Bevölkerungszahl, die damals nur 14 Millionen Menschen betrug. Doch Bulganin und Chruschtschow zeigten ganz unverhüllt ihr Interesse an Afghanistan. 1955 wurde die erste, noch kaum bemerkbare Basis gelegt für die Ereignisse, die ein Vierteljahrhundert später weltpolitisch von Bedeutung sein werden.

»Die UdSSR reicht Afghanistan die Hand«

Lenin gebrauchte diese Formulierung in seinem Brief vom Herbst 1917 an den König von Afghanistan. Der Brief ist unmittelbar nach dem Erfolg der Oktoberrevolution (7. November 1917) verfaßt worden. Lenin hat den Text selbst formuliert. Er weist darauf hin, daß Verträge, die während der zweiten Hälfte des 19. Jahrhunderts geschlossen worden sind, nur den einen Zweck gehabt hätten, Afghanistan der Kontrolle Großbritanniens zu unterstellen. Die Absicht sei dabei gewesen, Rußland einzuengen, und ihm den Weg nach Süden zu versperren.

Der Inhalt des Briefes, den der erfolgreiche Revolutionär Lenin im Herbst 1917 geschrieben hat, beruht auf Tatsachen. Er bezieht sich auf Pläne, die in St. Petersburg im Jahr 1837 entwickelt worden waren. Der Zar von Rußland hatte die Hoffnung, Einfluß gewinnen zu können auf Länder, die Zugang hatten zur »Arabischen See« und damit zum Indischen Ozean. Es war Zar Nikolaus I. Pawlowitsch (1825 bis 1855), der die Vision des weit voraus denkenden Zaren Peter I. Alexejewitsch (1682 bis 1725) aufgriff, Rußland möge dafür sorgen, daß es »warme Häfen« besitze.

Die eigenen Häfen im Norden sind in der Tat die längste Zeit des Jahres zugefroren.

Peter der Große hatte seinem mächtig und wichtig gewordenen Land den Zugang nach Indien öffnen wollen. Im Jahr 1724 – zwölf Monate vor seinem Tod – hatten auf Befehl des Zaren zwei Fregatten die Ostsee verlassen, um »ans andere Ende der Welt« zu segeln. Ihre Kapitäne hatten den Auftrag, mit den rätselhaften und unbekannten Mogulen in Indien Handelsabkommen zu schließen. Doch die Schiffsreise scheiterte schon nach wenigen Tagen: In stürmischem Wetter wurde eine Fregatte beschädigt – darauf kehrten beide Segler nach Reval zurück. Das Ende dieser Expedition hatte den Zaren deutlich gemacht, daß seine Häfen in Klimazonen lagen, die ungeeignet dafür waren, Ausgangspunkte zu sein für Seerouten zum reichen und sagenhaften Indien. Die letzte Direktive im Leben dieses Zaren gab die neue Richtung an: Das Ziel der künftigen russischen Politik müsse sein, über Zentralasien, Persien und das Bergland des Hindukuschgebiets zum Persischen Golf und schließlich nach Indien vorzustoßen.

Da die Häfen an der Arabischen See und damit des Indischen Ozeans zunächst unerreichbar zu sein schienen, planten Generäle und Kaufleute des Zarenreichs zunächst die Sicherung eines Landwegs nach Indien. Er war von Händlern seit Generationen erprobt und unter Gefahren genutzt worden. Die Stammesfürsten und Sippenchefs der Regionen, durch die solche Handelspfade führten, konnten – das lehrte schon bald die Erfahrung – nur ungenügende Garantien geben gegen Räuber und gegen organisierte Banditen. Peter der Große ließ sich die Route der Karawanen erklären, die sich als am leichtesten benutzbar erwiesen hatte: Von Indien aus war das nächste Ziel der Kyberpaß; dann bot sich Kabul als Zwischenstation an vor der mühsamen Wanderung über die Pässe des Hindukuschgebirges, das die Gewässersysteme des Indus und des Amu Darya voneinander trennt. Der Amu Darya hatte zur Zeit Alexanders des Großen Oxus geheißen. Auf die gefahrvollen Paßstrecken folgten die Pferde durch die Steppen der Kasachen und Kalmücken. Dann erst erreichten die Karawanen Astrachan und die untere Wolga. Durch das heutige Afghanistan eine feste Handelsstraße anzulegen, war eine der letzten Visionen des Zaren.

Der zehnte in der Kette der Nachfolger des Zaren Peter des Großen hatte den Ehrgeiz, gerade diese Vision Wirklichkeit werden zu lassen, doch die Hoffnungen des Zaren Nikolaus I. Pawlowitsch (1825 bis 1855) zerschlugen sich rasch. Nikolaus I. hatte Befehl gegeben, den Weg bis Herat, das am westlichen Fuß der afghanischen Gebirge liegt, zu befestigen. Um den russischen Einfluß abzusichern, entsandte der Zar im Jahr 1837 einen Diplomaten als permanenten Residenten nach Kabul. In dieser Maßnahme sah die britische Verwaltung der Kolonie Indien eine Gefahr. Die russische Konkurrenz mußte niedergehalten werden.

Um dieses Ziel zu erreichen, begünstigten die Briten in der Mitte des 19. Jahrhunderts die Zusammenfassung der Stämme um den

Hindukusch zu einem einheitlichen Staatsgebilde. In jener Zeit besaß das Zarenreich bereits die Regionen Buchara, Samarkand und Taschkent. Das afghanische Staatsgebilde – den Briten zugeordnet – sollte einen Riegel bilden, der Rußland von weiterer Expansion abhielt.

Dieses Ziel erreichten die Briten tatsächlich, doch sie mußten bittere Erfahrungen machen. Die britischen Truppen wurden durch die Kämpfer der afghanischen Stämme im Jahr 1842 gezwungen, Kabul zu räumen. Die abziehenden Verbände wurden bis auf den letzten britischen Soldaten aufgerieben. Keiner behielt sein Leben – auch nicht die Frauen und Kinder im Troß.

Doch Großbritannien gab sich nicht geschlagen. Noch im Sommer 1842 nahm die britische Armee, aus Indien anrückend, Kabul ein. Damals konsolidierte sich die Stellung des britischen Weltreichs. Am 26. Mai 1879 fixierte das Abkommen von Gandamak die Position Großbritanniens: In Kabul wurde eine britische diplomatische Vertretung eingerichtet. Der Emir Ya'qub Khan verpflichtete sich, internationale Bindungen und Bündnisse nur in Übereinkunft mit der britischen Verwaltung in Indien einzugehen.

An den Vertrag von Gandamak dachte Lenin, als er im Herbst 1917 schrieb, die englisch-afghanischen Abkommen hätten nur den einen Zweck gehabt, Rußland einzuengen und ihm den Weg nach Süden zu versperren.

Sobald sich das revolutionäre System in Moskau stabilisiert hatte, machte die sowjetische Regierung dem afghanischen König – sein Name war Aman Ullah – den Vorschlag, beide Länder sollten diplomatische Beziehungen aufnehmen. Der König entsprach dem Vorschlag, doch noch immer mußte er das britische Einverständnis einholen. Vollständige Souveränität erhielt Afghanistan erst am 8. August 1921 zugesprochen.

Während der 30er Jahre wird die Kooperation zwischen der Sowjetunion und Afghanistan sehr eng. Im Jahr 1935 beschließen beide Staaten, künftig bei der Bekämpfung der Heuschreckenplage zusammenzuwirken. Diese Absicht wurde in einem zwischenstaatlichen Abkommen fixiert. Ein anderer Vertragstext legt fest, daß sich die Sowjetunion und das Königreich nicht angreifen werden.

Im Jahr 1954 gibt Moskau ein Darlehen in Höhe von sechs Millionen Dollar, das den Bau eines Getreidesilos und einer zentralen Bäckerei in Kabul ermöglichen sollte. Von weitreichenderer Bedeutung war das Versprechen der sowjetischen Regierung, den Afghanen beim Bau einer Autostraße über den 3363 Meter hohen Salangpaß zu helfen. Dieses Versprechen war in der Voraussicht auf Entwicklungen der Zukunft für die sowjetische Armee von Bedeutung. Der Salangpaß ist die höchste Erhebung der Straße durch den Hindukusch, die von der Stadt Termes an der russisch-afghanischen Grenze nach Kabul führt.

Die afghanischen Stämme sahen diese Entwicklung der sowjetischen Durchdringung ihres Landes mit Argwohn. Der Stab der Besucher Bulganin und Chruschtschow erkundigte sich im Dezember 1955 auffällig intensiv nach den Straßenverhältnissen im Hindukusch. Bald darauf erhielt König Zahir Schah von den Kremlherren ein Flugzeug vom Typ Iljuschin zu seinem ganz persönlichen Gebrauch geschenkt. Als Gegenleistung mußte Zahir Schah zugestehen, daß die Sowjetunion den Flughafen Kabul so weit ausbauen durfte, daß er für moderne Kampfmaschinen benutzbar wurde.

Am 3. September 1956 unterzeichnete eine afghanische Regierungsdelegation in Moskau einen Vertrag zum Kauf von sowjetischen Waffen. Gedacht war an Panzer, Kampfflugzeuge und Artillerie. An jenem 3. September erklärte Ministerpräsident Mohammed Daud – der zwanzig Jahre später mit Hilfe von marxistischen Offizieren putschte – der Kauf sowjetischer Waffen sei nicht als politische Entscheidung zu Gunsten Moskaus zu werten. Es handle sich um ein Geschäft auf der Basis von Angebot und Nachfrage. Die geschäftlichen Bedingungen, die Moskau geboten habe, seien eben günstig gewesen. Ein Jahr später ist der sowjetische Ministerpräsident Bulganin bereit, Militärmaterial im Wert von 25 Millionen Dollar ohne Berechnung zur Verfügung zu stellen; die Sowjetunion sei sogar damit einverstanden, daß afghanische Baumwolle gekauft und bezahlt werde.

Am 17. Juli 1957 traf König Zahir Schah in Moskau ein. Der Monarch hatte das Gefühl, er werde ganz besonders geehrt. Das offizielle Kommuniqué am Ende des Aufenthalts betont, die Hilfe der Sowjetunion an Afghanistan erfolge ganz ohne Festlegung von Bindungen politischer Art; die Unterstützung erfolge völlig uneigennützig; sie diene dazu, dem Königreich eine bessere Zukunft zu ermöglichen.

Von nun an erfolgen die gegenseitigen Besuche in kurzem Abstand. Im Oktober 1958 läßt sich der sowjetische Staatspräsident Woroschilow in Kabul bejubeln. Wenige Monate später kommt der afghanische Außenminister Mohammed Naim in die sowjetische Hauptstadt. Der Zweck des Besuchs: Die Verbesserung der freundschaftlichen Beziehungen. Dem Außenminister folgt am 18. Mai Ministerpräsident Daud. Er begibt sich zwölf Monate später zur »medizinischen Behandlung« nach Moskau. Zu jenem Zeitpunkt funktioniert die Lieferung sowjetischer Waffen reibungslos und ohne zusätzliche Absprachen. Die afghanische Armee wird auf diese Weise zum Ableger der Roten Armee.

Seine Übereinstimmung mit der Sowjetunion in Fragen der internationalen Politik bekundet Mohammed Daud vom 4. bis zum 9. April 1961 bei Gesprächen mit Nikita Chruschtschow im Kreml. Chruschtschow hatte inzwischen die Spitze der sowjetischen Führungsschicht erklommen. Mohammed Daud – er ist damals Premierminister – will Chruschtschows Unterstützung für den afghanischen Standpunkt in der »Paschtunenfrage« erlangen. Die Mehrzahl der Menschen des Volkes der Paschtunen lebt in Afghanistan. Doch immerhin sechs Millionen Paschtunen gehören zum pakistanischen Staat – bei einer Gesamtbevölkerung Pakistans von 90 Millionen. Im Jahre 1893 wurden sie getrennt – durch Entscheidung der britischen Regierung. Damals wurde die Grenze zwischen Indien und Afghanistan festgelegt. Das pakistanische Gebiet gehörte in jener Zeit zu Indien; es ist erst am 15. August 1947 zum souveränen, unabhängigen Staat geworden. Die Sheikhs der Paschtunen verlangen seither, ihre Stämme müßten wieder zu einem Paschtunenvolk zusammengeführt werden. Vorgeschlagen wurde die Gründung einer autonomen Provinz Paschtunistan, die jedoch staatsrechtlich zu Afghanistan gehören sollte. Nikita Chruschtschow hütete sich zu diesem Zeitpunkt, für oder gegen die afghanischen Absichten Position zu beziehen.

Im folgenden Jahr befindet sich König Zahir Schah vom 6. bis zum 15. Mai als Staatsgast in Moskau. Auch er schneidet die

»Paschtunenfrage« an: Er propagiert die »Heimholung« der pakistanischen Paschtunen ins »Mutterland«. Der König spürt keinen Widerspruch. Der Eindruck entsteht, die afghanische Führung erstrebe eine enge Bindung an die Sowjetunion – und Moskau sah sich seinem traditionellen Ziel nahe, die Region am Hindukusch doch noch unter seine Kontrolle zu bekommen. In Washington wird diese Entwicklung genau registriert. Bemerkt wird, daß von Kabul aus kaum Kontakt zu westlichen Regierungen geknüpft wird.

In der Sowjetunion gewann jetzt Leonid Breschnew an Einfluß; er hatte die Position des Ersten Sekretärs der KPdSU erreicht. Er sah seine Aufgabe darin, die Weltmachtstellung seines Staates zu stärken. In der Anbindung Afghanistans an die UdSSR sah er eine wesentliche Verbesserung der eigenen strategischen Position. Breschnew benutzte seinen Aufenthalt in Kabul vom 12. bis zum 17. Oktober 1967, um ein Abkommen zu unterzeichnen, das Afghanistan in das Energienetz des Sowjetimperiums einbezog. Das Land sollte an das sowjetische Leitungssystem für Öl und Erdgas angeschlossen werden. Es war vor allen Dingen an Kooperation mit Usbekistan gedacht.

Die Verantwortlichen in Kabul wünschten sich sowjetische Hilfe beim Ausbau der Förderanlagen für Erdgas im eigenen Land. In der Nähe der Stadt Mazar-i-Sharif im Norden des Landes war Erdgas in beachtlicher Menge gefunden worden. Die Vorkommen liegen im Becken des Flusses Amu Darya, nahe an der Sowjetunion. König Zahir Schah und Breschnew vereinbarten, daß die UdSSR pro Jahr 1,5 Millionen Kubikmeter Erdgas erhalten wird. Im April des Jahres 1974 finden sich sowjetische Spezialisten in Nordafghanistan ein, um den Ausbau der Pipelines voranzutreiben. Inzwischen hatte sich das politische System in Afghanistan verändert. Das Land war keine Monarchie mehr. Mohammed Daud hatte den König ins römische Exil verbannt. Mit Hilfe von marxistischen Offizieren war er zum Staatsoberhaupt einer Republik geworden – mit Hilfe von Marxisten regierte er.

Mohammed Daud intensivierte den Kontakt zur UdSSR. Die Handelsbeziehungen waren einfacher geworden, denn das Hindernis des Hindukusch stand nicht mehr trennend zwischen der

Grenzstadt Termes und Kabul. Nicht nur daß die Paßstraße mit Hilfe sowjetischer Ingenieure ausgebaut worden war, jetzt existierte sogar ein Tunnel unter dem Hauptkamm des Hindukusch. Die Röhre war sechs Kilometer lang und ermöglichte reibungslosen Lastwagenverkehr auch im Winter.

Noch zur Zeit des Königs Zahir Schah hatten die Politiker der UdSSR die Idee gehabt, Afghanistan in ein »kollektives Sicherheitsabkommen für Asien« einzubeziehen. Im Frühjahr 1972 hatte Staatspräsident Podgorny Kabul aufgesucht, in der Absicht, eine Unterschrift für das Abkommen erzwingen zu können. Der König hatte gezögert und um Aufschub gebeten.

Mohammed Daud wurde nur eine Schonfrist von zwölf Monaten gewährt, dann wurde er aufgefordert nach Moskau zu kommen, um die Grundlage zu erarbeiten für die Schaffung des »kollektiven Sicherheitssystems für Asien«. Daud erweckt den Eindruck, er sei bereit, die vorgeschlagenen Verpflichtungen einzugehen. Durch seine nachgiebige Haltung erreicht er, daß die sowjetische Regierung den Preis, den sie für Gaslieferungen zu zahlen hat, auf das Doppelte erhöht.

Zur Enttäuschung der Kremlherren erklärt jedoch Präsident Daud am 25. April 1978 öffentlich, sein Land sei kein Satellit der Sowjetunion – und es werde nie ein Satellit sein.

Diese offensichtliche und demonstrative Abwendung von Moskau wurde vom State Department in Washington nicht honoriert. Die Asienspezialisten glaubten dem afghanischen Ministerpräsidenten nicht. Im Stab des Weißen Hauses nahmen die Verantwortlichen dem »Roten Prinzen« die früheren häufigen Besuche in Moskau übel. Einzig der Schah des Nachbarlandes Iran, der im Jahr 1978 selbst mit Widerstand im eigenen Land zu kämpfen hatte, fand sich bereit, großzügige Finanzhilfe zu leisten. Die Anlehnung an Schah Mohammed Reza Pahlawi brachte Daud den Vorwurf der islamischen Geistlichkeit ein, er sei gegen den Islam eingestellt, er lasse sich durch den Schah des Iran hineinziehen in das westliche Lager, dem damals schon Islamfeindlichkeit vorgeworfen wurde.

Im Mai 1978 flog Daud in die Emirate am Persischen Golf; er bat die Emire um Dollarüberweisungen in Milliardenhöhe. Sein Argument, er müsse sich von Moskau »freikaufen«. Das Ergebnis dieser Bettelreise war eher mager. Die Finanzprobleme des Daud-Regimes wurden bald gravierend. Der Staatshaushalt näherte sich dem Bankrott. Der Politiker Daud besaß kein Ansehen mehr. Seine marxistischen Partner in der Regierung dachten bereits darüber nach, wie es gelingen könnte, diesen Ministerpräsidenten loszuwerden.

In dieser kritischen Lage griff Mohammed Daud zu einem häufig verwendeten politischen Trick: Er überlagerte die bereits bestehende Krise durch eine andere Krise: Er aktivierte die »Paschtunenfrage«. Lautstark verlangte der Ministerpräsident den Anschluß der pakistanischen Paschtunen an Afghanistan. Als der Propagandaerfolg dieser Forderung ausblieb, proklamierte er ein Ziel, das noch weiter gesteckt war: Er erhob Anspruch auf die pakistanische Provinz Belutschistan. Mit dieser Eingliederung werde Afghanistan endlich Zugang zur Arabischen See und zum Indischen Ozean bekommen.

In der pakistanischen Hauptstadt Islamabad löste die Nachricht von den afghanischen Ambitionen Sorge vor einem offenen Konflikt aus. Die Erinnerung wurde geweckt an Ereignisse des Jahres 1977. Damals regierte in Pakistan Zulfikar Ali Bhutto, der das Wagnis eines Krieges mit dem westlichen Nachbar seines Landes in Kauf nehmen wollte. Bhutto hatte sich geärgert, daß Daud Flüchtlinge aus Belutschistan, die in Afghanistan Schutz gesucht hatten, demonstrativ als »Landsleute« begrüßt hatte. Der Konflikt nahm 1977 gerade noch eine für Afghanistan günstige Wendung. Zum rechten Zeitpunkt putschten Einheiten der pakistanischen Armee, geführt vom Generalstabschef Zia ul-Haq, gegen Bhutto. Den Anstoß zu diesem Putsch hatte die königliche Familie von Saudi-Arabien gegeben. Von ihr waren die für die Bestechung von Offizieren nötigen Gelder bezahlt worden. Der Grund für den Putsch: Bhutto hatte sich zu einem für saudiarabische Begriffe zu progressiven Politiker entwickelt. Die regierende Familie des Königreichs Saudi-Arabien hatte darin eine Gefahr für die eigene Herrschaft gewittert. Auf Wunsch des Hauses as-Saud ist Bhutto schließlich exekutiert worden.

Daud erinnerte sich an 1977. Ihm wurde deutlich, daß er Zia ul-Haq nicht reizen durfte. Die Feindschaft mit Pakistan und Saudi-Arabien konnte er sich nicht leisten. Er vollzog deshalb eine komplette Kursänderung: Er verkündete den Flüchtlingen aus Belutschistan, daß es jetzt an der Zeit sei, in die pakistanische Heimat zurückzukehren. Doch die wenigsten folgten seiner Aufforderung: Sie zogen den Aufenthalt in afghanischen Flüchtlingslagern der Heimkehr in den Staat des Zia ul-Haq vor.

Die Regierenden in Saudi-Arabien waren argwöhnisch geworden: Sie hielten Präsident Daud für einen Abenteurer. Es war ihm gelungen, sich das konservative Saudi-Arabien und die Sowjetunion zu Feinden zu machen.

Da geschah im April 1978 ein Mord in Kabul. Mir Ahbar Kaibar, der 62jährige Chefideologe der afghanischen Marxisten, wurde hinterrücks ermordet. Wegen dieses Ereignisses gerieten die Bewohner in Aufruhr. Kaibar war beliebt gewesen – selbst bei islamischen Geistlichen.

Wer der Täter wirklich war, blieb allerdings ungeklärt. Verdächtigungen gab es viele. Die Regierung behauptete, ein islamischer Fanatiker habe die Tat verübt, weil er die progressiven Ansichten des Mir Ahbar Kaibar in der Frage der Frauenemanzipation ablehnte. Die Anhänger des Ermordeten gaben die Schuld der Geheimpolizei des Regierungschefs Daud – diese Version wurde geglaubt in Kabul.

Auf der breiten Straße vor der Universität versammelten sich Demonstranten. Zuerst waren es nur einige hundert Studenten, dann aber machten sich schließlich Zehntausende auf den Weg zum Basar in der Altstadt, und von dort aus zum Regierungsviertel am Rand der Neustadt. Interessanterweise mieden sie den breiten Boulevard an dem sich die sowjetische Botschaft befand. Ministerpräsident Daud zweifelte keinen Augenblick, daß die Demonstration von der Vertretung der UdSSR aus gelenkt wurde. Er hatte plötzlich das Gefühl, die Sowjets wollten ihn von der Masse töten lassen. Jetzt schlug er entschlossen zu: Die führenden Marxisten wurden verhaftet. Sie hatten bisher im Untergrund gelebt und waren weitgehend unbekannt geblieben. Nun aber wurden ihre Namen veröffentlicht. Sie hießen Mohammed Taraki, Hafizullah Amin und Babrak Karmal. Daud war zuerst entschlossen gewesen, die drei Marxisten sofort nach der Verhaftung erschießen zu lassen. Doch er wollte dafür die Verantwortung nicht allein tragen. Der Ministerrat sollte seine Entscheidung billigen.

Einer der Verhafteten war später als die beiden anderen ins Gefängnis eingeliefert worden: Hafizullah Amin. Die Geheimpolizei hatte ihn nicht sofort finden können – er aber hatte die ihm verbliebene Zeit gut genutzt.

Amin hatte erfahren, daß ihm Verhaftung drohte. Er nahm Kontakt auf zu Armeeoffizieren, denen er vertrauen konnte. Dazu gehörte vor allem Hauptmann Abdul Qader, der eine Panzereinheit kommandierte.

Als Hafizullah Amin schließlich in der Festung Balahisar eingeliefert wurde, war der Plan für den Putsch ausgearbeitet, der den Ministerpräsidenten Mohammed Daud vernichten sollte. Amin hatte Zeit genug gehabt, die in der Nähe von Kabul stationierte Luftwaffeneinheit in die Putschpläne einzuweihen. Ihr Befehlshaber war bereit, am Umsturz mitzuwirken.

Deckname »April« – der Putsch 1978

Diesen Decknamen hatten die Sowjets gewählt. Sie wollten, daß Staatspräsident Mohammed Daud noch im April 1978 gestürzt wird – in engem zeitlichem Zusammenhang mit der Ermordung des marxistischen Ideologen Kaibar. Für den Ablauf des Putsches übernahm der Sowjetbotschafter die Verantwortung – mit ihm hatte Hafizullah Amin noch konferieren können.

Mohammed Daud war nicht völlig ahnungslos. Sein Verteidigungsminister General Gulam Haider Rasuli hatte ihn gewarnt.

Rasuli hatte durch einen Informanten, der sich mit zehntausend Dollar bezahlen ließ, erfahren, daß Luftwaffenoffiziere die Absicht hatten, das Daud-Regime zu beseitigen. Der Verteidigungsminister zweifelte allerdings an der Ernsthaftigkeit der Offiziere: Er konnte nicht glauben, daß sie wirklich putschen wollten. Sie hatten bisher nie Kontakt gehabt zu marxistischen Kreisen und zur Sowjetbotschaft. Der Staatspräsident war zwar von bösen Ahnungen geplagt, doch er vertraute seinem Glück. Er weigerte sich auch, dem Chef der Sicherheitskräfte zu glauben, der ebenfalls vor einem gewalttätigen Umsturz warnte.

Am 27. April 1978 um 9 Uhr in der Frühe trafen sich die Minister des Kabinetts Daud im Regierungspalast im Stadtzentrum. Zwei Themen standen auf der Tagesordnung: Die Erschießung der verhafteten Marxisten und die Beurteilung des Ausmaßes der sowjetischen Unterwanderung der afghanischen Streitkräfte.

Unmittelbar nach Beginn der Kabinettssitzung wurde dem Adjutanten des Verteidigungsministers Gulam Haider Rasuli gemeldet, im Garnisonskomplex Pule Charki, der 25 Kilometer östlich von Kabul liegt, würden Panzer zu einer Kolonne zusammengestellt werden. Unbekannt sei, wer den Befehl dazu gegeben habe. Der Adjutant informierte seinen Chef, der sofort die Kabinettssitzung verließ.

General Rasuli eilte zu Fuß zum Verteidigungsministerium, das sich nahe beim Regierungspalast befindet. Von seinem Büro aus wollte er mit dem Kommandanten der Garnison Pule Charki telefonieren, doch er mußte feststellen, daß die Leitungen unterbrochen waren.

Rasuli bestieg seinen Dienstwagen und fuhr zur Panzerkaserne bei Kharga; die Entfernung dorthin betrug 14 Kilometer. Als er dort eintraf, sagte ihm der befehlshabende Offizier, in dieser Kaserne würden die Anweisungen des Ministerpräsidenten und seines Verteidigungsministers nicht mehr beachtet werden.

Einzig die 7. Infanteriedivision, deren Unterkünfte in der Nähe lagen, bekannte sich jetzt noch zu Mohammed Daud. Bereitwillig bestiegen die Infanteristen Lastwagen und folgten dem Fahrzeug des Verteidigungsministers in Richtung Stadt. Die Truppe wurde aufgehalten durch Straßensperren, die von revolutionären Verbänden in aller Eile am Stadtrand errichtet worden waren.

Jetzt flammten beim Präsidentenpalast Kämpfe auf. Um 10 Uhr schlugen Granaten in das Gebäude ein. Dann kommandierte der Panzerchef Abdul Qader einen Angriff von vier Panzern des Typs T-34 gegen das Tor, das die Palastgärten schützte. Dort hatte Staatspräsident Daud, der ein erfahrener Offizier mit Autorität war, selbst Position bezogen. 1500 Mann seiner Palastgarde standen ihm zur Verfügung. Die Gardisten waren mit Panzerabwehrgeschützen, schweren Maschinengewehren und Granatwerfern bewaffnet. Die Verteidiger kämpften erfolgreich. Sie zerstörten die vier Panzer, die bis zum Tor vorgedrungen waren.

Die 7. Infanteriedivision erreichte, in heftige Kämpfe verwickelt, die Vororte von Kabul. Dort stieß das 88. Artilleriebataillon zu den Infanteristen. Ihrer vereinten Kampfkraft gelang es, die Verbände der Aufständischen zu schwächen und einzuschüchtern. Inzwischen war es 16 Uhr geworden, und die Schlacht um Kabul war nicht entschieden. Allerdings befand sich um diese Stunde der Sendekomplex des afghanischen Rundfunks in der Hand der Rebellen. Das Programm wurde unterbrochen; der Sender schwieg. Die Rebellen waren noch nicht bereit, Erklärungen abzugeben.

Die Panzerkolonne, die sich bald schon nach neun Uhr am Morgen in Pule Charki formiert hatte, rollte jetzt erst in die Hauptstadt ein. Sie hatte unterwegs schwere Verluste an Soldaten und Material erlitten.

Da der Regierungspalast nicht zu erobern war, wurde nun das Verteidigungsministerium zum Angriffsziel bestimmt. Doch auch diese Offensive war erfolglos. Rings um Präsidentenpalast und Ministerien brannten Panzer auf Straßen und Plätzen. Staatspräsident Mohammed Daud konnte Hoffnung schöpfen, die Revolution niedergeschlagen zu haben – insbesondere, nachdem ihm gemeldet worden war, der Panzeroffizier Abdul Qader sei gefangengenommen worden. Mohammed Daud bedauerte, Abdul Qader zum Feind zu haben, denn genau dieser Offizier hatte ihm 1973 den Putsch gegen den König ermöglicht.

Die Meldung von der Gefangennahme des Offiziers stimmte nur eine halbe Stunde lang, dann erfuhr Daud, daß es Abdul

Qader gelungen war, zu fliehen. Er konnte sich zur Luftwaffenbasis Bagram im Norden von Kabul durchschlagen. Dort waren sowjetische Militärberater stationiert, die über sechs Kampfmaschinen vom Typ Mig-21 verfügten. Abdul Qader brauchte nur geringe Überzeugungskraft, um dem sowjetischen Basiskommandanten deutlich zu machen, daß der auch von Moskau gewünschte Sturz des Daud-Regimes wesentlich von seiner Entscheidung und Beteiligung abhing. Mit wem der sowjetische Offizier nach diesem Gespräch noch telefonierte, ist unbekannt geblieben. Am Ende des Telefonats erfolgte der Befehl an die Piloten der sechs Kampfflugzeuge, das Verteidigungsministerium und Dauds Palast anzugreifen.

Das Resultat: Um 18 Uhr brannten Palast und Ministerium. Mohammed Daud aber ergab sich nicht. Als die Dunkelheit hereinbrach, starb der Ministerpräsident im Geschoßhagel der Revolutionäre. Seine Familienmitglieder und seine Mitarbeiter wurden im Palasthof erschossen.

Der Putsch »April« war verlustreich verlaufen. Schätzungen besagten damals, am 27. April 1978 seien rund 1000 Menschen in Kabul ums Leben gekommen.

Der Offizier Abdul Qader sprach um 23.30 Uhr über den Rundfunksender der afghanischen Hauptstadt: »Der Revolutionäre Militärrat Afghanistans hat das Land völlig unter Kontrolle.« Abdul Qader sagte nicht, wer zu diesem Militärrat gehörte. Niemand erfuhr zunächst, wer jetzt die Mächtigen in Kabul waren.

Um 19 Uhr waren die verhafteten Marxisten – Mohammed Taraki, Hafizullah Amin und Babrak Karmal aus dem Gefängnis befreit worden; sie waren jedoch nicht wirklich in Freiheit. Der sowjetische General, der seit Einbruch der Dunkelheit das Sagen hatte in Kabul, ordnete an, die drei Männer hätten die Nacht auf dem Flughafen der Hauptstadt zu verbringen – in einem sowjetischen Transportflugzeug, das ständig bereit war, nach Moskau zu fliegen. Als der Morgen dämmert, werden die drei zur sowjetischen Botschaft gefahren. Noch immer werden ihre Namen geheimgehalten. Radio Kabul meldet: »Mohammed Daud ist tot!«

Islam gegen Kommunismus – die erste Phase des Konflikts

Wer ein Radio besaß in Kabul, der erfuhr nach und nach, wer jetzt in Afghanistan an der Spitze stand. Zu hören war, daß eine demokratische Volkspartei Afghanistans (DVP) Sieger des Kampfes gegen die letzten Reste der Monarchie war. Mohammed Daud habe, als Mitglied der royalen Familie, die Politik des entthronten Königs fortgesetzt. Die Demokratische Volkspartei Afghanistans existierte seit dem 1. Januar 1965, hatte sich jedoch unter den Regimen von Zahir Schah und Daud nicht an die Öffentlichkeit wagen können. Jetzt erst war zu erfahren, daß die DVP zwei »Flügel« besaß. Sie hießen »Khalq« (das Volk) und »Parcham« (das Banner). Diese Namen entsprachen den Titeln der Zeitungen, die von den beiden Parteiflügeln insgeheim und ohne Resonanz herausgegeben worden waren.

Zur Zeit des Königs, also bis 1973, war die DVP von nur wenigen Menschen in Kabul wahrgenommen worden. Sie war kaum eine Partei, eher ein Vereinigung von »Intellektuellen« – dazu gehörten vor allem Lehrer, Ingenieure, Offiziere. Während der Regierungsjahre des Staatspräsidenten Mohammed Daud war die Gruppierung etwas aktiver geworden, ohne jedoch eine wirklich politische Organisation zu bilden, die sich an das Volk wenden konnte. Die Führung der DVP war sich bewußt, daß die Mehrheit der Menschen des Landes vom Islam geprägt und für marxistische Gedanken nicht empfänglich war. Die soziale Ordnung in Städten und Dörfern war von Sippen, von Großfamilien getragen, denen ein Sheikh vorstand, der das Leben der einzelnen regelte, der vorschrieb, wie sich Erwachsene und Heranwachsende zu verhalten hatten. Leitfaden für die Gestaltung des Stammeslebens war der Koran und waren islamische Überlieferungen. Die Ideen, Visionen und Theorien von Karl Marx paßten in islamische Wertevorstellungen nicht.

Aufgeschlossen für marxistische Gedankengänge konnten nur junge Männer sein, die aus eigener Erfahrung wußten, daß die islamische Religion als umfassendes Gedankengebäude nicht überall in der Welt als heilig anerkannt wurde, daß der Islam als Heilsideologie weltweit einer Konkurrenz von großer Anziehungskraft ausgesetzt war – dem Marxismus. Eine derartige Erfahrung konnte nur in der Sowjetunion, in Prag und in der DDR gewonnen werden.

Zur Zeit der Monarchie waren nur wenige Afghanen ins Ausland gereist – es war dem König vorbehalten, Städte wie Rom aufzusuchen. Nach der Revolution von 1973 sah sich Mohammed Daud veranlaßt, jungen Männern die Ausreise zu erlauben: Sie sollten Lehrer werden. Afghanistan besaß bis dahin kein landesweites Schulsystem. Schulen, durchweg privater Art, existierten nur in den Städten. Ihre Träger waren meist die Kulturabteilungen ausländischer Botschaften. Sollte ein umfassendes Schulsystem aufgebaut werden, wurden Lehrer in großer Zahl gebraucht. Lehrerausbildung aber war nur im Ausland möglich. Der Ostblock bot sich an; er nahm bereitwillig junge Afghanen auf. Sie lernten dort an Universitäten und Fachschulen, was ein Lehrer der Grundschule wissen mußte – vor allem aber erfuhren sie, welches Weltbild Karl Marx entwickelt hatte und wie Lenin die marxistische Weltvorstellung erweitert hatte. Die Junglehrer lernten, daß der Marxismus–Leninismus ein Konzept bot, um Not und Ungerechtigkeit zu bekämpfen. Ihnen wurde gesagt, daß die Länder auf niederem Entwicklungsstand von den Lehren der marxistischen Denker profitieren würden auf dem Weg zum Wohlergehen ihrer Völker – und zum Frieden. Die Lehrer wurden angehalten, dafür zu sorgen, daß ihr Heimatland nicht in die Hände der westlichen kapitalistischen »Kolonialisten« fallen dürfe. Der Feind sei Amerika, das die gesamte Welt beherrschen wolle. Der Freund aber sei die Sowjetunion.

So ist in dieser ersten Phase des Konflikts ein Feindbild bereits fest fixiert: Die Vereinigten Staaten von Amerika mußten als Gegner im Visier gehalten werden.

So kamen die jungen Männer als Lehrer nach Afghanistan zurück, aber vor allem als Anhänger der marxistischen Heilslehre. Durch sie bekam die Demokratische Volkspartei Afghanistans wenigstens einen Hauch von Leben. Sie waren nur wenige – das

Land wurde nicht von Lehrern überschwemmt – und sie mußten vorsichtig vorgehen. Die marxistisch orientierten Lehrer suchten sich an den Schulen Jugendliche aus, die zu aktivieren waren. Sie machten Propaganda an den Universitäten. Sie verlangten offizielle Anerkennung für Parteien; sie dachten dabei vor allem an die Demokratische Volkspartei.

Die jungen Männer, die im Ausland studiert hatten, haben dort auch festgestellt, daß in der marxistisch orientierten Welt Frauen Rechte besaßen, daß sie politisch aktiv waren. Überraschend war für junge männliche Afghanen das Erlebnis, überhaupt Frauen zu begegnen. In ihrer Heimat war dies unmöglich: Mädchen und Frauen verließen das Haus der Familie so gut wie nie.

So ergab sich keine Möglichkeit, den Schulbesuch auch den Mädchen zu ermöglichen. Diskussionen mit Sheikhs und Geistlichen über dieses Thema endeten meist mit entsetzter Abwehr von Seiten der islamischen Gesprächspartner. Ihr Argument: Den Schulen stehen ausschließlich männliche Lehrer zur Verfügung – nie könne es geschehen, daß eine Schülerin, auch wenn sie völlig verhüllt ist und nicht einmal ihr Gesicht zu sehen ist, sich vor den Augen eines männlichen Lehrers zeige. An dieser grundlegenden Meinungsverschiedenheit zwischen den Marxisten auf der einen Seite und den Sheikhs und Mullahs auf der anderen entzündete sich der Konflikt, der Afghanistan während der nächsten Jahre zerreißen sollte.

Kurz nach Sturz und Ermordung des Staatspräsidenten Daud im April 1978 hüteten sich die Chefs der Demokratischen Volkspartei, davon zu reden, daß sie Marxisten seien. Doch sie fühlten sich verpflichtet, wenigstens mit dem Versuch zu beginnen, Ideen zu verwirklichen, die sie aus dem marxistischen Ausland mitgebracht hatten. Studenten wurden in die Dörfer rings um Kabul entsandt: Sie sollten dort Unterricht erteilen. Es war nicht geplant, daß sie Mädchen unterrichten sollten; daß dies nicht geschah, war selbstverständliche Voraussetzung der Aktion. Doch es fanden sich auch keine männlichen Schüler ein. Die Aufgabe, Unterricht zu halten, war bisher Angelegenheit der islamischen Geistlichen. Sie sollten jetzt von jungen Männern verdrängt werden, die ganz offensichtlich keinen Bezug zum Glauben besaßen. Da die Lehrer keinen Koran bei sich trugen, galten sie als »gottlos«.

Die Gegenreaktion gegen die Aktionen der Regierung ließ nicht lange auf sich warten. Lehrer wurden aus den Dörfern vertrieben, manchen wurde die Kehle durchgeschnitten.

Die Täter wurden nicht gefaßt, dafür wurden Dorfbewohner insgesamt bestraft: Männer wurden wahllos erschossen; Häuser brannten nieder. Das Resultat war, daß außerhalb der Städte Widerstand gegen das neue Regime in Kabul aufflammte. Die Ablehnung der revolutionären Veränderungen einigte die Stämme. Sie vergaßen, daß sie eigentlich zerstritten waren.

Zu den islamischen Widerstandsgruppen stießen auch einzelne »Intellektuelle«, die damit begonnen hatten, sich in Kabul eine bürgerliche Existenz aufzubauen. Sie wollten sich dabei nicht von Marxisten stören lassen. Zu diesen »Intellektuellen« gehörte der Ingenieur Gulbuddin Hekmatyar. Er gründete bald seine eigene Gruppierung. Ihr Name: »Hezbi Islami« – die Islamische Partei.

Die Marxisten fühlten sich durch derartige Gründungen höchstens irritiert, aber nicht bedroht. In Kabul etablierte sich ein »Revolutionsrat« als Machtzentrum. Ihm gehörten 35 Mitglieder an. Die Genossen der Demokratischen Volkspartei bildeten die Mehrheit. Endlich stand die Partei im Licht der Öffentlichkeit und die Chefs genossen diesen Erfolg. Vorsitzender des Revolutionsrats war Nur Mohammed Taraki. Er war zum Zeitpunkt der Machtübernahme 61 Jahre alt. Er legte Wert auf eine elegante Erscheinung. Als »Ratsvorsitzender« standen ihm die höchsten Ämter zu: Er wurde Staatspräsident und Ministerpräsident.

Mitte Mai 1978 proklamierte Nur Mohammed Taraki die Ziele, die seine Regierung verwirklichen wollte. Eine Agrarreform sollte durchgeführt werden. Mit dieser Ankündigung weckte Taraki sofort den Argwohn der Geistlichen. Agrarreform, so argumentierten die Mullahs, bedeute Umverteilung des Landbesitzes. Diese Maßnahme sei jedoch nur dann überhaupt möglich, wenn den bisherigen Landbesitzern Grund und Boden weggenommen werde. Die Geistlichen beriefen sich auf islamische Glaubensgrundsätze, die Wegnahme von Eigentum verbieten. Die Konsequenz dieser Argumentation war, daß die Verkünder der Landreform nicht als soziale Wohltäter angesehen wurden, sondern als Feinde des Islam.

In seinen Regierungserklärungen hielt Taraki beharrlich am Plan fest, »allen« sollte der Zugang zur Schule ermöglicht werden – also auch den jungen Mädchen. Darüber hinaus versprach Taraki eine neue Verfassung, die gleiche Rechte »für alle« bringen werde – also auch für Frauen.

Doch bald schon entstanden Zweifel im »Revolutionsrat«, ob die gesteckten Ziele überhaupt zu erreichen waren. Dem Luftwaffenoffizier Abdul Qader, der bei den Revolutionen von 1973 und 1978 maßgeblich beteiligt gewesen war, mißfiel die »dickköpfige Haltung« des Staatspräsidenten. Er sprach laut aus, daß Afghanistan schlecht geführt werde. Abdul Qader kritisierte auch, Moskau mische sich immer mehr in Entscheidungen ein, die allein von Afghanen getroffen werden sollten. Der Offizier unterstützte zwar die Mullahs nicht in ihrer Abwehr der Reformschritte, trotzdem hatten die Geistlichen in Kabul den Eindruck, er sei auf ihrer Seite. Als Staatspräsident Taraki spürte, daß er von Abdul Qader nicht mehr in vollem Umfang unterstützt wurde, ließ er ihn beobachten. Allmählich verdichtete sich der Argwohn, Abdul Qader plane einen Putsch. Da ließ ihn Taraki verhaften.

Es erwies sich, daß der Verdacht berechtigt war. Am 6. September 1978 sollte die Rebellion losbrechen. Dieser Tag war geschickt gewählt: Es war der hohe islamische Feiertag Eid al Fitr. Er bot den Gläubigen Gelegenheit, sich zu entspannen, sich der Familie, der Sippe zu widmen. Es war anzunehmen, daß die Wachsamkeit der Revolutionsratsmitglieder am Festtag gering sein würde; auch wenn sie sich vom Islam abgewandt hatten, feierten sie doch noch ganz gern dessen Festtage.

Vorgesehen war, daß Abdul Qader nach erfolgreicher Revolte die Staatsführung übernehmen sollte. Doch die geplante Rebellion der Luftwaffe und der Panzertruppe fand gar nicht statt. Die Putschpläne waren entdeckt worden – vom Sicherheitsbeauftragten der US-Botschaft in Kabul. Er informierte den Stab des Präsidenten Taraki. So verhinderte der US-Beamte eine Revolution, die eine rasche politische Kursänderung weg von Moskau hätte bedeuten können.

Der amerikanische Botschafter setzte weiterhin auf Präsident Taraki in der Hoffnung, er werde eine behutsame Loslösung von der Abhängigkeit vom Kreml bewirken. Der Botschafter gab Taraki den Rat, seine politische Basis zu erweitern – durch Einbeziehung der führenden Köpfe der Geistlichkeit in seinen Planungsstab. Um die Geistlichen für sich zu gewinnen, entschloß sich der marxistische Staatspräsident daraufhin, seine Reden und seine Dekrete mit den Worten beginnen zu lassen: »Bismillah al Rahman al Rahim« – »Im Namen Allahs, des Gütigen und Gnadenvollen.«

Blutiger Streit unter Marxisten

Der sowjetische Botschafter Pusanov sah mit Sorge, daß die Revolutionäre von 1978, die sich zunächst als hörig erwiesen hatten, immer engeren Kontakt zur amerikanischen Botschaft pflegten. Die Botschaftsgebäude lagen weit auseinander: Die US-Diplomaten arbeiteten am Südrand von Kabul; die sowjetischen Kollegen am nördlichen Ende der Stadt – aber nahe beim Präsidentenpalast.

Am 14. September 1979 hatte Pusanov Grund, sich zu empören: Der zweite Mann im Staat, Ministerpräsident Hafizullah Amin, hatte zwei Minister entlassen, die zu den engsten Freunden und Vertrauten der Sowjetunion in Kabul zählten. Ganz offensichtlich sollte mit dieser Entlassung der direkte Kontakt zwischen den Verantwortlichen in der afghanischen Hauptstadt und den Kremlherren vermindert werden. Botschafter Pusanov verlangte von Taraki, er habe auf der Stelle den Ministerpräsidenten Hafizullah Amin wegen Übertretung seiner Kompetenz aus dem Amt zu entfernen. Die beiden entlassenen Minister aber hätten sofort wieder auf ihre Posten zurückzukehren. Taraki sah zwar ebenfalls die Trennung von den Moskaufreunden als einen Fehler an, er glaubte jedoch nicht in der Lage zu sein, Hafizullah Amin zu entmachten. Sein Argument: Amin unterhalte eine private Miliz, die bereit sei, auf jeden zu schießen, der das Entlassungsdokument überbringen wolle. Amins Miliz verfüge sogar über Panzer. Der Staatspräsident mußte gegenüber dem Sowjetbotschafter offen zugeben, daß er sich in der Hand von Amin befinde, der die besseren Waffen einsetzen könne.

Botschafter Pusanov aber war hartnäckig. Er verlangte von Taraki die sofortige Verhaftung des Ministerpräsidenten; Amin müsse erschossen werden. Der Botschafter meinte, die Offiziere und Soldaten im Präsidentenpalast würden sich wohl loyal zu Taraki verhalten.

Da Pusanov als jähzornig galt, mußte Taraki jetzt um sein Leben fürchten; er ging deshalb auf die Forderung des Botschafters ein. Er forderte Amin telefonisch auf, er möge im Präsidentenpalast erscheinen. Amin zögerte jedoch. Erst als ihn Pusanov in energischem Ton und unter Drohungen darauf hinwies, daß er der Botschafter der Sowjetunion es sei, der das sofortige Erscheinen des Ministerpräsidenten verlange, machte sich Hafizullah Amin auf den Weg zum Präsidentenpalast.

Kaum betrat Amin das Büro des Staatschefs fielen Schüsse. Unsicher ist, wer mit dem Feuer begonnen hat. Taraki wurde getroffen. Seine Leibwächter schleppten ihn aus dem Saal und brachten ihn aus dem Palast. Pusanov hatte sich rechtzeitig in Deckung gebracht. Amin floh unverletzt.

Der Sowjetbotschafter, in seiner Residenz angekommen, ließ nach Amin suchen. Der Ministerpräsident wurde schließlich in der sowjetischen Botschaft entdeckt, er hatte erstaunlicherweise gerade dort Schutz gesucht.

Pusanov hatte keine andere Wahl: Er mußte zulassen, daß Amin – dessen Absetzung und Erschießung er wenige Stunden zuvor selbst gefordert hatte – Staatspräsident Afghanistans wurde. Kein anderer stand zur Verfügung. Pusanov verlangte vom Revolutionsrat, die Ernennung Amins auszusprechen.

Der verwundete Taraki war verschwunden. Wohin er gebracht worden war, blieb ein Geheimnis. Zwei Wochen später verbreitete Radio Kabul die Nachricht, der Staatspräsident sei einer schweren Krankheit erlegen. Schon vorher waren sämtliche Bilder von Taraki von Straßen und Plätzen abgenommen worden. So war die Bevölkerung auf die Veränderung im Staat hingewiesen worden. Niemand sprach fortan mehr vom einstigen »geliebten Vater des afghanischen Volkes«. Die Bilder, die nun aufgehängt wurden, zeigten eine Persönlichkeit mit staatsmännischer Haltung.

Der Marxist in Nadelstreifen bekämpft den Islam

Seit Hafizullah Amin nach der Revolution vom 27. April 1978 zur Spitzengruppe der Mächtigen in Afghanistan zählte, achtete er genau darauf, vorzüglich gekleidet zu sein. Die Anzüge wurden in London geschneidert; Schuhe und Krawatten stammten aus Rom. Bei aller Eleganz verbarg Amin seinen wichtigsten Charakterzug nicht: Er war vom Willen getrieben, Macht ausüben zu können. Mit Geschick und Glück hatte er es erreicht, Diktator von Afghanistan zu werden – gegen den Willen der Kremlherren und deren Botschafter in Kabul.

Pusanov mußte Amin akzeptieren, doch er versuchte, Einfluß auf dessen Politik zu gewinnen. Er diktierte dem Staatspräsidenten, wie er sich gegen rebellierende Stämme zu verhalten habe. Pusanov verlangte Härte. In jenen Wochen zeigte es sich, daß die afghanische Armee Probleme hatte, aufständische, islamische Rebellengruppen niederzukämpfen. Trotz sowjetischer Waffenlieferungen erreichte die Truppe nicht die Schlagkraft, um Rebellennester zu vernichten. Bald breitete sich der islamische Widerstand im ganzen Land aus. Da die Verantwortlichen im Kreml noch nicht bereit waren, mit eigenen Truppenverbänden in den Konflikt einzugreifen, mußte, zumindest für einige Zeit, eine politische Lösung gefunden werden. Sie bestand wieder im Versuch, die Sheikhs der Stämme, die besonders lautstark »islamische Zustände« forderten, an das herrschende Regime zu binden. Bei einem ähnlichen Versuch war bereits Taraki gescheitert. Botschafter Pusanov schlug diesmal vor, der Staatspräsident möge den Geistlichen gegenüber Entgegenkommen zeigen; am Beginn der neuen Politik müsse eine Einladung der Geistlichen in den Palast des Präsidenten erfolgen. Zu dieser Geste war Amin nicht bereit.

Jetzt, da der Sowjetbotschafter nachgiebig war, wollte Amin Härte beweisen. Er verlangte von Pusanov Verstärkung der sowjetischen Militärpräsenz. Die Zahl der Berater wurde tatsächlich erhöht. Sie melden bald darauf dem Revolutionsrat, afghanische Piloten würden die Raketen ihrer Kampfflugzeuge nicht auf Rebellennester abfeuern, sondern absichtlich auf Felsen in unbebautem Gelände. Amin war gezwungen, Pusanov zu bitten, er möge dafür sorgen, daß sowjetische Piloten die Einsätze fliegen.

Von nun an waren die Sowjets direkt am Krieg beteiligt. Ihre Offiziere flogen die Luftoffensiven – zum Mißfallen der afghanischen Luftwaffenführung.

Hafizullah Amin konzentrierte sich am Boden auf den Kampf gegen den Islam. Er setzte bewußt Terror ein, um den Widerstandswillen der Mullahs zu brechen. Das Gefängnis Pule Charki wurde zum Schreckensort. Es liegt 25 Kilometer ostwärts der Hauptstadt in weitgehend unbebautem Gelände. Die Gebäude sind niedrig, aus Beton errichtet. Stacheldrahtzäune und Eisengitter umgeben den Komplex.

Nach Pule Charki wurden Geistliche und Gläubige gebracht, die in Verdacht geraten waren, am Aufstand der Moslems teilzunehmen oder ihn zu unterstützen. Wer sich abfällig über das kommunistische Regime äußerte, war in Gefahr, aufgespürt zu werden. Viele der nach Pule Charki Verschleppten wurden sofort erschossen. Angaben über die genaue Zahl der Opfer fehlen. Die Geistlichen geben an, 50 000 Männer und Frauen seien erschossen worden. Zur Zeit des Staatspräsidenten Amin wurden die afghanischen Gefängniswärter in Pule Charki von sowjetischen Sicherheitskräften abgelöst. Sie kamen aus den benachbarten zentralasiatischen Republiken Usbekistan und Tadschikistan. Sie waren Moslems wie die Afghanen, doch sie sollen brutaler gehandelt haben. Seither werden Bewohner der beiden Republiken als »Kasab« beschimpft, als »Schlächter«.

Amin mußte bald feststellen, daß auch mit Terror der »Heilige Krieg« der Stämme gegen das marxistische Regime nicht einzudämmen war. Jetzt glaubte Hafizullah Amin, er könne die Geistlichkeit und die Stammessheikhs doch noch durch Entgegenkommen befriedigen: Am 1. Oktober 1979 gab er Anweisung, daß sämtliche Moscheen in Afghanistan – es waren mehr als 50 000 derartige Gebäude – frisch mit weißer Farbe zu streichen seien.

An jenem 1. Oktober 1979 kam Hafizullah Amin auf die Idee, sich behutsam von den Sowjets zu lösen. Um ein Zeichen zu setzen, daß er den Islam dem Marxismus vorziehe, schrieb er an die Leitung des Rundfunks in Kabul, daß jede Sendung mit der Anrufung Allahs zu beginnen habe: »Bismillah al Rahman al Rahim«.

Fünf Tage später trafen sich auf Amins Einladung die wichtigsten islamischen Geistlichen im Präsidentenpalast von Kabul zum Gespräch mit dem Staatsoberhaupt. Sie waren dringend gebeten worden, den Termin nicht zu versäumen. Der afghanische Geheimdienst war angewiesen, besonders darauf zu achten, daß die einflußreichen Geistlichen des Schreines Kerga Sharif in Kandahar sich nicht vor der Begegnung drückten. Dieser Schrein gilt als besonderes Heiligtum in Afghanistan. Er birgt ein Kleidungsstück, das als Mantel des Propheten Mohammed angesehen wird. Er soll auf geheimnisvolle Weise nach Kandahar gelangt sein. Die Stadt lag immer an traditionellen Handelsstraßen zwischen den Zentren des Islam in Ost und West. Wer in Kandahar mächtig war, wer den Schlüssel zum Schrein Kerga Sharif besaß, der genoß Ansehen weit über Kandahar hinaus. Staatspräsident Amin wollte mit dieser Respektsperson ein gutes Einverständnis erzielen; doch der Marxist stieß auf kühle Ablehnung. Das Gespräch führte für ihn zu keinerlei positiven Resultaten.

Am anderen Tag schon brachte der Geheimdienstchef dem Präsidenten ein Flugblatt, das über Nacht in Kabul verteilt worden war. Der Text lautete: »Wer mit Unterstützung der Sowjets herrscht, der hat sein Leben verwirkt.«

Am 14. Oktober 1978, am späten Nachmittag, meuterten die Offiziere der Eliteeinheit »7. Division«. Sie wollten mit ihren Panzern und Mannschaftswagen zum Präsidentenpalast fahren. Die Absicht der Offiziere war die Liquidierung des Marxisten in Nadelstreifen. Der Panzervorstoß geschah in Abstimmung mit Stämmen, die sich bereits im Kampf gegen die Russenfreunde bewährt hatten. Doch den Rebellen und den Sheikhs fehlte noch die Erfahrung in der Organisation eines Aufstandes. Amins disziplinierte Privatmiliz brachte die Panzer zum Stehen. Der Aufstand mißlang.

Daß ein Versuch überhaupt möglich gewesen war, beunruhigte die sowjetischen Generäle in Kabul sehr. Da hatte eine Eliteeinheit gemeutert, deren Offiziere hochprivilegiert waren, die jede mögliche Vergünstigung genossen. Ähnliches konnte sich zu jeder Stunde wiederholen. Das Regime stützte sich offensichtlich allein auf Amins Privattruppe – auf deren Rechte aber waren die Offiziere der regulären Armee eifersüchtig. Die sowjetischen Generäle stellten fest: Das Regime ist krank.

Während Staatspräsident Amin noch bemüht war, das Verständnis der hohen Geistlichkeit für sich zu gewinnen, überlegten sich die Offiziere des sowjetischen Generalstabs in Kabul, wie Amin zu beseitigen war – und wer sein Erbe antreten sollte.

Mitte Dezember 1979 wußte Hafizullah Amin, daß in Moskau seine Tötung beschlossen worden war. Es war Leonid Breschnew, der Vorsitzende des Präsidiums des Obersten Sowjet, der verlangte, es müsse unter allen Umständen gesichert werden, daß Afghanistan der Sowjetunion erhalten blieb. Das große Ziel der UdSSR sei nun einmal, Einfluß nehmen zu können auf die Region des Indischen Ozeans; der weitere Vorstoß nach Süden sei die Voraussetzung dafür. Die Führung der Politik in Kabul könne künftig nicht mehr in den Händen von Männern liegen, die nicht wußten, ob sie Marxisten oder gläubige Moslems seien. Breschnew war bereit, dem Vorschlag seines Botschafters in Kabul zu folgen: Afghanistan mußte besetzt werden. Um zu verhindern, daß diese Besetzung vor der Weltöffentlichkeit wie ein Gewaltakt aussah, mußte ein Hilferuf aus Kabul vorliegen, der sich auf den wirklich existierenden Beistandspakt berief.

Am 24. Dezember 1979 teilte die Sowjetregierung mit, sie sei von den Verantwortlichen in Kabul um sofortiges Eingreifen gebeten worden. Grundlage der militärischen Hilfsaktion, so besagte die Verlautbarung, sei der Artikel 4 des afghanisch-russischen Freundschaftspakts vom 5. Dezember 1978. Der Text: »Im Geist der traditionellen Freundschaft, der guten Nachbarschaft und im Sinne der UNO-Charta handelnd, werden die Vertragspartner miteinander beraten und im gegenseitigen Einverständnis alle Schritte unternehmen, um die Sicherheit, die Unabhängigkeit und die territoriale Integrität zu erhalten.«

Die sowjetische Regierung hat nie eine Erklärung darüber abgegeben, wer das afghanische Hilfsersuchen abgeschickt hat.

Staatspräsident Hafizullah Amin, der sich von den Sowjets bedroht fühlte, konnte es nicht gewesen sein – und Babrak Karmal, den Breschnew bereits zu Amins Nachfolger bestimmt hatte, besaß nicht die Autorität zu einem derartigen Schritt: Er übte kein Amt aus in Kabul. Er befand sich in der Hand der Sowjets – in Taschkent. Doch es war ganz offensichtlich seine Stimme, die am 27. Dezember 1979 über den Sender von Radio Kabul verkündete: »Der Faschist Hafizullah Amin ist gestürzt! Sein faschistisches Regime gibt es nicht mehr!« Der Nachrichtensprecher des Senders ergänzte diese Verkündung: »Babrak Karmal ist zum Ministerpräsidenten und zum Vorsitzenden des Revolutionsrates bestimmt worden!«

Noch wehrte sich die Miliz des Hafizullah Amin im Präsidentenpalast. Amin versuchte telefonisch Garnisonen zu mobilisieren, von denen er annahm, sie stünden noch auf seiner Seite. Um 18.30 Uhr erreichte ihn ein Telefonanruf aus Moskau mit der schroffen Aufforderung, sofort zurückzutreten – nur so könne Blutvergießen verhindert werden. Hafizullah Amin folgte der Aufforderung nicht; er glaubte noch immer, er werde Truppen finden, die ihm gehorchten.

Doch um 18.40 Uhr verstummte das Telefon. Sowjetische Spezialisten, die sich schon seit dem Nachmittag in der Telefonzentrale des Präsidentenpalastes aufgehalten hatten – angeblich zur Sicherung der Verbindungen –, unterbrachen den Funkverkehr.

Kurze Zeit später drangen sowjetische Soldaten in die Amtsräume des Präsidenten ein. Hafizullah Amin wurde gefangengenommen und in die Sowjetbotschaft gebracht. Dort wurde er in den frühen Morgenstunden des folgenden Tages erschossen – nach schweren Mißhandlungen.

Zu diesem Zeitpunkt befanden sich bereits 45 000 sowjetische Soldaten in Afghanistan. Auf der von den Sowjets angelegten Straße über das Hindukuschgebirge und durch den vorsorglich gebauten Salangtunnel fuhren Kolonnen von Panzern und Lastwagen. Perfekt geplant und lange vorbereitet war dieser Einmarsch in Afghanistan. Ermöglicht wurde er durch Baumaßnahmen, die von den Sowjets im Rahmen der Hilfsprogramme durchgeführt worden waren. Dazu gehörten nicht nur der Salangtunnel, sondern vor allem auch die Militärflugplätze, die rings um Kabul und Kandahar entstanden waren. Dort stiegen jetzt die dringend benötigten Spezialtruppen zur Sicherung der Städte aus den Transportmaschinen. Der Aufbau der sowjetischen Streitmacht schritt rasch voran. Mitte Januar betrug die Stärke der Invasionsarmee bereits 75 000 Mann. Mitte Februar befanden sich 90 000 sowjetische Soldaten im Land – meist aus Tadschikistan und Usbekistan. Anfang Mai verfügte der sowjetische Generalstab in Afghanistan über 100 000 Mann. Die nationale afghanische Armee hatte sich dieser Entwicklung zu fügen. Nichts zu bestimmen hatte auch der von Breschnew ernannte Staatspräsident Babrak Karmal.

Babrak Karmal erregt bei Moslems Anstoß: Er hat eine Geliebte

Die Geliebte hieß Anahita Ratebzad und war überaus attraktiv. Sie hatte sich von ihrem Ehemann getrennt, um mit Babrak Karmal zusammenleben zu können. Geschieden aber war Anahita nicht.

Wie sich der neue Präsident in diesem Fall benahm, erregte Anstoß in Kabul. Die Geistlichkeit verurteilte den Staatschef; sein Verhalten verstoße gegen die Gesetze Allahs und sei in hohem Maße unsittlich. Daß Anahita Ratebzad die Nächte in den Präsidentengemächern verbrachte, regte die Gemüter der Händler im Basar auf. Sein Vergehen gegen die traditionell gültigen Regeln islamischer Moral wurde Babrak Karmal nicht verziehen. Dagegen trat die Tatsache, daß er Kommunist war, in den Hintergrund.

Babrak Karmal war, als ganz junger Mann, eines der ersten Mitglieder der Demokratischen Volkspartei Afghanistans gewesen; sie war am 1. Januar 1965 als Geheimbund gegründet worden. Karmal vermied geschickt von Anfang an aggressive revolutionäre Parolen. Zunächst war er, unmittelbar nach der April-Revolution von 1978, im Kreis der islamischen Honoratioren von Kabul ein gerngesehener Gast gewesen. Er galt als Politiker »mit dem man reden konnte«. Daß er dann allerdings die Kühnheit besaß, durchzusetzen, daß seine Geliebte Anahita Ratebzad zur Ministerin ernannt wurde und einen Platz im Kabinett Taraki bekam, schreckte die Honoratioren ab. Sie warfen Karmal vor, er sei seiner Geliebten hörig.

Keine zwei Monate waren vergangen, da zettelte Anahita Ratebzad einen Putsch gegen Staatspräsident Taraki an. Die Rebellion scheiterte. Die Putschistin wurde verhaftet. Taraki hätte sie erschießen lassen können, doch er schickte sie ins Ausland. Karmals Geliebte wurde afghanische Botschafterin in Washington. Da wollte auch Karmal nicht in Kabul bleiben: Er bat um den Botschafterposten in Prag – und er wurde ihm auch übertragen.

Dem Staatspräsidenten Taraki wurde bald schon zugetragen – durch den sowjetischen Geheimdienst –, die beiden hätten begonnen, erneut ihre konspirativen Verbindungen in Kabul zu aktivieren zur Vorbereitung eines weiteren Putschversuchs. Anahita Ratebzad und Babrak Karmal wurden daraufhin von ihren Botschafterposten abberufen. Sie sollten nach Kabul zurückkehren, um dort dem Präsidenten Rede und Antwort zu stehen.

In der afghanischen Hauptstadt wurde bald darauf Taraki erschossen und durch Hafizullah Amin ersetzt. Von einer Rückkehr der beiden Abgesetzten war nicht mehr die Rede. Sie lebten in Prag zusammen – bis sie im Verlauf des Jahres 1979 auf Anordnung Breschnews nach Moskau geholt wurden. Dort hatten sie sich bereit zu halten, bis sie von den Sowjets gebraucht wurden.

Dies geschah in der Zeit zwischen Weihnachten und Neujahr 1979. Den beiden wurde mitgeteilt, ein hohes Parteigremium habe Hafizullah Amin wegen seiner Verbrechen gegen das afghanische Volk zum Tode verurteilt. Die Erschießung habe bereits stattgefunden.

Zum Jahresbeginn 1980 berichteten die Tageszeitungen in Kabul, der neue Staatschef Babrak Karmal habe die »befreundete Sowjetunion« um politische, wirtschaftliche und militärische Hilfe gebeten. Die Chefredakteure der Tageszeitungen wurden von der Staatspartei angewiesen, der »ruhmreichen UdSSR und ihren Truppen« die ewige Dankbarkeit des afghanischen Volkes auszusprechen.

Nichts wurde darüber berichtet, daß immer wieder Kämpfe um die Hauptstadt aufflammten, daß auch in Kabul selbst zur Nachtzeit Schüsse zu hören waren. Die Kampfgeräusche hatten nichts zu tun mit Gefechten zwischen den sowjetischen Truppenverbänden und islamischen Kampfgruppen. Die Schüsse fielen bei Auseinandersetzungen zwischen unterschiedlichen afghanischen Armeeverbänden. Erbittert bekämpften sich Regimenter, die sich mit den Sowjets zusammengetan hatten, und andere, die keine sowjetische Besatzung ihrer Heimat dulden wollten. Wer gegen die Sowjets war, der sollte auf Befehl von Babrak Karmal entwaffnet werden. Doch die nationalistisch orientierten Offiziere und Soldaten ließen sich ihre Panzer und Geschütze nicht ohne Gegenwehr abnehmen. Als dann die hartnäckigen afghanischen Nationalisten in der Armee erkannten, daß die Verteidigung gegen die Feuerkraft der Sowjets ohne Aussicht auf Erfolg war, lösten sich viele Einheiten selbst auf. Offiziere und Soldaten gingen mit ihren Waffen zu islamischen Kampfgruppen über. Karmal gab die Anweisung, daß neue Verbände aufzustellen seien. Ihre Ausbildung sollte außerhalb des Landes, in der sowjetischen Teilrepublik Usbekistan erfolgen. Doch für die Reise nach Usbekistan meldeten sich nur wenige junge Afghanen.

Babrak Karmal bekam das Land nicht in den Griff. Die Mehrheit der Bevölkerung stellte sich gegen ihn. Das hing damit zusammen, daß er sein persönliches Leben nicht ändern wollte. Er wohnte weiterhin mit Anahita Ratebzad zusammen. Sie zeigte sich europäisch gekleidet in der Öffentlichkeit, sie soll sogar Zigaretten geraucht haben. Nicht nur die Sheikhs der traditionell orientierten Sippen waren darüber empört, sondern auch mancher Offizier mit marxistischer Orientierung. Die Folge dieses Prestigeverlusts des Staatspräsidenten war, daß sowjetische Generäle gezwungen waren, die Führung Afghanistans in die Hand zu nehmen.

So aber hatten sich die Kremlherren das Regime ihres Günstlings Babrak Karmal nicht vorgestellt. Sie begriffen, daß sie sich den falschen Mann ausgewählt hatten. Sie erkannten auch die Konsequenz ihrer Fehlentscheidung: Ein langer Krieg in Afghanistan stand dem russischen Volk bevor.

Peters des Großen Vision erfüllt sich auch diesmal nicht

Eigentlich waren die Mächtigen im Kreml ihren Wunschvorstellungen nahe gekommen. Die Südgrenze ihres Machtbereichs hatte sich um rund 1200 Kilometer in Richtung auf die »Arabische See« verschoben. Ihre Streitkräfte hatten die Ufer der »warmen Gewässer« vor sich. Es fehlte, um die Vision völlig Realität werden zu lassen, nur die Besetzung des Landstrichs Belutschistan, der zu Pakistan gehörte. Was sich Zar Peter der Große erhofft hatte, konnte nun in Erfüllung gehen – so glaubten die Berater von Breschnew.

Doch von Tag zu Tag bekamen die sowjetischen Truppen in Afghanistan stärker die Abneigung der Menschen in Dörfern und Städten zu spüren. Sie mußten feststellen, daß das Wort »Russe« eine schlimme Beschimpfung geworden war. Das Schlagwort ging um im Land: »Ein Russe ist ein geringeres Wesen als ein Hund!« Ließen sich russische Soldaten in kleineren Gruppen blicken, wurden sie aus dem Hinterhalt angegriffen und meist getötet.

Auch westliche Europäer waren bedroht, wenn sie für Russen gehalten wurden. Zehn Monate nach dem russischen Einmarsch wurden zwei deutsche Ehepaare samt ihren Kindern im Stadtbereich von Kabul erschossen. Die Familien hatten zur Entspannung einen Picknickausflug unternommen. Eine Gruppe bewaffneter Afghanen glaubte, Russen aufgestöbert zu haben. Die sowjetischen Soldaten, denen gesagt worden war, sie seien zum Schutz gegen eine »faschistisch-amerikanische Invasion« ins Land gerufen worden, begriffen langsam, daß sie als Feinde betrachtet und behandelt wurden. Die Sowjets reagierten durch noch härteres Vorgehen.

Im Februar 1980 organisierten Geistliche und Stammessheikhs eine Demonstration gegen die sowjetische Präsenz im Lande. Das Ziel war, den Generälen der Sowjetarmee zu zeigen, daß ihr Bemühen, den Staatsapparat in die Hand zu bekommen, nicht akzeptiert wurde.

Im Regierungspalast, der den Namen »Arg« trägt, hatte sich die sowjetische Verwaltung eingerichtet. Von dort aus gab Wassili Sofrontschuk seine Befehle. Er hatte die Funktion eines »Hohen Kommissars«, doch die Sowjets hatten die Verwendung dieses Begriffs mit Absicht vermieden. Sofrontschuk erhielt Anweisungen aus der KGB-Zentrale in Termes im Tal Amu Darya, an der Grenze zur Sowjetunion.

Hausherr des »Arg« war immer noch Babrak Karmal – auch wenn sich Sofrontschuk als der Vorgesetzte von Karmal gebärdete. Sofrontschuk gebrauchte für seine Zentrale den Namen »Arg«, der »Palast« bedeutete. Karmal nannte seinen Dienstsitz »Khani Khalq« – Haus desVolkes. Von Bedeutung war, daß das Volk diese Bezeichnung nie angenommen hatte.

Im »Arg« befand sich ein Kellergeschoß, über das allein Wassili Sofrontschuk verfügte: Es war das KGB-Gefängnis, das berüchtigt war wegen der Foltermethoden, die dort angewandt wurden. Der Keller des »Arg« war damals der gefürchtetste Ort in Afghanistan.

Gegen Sofrontschuk richtete sich im Februar 1980 der Protest der Menschen von Kabul. Das Leben der Stadt kam völlig zum Erliegen. Die Massen zogen auf das Arg-Gebäude zu. Die Situation wurde bedrohlich. Hätten die sowjetischen Truppen nicht geschossen, wäre der Amtssitz von Karmal und Sofrontschuk gestürmt worden. 30 Demonstranten starben durch sowjetische Geschosse.

Am 21. April sollte eine neuentworfene Flagge für die »Demokratische Republik Afghanistan« enthüllt und dem Volk präsentiert werden. Das Staatswappen wurde gekrönt durch einen roten Stern, der genau dem roten Stern über dem Kreml entsprach. Jugendliche rotteten sich zusammen, um gegen die Flaggenenthüllung zu protestieren. Eine sowjetische Patrouille fuhr auf die Demonstranten zu, um sie einzuschüchtern und zu vertreiben. Die jungen Männer packten jedoch die Soldaten, die im offenen Fahrzeug fuhren, warfen sie auf die Straße und erschlugen sie. Minuten später erstarb das Triumphgeschrei der Jugendlichen, die glaubten, einen Sieg über »die Russen« errungen zu haben. Sowjetische Panzer fuhren auf und schossen in die Menge, die zuvor rasch angewachsen war. Über die Zahl der toten Jugendlichen war danach nichts zu erfahren.

Nur wenige Tage später bewarfen Schülerinnen der einzigen Mädchenschule von Kabul den Wagen des Sowjetbotschafters mit Dreckklumpen. Das Fahrzeug bog in der Nähe des Zoologischen Gartens von Kabul in den Boulevard Darnlaman ein. Hinter der Limousine des Botschafters fuhr der offene Wagen der bewaffneten Begleiter. Sie feuerten sofort auf die Mädchen. Tote lagen auf der Straße. Die Folge war, daß einige tausend junger Menschen zusammenströmten. Sie schrien: »Tod dem Babrak Karmal! Tod den Russen!« Vom sowjetischen Botschafter über Funk herbeigerufen, tauchten Panzer in der Stadtmitte auf. Sie schossen mit ihren Kanonen und Maschinenwaffen auf die Menge. Dreizehn Tote und sechzig Verletzte sollen weggetragen worden sein. Nach diesen Ereignissen besetzte die sowjetische Armee wichtige Punkte in allen Stadtvierteln von Kabul – insbesondere nahe bei der Sowjetbotschaft, beim Regierungspalast, beim Elektrizitätswerk und beim Verteidigungsministerium. Die afghanische Hauptstadt befand sich fortan im eisernen Griff der sowjetischen Armee.

Weltweite Proteste gegen die sowjetische Invasion

Bereits um die Jahreswende 1979/80 waren die Herren im Kreml heftig beschimpft worden, ihre übermächtige Armee habe ein souveränes, aber armes Land überfallen und besetzt. Breschnew wurde beschuldigt, den Staat Afghanistan seinem Riesenreich einverleibt zu haben.

Der amerikanische Präsident Jimmy Carter nutzte die direkte telefonische Verbindung zum Kreml, um Breschnew aufzufordern, Afghanistan sofort räumen zu lassen. Carter beschuldigte den mächtigsten Mann der riesigen Sowjetunion, er habe den Machtwechsel zu Babrak Karmal durch seine Agenten inszenieren und durchführen lassen; er habe dafür gesorgt, daß der souveräne Staat Afghanistan aufgehört habe zu existieren.

Der amerikanische Präsident fand internationale Zustimmung. Die Sowjetunion aber verlor innerhalb weniger Tage den von ihrer

Führung bewußt gepflegten Ruf, sie sei der Hüter unterdrückter Völker der Welt.

In den »blockfreien« Staaten machte sich Erschrecken breit, Breschnew habe sich schlimmer verhalten, als es sich die »imperialistischen und kolonialistischen« westlichen Regime jemals haben zuschulden kommen lassen.

In den islamischen Ländern war die Empörung gewaltig. Der Vorwurf lautete: Da war ein islamisches Land überfallen worden; da hatte der Marxismus, der Kommunismus den Krieg begonnen gegen die islamische Bevölkerung von Afghanistan.

Als Präsident Carter von der Bedrohung des Weltfriedens sprach, fand er durchweg Zustimmung. Als er »ernsthafte Konsequenzen« ankündigte, wurde ihm geglaubt. Doch Jimmy Carter befand sich in der mißlichen Lage, daß er sich genau zur selben Zeit mit dem Problem der amerikanischen Geiseln befassen mußte, die in der Teheraner US-Botschaft von Anhängern des Ayatollah Ruhollah Chomeini festgehalten wurden. Für Carter war die Vertreibung des Schahs im Januar 1979 und der sowjetische Einfall in Afghanistan am Ende jenes Jahres ein zusammenhängender Konflikt, der von Moskau aus zum Schaden der USA und der westlichen Welt entflammt worden war. Der Präsident war sich bewußt, daß er im Herbst 1980 Wahlen zu überstehen hatte, die er nur dann gewinnen würde, wenn er das Geiselproblem in Teheran und die Affäre Afghanistan meistern konnte.

Zum zweiten Mal benützte Jimmy Carter die direkte Telefonleitung zum Kreml. Breschnew mußte sich sagen lassen, er habe nicht die Wahrheit gesagt, als er behauptet hatte, die sowjetische Armee habe offizielle Hilferufe aus Afghanistan erhalten. Diese offensichtliche Unwahrheit aber zerstöre die Grundlage der amerikanisch-sowjetischen Beziehungen. Carter sprach in scharfem Tonfall, und er wählte einen unfreundlichen Wortschatz.

Zum Erstaunen der Kremlführung ließ es Carter nicht mit Worten bewenden. Am 5. Januar verschob das Weiße Haus die Ratifizierung des Salt-2-Abkommens durch den Senat; damit gab es zunächst keine Absprache mehr über die Begrenzung der Anzahl strategischer Waffen. Deutlich wurde, daß die von Breschnew angestrebte Entspannung zwischen Ost und West zumindest für den damaligen Zeitpunkt von Washington nicht mehr angepeilt wurde.

Die Gremien, die für Konfliktfälle zuständig waren, wurden zu Konsultationen aktiviert: In Brüssel befaßten sich Ausschüsse der NATO mit dem Thema der sowjetischen Aggression. Der amerikanische Außenminister Warren Christopher bereiste die europäischen Hauptstädte, um Einigkeit im weiteren Vorgehen zu erzielen. Es stellte sich dabei bald heraus, daß die europäischen Regierungen ihre Unterstützung der Politik der US-Regierung auf verbale Mahnungen in Richtung Kreml beschränken wollten.

Das richtige Gremium für derartige Mahnungen war der Weltsicherheitsrat der Vereinten Nationen. UNO-Generalsekretär Kurt Waldheim sorgte dafür, daß eine Sondersitzung stattfand. Babrak Karmal protestierte zwar gegen die Beratung über Ereignisse in »seinem Land«, gegen »ungerechtfertigte Einmischung«, doch er schickte seinen Außenminister zur Teilnahme an der Sitzung nach New York.

Der sowjetische Vertreter im Weltsicherheitsrat versuchte, die offensichtlich antisowjetische Stimmung der Delegierten zu sowjetischen Gunsten zu verändern. Er beschuldigte die US-Regierung, sie habe sich in Afghanistan eingemischt; dabei hätten ihnen andere Staaten geholfen: Pakistan, Iran, Israel, Ägypten und China. Angesichts dieser massiven Einmischung habe die Sowjetunion keine andere Wahl gehabt, als dem bedrohten afghanischen Volk beizustehen.

Die Streitgespräche im Weltsicherheitsrat mußten ohne Ergebnis bleiben, da die Sowjetunion in der Lage war, Sicherheitsratsbeschlüsse durch ihr Veto zu blockieren. Dies geschah: Die UdSSR legten ihr 113. Veto seit Bestehen des Sicherheitsrates ein.

Da die in der UNO zusammengeschlossenen Staaten zwar in ihrer Mehrheit die amerikanische Politik stützten, in der Praxis aber ihren Willen nicht durchsetzen konnten, wollte Präsident Carter im Alleingang vorgehen: Er legte einen Katalog der Maßnahmen vor, die gegen die Sowjetunion in Kraft treten sollten. Die wichtigsten Punkte waren: Senkung der Getreideexporte in die UdSSR, gesperrt werden sollte die Ausfuhr von Futterweizen und Mais. Da die sowjetische Fleischproduktion von derartigen Lieferungen abhing, traf diese Embargomaßnahme den sowjetischen Verbraucher; ihm stand künftig weniger Fleisch zur Verfügung. Da mit Protesten der amerikanischen Landwirtschaft zu rechnen war, versprach Carter sofort, daß Getreide, das nicht an die UdSSR geliefert werde, einer anderen Verwendung zugeführt werde – zum Beispiel der Erzeugung von Treibstoffen.

Als zweite Maßnahme, die von Bedeutung war, verkündete der amerikanische Präsident die völlige Unterbrechung des Technologietransfers in die Sowjetunion. Die sowjetische Armee und die Wirtschaft sollten keinen Zugriff mehr haben zur Computertechnik des Westens.

Überraschend war eine Maßnahme, die von der Sportwelt kontrovers diskutiert wurde: Carter gab bekannt, die Vereinigten Staaten von Amerika hielten die Teilnahme an den Olympischen Sommerspielen in Moskau für unangebracht.

Außenminister Gromyko reagierte scharf auf diesen Maßnahmenkatalog. Er meinte, der Gedanke, die starke Sowjetunion könne durch ein derartiges Embargo in die Knie gezwungen werden, sei einem kranken Hirn entsprungen. Gromykos Verteidigung der sowjetischen Politik nahm zur Grundlage, daß sich auf Betreiben der Amerikaner andere Staaten, »die von den USA abhängig waren«, bereits in Afghanistan engagiert hatten. Der Chef der sowjetischen Außenpolitik besaß Informationen, daß Freiwillige aus Saudi-Arabien in den Bergen des Hindukusch am Kampf beteiligt seien – sie seien zu den »islamischen Banden« gestoßen, »um die Kräfte des Fortschritts zu hindern, die Zukunft des afghanischen Volks zu sichern«.

»Die Russen verbrennen Moslems« – Einsatz von Napalmbomben

Während der ersten Monate des Jahres 1980 glaubte die Führung der sowjetischen Luftwaffe in Afghanistan, ihre Waffen seien in der Lage, die Rebellennester »auszuräuchern«. Die Heeresleitung hatte erkennen müssen, daß Erfolge beim Einsatz von Bodentruppen gering waren. Panzervorstöße blieben meist in Schluchten des Berglandes stecken. Eine freie Entfaltung der schweren Kettenfahrzeuge war in der Enge der Täler unmöglich. Sie wurden Opfer der Panzerabwehrraketen, die inzwischen aus US-Armeebeständen auf dem Weg von Saudi-Arabien und Pakistan in Kandahar eingetroffen waren. Während einer Woche verlor die sowjetische Truppe zwanzig Panzer.

Die Luftwaffenführung entschloß sich, in dieser Situation Napalm einzusetzen. Sie hatte allerdings kaum praktische Erfahrung in der Anwendung dieser Waffe. Die eigene Entwicklung von Napalmbomben hatte sich an amerikanischen Produkten dieser Art orientiert.

Die für die Herstellung von Napalm verwendeten Grundsubstanzen sind einfach herzustellen. Der Name »Napalm« gibt schon einen Hinweis: Es ist ein Kunstwort, das aus der Verkürzung und der Zusammenziehung der Begriffe Naphtensäure und Palmitinsäure gebildet ist. Bei der Vermischung der beiden Säuren mit flüssigen Kohlenwasserstoffen – zum Beispiel mit Benzin – entsteht eine zähe Masse, die in einen Metallkanister gefüllt wird. Die Masse entzündet sich beim Aufschlag des Kanisters und verbrennt bei einer Temperatur von ungefähr 2000 °C. Napalmopfer erleiden schlimme Verbrennungen, die meist tödliche Folgen haben. In Afghanistan verbreitete sich rasch die Schreckensmeldung: »Die Russen verbrennen Moslems!«

Daß die »Heiligen Krieger des Islam« im Napalmfeuer starben, empörte die Mullahs und die Sheikhs der Stämme. Sie klagten nicht darüber, daß islamische Afghanen als Verteidiger des Glaubens gegen den Unglauben starben, sondern daß ihre Körper durch Flammen aufgezehrt wurden. Darin sahen vor allem die Geistlichen einen schlimmen Verstoß gegen Glaubensgesetze, die vorschrieben, daß die Leiche intakt bleiben müsse.

Die islamischen Geistlichen fühlten sich verpflichtet, im Interesse der Kämpfer zu handeln. Sie wählten die Entschlossensten unter ihnen aus, sich nach Kabul zu begeben und zu protestieren. Als Gesprächspartner suchten sie sich mit Bedacht Anahita Ratebzad aus, die Geliebte des Staatspräsidenten Babrak Karmal. Sie war zu diesem Zeitpunkt Erziehungsministerin. Obgleich sie kaum eine Bindung an den Islam besaß, begriff sie, daß die Folgen des Napalmfeuers die religiösen Gefühle der Gläubigen tief verletzten.

Anahita Ratebzad berichtete ihrem Geliebten vom Anliegen der Mullahs. Der Staatspräsident empfand ebenfalls Mitgefühl und wandte sich an Wassili Sofrontschuk, dem einzig Mächtigen in Kabul. Der »Hohe Kommissar« fühlte sich von diesem Problem nicht berührt – und seine Militärkommandeure auch nicht.

Mit dieser Reaktion gab sich Babrak Karmal nicht zufrieden. Er schickte einen seiner Minister, der im Kreml angesehen war, nach Moskau zu Gesprächen mit der sowjetischen Staatsspitze.

Im Kreis um Breschnew wurde das Problem rasch erkannt: Die Nachricht, daß Moslems im Krieg mit den Sowjets den »Feuertod« starben, löste in der islamischen Welt scharfe Reaktionen aus. Die Kremlführung hielt es im April 1980 für klug, den Einsatz der Waffe Napalm zu beenden.

Obgleich sich Babrak Karmal für die Mullahs und für die Gläubigen eingesetzt hatte, verbesserte sich sein Verhältnis zu den Chefs des islamischen Widerstands nicht. Sie brachen den Kontakt zum Regierungspalast in Kabul ab.

Die sowjetische Militärführung dachte sich eine andere Art der Kampfführung aus: Sie setzte Kampfgas ein. Allerdings verwandte sie eine Sorte, die nicht tödlich wirkte – sie löste heftigen Hustenreiz, Erbrechen und Schwindelanfälle aus.

Die Gaskanister wurden aus Hubschraubern über den Rebellennestern abgeworfen. Die Moslemkämpfer, dem Ersticken nahe, verließen in Panik ihre Verstecke, nur vom Willen getrieben, unverseuchte Luft zu atmen. Kaum aber liefen sie ungeschützt durch das Gelände, wurden sie aus den Hubschraubern mit Geschoßgarben aus den Maschinengewehren niedergemäht.

Obgleich sich die Erkenntnis durchgesetzt hatte, daß die Kriegführung am Boden im zerklüfteten Bergland von Afghanistan keine Chance hatte, wurden die sowjetischen Truppenkontingente verstärkt. Durch den Salangtunnel im Hindukusch rollten Tag für Tag Panzerkolonnen. In der Mitte des Jahres 1981 befanden sich 5500 gepanzerte Kettenfahrzeuge im Land südlich des Amu Darya. Zehn sowjetische Divisionen standen im Norden und Osten Afghanistans zum Kampf bereit. Doch die entscheidende Schlacht fand nicht statt. Die aufständischen islamischen Stämme lernten die Taktik des Guerillakriegs: »hit and run«. Der Abnützungskrieg hatte begonnen, der Jahre dauern sollte. Der Welt wurde der Name bekannt, den sich die islamischen Krieger selbst gegeben hatten: Mujaheddin – die Streiter für den Glauben.

Die afghanischen Moslems kämpfen nicht allein

Sie wurden bald schon die »Afghanischen Araber« genannt, die Freiwilligen aus den arabischen Ländern, die sich bereit erklärten, an der Seite ihrer bedrohten islamischen Brüder gegen die ungläubigen Marxisten zu kämpfen. Junge Männer aus Algerien, Ägypten, aus Kuwait und vor allem aus Saudi-Arabien hatten sich zuerst in Pakistan aufgehalten, um sich dort in die Kämpferlisten der Hisb e Islami eintragen zu lassen. Diese Organisation – die »Islamische Partei« wurde von Gulbuddin Hekmatyar geleitet, der von der amerikanischen Regierung mit Geld und Waffen unterstützt wurde. Der amerikanische Geheimdienst CIA hat Hisb e Islami ab Sommer 1980 mit einer jährlichen Zahlung von fünf Millionen Dollar und mit der kostenlosen Lieferung von Stinger-Raketen versorgt. Ohne durch geheime Hilfe hätte der Widerstand gegen die sowjetische Invasion gar nicht auf Dauer organisiert werden können.

Die Geheimhaltung der Unterstützung für Hisb e Islami wurde erst zu Beginn des Jahres 1986 aufgegeben: Zu diesem Zeitpunkt stimmte Präsident Ronald Reagan einer engen Zusammenarbeit zwischen CIA und der islamischen Widerstandsorganisation in Afghanistan offen zu. Vorausgegangen war die Überzeugungsarbeit des damaligen Chefs der CIA, William Casey, gegenüber dem Kongreß. Casey hatte einleuchtend dargestellt, daß die Präsenz der UdSSR südlich des Flusses Amu Darya eine Bedrohung darstelle für die lebenswichtigen Interessen der USA in der Ölregion am Persischen Golf. Die Kongreßabgeordneten stimmten einem offiziellen und umfassenden Hilfsprogramm für die Gegner der Sowjetunion und der Marxisten in Afghanistan zu. Von nun an wurden Stinger-Raketen in großer Menge über Pakistan an die Mujaheddin geliefert. Sie erwiesen sich als wirkungsvoll im Kampf gegen sowjetische Hubschrauber. Die Rakete war einfach zu bedienen. Einzelkämpfer schossen sie von der Schulter ab.

Das Hilfsprogramm der USA sah auch die Entsendung von amerikanischen Ausbildern vor. Sie richteten bald darauf am Westabhang des Kyberpasses Trainingscamps ein. William Casey inspizierte diese Ausbildungszentren persönlich. Im Auftrag von Ronald Reagan kam er in das afghanische Grenzgebiet. Begleitet wurde er vom damaligen pakistanischen Staatschef Zia ul-Haq. Die gemeinsame Reise per Hubschrauber konnte damals unbeobachtet durchgeführt werden; für Kamerateams und Auslandskorrespondenten war der Konflikt in Afghanistan nicht interessant genug. Dieser asiatische Raum lag nicht im Blickfeld der Welt.

Beschlossen wurde damals am Kyberpaß die enge Zusammenarbeit zwischen CIA und dem pakistanischen Geheimdienst Interservices Intelligence (ISI). Vom ISI war der Gedanke entwickelt worden, junge Moslems, die von ihrem Glauben besonders überzeugt waren, für den Kampf gegen die »gottlosen Russen« zu aktivieren. Präsident Zia ul-Haq gefiel dieser Gedanke sehr, gab er ihm doch die Möglichkeit, der Welt zu zeigen, daß sein Land Vorkämpfer war für die Sache des Islam in der Auseinandersetzung mit dem Marxismus. Zia ul-Haq ließ damals in seiner Hauptstadt Islamabad ein Monument errichten, das Zeugnis sein sollte für die machtvolle Position Pakistans in der Welt des wahren Glaubens: Eine Moschee wurde gebaut, die mehr Gläubige aufnehmen konnte, als jede andere Moschee der Welt. Deutlich sichtbar sollte Pakistan zur Bastion werden in der Abwehr des gottlosen Kommunismus.

Der pakistanische Präsident, der den Titel »Martial Law Administrator« trug – Verwalter des Kriegsrechts – wurde in seiner Politik von Saudi-Arabien unterstützt. Die regierende Familie as-

Saud war überzeugt, sie könne durch Partnerschaft mit Zia ul-Haq ihren eigenen Einfluß in der Region stärken. Besonders Prinz Turki Ibn Faisal war die treibende Kraft innerhalb der Königsfamilie für Parteinahme im Afghanistankonflikt. Er war damals etwa 30 Jahre alt; ein Sohn des verstorbenen Königs Faisal, und damit ein Enkel des Staatsgründers Ibn Saud. Prinz Turki gehörte zur zweiten Generation der Prinzen Saudi-Arabiens. Wer ihr angehörte, der war vom Willen getrieben, sich zu lösen von den mächtigen Herren der ersten Generation, die durch Männer wie Faisal, Khaled und Fahd geprägt war. Die erste Generation, deren Älteste jetzt noch das Sagen hatten, waren aufgewachsen im Bann der gewaltigen Persönlichkeit Ibn Sauds. Die zweite Generation war der Meinung, die Sippe as-Saud habe Funktionen in der Welt zu übernehmen, die darüber hinausgingen, den Industrienationen Öl zu liefern und dafür Dollars zu kassieren.

Prinz Turki Ibn Faisal hatte es geschafft, sich gegen zahlenmäßig starke Prinzenkonkurrenz der zweiten Generation durchzusetzen. Er war oben in der Prinzenhierarchie – ihm unterstand der saudiarabische Geheimdienst. In dieser Funktion besaß Turki Ibn Faisal die Möglichkeit zu sondieren, wo sich der Staat des Saudiclans nützlich machen konnte. Der Geheimdienstchef sah schließlich seine Aufgabe darin, mitzuwirken, daß die Sowjetunion nicht einbrechen konnte in die Region der Arabischen See und des Persischen Golfs. Der Marxismus durfte dem Islam nicht gefährlich werden.

Osama Bin Laden im Dienst des Saudi-Prinzen

Prinz Turki Ibn Faisal hatte mit dem CIA-Chef William Casey darüber gesprochen, daß sich junge Männer in großer Zahl aus Arabien, und besonders aus Saudi-Arabien, zum Einsatz auf seiten der islamischen Kampfgruppen in Afghanistan melden. Während dieses Gesprächs war von Casey der Gedanke entwickelt worden, den saudiarabischen Kämpfern müßte ein Führer aus der eigenen Königsfamilie vorangestellt werden: Ein Prinz aus der zweiten

Generation wäre – nach Meinung des Chefs der CIA – die ideale Persönlichkeit für eine solche Aufgabe. Casey sah schon die Schlagzeile vor sich: »Saudiprinz führt die arabische Koalition im Kampf gegen den Kommunismus«. Casey stellte die Frage, ob nicht Prinz Turki Ibn Faisal selbst das Kommando über die »saudiarabischen Afghanen« übernehmen könnte.

Caseys Hintergedanke war, amerikanische Aktivitäten hinter einem breiten, saudiarabischen Rücken zu verbergen. Es sollte nicht offensichtlich sein, daß amerikanische Energiekonzerne an Plänen arbeiteten, Pipelines für Erdgas über den Hindukusch zu legen, um zentralasiatische Gasvorkommen zu nutzen. Ehe diese Aufgabe angepackt werden konnte, mußte die Rote Armee aus Afghanistan vertrieben werden und war der sowjetische Einfluß in Usbekistan zu schwächen. Noch immer war Usbekistan eine Sowjetrepublik.

Ein zweiter Hintergedanke des CIA-Chefs war, daß ein Prinz aus der regierenden königlichen Familie die richtige Person sein könnte, um dem einstigen König von Afghanistan, der 1973 von Mohammed Daud gestürzt worden war, die Rückkehr nach Kabul zu ermöglichen. Der einstige König, Zahir Schah, lebte noch immer im Exil in Rom; aus Kabul traf dort regelmäßig die Pensionszahlung ein. Der amerikanische Geheimdienst und das State Department planten schon zu Beginn der 80er Jahre die Wiedereinsetzung des alten Mannes in den Königspalast von Kabul.

Prinz Turki Ibn Faisal wehrte ab: Er sei saudiarabischer Geheimdienstchef und dürfe deshalb nicht selbst an Aktionen teilnehmen. Er fand auch keinen anderen jungen Mann aus der zweiten Prinzengeneration. Doch Prinz Turki kannte jemand, der diese Aufgabe erfüllen konnte: Ein junger eifriger Moslem, der Osama Bin Laden hieß – ein Mann aus überaus wohlhabender Familie, die mit dem königlichen Haus eng verbunden war, schon seit der Zeit des Königs Ibn Saud.

Im Jahr 1929 war der Vater Mohammed Bin Laden als Maurer nach Mekka gekommen. Er stammte aus dem Jemen. Seine Heimat hatte er verlassen, weil in diesem armen Land nur wenig gebaut wurde. Mohammed Bin Laden hatte Ideen, wie prächtige Häuser auszusehen hatten – obgleich er solche Objekte noch nie wirklich betrachtet hatte. Der Maurer hatte Fotos von Cairo und

Damaskus in der Hand gehabt; dort gab es Paläste. Ähnliche wollte er selbst bauen – auch ohne besondere Ausbildung.

In Mekka wollte er seine Ideen realisieren, in der heiligsten Stadt des Islam. Doch da gab es einen weiteren Grund, warum es ihn nach Mekka zog: Der Herrscher dort hatte Geld – und es sah so aus, als ob er bald aus dem florierenden Ölgeschäft noch größeren Reichtum gewinnen könnte. Mit diesem König Ibn Saud bekannt zu werden, war die Absicht des Maurers Mohammed Bin Laden.

Mekka war damals eine kleine Stadt, die der König, der in Riyadh residierte, nur zu Festtagen besuchte. Da sah er die baulichen Veränderungen im Stadtbild, und er fragte seine Höflinge und die Geistlichen aus Mekka, wer wohl dafür verantwortlich war. Und dem König wurde geantwortet, die neuen Gebäude seien alle vom Baumeister Mohammed Bin Laden errichtet worden. Ibn Saud ließ den Mann aus dem Jemen zu sich kommen, und er bekam den Eindruck, den Richtigen vor sich zu haben für Bauten im Bereich der Großen Moschee von Mekka, in deren Innenhof sich die Ka'aba befindet.

Der Auftrag kam zustande – und seither war Mohammed Bin Laden der bevorzugte Baumeister der Könige Ibn Saud, Saud Ibn Abdel Aziz und Faisal. Die Ausführung der Aufträge wurde königlich honoriert. Die Baufirma Bin Laden florierte. Die Dollarmillionen sammelten sich an auf dem Konto der Familie Bin Laden.

Sie war auch rasch gewachsen. Nach der Sitte der Arabischen Halbinsel begnügte sich der wohlhabende Bauunternehmer nicht mit einer Frau. Vier waren ihm nach islamischer Sitte erlaubt. Er besaß auch nie mehr als vier auf einmal; aber durch Scheidung und Zuheirat vergrößerte sich die Zahl insgesamt auf zwölf. Von diesen zwölf Frauen bekam er 52 Kinder – etwa je zur Hälfte Söhne und Töchter. Das siebzehnte der Kinder war der Sohn Osama.

Osamas Mutter unterschied sich der Herkunft nach von den anderen Frauen der Familie. Sie stammte aus Syrien. Alle anderen stammten entweder aus Saudi-Arabien oder aus Ägypten. Die Syrerin fühlte sich isoliert – sie hatte keine Gemeinsamkeit mit den anderen. Dazuhin wurde sie nach der Geburt des Osama nicht mehr schwanger. Dies hatte zur Folge, daß Mohammed Bin Laden sie weniger achtete als die anderen. Auch dem Sohn wurde weniger Aufmerksamkeit geschenkt. Er lebte mit der Mutter zusammen in einem eigenen Haus. Osama hatte Zeit, sich mit sich selbst zu beschäftigen und im Koran zu lesen. Als er heranwuchs, bekam er Kontakt zum ebenfalls heranwachsenden Prinzen Turki Ibn Faisal. Die beiden verstanden sich.

Einen Beruf und einen Lebenszweck hatte Osama nicht – bis er vom Prinzen Turki gefragt wurde, ob er im Auftrag des Hauses as-Saud die Aufgabe übernehmen würde, die »saudiarabischen Afghanen« zu führen. Osama war bereit dazu – und die Familie Bin Laden hatte nichts dagegen einzuwenden. Aus dem Vermögen der Baufirma sollte ein Teil des Geldes fließen, das zur Finanzierung der Reise und des Unterhalts der »saudiarabischen Afghanen« nötig war.

In Peshawar, der Stadt an der Ostseite des Kyberpasses, fand Osama Bin Laden zwei Organisationen vor, die sich um die Freiwilligen aus der arabischen Welt kümmerten: Die World Muslim League und die Moslembruderschaft. Beide Organisationen verfügten über Dollars, die aus religiösen Stiftungen in den Golfemiraten stammten. Verwalter der Gelder war der Palästinenser Abdullah Azam.

In Peshawar traf Osama Bin Laden einen Geistlichen, dessen Gedanken er in sich aufnahm, weil er schon seit der Zeit seiner frühen Jugend mit Ansätzen dieser Gedankenwelt vertraut war. Der Geistliche hieß Abdul Rasul Sayyaf. Er befand sich auch im Auftrag der königlichen Familie in Saudi-Arabien, um unter den arabischen Kämpfern für die besondere saudiarabische Ausprägung des Islam zu werben. Diese Ausprägung wird von Historikern »Wahabismus« genannt. In Saudi-Arabien ist der Begriff »Wahabismus« verpönt.

Der Wahabismus – die Wurzel der Taliban

Es war um das Jahr 1760 christlicher Zeitrechnung, da hat ein Sippenchef auf der Arabischen Halbinsel, sein Name war Emir Mohammed Ibn Saud, einen Wanderprediger in seinen Stamm aufgenommen, der Mohammed Ibn Abdel Wahab hieß. Der Prediger, so wird berichtet, habe die freundliche Aufnahme mit diesen Worten beantwortet: »Ehre und Macht sind für dich bestimmt, o Mohammed Ibn Saud. Wer an Allah glaubt, und wer in seinem Sinne das Leben einsetzt, dem fällt die Herrscherwürde zu über das Land und über die Menschen.«

Ort der Begegnung zwischen dem Prediger und dem Emir war die Oase Diraiyah gewesen, die nur wenige Kilometer von Riyadh entfernt liegt. Die Oase war damals, vor mehr als 240 Jahren, der Mittelpunkt des Siedlungsgebiets der Sippe as-Saud.

Der Stamm as-Saud gehörte nicht zu den starken und mächtigen Großfamilien der Arabischen Halbinsel, doch er war angesehen. In den Schutz dieser Sippe begab sich der Prediger. Er war auf der Flucht vor Feinden, die seinen Glaubenseifer haßten. Sie wollten nicht dulden, daß Mohammed Ibn Abdel Wahab liebgewordene Traditionen, Gewohnheiten abschaffen wollte, weil sie – nach seiner Ansicht – nicht den Vorschriften des Koran und dem Beispiel entsprachen, das der Prophet Mohammed einst vorgelebt hatte. Strenggenommen sollte der Gläubige so leben, wie einst der Gesandte Allahs. Die Existenz jedes einzelnen Menschen war – nach der unabdingbaren Meinung des Predigers – am Maßstab zu beurteilen, den Mohammed bis zu seinem Tod im Jahre 632 n. Chr. gesetzt hatte.

Mohammed Ibn Abdel Wahab stammte aus einer Familie, in der es schon seit Jahrhunderten Tradition war, daß mindestens einer der Söhne Geistlicher wurde. Sein Vater war Kadi, ein Spezialist des islamischen Rechts. Er wirkte als Richter in der Oase Ayaina; sie liegt im Herzen der zentralarabischen Oasenregion.

Die geistlichen Vorfahren waren allesamt dafür bekannt gewesen, daß sie die Glaubensgrundsätze des Islam strenger beachtet hatten, als es üblich war. Sie hatten gegen Gleichgültigkeit und Nachlässigkeit gepredigt – und sie hatten das Gewissen der Gläubigen aufgerüttelt. Mohammed Ibn Abdel Wahab aber entwickelte die Strenge der Vorfahren weiter. Er beschimpfte in der Oase Ayaina diejenigen, die sich den Gang zum Gebet in der Moschee abgewöhnt hatten; er klagte sie an, sie seien Feinde Allahs. Sein Versuch, Askese der Oasenbewohner erzwingen zu wollen, wurde zuerst belächelt, schließlich löste er Zorn aus. Der Prediger aber wollte sich nicht beirren lassen.

Da der Prophet Mohammed bestimmt hatte, allein Allah dürfe angebetet werden, begann Mohammed Ibn Abdel Wahab gegen Heiligtümer in der Oase zu polemisieren, die im Lauf der Jahrhunderte entstanden, und die den Gläubigen ans Herz gewachsen waren. Er rief die Gläubigen dazu auf, die Grabmäler der Heiligen einzuebnen. Frauen sollten sich nicht mehr vor den Gräbern verehrter Verstorbener verneigen dürfen, um sich Fruchtbarkeit und Geburt eines Sohnes zu erbitten. Die Überzeugung der Frauen in der Oase, die Ortsheiligen seien zur Hilfe für bedrängte Menschen fähig, wurde von Mohammed Ibn Abdel Wahab als Abkehr von Allah verurteilt. Wer diesem teuflischen Aberglauben anhänge, und nicht seinen Irrtum einsehe, der werde von Allah, dem allein Lob und Preis zustehe, zur Rechenschaft gezogen und zu ewiger Höllenstrafe verurteilt.

Als der Prediger selbst das Abbruchwerkzeug in die Hand nahm, empörten sich die Menschen. Er wollte das Grabmonument eines Sheikhs einreißen, zu dem Frauen und Männer für Befreiung von Krankheiten, reiche Ernten und Fruchtbarkeit der Herden zu beten pflegten. Der Prediger wurde daran gehindert, das aus Lehm errichtete niedere Mausoleum zu zerstören. Er floh aus seiner Heimatoase und gelangte nach langer Wanderung durch die Wüste zur Oase Diraiyah und zum Emir Mohammed Ibn Saud.

Es waren die Frauen des Hauses as-Saud, die den Emir bestürmten, den Prediger bei sich aufzunehmen. Sie waren begeistert von der Wortgewalt dieses Mannes. Der Emir aber begriff, daß sich ihm eine Chance bot, die ihn gegenüber anderen Herrschern in Zentralarabien hervorhob und überlegen machte: Mohammed Ibn Abdel Wahab verkörperte eine Ideologie, die absolute Unterwerfung forderte. Diese Ideologie berief sich auf die Autorität Allahs. Sie verlangte Kampf für die Durchsetzung des Autoritätsanspruchs des Allmächtigen und für die Beachtung seiner Gesetze. Wer für Allah kämpfte, dem war Lohn sicher. Mit dem Sieg erstritt er Beute, Ruhm und Macht. Fand der Gläubige im Kampf den Tod, dann war ihm der Einzug ins Paradies sicher. Wer sich den Kämpfern Allahs widersetzte, der galt – gemäß der Ideologie des Mohammed Ibn Abdel Wahab – als Feind des Allmächtigen und hatte den Tod verdient.

Die Chance, mit Hilfe dieser Ideologie andere Stämme unterwerfen zu können, wollte sich der Emir aus dem Hause as-Saud nicht entgehen lassen.

Der Prediger und der Emir ergänzten sich. Der Prediger brauchte einen »Rais«, einen Stammesfürsten, der bereit war Schlachten zu schlagen – und Mohammed Ibn Saud brauchte einen Visionär, der dem Kampf um Macht einen übergeordneten Sinn geben konnte. Gekämpft wurde für die Schaffung eines Reiches auf Erden, in dem allein Allahs Gesetze Gültigkeit besaßen. Zur Verwirklichung des Konzeptes vom irdischen Reich Allahs stellte der Emir Männer und Schwerter zur Verfügung. Mohammed Ibn Saud verlangte für sich die Bevorzugung, »Beherrscher der Gläubigen« genannt zu werden.

Die Auswirkung des Bundes zwischen Prediger und Emir war zunächst nur in der Oase Diraiyah zu spüren. Bis zur Ankunft des Predigers hatten die Bewohner ungestört Annehmlichkeiten des Lebens genossen. Nun aber wurde das Dasein streng reglementiert. Genuß und Besitz berauschender Getränke waren verboten; untersagt waren Würfelspiel und Pfeilwurfspiele; Musikinstrumente mußten verbrannt werden; die Gesichter der Frauen waren zu verhüllen; verprügelt wurde, wer beim Pfeifen oder Singen erwischt wurde.

Bald schon wurde auch das tägliche Leben anderer Stämme verändert. Sie wurden überfallen und unterworfen. Solche Überfälle – »Razzia« genannt – hatte es bisher schon gegeben. Die Männer des Stammes as-Saud hatten Beute erobert für ihren Emir und für sich. Die Beute schleppten sie auch weiterhin weg, doch jetzt konnten sie sich nach erfolgreicher Ausplünderung und Zerstörung einer Oase damit brüsten, sie hätten Feinde Allahs bestraft. Da sich bisher nur der Stamm as-Saud zur Vision des Predigers bekannte, waren ganz selbstverständlich alle anderen Sippen Gegner des Allmächtigen.

Mohammed Ibn Abdel Wahab propagierte den Grundsatz des »Heiligen Krieges« gegen jeden Stamm, der sich nicht zu seiner Lebensauffassung bekannte. Verlangt war auch das Bekenntnis, daß ein einziger und allmächtiger Gott Beherrscher der Welt ist, daß dieser Allah eine Einheit bildet, die nicht »dreifaltig« ist. Damit war die Abgrenzung zum Christentum festgelegt. Wer glaubt, Gott – also Allah – sei »dreifaltig«, der galt als Gotteslästerer und damit als Feind Allahs.

Nach Meinung des Predigers begingen die Christen ein weiteres »Verbrechen an Allah«: Sie glaubten, Jesus sei der Sohn Gottes. Diese Glaubensthese wurde von Mohammed Ibn Abdel Wahab als »die Beleidigung Allahs« angeprangert. Wer Allah beleidigte, der mußte mit dem Tod bestraft werden.

Damit war nicht nur der Krieg gegen die Christen erklärt, sondern auch gegen die Schiiten, die zwar an Allah glaubten, aber auch an die Heiligkeit Alis, des Schwiegersohns des Propheten, und an Husain, den Prophetenenkel. Diese Vielfalt heiliger Gestalten in der Heilslehre der Schiiten war für den Prediger des Hauses as-Saud ein Greuel.

Zu den »Feinden Allahs« gehörten die Juden. Sie hatten, so sagte der Prediger, den Propheten Mohammed einst verachtet, verhöhnt, verleumdet und bedroht; sie wollten ihn töten. Mohammed Ibn Abdel Wahab predigte, die Juden seien damals schon, zur Zeit des Gesandten Allahs, die Feinde des Islam gewesen, dies seien sie seither geblieben – und dies würde für immer so sein.

Damit war die Abgrenzung der Glaubenslehre des »Wahabiten« programmiert: Ihre Todfeinde waren und sind die Christen, die Juden und die Schiiten.

Die alltäglichen Feinde waren die Stämme Zentralarabiens. Sie wurden nach und nach unterworfen. Ein auf Allah ausgerichteter

Staat wuchs heran, dessen Herrscher im Dienste Allahs stand. Das Haus as-Saud war Allahs Streiter auf Erden. Seine Reiter wurden »Streiter für die Einheit des Glaubens« genannt.

Noch im Verlauf des 18. Jahrhunderts christlicher Zeitrechnung starben Emir Mohammed Ibn Saud und der Prediger. Der Geistliche brauchte nicht von einem Nachfolger ersetzt zu werden – seine Mission war erfüllt, doch ein neuer »Beherrscher der Gläubigen« mußte gefunden werden. Der Sohn des Verstorbenen übernahm die Herrschaft. Sein Name: Abdel Aziz.

Er behielt die »wahabitische Vision« des Predigers bei und gab der Realisierung neuen Schwung. Das Gebiet des »Wahabitenstaates« dehnte sich aus. Die Rechtfertigung für die Expansion bestand darin, daß der Prediger einst das Haus as-Saud dazu verpflichtet hatte, alles zu zerstören, was abwich von den wahabitischen Grundsätzen. Als ketzerische Abweichung vom Glauben hatte der Prediger die Duldung der Mausoleen »heiliger Männer« verdammt. Das bedeutendste dieser Ärgernisse befand sich am Euphrat, in Kerbela, nahezu 1000 Kilometer von Zentralarabien entfernt. Dort stand das Grabmal des Prophetenenkels Husain. Für die Schiiten ist Husain die heiligste Gestalt des Islam – nach dem Propheten. Er verkörpert die Dynastie des Propheten, die Weitergabe der göttlichen Inspiration Mohammeds an seine Nachkommen. Die Schiiten glauben, nur wer in direkter Linie vom Propheten Mohammed abstamme, trage das »Licht Allahs« in sich und sei berechtigt, zu regieren. Die Wahabiten aber lehnen diese Glaubenslehre ab. Kerbela, die Begräbnisstätte des Prophentenenkels Husain war und ist ihnen ein Dorn im Auge.

Im Frühjahr 1802 durchquerte die Reiterei des Hauses as-Saud die Wüste nördlich des zentralarabischen Oasengürtels, bis sie auf den Euphrat stieß. Dann folgte sie dem Fluß stromaufwärts. Die Reiter erreichten schließlich die Stadt Kerbela, die heute im Irak liegt. Die Reiter drangen ein, ohne daß ihnen Widerstand geleistet wurde. Die Zahl der Einwohner soll damals 3000 betragen haben. Den Reitern des Clans as-Saud sei keiner entkommen. Wer in Kerbela angetroffen wurde, der mußte sterben. Das Mausoleum des Husain wurde zerstört.

Seit jenem Ereignis des Jahres 1802 beherrscht bis heute unversöhnlicher Haß auf das Haus as-Saud das Denken der Schiiten. Sie können nie verzeihen, daß die »Wahabiten« das Grab des Husain zerstört haben. Dieser Haß wirkt sich politisch bis in die Gegenwart aus.

Völkerrechtlich gehörte die Arabische Halbinsel, und damit auch der Staat des Clans as-Saud, zum Osmanischen Reich. Der Sultan in Istanbul aber haßte Zentralarabien – es war ein Land der Unfruchtbarkeit, der Dürre. Er hatte kein Interesse daran, was sich dort ereignete. Doch im Verlauf des 19. Jahrhunderts wurde er von den europäischen Staaten gedrängt, den »Fundamentalismus« in seinem Großreich zu unterbinden. Der Sultan sah ein, daß tatsächlich eine Gefahr der Ausbreitung des »Wahabismus« bestand. Doch der »Militärschlag« des Osmanenheeres zog sich in die Länge. Erst in der zweiten Hälfte des 19. Jahrhunderts wurde der Staat der Wahabiten von den Osmanen mit Unterstützung Englands ausgelöscht.

Doch die Sippe as-Saud lebte weiter und mit ihr die Idee vom «Wahabismus«, die Vision vom »Leben im reinen Glauben«. Von der Wirkung dieser Idee auch in neuerer Zeit war ein junger Mann überzeugt, der im Jahr 1902 Emir der Sippe as-Saud war. Die Umstände für eine Wiederbelebung der Ideen des Predigers von einst waren günstig: Das Osmanische Reich war schwach geworden.

An den Rändern bröckelte der Zusammenhalt ab. Die Arabische Halbinsel war von Istanbul aus nicht mehr zu kontrollieren. Der junge Emir, der eigentlich Abdel Aziz hieß – und der Ibn Saud genannt wurde – spürte, daß er es wagen konnte, seiner Sippe wieder eigenes Territorium auf der Arabischen Halbinsel zu erobern. Er begann mit der Einnahme der Oase Riyadh. Dieser Erfolg gab den Männern des Clans Mut und Schwung für weitere Eroberungen.

Der Feldzug durch die Wüste von Oase zu Oase dauerte lange, und er verlief blutig: Nach 22 Jahren gehörten auch Mekka und Medina zum neuen Reich der Wahabiten, das jetzt von Ibn Saud regiert wurde – der sich zum König ernannte.

Nun konnte sich die Überzeugung, die der Prediger Mohammed Ibn Abdel Wahab vor mehr als eineinhalb Jahrhunderten als verbindlich formuliert hatte, erneut durchsetzen. Im Königreich Saudi-Arabien wurden Sitten und Gebräuche gemäß den wahabitischen Grundsätzen »gereinigt«. Auf Friedhöfen wurden Mausoleen beseitigt. Keine Grabstätte durfte mehr der Ort sein für Gedanken an einen Toten. Gebete und Verehrung waren allein Allah vorbehalten. Wer demütig betend vor einem Grab stand, der machte sich der »Götzenanbetung« schuldig.

Von nun an galten im Staat der Sippe as-Saud strenge Gesetze. Von den Untertanen wurde verlangt, daß sie sich fünfmal am Tag zum Gebet in der Moschee einfanden. Wer sich nicht in der Moschee blicken ließ, der wurde zwangsweise vorgeführt. Dem Ruf des Muezzin zu folgen, war ein Befehl Allahs.

Den Frauen wurde verboten, seidene Kleider zu tragen, sich mit Gold und Silber zu schmücken. Niemand durfte singen, pfeifen oder ein Musikinstrument spielen. Wasserpfeifen wurden verbannt. Nicht gestattet war alles, was von der Ordnung abwich, die der Prophet Mohammed geschaffen hatte. Vernichtet werden sollte alles, was der Prophet einst nicht gekannt und nicht durch eigene Anwendung sanktioniert hatte.

Die Reform der Lebensumstände der Sippen und deren Mitglieder auf der Arabischen Halbinsel konnte Ibn Saud nur durchsetzen, weil er über ein Machtinstrument verfügte, das er sich selbst geschaffen hatte, und das ihm treu ergeben war. Ibn Saud war der oberste Befehlshaber einer Reitertruppe, deren Männer absolut und unbedingt überzeugt waren, daß die Glaubensansichten, die der Prediger Mohammed Ibn Abdel Wahab vor mehr als fünf Generationen verkündet hatte, den Willen Allahs darstellte. Wer die Gebote nicht beachtete, die der Prediger einst formuliert hatte, der mußte getötet werden.

Der Name dieser Spezialeinheit: »Ikhwan« – die Bruderschaft.

Die Ikhwan-Reiter verbreiteten Schrecken. Die Truppe nahm sich die Freiheit zu töten. Sie hatte sich nicht zu rechtfertigen. Je länger sie bestand, desto mehr wurde sie vom Blutrausch gepackt. Jeder, der sich ihnen nicht sofort unterwarf, wer eine eigene Meinung vertrat, galt als »Feind Allahs« und wurde brutal erstochen.

König Ibn Saud mußte fürchten, schließlich selbst nicht mehr als Verfechter der Ansichten des Predigers von einst zu gelten. Er war Herrscher eines international und völkerrechtlich anerkannten Staates geworden, der durch seinen Ölreichtum ein bedeutender Partner der übernationalen Ölkonzerne und der gesamten Weltwirtschaft wurde. Das Königreich Saudi-Arabien, bisher unbedeutend und abgelegen, von der Welt unbeachtet, war plötzlich Teil einer Staatengemeinschaft geworden. Ibn Saud mußte, als Staatsoberhaupt, Repräsentationspflichten übernehmen, die nicht dem bescheidenen Lebensstil des Propheten Mohammed entsprachen: Ibn Saud zeigte sich in prächtigen Palästen – die von einem schnell reich werdenden Baumeister namens Mohammed Bin Laden errichtet wurden. Ibn Saud, der Wohlstand und Bequemlichkeit zu lieben begann, sah auf die Ikhwan-Reiter mit Argwohn; und ihre Anführer stellten fest, daß der Monarch wohl kein Mann des wahren Glaubens mehr war.

Ibn Saud versuchte, die Kommandeure der Truppe zu überreden, auf Gewalt zu verzichten. Sie sollten aufhören, Andersdenkende durch Bedrohung zu bekehren. Doch es war nicht ihre Absicht, friedliche Streiter für den Glauben zu sein. Der König, der keine blutrünstigen Krieger mehr in seinem Staat brauchen konnte, entschloß sich Gewalt durch Gewalt zu brechen. Ibn Saud mobilisierte Prinzen aus dem eigenen Stamm as-Saud und Abhängige, die auf die Sippe angewiesen waren. Sie waren bereit zum Kampf für einen gemäßigten »Wahabitenstaat«, der zwar streng nach dem Gesetz Allahs geordnet, aber doch nicht als »blutrünstig« von der Welt außerhalb der Arabischen Halbinsel verachtet wurde.

Mit Prinzen und Stammesmitgliedern wagte Ibn Saud die militärische Auseinandersetzung. Sie geschah im Jahr 1929. Der Kampf wurde ausgefochten ohne Einsatz von Maschinenwaffen und Geschützen. Es wurde gekämpft nach der Tradition der Beduinenkrieger, die zurückzuführen war auf die Zeit des Propheten Mohammed: Schwerter sausten auf den Gegner nieder, Speere flogen durch die Luft. Der Boden dröhnte vom Getrampel der Hufe von Pferden und Kamelen. Da hatte sich in die Kampfweise nur ein Unterschied zur Zeit des Propheten eingeschlichen: beide Seiten besaßen Flinten.

Ibn Saud hatte den Kampf beim Morgengrauen eröffnet. Als die Sonne ein Viertel ihres Himmelswegs durchzogen hatte, war er Sieger.

Ibn Saud hatte der Ikhwan-Reiterei die Kraft genommen, ehe ihm deren Führung gefährlich werden konnte. Jetzt galt nur noch sein Wille im Königreich. Die gewalttätige Truppe existierte nicht mehr, doch der Geist von einst sollte erhalten bleiben im Königreich Saudi-Arabien. Dies bedeutete, daß die Errungenschaften der modernen Welt das Leben der Untertanen in nur geringem Umfang beeinflussen sollten. Die Prinzen des Hauses as-Saud forderten für sich Nichtbeachtung der Beschränkungen, die den Untertanen auferlegt waren. Sie hatten in Erfahrung gebracht, daß in europäischen Hauptstädten ein Telefonsystem verwendet wurde, um sich mit Geschäftspartnern, Freunden und Verwandten über Entfernungen hin abzusprechen. In Riyadh, in der saudiarabischen Verwaltungshauptstadt, wollten die Prinzen ein ähnliches System installieren lassen. Die islamische Geistlichkeit protestierte: Das Telefon sei ein Gerät, das der Teufel erfunden habe – um zu ermöglichen, daß Frauen und Männer unkontrolliert miteinander in Kontakt kommen können.

König Ibn Saud wußte Rat, wie die Geistlichen vom Wert des Telefons überzeugt werden konnten. Die Firma Marconi, die in Saudi-Arabien ins Geschäft kommen wollte, installierte ein improvisiertes Funktelefon zwischen der heiligen Stadt Mekka und Riyadh. An einem Freitag zur mittäglichen Gebetszeit wurden Koransuren aus der Großen Moschee von Mekka über dieses Funktelefon nach Riyadh in die dortige Moschee übertragen. So wurden die Geistlichen von Riyadh Zeugen der Anbetung Allahs, die in mehr als acht Tagreisen Entfernung am heiligsten Platz des Islam zu diesem Augenblick stattfand. Die Geistlichen waren überzeugt: Wie konnte ein Gerät vom Teufel erfunden worden sein, das dazu benutzt werden konnte, die erhabene Lehre Allahs weiterzuverbreiten.

Die Einführung des Kraftfahrzeugs blieb ein Problemfall – doch die Prinzen wollten auch darauf nicht verzichten. Allein der Gedanke daran erschreckte die Geistlichen. Ein Gefährt, das kein Pferd, keinen Esel und kein Kamel zur Fortbewegung benötigte, das konnte nicht von Menschen erfunden worden sein, die Allah verehrten. Unheimliche Kräfte mußten in diesem Wagen stecken. Als das erste Automobil im Oasengürtel um Riyadh auftauchte, wurde es angezündet; dem Fahrer gelang gerade noch die Flucht. Erst als es gelang, einen der angesehenen Geistlichen zur Autofahrt nach Mekka einzuladen – er konnte den beschwerlichen Weg durch die Wüste nicht mehr zu Pferde oder auf dem Kamelrücken zurücklegen –, durften einige wenige Automobile ins Königreich eingeführt werden. Verboten aber blieben im gesamten, nach wahabitischer Ordnung lebenden Staat, Fotoapparate, Filmkameras, Filmprojektoren und Plattenspieler.

Vom Propheten Mohammed berichtet die Überlieferung, er habe Musik und Gesang abgelehnt. Aus diesem Grunde war nicht daran zu denken, daß Schallplatten abgespielt wurden. Fotografieren und Projektion von Filmen mußten deshalb untersagt werden, weil die Bilder meist Menschen zeigten. Die bildliche Darstellung von Menschen hatte der Gesandte Allahs ausdrücklich untersagt – bei Androhung des Höllenfeuers. Dieses Verbot war unbedingt zu beachten.

Über den Einwand, Radios seien ohne jeden Zweifel Teufelsgeräte, setzte sich König Ibn Saud selbstherrlich hinweg: Ihm war von Beauftragten der Firma Marconi berichtet worden, mit Hilfe des Radios könnten Meldungen, Nachrichten und Berichte blitzschnell von entfernten Orten des Königreiches in den Palast des Herrschers übermittelt werden. Ibn Saud war daran interessiert – schon zur eigenen Sicherheit – zu erfahren, was sich im Land zwischen dem Persisch-Arabischen Golf und dem Roten Meer ereignete, er gestattete der Firma Marconi den Aufbau eines Netzes von Übertragungsmöglichkeiten. Damit war jedoch dem Rundfunk der erste Schritt erlaubt – seine Einrichtung für die Öffentlichkeit war auf Dauer nicht mehr zu verhindern.

Saudi-Arabien führt bis in die Gegenwart hinein den Abwehrkampf gegen Neuerungen. Der Geist des Predigers Mohammed Ibn Abdel Wahab sollte erhalten bleiben. Die »Reinheit des Glaubens« war zu bewahren, auch in einer modernen Zeit. Die Haltung der Staatsführung, der königlichen Familie, entspricht durchaus dem Standpunkt der Stammessheikhs und der von ihnen kontrollierten Beduinen.

Er fühlt sich als Wahabit: Osama Bin Laden

Sein frühes Leben ist vom Zwiespalt geprägt, der in Saudi-Arabien herrscht: Die regierende Familie und die Geschäftsleute, die sich mit dem Clan as-Saud arrangiert haben, glauben an die Prinzipien des Wahabismus, doch sie sind mit der modernen Welt und ihrer Technologie verbunden: Sie nützen aus, was ihnen die USA und Europa an Fortschritt zu bieten haben. Die Familie Bin Laden gehört seit der Mitte des vergangenen Jahrhunderts zu denen, die sich vorbehaltlos der absolut herrschenden Sippe angeschlossen haben. Alle Söhne profitierten davon. Sie arbeiteten im väterlichen Baugeschäft oder machten sich als Geschäftsleute selbständig. Die Nachkommen des früheren Jemeniten Mohammed Bin Laden beachteten den wahabitischen Verhaltenskodex, weil dies nun mal im saudiarabischen Königreich so verlangt wurde, doch als besonders fromme Moslems galten und gelten sie alle nicht. Mancher aus der Familie distanziert sich heute von Osama; als demonstratives Zeichen, daß einer der Brüder nicht zur Verwandtschaft des »berühmtesten« Sohns des Clans gehören will, verändert er seinen Namen ganz leicht in »Benladin«.

Osama, der sich als Wahabit fühlt, spürte, daß Realität und reine Lehre auseinanderklaffen. Keiner seiner Familie und auch nicht das royale Herrscherhaus setzen sich wirklich für den Islam ein, für seine Verbreitung, für Abwendung von Gefahren, die den Glauben bedrohen. Osama Bin Laden fühlt sich eingesperrt in der Heimat Saudi-Arabien.

Erlösung bringt ihm die Reise nach Afghanistan. Er hat eine Aufgabe, und er trifft Gleichgesinnte. Kontakte zu den Mujaheddin, zu den »Streitern des Glaubens« hat er seit 1980. Sie sahen in ihm zunächst vor allem einen Geldgeber, doch bald bewunderten sie seinen Glaubenseifer, der sich nicht so sehr durch die Anzahl der täglichen Gebete bewies, sondern durch Intensität der Überzeugung. In dieser Zeit gewöhnt er sich an, sehr leise zu reden.

Osama Bin Laden blieb in Peshawar und hielt dort Kontakt zum pakistanischen Geheimdienst Interservices Intelligence (ISI). Er erfüllte den Auftrag, den ihm Prinz Turki Ibn Faisal mitgegeben hatte: Die religiöse Idee des »Wahabismus« unter den »Arabischen Afghanen« zu verbreiten – wobei er den in Saudi-Arabien verpönten Begriff »Wahabiten« nie benützte.

Um über seine Fortschritte zu berichten, flog er häufig nach Riyadh zu Treffen mit Prinz Turki Ibn Faisal. Da er Positives von seiner Überzeugungsarbeit erzählen konnte, wurden ihm weitere Geldmittel ausgehändigt.

»Al Qaida« – die Gründung des Netzes

Osama Bin Laden war finanziell in der Lage, eine Organisation aufzubauen, die mit der Aufgabe betraut werden konnte, die Aktionen zu koordinieren, die von Arabern ausgeführt wurden, die im Sinne des wahabitischen Denkens handelten. Diese Organisation erhielt den Namen »Al Qaida«. Der Name läßt sich mit »Basis« übersetzen.

Von Anfang an war »Al Qaida« religiös ausgerichtet; wer sich der Organisation anschloß, der mußte streng die Koranregeln beachten, der hatte den Sinn seines Lebens auf Allah zu konzentrieren. Der Kampf, auf den sich »Al Qaida« vorbereitete, sollte weniger das Ziel haben, Afghanistan von den Sowjets zu befreien, als eine Auseinandersetzung zu führen mit den Feinden des wahren Glaubens. Die Mitglieder der Organisation verpflichteten sich, »Kämpfer für Allah« zu sein. Bewußt erinnerte Osama Bin Laden in seinen Ansprachen an die Zeit, als der Prediger Mohammed Ibn Abdel Wahab den Kampf gegen Ungläubige und Fehlgeleitete führte, als dieser Prediger jeden bekämpfte, der vom »reinen Glauben« abwich, der seine Existenz nicht darauf ausrichtete, dem Vorbild des Propheten Mohammed nachzueifern.

Mit der Verpflichtung, Kämpfer für Allah zu sein, erregten die Mitglieder von »Al Qaida« allerdings Anstoß bei anderen Mujaheddin-Gruppen, die den Sinn ihres Kampfes allein darin sahen, die Sowjets über den Amu Darya, den nördlichen Grenzfluß Afghanistans, zu treiben. Sie wollten den früheren Staat der Stämme wiederherstellen. Wer zum Sippenverband der Paschtunen gehörte, der dachte an Wiederherstellung der Paschtunenvorherrschaft. An wahabitische Ideale konnten sich die Sheikhs der Stämme nicht gewöhnen – und die Masse der Stammesangehörigen auch nicht. Die Stammeskrieger ließen sich gerne helfen, und sie nahmen auch Geld an, doch sie ordneten sich nicht unter.

Diese Haltung enttäuschte Osama Bin Laden. Er verließ Peshawar und hielt sich danach in Riyadh auf. Er machte den Eindruck, er arbeite in der Baufirma des Vaters, doch er entwickelte eigene Initiative: Er erschloß eigene Geldquellen.

Durch seinen Vater, der aus dem Jemen stammte, besaß Osama Bin Laden gute Beziehungen zu diesem Land in der Südwestecke der Arabischen Halbinsel. Vielleicht stammte die Idee vom Vater, in das Geschäft mit dem jemenitischen Honig einzusteigen. Honig aus jenem wilden Bergland war von hoher Qualität; er war berühmt in Saudi-Arabien, in Ägypten, in Syrien. Honig ist in diesen Ländern kein Brotaufstrich, sondern Mittel zum Süßen des Tees. Und da Tee das wichtigste Genußmittel ist, wird entsprechend viel Honig gebraucht. Angenommen wird, daß jede Person in Saudi-Arabien – auch die Angehörigen der Wüstenstämme – im Monat mindestens 200 Gramm Honig zum Süßen des Tees verwenden. Sie ziehen dabei Honig aus dem Jemen jedem anderen vor.

Es gelang dem Chef von »Al Qaida« bald, sich eine Monopolstellung für den jemenitischen Honigexport zu sichern. Die Exportfirma »Al Nur« übernahm die Organisation. Stützpunkte für den Honighandel in Saudi-Arabien bot eine Kette von Bäckereien, die den lokalen Vertrieb besorgten.

Der Handel mit Honig war nicht nur ein einträgliches Geschäft, er bot einen zusätzlichen Vorteil: Der Honig wurde in Metalltanks exportiert. Ihnen war nicht anzusehen, daß in der zähen, schmierigen Masse ihres Inhalts in Plastikhüllen eingeschweißte Waffen verborgen waren. Selten kümmerten sich die Kontrolleure an den Grenzen von Saudi-Arabien und Ägypten um die klebrige Ladung, die in ihr Land eingeführt wurde.

Im Verlauf der Geschäftsentwicklung wurden die Honigtransporte auch dafür benutzt, unbemerkt Rauschgift über Grenzen zu bringen, an denen Behörden versuchen, den Rauschgifthandel zu unterbinden. Zu den wichtigsten europäischen Abnehmern jemenitischer Produkte gehören die Beneluxländer und Italien. Vermutet wird, daß das Islamische Kulturinstitut in Mailand von einem Mann aus Saudi-Arabien geführt wurde, der als Chef der Honigfirma »Al Shifa« bekannt ist, die Bin Laden gehört.

Das Ziel des Organisators von »Al Qaida« war, eine Einnahmequelle zu erschließen, die nicht von der in Saudi-Arabien regierenden Familie as-Saud abhängig ist. Die königliche Sippe hatte sich, nach seiner Meinung, schon zu sehr mit der US-Regierung verbündet. Diese Kooperation hielt Osama Bin Laden für schlimmen Verrat an den Idealen des Mohammed Ibn Abdel Wahab. Osama entwickelte sich zum Feind der as-Saud-Familie. Er beschimpfte sie insgeheim als »Lakaien der Amerikaner«.

Die Sowjets verlieren Afghanistan

Osama Bin Laden hatte in Peshawar ein Camp zurückgelassen, das als Zentrum des effektiven Widerstands gegen die Sowjettruppen gelten konnte. Dort besaßen sechs Kampforganisationen ihre Hauptquartiere und ihre logistischen Basen. Sie alle waren vom amerikanischen Geheimdienst bezahlt und genossen pakistanischen Schutz. Sie kämpften getrennt im afghanischen Bergland – und sie errangen mit amerikanischen Waffen eine große Zahl kleiner Siege – deren Wirkung sich jedoch summierte.

Die Rote Armee setzte ihr gesamtes Spektrum an Waffen ein. Die Sowjets töteten Afghanen, sie zerstörten Dörfer – doch sie brachen die Moral der Bewohner nicht.

In der Zeit von 1981 bis 1984 gelang es den Mujaheddin weite Landstriche, besonders in den Gebirgen, unter Kontrolle zu bekommen. Zu diesem Zeitpunkt befanden sich bereits 80% Afghanistans in der Hand der Mujaheddin. Die Sowjets behaupteten sich in den Städten. Die Bastion der Roten Armee in Kandahar war völlig eingeschlossen und mußte aus der Luft versorgt werden. Die Oase Kandahar war berühmt gewesen für ihre Zitrusfruchtplantagen. Hier wuchsen auch Trauben und Pfirsiche. Reiche Ernten waren ermöglicht worden durch ein perfektes Bewässerungssystem rings um die Oase. Auf den Erhalt der Kanäle und der fließenden Gewässer legten weder die Sowjets noch die Mujaheddin Wert. Sie benützten die Kanäle als Sperrgräben. Sie hackten die Bäume und Sträucher der Plantagen um, weil sie freies Schußfeld haben wollten. Sie verminten das Land. Im Krieg mit der Sowjetunion ging die wirtschaftliche Basis von Kandahar zu Grunde.

Im April 1984 glaubte die sowjetische Armeeführung den afghanischen Widerstand durch noch höhere Konzentration der Feuerkraft endlich brechen zu können. Die Offensive wurde durch frische Streitkräfte durchgeführt, die über den Salangpaß und den Tunnel herangeführt werden konnten. Das Ziel war die Zerstörung der Basen aller Kampforganisationen. Doch die Mujaheddin behaupteten sich. Sie kannten Berge und Schluchten. Sie wußten, wo sie sich verstecken und von wo aus sie den Feind überraschen konnten. Der sowjetische Angriffsschwung erlahmte rasch. Die Soldaten waren zwar von robuster Natur, doch auch sie wurden entnervt im Kampf gegen die Mujaheddin, gegen Feinde, die nicht zu greifen waren. Die sowjetischen Soldaten erlebten keine Erfolge, sahen keine Chance für einen Sieg. Die Offiziere konnten an die Befehlszentrale in Termes am Amu Darya keine Erfolge melden. Die Kremlführung wurde ungeduldig. Sie konnte nicht verhindern, daß die Regierungen und Völker der ganzen Welt die Schwäche der bisher starken und unbesiegbaren Sowjetunion bemerkten. Das Schlagwort vom »Vietnam der Sowjetunion« ging um.

Zwar wurde die Zahl der gefallenen Sowjetsoldaten geheimgehalten, doch ließ sich im Sowjetstaat der Eindruck nicht auslöschen, unzählige Familien erhielten Benachrichtigungen vom Tod ihrer Väter und Söhne im fernen Bergland. Die Frage wurde gestellt, ob dieser Konflikt überhaupt einen Sinn habe. Die Kremlführung vergaß, daß sie das Ziel im Auge gehabt hatte, das Testament des Zaren Peter des Großen zu erfüllen, das vorschrieb, daß die Sowjetunion zu den »warmen Gewässern« der Arabischen See und damit zum Indischen Ozean vorstoßen müsse. Jetzt war nur noch davon die Rede, die Gewalt der Terrorbanden im Land am Rande der Sowjetunion müsse gebrochen werden.

Seit Beginn der sowjetischen Invasion war Babrak Karmal Staatschef Afghanistans, doch er hatte kein Land mehr, das zu regieren war. Vom Sommer 1984 an hörten auf seine Meinung nur noch die Städte, in denen die Sowjets Garnisonen unterhielten. Die Stadtbewohner vernahmen zwar, was er sagte, doch sie richteten sich nicht danach. Die sowjetischen Stadtkommandanten bestimmten, was zu geschehen hatte. Allerdings wurden auch sie immer stiller. Sie dachten daran, wie sie sich ganz persönlich aus dem Abenteuer Afghanistan verabschieden könnten.

Die Verantwortlichen in Moskau versuchten, durch politische Veränderungen in Kabul eine Verbesserung der Gesamtsituation zu erreichen. Babrak Karmal wurde abgelöst. Er durfte, zusammen mit Anahita Ratebzad, nach Usbekistan ausreisen. Sein Nachfolger als Chef der marxistischen Partei wurde Mohammed Nadschibullah. Er war eine völlig farblose Persönlichkeit, die tatsächlich darunter litt, daß sie nicht wußte, ob Afghanistan marxistisch sein sollte oder doch besser ausgeprägt islamisch. Er hatte nicht die Kraft, dem Marxismus im Land südlich des Amu Darya eine Zukunft zu geben. Der Demokratischen Volkspartei stand jedoch keine Alternative zur Verfügung. Niemand wollte mehr mit den Sowjets zusammenarbeiten.

Im Kreml hatte sich schon drei Jahre zuvor ein Machtwechsel vollzogen. Am 10. November 1982 war Leonid Breschnew gestorben, der Verantwortliche für das Afghanistanabenteuer. Zwei Tage später wurde Juri Andropow zum Nachfolger bestimmt. Er wird Generalsekretär der Partei und Staatschef der UdSSR. Er durfte diese Ämter nur deshalb übernehmen, weil er an der Reihe war. Die letzten der alten Herren, die Stalins Zeit überlebt hatten, klammerten sich an über Jahre hin ersessenen Rechten fest. Vom Greis Andropow waren keine richtungsweisenden Entscheidungen zum Problemfall Afghanistan zu erwarten. Er starb am 9. Februar 1984 – und räumte damit den Platz an der sowjetischen Staatsspitze für den verdienten Funktionär Tschernenko, der kaum mehr einen klaren Gedanken fassen konnte. Er starb am 10. März 1985, dreizehn Monate nach seiner Amtseinführung. Mit dem Tod von Tschernenko war endlich der Weg frei für einen jüngeren Politiker, der nicht belastet war durch Stalins Ära und durch die Zeit danach.

Der neue Mächtige im Kreml hieß Gorbatschow. Ihn kümmerte das Testament des Zaren Peter des Großen nicht. Er empfand die sowjetische Präsenz in Afghanistan als Belastung. Er war es, der die Ablösung von Babrak Karmal durchgesetzt hat. Gorbatschow sah die Situation realistisch: Das marxistische Regime in Kabul hatte keine Chance zu überleben – gleichgültig wer dort im Präsidentenpalast residierte. Es störte Gorbatschow nicht, daß der Demokratischen Volkspartei keine Führungspersönlichkeit mehr zur Verfügung stand.

Den Beschluß zum Verlassen Afghanistans faßten Gorbatschow und seine Berater bereits im Mai 1984. Die Zahl der Verluste an Offizieren und Soldaten hatte bereits 15 000 erreicht. Schlimmer war, daß diese Zahl in Washington, Paris, London und Bonn nicht geglaubt wurde. Überall in den Hauptstädten lagen die Schätzungen der Opferzahlen weit höher. Die Meinung herrschte vor, die Sowjetführung vertusche die Blamage – so, wie die USA lange ihre mißliche Lage in Vietnam zu verbergen versucht hatten.

In der Tat leisteten die sowjetischen Militärs heftigen Widerstand gegen jeden Plan, Afghanistan ruhmlos zu verlassen. Sie wollten jeden Abzug vermeiden, der nach Flucht aussah. Die Generalität konnte noch immer nicht glauben, daß ihre Armee, die den »Großen Vaterländischen Krieg« im Jahre 1945 gewonnen hatte, vierzig Jahre später von »islamischen Terroristen« in die Knie gezwungen wurde.

Für Gorbatschows Entscheidung, das »Breschnew-Abenteuer« abzubrechen, waren die Verlustzahlen an Militärpersonal zwar wichtig, jedoch nicht wirklich entscheidend. Er sah auf den Kostenfaktor. Die Ausgaben für die sowjetische Truppenpräsenz in Afghanistan beliefen sich im Jahr auf 5 Milliarden Dollar. Diese Summe war eine hohe Belastung für den Staatshaushalt der Sowjetunion, die ohnehin unter Schwächen litt: Die sowjetische Wirtschaft war durch ihr Planungssystem ruiniert. Der Zusammenbruch ließ sich kaum noch länger hinausschieben.

Dem Großreich mußte ein Sparkurs verordnet werden. Die Kosten für den Afghanistanfeldzug konnten nicht länger finanziert werden.

Doch bis zum endgültigen Abzug der Sowjettruppen sollten noch nahezu fünf Jahre vergehen. Die Gesamtausgaben für den Feldzug, der keine Resultate gebracht hatte, belaufen sich auf 45 Milliarden Dollar.

Am 15. Februar 1989 verläßt der letzte sowjetische Soldat Afghanistan. Auf der Brücke über den Amu Darya salutierte Generaloberst Boris Gromov, um die Gefallenen zu ehren. Er verharrte eine Minute lang, dann wandte sich der Generaloberst seinem 14jährigen Sohn zu, der auf der usbekischen Seite des Flusses auf ihn wartete. Usbekistan war damals noch eine Sowjetrepublik. Zusammen bestiegen Vater und Sohn das wartende Armeefahrzeug.

Generaloberst Boris Gromov hatte soeben ein Land verlassen, das noch immer keinen Frieden fand. Mit dem Abzug der Sowjets war die Zeit noch nicht ganz reif für den Untergang des Nadschibullah-Regimes. Der Krieg ging weiter – nur die Gegner waren jetzt andere.

Afghanistan zerfällt

Was bisher übertüncht worden war, brach nun auf: Die Feindschaft zwischen den Stämmen war keineswegs erloschen. Die Stammessheikhs nahmen die alten Konflikte wieder auf: Sie führten offen Krieg gegeneinander.

Die Paschtunen, die vor 1979 daran gewöhnt gewesen waren, die beherrschende Kraft im Lande gewesen zu sein, bekamen die Konkurrenz der Tadschiken zu spüren, die bislang eine Minderheit gebildet hatten. Die Statistik, die auf Schätzungen beruht, besagt, 60% der Bewohner Afghanistans seien Paschtunen und 30% Tadschiken; 5% seien Usbeken und 3% gehörten zum Stamm der Hazara. Der Dialekt der Paschtunen gilt seit 1956 als Staatssprache.

Ein wichtiger Teil der Paschtunen lebt in Pakistan, in der Region von Peshawar. Das Volk der Paschtunen ist seit 1947 geteilt – seit der Entscheidung der britischen Kolonialmacht, den islamischen Westen Indiens als selbständigen Staat Pakistan abzuspalten. Die von den Paschtunen gewünschte Vereinigung ihrer Volksteile auf afghanischem und pakistanischem Gebiet zu einer zusammenhängenden Einheit ist damals von der britischen Regierung verhindert worden. Die Trennung erklärt die enge Bindung der Paschtunensippen diesseits und jenseits der afghanisch-pakistanischen Grenze aneinander.

Die Paschtunen sind allerdings kein in sich geschlossener Block. Sie gliedern sich auf in Sippen, in Großfamilien. Zur Bitani-Gruppe gehören zwei bis drei Millionen Menschen – sie ist damit der größte Paschtunenclan in Afghanistan. Ihr Gebiet umfaßt das bergige Land von Kandahar bis Jalalabad. Zu nennen sind noch die Sarbanri und die Durrani. Ihre Siedlungsgebiete liegen im Süden. Die Sarbanri sollen etwa zwei Millionen Menschen stark sein. Sie leben in meist ebenem Gelände westlich von Kandahar. Ihr Siedlungsgebiet reicht bis zur Stadt Shindand, die nahe der Grenze zu Iran liegt. Die Durrani haben bis zum Jahr 1973 die Monarchen des Königreichs gestellt. Nach dem Abzug der Sowjets haben sie erneut Anspruch auf die Führungsposition erhoben.

Der Stamm der Paschtunen besitzt eine reiche literarische Tradition. Sie umfaßt Versepen, Balladen, Lieder. Seit dem Jahr 1931 kümmerte sich die Paschtunenakademie in Kabul um die Pflege dieser Volksdichtungen.

Daß gerade Kabul im Verlauf des Kampfes der Afghanen gegeneinander nicht von den Paschtunen, sondern von den Tadschiken beansprucht und besetzt werden konnte, empfand das Volk, das die Mehrheit und damit den Führungsanspruch stellte, als schlimme Katastrophe. Gulbuddin Hekmatyar, der Kommandeur einer paschtunischen Mujaheddin-Organisation, wollte diese Blamage korrigieren. Mit Bewaffneten seines Stammes belagerte er die Tadschiken in Kabul. Die Stadt wurde mit Artillerie beschossen.

Die Streitkräfte der Tadschiken wurden kommandiert von Burhanuddin Rabbani. Er gehört zum Volk der Tadschiken. Sein Geburtsjahr ist 1940. Sein Lebensweg: Rabbani studierte islamische

Theologie an der Universität Kabul und an der renommierten Universität Al Azhar in Cairo. Nach der Rückkehr aus Ägypten – dies war zur Zeit des Königs Zahir Schah – wurde Rabbani Professor für Philosophie an der Universität Kabul. Er gehörte zu denen, die den Sturz des Königs im Jahr 1973 bedauerten – er gehört auch im Jahr 2002 noch zu den Monarchisten.

Den Ministerpräsidenten Daud erkannte Rabbani nicht an. Er unterstützte einen Putsch gegen den »roten Prinzen«; doch der Aufstand islamisch orientierter Honoratioren mißlang. Er wurde verhaftet, konnte jedoch nach Peshawar entkommen. Dort arbeitete er mit dem pakistanischen Geheimdienst (ISI) zusammen – mit pakistanischem Geld gründete er die »Islamische Gesellschaft Afghanistans«, der die Aufgabe gestellt war, die Grundlage zu gestalten für den Aufbau einer islamischen Republik Afghanistan.

In Peshawar gewann er für seine Idee eine große Zahl von Anhängern, die dort in Flüchtlingslagern lebten. Er war ein Denker, aber kein Redner. Seine Ausstrahlung war nicht überzeugend – und dennoch wurde er nach der Rückkehr in die Heimat Leiter des Obersten Führungsstabes in Kabul, der allerdings fast ausschließlich aus Männern des Volkes der Tadschiken bestand.

Rabbani fühlte sich als Staatsoberhaupt, doch er war nur für Kabul und den Bereich der näheren Umgebung zuständig. Die Regierungsgewalt wurde ihm streitig gemacht von Gulbuddin Hekmatyar und dem Kriegsherrn der usbekischen Stämme, General Rashid Dostum. In der Gegend von Bamian – dem Ort der berühmten Buddhastatuen westlich von Kabul – war der Stamm der Hazara zuständig; auch die Hazara gehorchten einem Kriegsherrn. Das Land brach in seine Einzelteile auseinander. Keiner der Stammessheikhs verstand sich mit dem anderen. Jeder war auf seinen Vorteil bedacht. In dieser Zeit begann sich der Opiumhandel stark zu entwickeln. Die Kriegsherren nutzten ihre Freiheit aus: Sie verdienten am Rauschgift. Es mußte eine Kraft entstehen, die stark genug war, die Egoismen der Kriegsherren zu überwinden.

Mullah Mohammed Omar: der Ursprung der Taliban

Es war in der Region von Kandahar, daß sich junge Männer zusammenfanden, die dem Streit und der Gewalttätigkeit der regionalen Kommandeure ein Ende bereiten wollten. Sie waren sich darüber einig, daß die Willkür der Stammesherren gebrochen werden mußte. Erzählt wird, daß ein Vorfall besondere Empörung im Umland von Kandahar ausgelöst habe: Einer der Kriegsherren, der sich als überzeugter Moslem aufspielte, habe zwei junge Mädchen entführen lassen. Er nahm sich das Recht heraus, von den Mädchen zu verlangen, ihm gefügig zu sein. Die Sippe der Mädchen nahm Entführung und Vergewaltigung wütend aber machtlos hin. Die kleine Gruppe junger Männer aber entschloß sich zu handeln. Sie lauerten dem Vergewaltiger auf und töteten ihn.

Mittelpunkt dieser Gruppe war ein Geistlicher, der Mullah Omar hieß.

Sein Geburtsdatum ist unbekannt. Angenommen wird, daß Mullah Omar zwischen 1954 und 1958 auf die Welt gekommen ist. Er gehört zum Stamm der Paschtunen. Über seine frühe Jugend ist nichts bekannt. Mullah Omar schweigt sogar über seinen Geburtsort. Sicher ist, daß er eine Koranschule an der afghanisch-pakistanischen Grenze besuchte, und daß er dort den Text des heiligen Buches auswendig gelernt hat. Omar hat Islamstudien betrieben, die ihn berechtigen, sich Mullah zu nennen. Mit Mullah werden Geistliche einer niederen Stufe bezeichnet.

Daß Omar nicht weiterstudieren konnte, daran ist der Einbruch der Sowjetarmee in das Gebiet von Kandahar im Jahre 1980 schuld. Wo die Sowjets herrschten, schlossen die Koranschulen, zogen sich Lehrkräfte aus islamischen Instituten in den Untergrund zurück. Das Ergebnis der Unterbrechung ist heute noch zu spüren: Mullah Omar ist vorsichtig mit islamisch-religiösen Argumenten; sein Wissen ist beschränkt.

Mullah Omar nahm teil am Kampf in den Bergen bei Kandahar. Seine Gegner waren die Sowjets und das marxistische Regime in Kabul, das er mit der Bezeichnung »Teufelsdiener« abqualifizierte. Bei Gefechten verlor Omar ein Auge und ein Bein.

Als ein im Kampf bewährter Mullah wurde Omar verehrt. Er leitete im Jahr 1994 selbst eine Koranschule in der Nähe von Kandahar. Was er seinen Schülern mitzuteilen hatte, war weniger der Text des heiligen Buches, als dessen Sinn. Omar legte den Inhalt ganz praktisch aus – als Anleitung für das Verhalten in unserer Zeit. Der Koran sollte der Leitfaden sein für die Bewältigung aktueller Probleme.

Wer sich zum Lernen bei Mullah Omar einfand, der nannte sich »Talib«. Das Wort bedeutet Schüler, Student – oder auch »Suchender«. Die Gemeinschaft dieser »Suchenden« nannte sich »Taliban«. Dieses Wort entspricht dem Plural von Talib. Die Taliban sind Suchende, die auf dem Weg sind, Allah zu begreifen, die Wahrheit zu entdecken, die das Wesen Allahs ausmacht.

Im Dorf Singesar bei Kandahar formierten sich die Taliban als Organisation, die Ordnung schaffen wollte in Afghanistan. Ihre Wirkung erzielten sie nicht mit militärischen Erfolgen, sondern mit ihrem Anspruch, das Recht durchsetzen zu wollen – das islamische Recht. Es verlangte strengste Einhaltung der Gesetze, die im Koran festgelegt sind.

Seine Autorität konnte Mullah Mohammed Omar dadurch steigern, daß er verkündete, der Prophet Mohammed sei ihm im Traum erschienen und habe ihn beauftragt, Afghanistan in ein »Land des Heils« zu verwandeln. Diesen Auftrag werde er, Mullah Mohammed Omar, erfüllen.

Die Sippen um Kandahar nahmen dankbar zur Kenntnis, daß jemand auf Einhaltung von Gesetzen bestand, die für alle galten. Die Männer und Frauen lebten unter dem Druck, daß immer nur das Recht des Stärkeren galt. Der mächtigere Kriegsherr setzte seinen Willen durch; der Schwächere hatte sich zu fügen. Der Mächtige war nicht an Regeln gebunden – Respekt vor Allah hatte er ohnehin nicht.

Die Taliban aber verlangten diesen Respekt vor dem Allmächtigen. Das Gesetz, dem sie Gültigkeit verschaffen wollten, war nicht willkürlich festgelegt worden. Sie sprachen davon, daß Allah auf ihrer Seite stehe, da sie den Bewohnern Afghanistans sein Gesetz nahebringen würden.

Mullah Omar verstand es mit wenigen Worten darzulegen, daß die Taliban den vom Krieg der Stämme Bedrückten, Sicherheit und Ordnung bringen werden. Die Zuhörer in den verwüsteten Dörfern gewannen die Überzeugung, es sei besser, einem Geistlichen zu gehorchen, der sich einem Gesetz verpflichtet fühlte, als einem Kriegsherrn, der seine Willkür auslebte.

Mullah Omar hatte Tausende von Zuhörern, als er in Kandahar sein Programm verkündete: »Voraussetzung für Frieden im Land ist die Beachtung der Gesetze Allahs. Es besteht kein Grund mehr, daß die Menschen bewaffnet sind. Wir werden sämtliche Waffen einsammeln. Bewaffnet sind künftig allein die Streitkräfte der Taliban!«

Der Kern dieser Streitkräfte bestand tatsächlich aus »Schülern«. Diejenigen, die sich fest an Mullah Mohammed Omar binden wollten, waren Koranschüler. Sie hatten ständig eine »madrassa« besucht, einen Zirkel von Lernenden, der von einem Mullah angeleitet wurde. Sie alle waren während der Jahre nach 1973 aufgewachsen, nach der Vertreibung des Königs Zahir Schah, in einer Zeit der Auseinandersetzung zwischen Islam und Marxismus. Viele der Taliban hatten die Kindheit in Flüchtlingslagern bei Peshawar verbracht. Manche hatten ihre Eltern verloren; sie waren umgekommen bei Überfällen durch die Miliz anderer Stämme, durch Einschläge russischer Granaten, durch die Explosion heimtückischer Minen.

Die einzige Möglichkeit, die Zeit sinnvoll zu verbringen, boten die kleinen islamischen Schulen, deren Unterricht in primitiven Hütten stattfand. Staatlich organisierte Schulen existierten nicht in den Lagern der Afghanen bei Peshawar. Wer lesen und schreiben lernen wollte, der begab sich zum Unterricht bei den Mullahs. Dort erfuhr der Junge – es handelte sich ausschließlich um männliche Schüler –, daß die Lebensregeln, die der Prophet Mohammed verkündet habe, den Menschen auf dem Weg zu Allah führen können.

Die Taliban hatten in diesen Schulen nichts erfahren von anderen Ländern ringsum. So blieb das Weltbild der Taliban auf das afghanische Bergland und auf die Region von Peshawar beschränkt. Prägend für ihr ganzes Leben war die persönliche Erfahrung der Auseinandersetzung mit den Sowjets und mit den Marxisten, die von Kabul aus dem Islam schaden, und ihn sogar vernichten wollten.

Die »Schüler« hatten auch die Erfahrung gemacht, daß die »Kriegsherren« Unterdrücker waren und damit »Feinde des Volkes«. Auch sie mußten vernichtet werden.

Wenige direkte Aussagen des Mullah Mohammed Omar dringen aus dem engen Kreis um den Talibanführer nach draußen. Doch diese Aussage ist verbürgt: »Wir haben die Waffen ergriffen, um unserem Volk weitere Leiden zu ersparen. Wir mußten den Kampf aufnehmen gegen die sogenannten Mujaheddin, die nur aus Eigennutz Krieg führten!«

Zahllos sind die Legenden, die von den Taten des Mullah Mohammed Omar berichten. Während der ersten Monate nach dem Beginn des Eingreifens der Taliban in den innerafghanischen Konflikt wurden diese Legenden von Zelt zu Zelt, von Lehmhütte zu Lehmhütte weitererzählt:

Es soll im Frühjahr 1994 gewesen sein, daß Mullah Mohammed Omar vom Streit zweier Stammessheikhs in einem Dorf bei Kandahar hörte. Streitobjekt war ein hübscher Knabe. Jeder der beiden Sheikhs wollte ihn für sich haben. Bisher war dem Jungen deshalb nichts geschehen, weil sich die beiden Kriegsherren in Schach hielten. Bei den Gefechten zwischen den beiden Stämmen waren einige Männer ums Leben gekommen. Da rief Mullah Omar einige seiner »Studenten« zusammen. Sie griffen bei Nacht zuerst das Dorf des einen Sheikhs an und dann das Dorf des nächsten. Die Überraschung gelang: Die beiden Stammesoberhäupter wurden ergriffen und aufgehängt.

Die Taliban räumten bei dieser Gelegenheit die Waffenlager der Stämme aus, die seit dem Kampf gegen die Sowjetarmee Kalaschnikov-Maschinenpistolen und Stinger-Raketen gehortet hatten. Das wichtigste Ergebnis derartiger Aktionen aber war die Steigerung des Ansehens der Taliban bei der Bevölkerung auf dem Lande. Die Taliban galten bald als die Kämpfer für Ordnung und Moral. Sie wurden gerufen, wenn ein Mächtiger die vom Islam gesteckten Grenzen der Sitte überschritt, wenn er die Rechte eines Schwächeren mißachtete.

Seine Reputation festigte Mullah Mohammed Omar durch eine eindrucksvolle Geste. Er ließ in Kandahar den Schrein aufbrechen, in dem der Mantel des Propheten Mohammed aufbewahrt wurde. Seit Generationen hatte niemand diesen Mantel gesehen. Mullah Omar konnte gar nicht sicher sein, daß er überhaupt noch vorhanden war. Die Leute in Kandahar erzählten sich, einer, der sich »Fürst der gläubigen Getreuen« – »Amir al Muminin« – nennen dürfe, werde kommen, um das Siegel des Schreins zu erbrechen. Tausende junger Männer waren anwesend, als Mullah Omar in den mit Silberbeschlägen verzierten hölzernen Kasten griff, um den Mantel des Propheten hervorzuholen. Das Stück Tuch in verblichener Farbe war tatsächlich vorhanden. Die Männer, die Zeugen waren, fielen auf die Knie, als der Mullah den Mantel in die Höhe hob. Ein Aufstöhnen war zu hören und dann Jubelschreie. Selbst Skeptiker waren jetzt der Meinung, daß sich Mullah Omar mit Recht »Fürst der gläubigen Getreuen« nennen dürfe – »Amir al Muminin«. Seine Autorität wurde fortan nicht mehr angetastet.

Bedeutung in internationalem Maßstab erreichte Mullah Omar, als es ihm gelang, mit Pakistan zu einem offiziellen Einverständnis zu gelangen. In Islamabad amtierte seit 1993 Benazir Bhutto als Ministerpräsidentin. Sie hatte die Exekutivgewalt in einem Land übernommen, das sich in wirtschaftlichen Schwierigkeiten befand. Da in Pakistan nur wenig Waren produziert wurden, die im Ausland auf Interesse stießen, konnte ein wirtschaftlicher Erfolg allein durch Handel erzielt werden. Die geographische Lage machte Pakistan zum idealen Transitland zwischen Zentralasien und den Häfen an der Arabischen See.

Für die Entwicklung des Transithandels war jedoch die Mithilfe Afghanistans notwendig. Sein langer östlicher Wurmfortsatz – er umfaßte die Provinz Wakhan –, der bis zur chinesischen Grenze reichte, blockierte die Nordrouten Pakistans. Der Weg nach Zentralasien war nur über afghanisches Gebiet offen. Die beiden Nachbarstaaten Pakistan und Afghanistan mußten sich über die Nutzung der Transitstrecken einigen.

Die Zeit drängte. Mit dem Beginn des letzten Jahrzehnts des 20. Jahrhunderts brach für die bisherigen Sowjetrepubliken Turkmenistan, Usbekistan, Kasachstan und Tadschikistan die Zeit der Unabhängigkeit an. Usbekistan zum Beispiel wurde am 20. Juni 1990 aus dem Gesamtverband der Sowjetunion entlassen. Es gehörte fortan auch nicht mehr zum Wirtschaftssystem des Sowjetreiches. Da gab es keine Planer mehr, die im fernen Moskau Art und Umfang der usbekischen Industrie- und Landwirtschaftsproduktion festlegten. Die usbekische Regierung mußte selbst mit den Wirtschaftsproblemen des Landes fertig werden. Das Land hatte sich darauf zu besinnen, welche Waren es in den Welthandel einbringen konnte. Usbekistan verfügte über Baumwolle und Gold. Für beides stieg zu Beginn der 90er Jahre der Weltmarktpreis steil an. Die Voraussetzung war günstig, mit Baumwolle und Gold in den Welthandel einzusteigen.

So trafen sich die Interessen von Usbekistan und Pakistan: Das zentralasiatische Land wollte Gold und Baumwolle liefern – Pakistan war bereit, über seine Häfen den Weg zu den Weltmärkten anzubieten, vor allem über den Hafen Karachi.

Nun stellte sich das Problem der Routenwahl. Der Weg von Norden her in das Indusgebiet blieb verschlossen. Die Gebirge der Pamirregion waren nicht passierbar. Da wurde als nächstes die Route über Afghanistan in die Überlegungen einbezogen. Das Problem war nur, daß dort – auch nach dem Abzug der Sowjets – noch immer Krieg herrschte: Die Stämme bekämpften sich. Am schlimmsten war die Situation entlang der kürzesten Straßenverbindung über Peshawar und Kabul zum Salangtunnel am Hindukusch und dann weiter nach Mazar-i-Sharif; von dort aus war die Grenze zu Usbekistan am Fluß Amu Darya leicht zu erreichen.

Der Transportminister in der Regierung von Benazir Bhutto hatte dennoch die Hoffnung, er werde seine Lastkraftwagen auf dieser Straße nach Usbekistan schicken, damit sie dort beladen werden und dann wieder zurückfahren können. Er glaubte, der Kriegsherr Gulbuddin Hekmatyar sei dazu in der Lage, die Transportwege abzusichern. Hekmatyar verfügte über die größte Streitmacht der Mujaheddin. Doch es zeigte sich, daß es ihm nicht gelang, wenigstens die Mehrzahl der Paschtunenkrieger unter seiner Führung zu einigen. Ministerpräsidentin Benazir Bhutto mußte ein Jahr nach ihrem Amtsantritt feststellen, daß Gulbuddin Hekmatyar kein Partner für sie war. Die Staatseinnahmen Pakistans konnten immer noch nicht durch Erhebung von Transitgebühren aufgebessert werden.

Da machten pakistanische Generäle den Vorschlag, für die Verbindung zu Usbekistan einen Umweg in Kauf zu nehmen. Die Route sollte von der pakistanischen Stadt Quetta nach Kandahar führen und von dort über Shindand nach Herat, das nahe an der Grenze zu Turkmenistan liegt; der Weg nach Usbekistan stand dann offen.

Die Generäle, die dem pakistanischen Geheimdienst ISI nahestanden, verfolgten einen Hintergedanken. Ein argentinischer Ölkonzern, der Bridas hieß, hatte Kontakt zu ISI aufgenommen. Der Chef von Bridas, Carlos Bulgheroni, verfolgte schon seit dem Abzug der Sowjets aus Afghanistan die Idee, von Turkmenistan nach Pakistan eine Pipeline zu verlegen – mitten durch Afghanistan. Durch diese Pipeline sollte turkmenisches Öl fließen. Bulgheroni hatte sich bereits entschlossen, durch seinen Konzern Bridas in das turkmenische Ölgeschäft mit einer beachtlichen Investition einzusteigen. Mit Tatkraft wollte er das Problem anpacken, die zerstrittenen Kriegsherren in Afghanistan zu veranlassen, Frieden miteinander zu schließen, um den Pipelinebau zu ermöglichen.

Die pakistanischen Generäle rieten Carlos Bulgheroni davon ab, mit Hekmatyar zu verhandeln; durch ihn sei nichts zu erreichen. Sie glaubten, der neue starke Mann sei Mullah Mohammed Omar, der Kommandeur der Taliban. Zu jener Zeit, Anfang Oktober 1994, hatten zweihundert Talibankämpfer bei der Grenzstation Spin Boldak an der Straße von Kandahar nach Quetta ein Camp der Mujaheddin des Gulbuddin Hekmatyar angegriffen. Im Handstreich nahmen die Taliban das Camp und sein Waffendepot ein. Hekmatyars Kämpfer waren rasch in Richtung Kandahar geflohen. Dieses Ereignis hatte sehr zum Ruhm des Mullah Mohammed Omar beigetragen.

Die pakistanischen Generäle waren überzeugt, den richtigen Partner gefunden zu haben. Sie nahmen Kontakt zu ihm auf. Das

Thema »Transit« wurde besprochen. Mullah Omar versprach, er werde einen Lastwagenkonvoi sicher von Quetta über Kandahar und Herat zur Grenze von Turkmenistan geleiten.

Der Konvoi mit mehr als 50 Lastkraftwagen machte sich auf den Weg. Führer des Konvois waren zwei erfahrene und mutige Taliban. Bei Gereshk, westlich von Kandahar, wurden die Lastwagen durch Hekmatyars Bewaffnete aufgehalten. Sie verlangten Wegezoll. Sie drohten mit ihren Waffen. Darauf hatten Talibankämpfer in einem Versteck gewartet. Sie fielen über die Mujaheddin des Gulbuddin Hekmatyar her. Wer nicht sofort getötet wurde, der floh. Im Zusammenhang mit dieser Aktion erbeuteten die Taliban Panzer und Helikopter; sie waren mehr als fünf Jahre zuvor von den Sowjets beim Abzug zurückgelassen worden.

Diese Ausrüstung machte es den Taliban möglich, die Stadt Kandahar, von der sie bisher nur Teile besetzt hielten, völlig zu erobern. Die Taliban waren nun, im Herbst 1994, die Herren der zweitgrößten Stadt von Afghanistan. Die Taliban machten ihr Versprechen wahr, das sie den pakistanischen Generälen gegeben hatten: Sie sorgten dafür, daß der Verkehr über die »Südroute« Kandahar–Herat reibungslos funktionierte. Schon im Dezember 1994 trafen die ersten Baumwolltransporte aus Zentralasien im pakistanischen Hafen Karachi zum Weitertransport ein. Die Taliban hatten bewiesen, daß sie verläßliche Partner waren.

Vom Jahreswechsel 1994/95 an war Mullah Mohammed Omar populär in Afghanistan, in Pakistan, in Belutschistan. Tausende von Freiwilligen strömten der Organisation zu. Sie kamen alle aus den afghanischen Flüchtlingslagern, die sich auf pakistanischem Gebiet befanden. Ministerpräsidentin Benazir Bhutto wurde von den Kriegsherren der Mudjaheddin-Organisationen aufgefordert, die jungen Männer zu hindern, bei Peshawar die Grenze zu überschreiten. Ihre Antwort: »Ich kann niemand daran hindern, dorthin zurückzukehren, wo er hergekommen ist!« Die pakistanische Ministerpräsidentin war froh, daß die Taliban auf diese Weise Flüchtlinge in die Heimat zurückholten. Der Flüchtlingsdruck in den pakistanischen Lagern verringerte sich etwas.

Die Taliban verändern das Leben der Menschen

Die Bewohner der Region von Kandahar atmeten auf, als die »Suchenden« in der Stadt und in den Dörfern zu erkennen gaben, wie die künftige Ordnung auszusehen habe. Was sie versprochen hatten, machten sie auch diesmal wahr: Sie setzten durch, daß alle Waffen abgegeben wurden. Auch wer sich Mujaheddin nannte, wurde entwaffnet. Über Nacht hörten die Schießereien auf. In das Land um Kandahar zog Ruhe ein.

Wer sich nicht fügen wollte, der wurde durch Androhung von Prügeln dazu gezwungen, den Befehlen zu gehorchen. Hartnäckige Mujaheddin behielten allerdings ihre Kalaschnikov-Maschinenpistolen und wichen nach Norden, in Richtung Kabul, aus.

Da um Kandahar keine Gefechte und keine Überfälle mehr stattfanden, begann sich das Leben zu normalisieren. Wichtig war, daß die Händler ihre Läden öffneten, daß sie Waren in die Dörfer und Städte holten, die auf den Märkten angeboten werden konnten. Die Versorgung mit Lebensmitteln wurde langsam besser. Die Menschen im Süden Afghanistans priesen die Taliban dafür, daß sie Ordnung schufen.

Die Sippen nahmen es hin, daß Vorschriften in das Leben ihrer Männer, Frauen und Kinder eingriffen. Die Taliban verkündeten, daß sofort alle Mädchenschulen zu schließen seien. Das Dekret zur Schulschließung war mit keiner Begründung verbunden. Mullah Mohammed Omar erwies sich in dieser Angelegenheit als äußerst schweigsam. Erst später war von den Männern seiner Umgebung zu erfahren, daß nun endlich wieder Allahs Gebot erfüllt werde: Allah habe mit gutem Grund den Frauen andere Aufgaben als den Männern zugewiesen – und dazu sei keine Schulbildung Voraussetzung.

Bemerkt werden muß allerdings, daß damals Mädchenschulen nur in den Städten existierten. Es war den Sheikhs und Mullahs zuvor schon gelungen, in den Dörfern die Mädchen von den Schulen fernzuhalten.

Die nächste Verordnung der Talibanverwaltung brachte manchen Frauen allerdings schmerzhafte Einschnitte: Es wurde ihnen verboten, außerhalb der Häuser Tätigkeiten auszuüben. Sie durften nur im Rahmen des Familienlebens arbeiten. Nur in Ausnahmefällen wurde es Ärztinnen gestattet, ihre Praxis für Frauen weiterzuführen. Mullah Mohammed Omar ist der Meinung, daß sich die Menschen – auch die Männer – eher Allah anvertrauen sollen, als sich in die Hand von Ärzten zu begeben. Frauen sollten nur dann Hilfe von Ärztinnen annehmen, wenn Geburtshilfe notwendig war.

Die Eingriffe in das Leben der Männer waren weniger schwerwiegend: Sie wurden gezwungen, sich lange Bärte wachsen zu lassen – der Bart mußte mindestens eine Handbreit lang sein. Sich Kinn und Backen zu rasieren, war nicht mehr gestattet. Die Barbiere wurden brotlos. Der Bart war das Zeichen, daß sich ein Mann zur Ordnung der Taliban, und damit zum Gesetz Allahs bekannte.

Verboten wurden die Sportarten, die der Belustigung dienten. Bis dahin hatten die jungen männlichen Afghanen mit Begeisterung Fußball gespielt. Dieses Vergnügen wurde zwar nicht direkt verboten, doch wurde das wichtigste Fußballfeld von Kabul fortan als Platz für öffentliche Hinrichtungen benutzt. Dort wurden Männern, die das Gesetz Allahs nicht einhielten, vor aller Augen die Köpfe abgeschlagen. Erschießungen geschahen mehrmals in der Woche – sogar von Frauen, die als Ehebrecherinnen beschuldigt wurden. Durch Filme ist dokumentiert, daß Frauen mit dichter Verhüllung des Gesichts vor einem Fußballtor niederknien mußten – dann wurden sie von den tödlichen Schüssen ins Genick getroffen.

Als todeswürdiges schlimmes Verbrechen wurde der Besitz eines Fernsehgerätes angesehen. Zwar gab es in der Region Kandahar noch nie ein für alle erreichbares Fernsehprogramm – und trotzdem wurde selbst ein nutzloses Empfangsgerät als ein Objekt angesehen, das den Teufel ins Haus bringen konnte.

Die von den Taliban erlassenen Gesetze erschreckten kaum jemand. Der Standpunkt der Menschen war: »Es ist besser strenge Gesetze zu haben, als in der Gesetzlosigkeit zu leben!« Das Ergebnis dieser Einstellung war, daß sich den Talibankämpfern auf ihrem Weg nach Norden in Richtung auf die Hauptstadt Kabul zu nur wenig Widerstand entgegenstellte. Die einfachen Afghanen, die Bauern, die Handwerker und Händler hatten Sehnsucht nach geregeltem Leben. Dieses aber konnten ihnen die Kriegsherren Gulbuddin Hekmatyar, Burhanuddin Rabbani und Ahmed Schah Massud, die in Kabul herrschten, nicht bieten.

Sie hatten im Verlauf des Jahres 1992 Kabul in Besitz genommen und dem marxistischen Regime ein Ende gesetzt, doch es war diesen Kriegsherren in zwei Jahren nicht gelungen, ein einigermaßen gerechtes islamisches Regime zu errichten. Mit dem Ende der Präsidentschaft des letzten Marxisten Nadschibullah – er befand sich noch immer als entmachteter Politiker in Kabul, unter dem Schutz der UN – hätte die Möglichkeit bestanden, im Zusammenwirken aller islamischer Kräfte den Bewohnern der Hauptstadt den Frieden zu geben. Doch kaum hatte der gemeinsame Feind, das marxistische Regime, seine Kraft verloren, brach der Streit der Kriegsherren untereinander aus. Gulbuddin Hekmatyar und Ahmed Schah Massud machten sich gegenseitig ihre Positionen streitig. Massud war es gelungen, sich im Zentrum der Hauptstadt festzusetzen. Er wollte sich dieses Machtzentrum nicht rauben lassen. Seine Kämpfer verhinderten mit Erfolg, daß die Mujaheddin des Gulbuddin Hekmatyar ebenfalls in die Hauptstadt einrückten. Das Resultat war, daß der Kriegsherr Hekmatyar im Sommer 1993 begann, Kabul zu belagern. Er schnitt nicht nur die Zufahrtsstraßen ab, er ließ die Stadt mit Artilleriegranaten beschießen. In Kabul drängte sich damals eine Million Menschen zusammen. Die Bewohner wurden Tag und Nacht durch Beschuß zermürbt. Getroffen wurde auch das Lazarett des Internationalen Roten Kreuzes, in dem die Verwundeten der Kämpfe betreut wurden. Jetzt wurden Ärzte und Betreuer verwundet und getötet.

Der Krieg, der um Kabul geführt wurde, hatte nichts mit ideologischer Auseinandersetzung zu tun; er wurde auch nicht um Glaubensfragen geführt. Es war der Krieg der machtbesessenen Paschtunenchefs Hekmatyar und Massud.

Ahmed Schah Massud war 1948 in einer Kaserne in der Nähe von Kabul geboren worden. Sein Vater diente als Oberst in der Armee des damaligen Königs Zahir Schah. Er gehörte zum Volk der Tadschiken.

Der Sohn studierte Ingenieurwissenschaften; sein Spezialgebiet war der Tiefbau. Ahmed Schah Massud interessiert sich auch für Architektur. In die Politik geriet er unter dem Einfluß des Professors Burhanuddin Rabbani, der nach dem Sturz des Königs den Staatspräsidenten Mohammed Daud attackierte, und der sogar einen Putschversuch gegen Daud unternahm. Massud floh mit Rabbani nach Pakistan. Nach dem Einmarsch der Sowjets zeigte Massud, daß er ausgesprochene Guerillatalente besaß. Er kontrollierte mit seinen Kämpfern weite Teile von Nordafghanistan. Er verbündete sich mit Hekmatyar – und er geriet in Streit mit ihm.

Eigentlich hatten die beiden – unter dem Druck der pakistanischen Regierung – beschlossen, gemeinsam Ordnung zu schaffen in Afghanistan. Hekmatyar sollte der Chef der Administration sein und Massud sein Stellvertreter. Massud aber legte Wert darauf, daß er als »Verteidigungskommissar« zuständig war für Streitkräfte. Kaum aber war Massud Oberbefehlshaber geworden, ließ er die Panzer gegen die Privatmiliz des Regierungschefs auffahren. Der Kampf, der sich aus der Konfrontation entwickelte, blieb unentschieden.

Die Leidtragenden waren die Bewohner von Kabul. Auf dem Hauptbazar der Stadt war diese bemerkenswerte Meinung zu hören: »Die Ruhe wird erst dann hergestellt, wenn wir sämtliche Kriegsherren in ein Flugzeug setzen, das dann abgeschossen wird!« Die Sehnsucht nach einem starken Mann wurde immer spürbarer. Mancher Händler im Bazar ging sogar so weit, daß er sich den Marxisten Nadschibullah in den Regierungspalast zurückwünschte – der hätte keinen weiten Weg gehabt; er hielt sich noch immer im Camp der Vereinten Nationen im Herzen von Kabul auf.

Die Taliban erobern die Hauptstadt

Mullah Mohammed Omar hatte keine Eile, die Hauptstadt zu besetzen. Für Kabul empfand er keine Sympathie. Ihm war die Lebensart der Menschen dort fremd; sie war ganz wenig von den Sitten in den USA und in Europa beeinflußt – aber diese Beeinflussung war dem Mullah schon zuviel. Die Frauen in Kabul schminkten sich, und sie verhüllten ihre Gesichter nicht; sie dufteten nach Parfümessenzen; sie interessierten sich für die Mode der europäischen Metropolen. Mullah Omar konnte nicht hoffen, in Kabul freudig begrüßt zu werden. Doch er mußte sein Zögern abrupt beenden: Im Juli 1996 erhielt er in Kandahar Besuch vom saudiarabischen Prinzen Turki Ibn Faisal, der für den Geheimdienst des Königreichs der Familie as-Saud zuständig war. Prinz Turki versprach dem Mullah zusätzliche Finanzmittel, wenn sich die Taliban bereit erklärten, die streitenden Kriegsherren Hekmatyar und Massud zu vertreiben. Pläne für den Vormarsch wurden mit Hilfe der Geheimdienstorganisation des Prinzen und seiner pakistanischen Partner entwickelt.

Der Vorstoß sollte nicht direkt erfolgen, sondern auf dem Umweg über die Stadt Jalalabad, die westlich des Kyberpasses liegt, etwas mehr als 100 Kilometer von Kabul entfernt.

Jalalabad fiel den Taliban fast kampflos zu. Der dortige Milizkommandeur kapitulierte rechtzeitig – dieser lokale Stellvertreter von Hekmatyar war vom pakistanischen Geheimdienst mit einer Summe in Millionenhöhe bestochen worden. Er verließ seine Truppe und fuhr über den Kyberpaß ins Exil im pakistanischen Peshawar.

Mullah Mohammed Omar hielt sich nicht lange in Jalalabad auf. Seine Verbände nutzten die gut ausgebauten Straßen nach Westen und erreichten am 24. September 1996 die Kleinstadt Sarobi; die Entfernung nach Kabul beträgt nur 70 Kilometer. Die Taliban verfügten über genügend Fahrzeuge, um ihre Bewaffneten rasch transportieren zu können. Mullah Omar hatte begriffen, wie wichtig der Überraschungseffekt war. Er schickte eine Einheit von zweihundert Männern von Sarobi aus zum Flughafen Kabul. Der strategisch wichtige Komplex konnte rasch besetzt werden.

Ahmed Schah Massud, der – von Hekmatyar bedrängt – noch immer in Kabul festsaß, verlor nun seine Verbindung nach Norden, zum eigenen Stamm der Tadschiken. Bisher war diese Verbindung mit Hilfe von Hubschraubern aufrechterhalten worden.

Der Einschließungsring um Massuds Truppen, den Hekmatyar aufgebaut hatte, zerbrach jetzt beim Anmarsch der Talibanstreitkräfte. Ahmed Schah Massud bemühte sich nun gar nicht erst, eine Verteidigungslinie zu organisieren. Er hielt den Widerstand gegen die Talibankämpfer für sinnlos. Er setzte sich mit sämtlichen Bewaffneten auf der Straße, die zum Salangtunnel unter dem Hindukuschmassiv führte, ab. Sein Ziel war die Stadt Mazar-i-Sharif nahe der Grenze zu Usbekistan, das inzwischen eine unabhängige Republik geworden war.

Massud mußte zugeben, daß Mullah Mohammed Omar seine militärische Operation perfekt geplant und durchgeführt hatte. Innerhalb weniger Wochen waren die Talibanstreitkräfte, die zuvor niemand ernstgenommen hatte, eine disziplinierte und schlagkräftige Truppe geworden. Wirkliche Kampferfahrung hatten zunächst nur die Älteren gehabt aus der Zeit der Auseinandersetzung mit der Sowjetarmee – dieser Krieg lag inzwischen acht Jahre zurück. Der Gedanke, die Männer des Mullah Omar könnten es wagen, die Hauptstadt Kabul zu stürmen, war bisher als abwegig eingestuft worden. Nun aber war das Undenkbare Wirklichkeit geworden: Den Taliban stand Kabul offen. Auch der Kriegsherr Hekmatyar befand sich inzwischen mit seinen Panzern und seiner Artillerie auf der Straße zum Salangtunnel.

Der einzige, der rechtzeitig die Gefahr erkannt hatte, war der frühere marxistische Präsident Nadschibullah, der sich seit seinem Sturz durch die Mudjaheddin im Jahr 1992 unter dem Schutz der Vereinten Nationen befand. Deren Gebäudekomplex war sein Zufluchtsort. Dort hatte er in der Hoffnung gelebt, irgendwann und irgendwie werde er sich doch noch als freier Mann auf die Straße wagen können. Seine Frau und seine drei Töchter waren noch rechtzeitig aus dem Land gebracht worden – sie lebten in der indischen Hauptstadt.

Am Tag, als die Taliban die Kleinstadt Sarobi einnahmen, wurde dem Expräsidenten deutlich, daß er verloren war, wenn nicht rasch Hilfe kam. Er veranlaßte einen der letzten verbliebenen Angehörigen des UN-Personals, einen Funkspruch an die Zentrale der Hilfsorganisation der Vereinten Nationen in Islamabad abzusetzen, mit der Bitte, von Peshawar aus einen Hubschrauber zu

senden, der ihn auf pakistanisches Gebiet ostwärts des Kyberpasses holen könnte. Auf dem bald schon weitgehend verlassenen Gelände befanden sich noch Nadschibullahs persönlicher Referent und der Bruder des Expräsidenten – auch sie wollten dringend nach Pakistan ausgeflogen werden. Doch von der UN-Zentrale in Islamabad kam keine Antwort.
Da bot Ahmed Schah Massud im letzten Augenblick, ehe er Kabul als Nachhut seiner Einheiten verließ, seine Hilfe an: Er wollte Nadschibullah in seinem eigenen Fahrzeug zu einem Fluchtort im Norden mitnehmen. Doch jetzt blockierte Stammesdenken die Entscheidung des Expräsidenten: Es wurde ihm bewußt, daß die abziehenden afghanischen Verbände Tadschiken waren – er aber war Paschtune. Er hatte keine Sorge, von den Tadschiken unterwegs umgebracht zu werden; sein Bedenken war, kein Paschtune werde ihn jemals mehr achten, wenn er mit Hilfe der Tadschiken aus Kabul floh. Er blieb zurück, obwohl er spürte, daß niemand kam, um ihm zu helfen.

Am Abend des 26. September arbeitete der Stromgenerator im UN-Komplex von Kabul nur noch unregelmäßig – der Treibstoff ging zu Ende. Dem persönlichen Referenten gelang es noch, eine letzte Funkverbindung nach Islamabad zu schalten. Er schilderte Nadschibullahs Lage. Er sprach davon, daß Nadschibullah Angst habe, in die Hände der Taliban zu fallen. Mullah Mohammed Omar sei unberechenbar, unheimlich. Der persönliche Referent beschloß seinen Bericht unter Tränen. Aus Islamabad kam keine Antwort, die den Verlassenen hätte Trost spenden können. Inzwischen war vom östlichen Stadtrand her Granatwerferfeuer zu hören: Der Sturm auf Kabul hatte begonnen.

Ein Trupp freiwilliger Talibankämpfer, die sich in Kabul auskannten, fuhr mit auf einem Kleinlaster zum Komplex der UN-Gebäude. Da brannte kein Licht, und trotzdem fanden die fünf Männer den Raum, in dem sich der ihnen verhaßte Marxist befand. Im Licht von Taschenlampen schlugen sie den Gesuchten – der bereit war, sich zu ergeben – nieder. Der Bewußtlose wurde im Kleinlaster zum Präsidentenpalast gefahren. Im Hof wurde er auf den Boden geworfen und nackt ausgezogen. Der Hof füllte sich rasch mit schwarzgekleideten bärtigen Talibankriegern, die begeistert jubelten. Einer schnitt dem Expräsidenten die Geschlechtsteile ab. Ein improvisierter Galgen war errichtet worden. An ihm wurde Nadschibullah aufgehängt. Dies geschah nachts um 1 Uhr.

Der brutale Mord bestimmte fortan die Haltung der Menschen in der Hauptstadt gegen die Taliban. Selbst in Kabul wäre bei der weitgehend westlich orientierten Bevölkerung die Durchsetzung islamischer Gesetze auf Verständnis gestoßen. Diese Tat aber konnte von niemandem als islamisch verteidigt werden. Die Taliban hatten sich gegenüber der eigenen Religion ins Unrecht gesetzt. Dieser Makel bleibt in Kabul für lange Zeit an ihnen hängen.

Der Tote wurde auch am Morgen nicht abgeschnitten. Die Bevölkerung sollte sehen, daß die neuen Herren entschlossen waren, die Vergangenheit auszulöschen. Mullah Mohammed Omar ließ keinen Protest aufkommen. Die Menschen wurden durch Taliban, die Schlagstöcke trugen, eingeschüchtert. Der Taliban-Befehlshaber ordnete an, daß der Paschtune Nadschibullah nicht nach islamischen Regeln bestattet wurde. Dort, wo er verscharrt wurde, durfte kein Totengebet gesprochen werden.

Der Talibanchef fertigte unmittelbar nach der Einnahme von Kabul Todesurteile für die geflohenen Kriegsherren Hekmatyar und Massud aus. Mullah Omar war der festen Überzeugung, daß er diese »Feinde Allahs« bald besiegen und gefangennehmen werde.

Zwei Tage später ließ Mullah Omar durch einen Sprecher von Radio Kabul verkünden, daß ab sofort auch für diese Stadt die islamischen Gesetze zu gelten hatten. Betroffen von dieser Anordnung waren vor allem die Frauen – sie wurden von jeglicher Bildungsstätte ausgeschlossen. In Kabul hielten sich damals mehr als eine Million Menschen auf. Etwa die Hälfte waren Frauen; ihr Lebensraum beschränkte sich künftig auf das Innere der Häuser. 50 000 junge Frauen waren an der Universität eingeschrieben – seit der Herrschaft der Marxisten war immerhin einiges für die Frauen erreicht worden. Mindestens 50 000 Mädchen waren Schülerinnen; weitere 50 000 waren berufstätig. Sie alle wurden von einem Tag auf den anderen aufgefordert, ihren Platz in der Schule, der Universität und in den Betrieben zu räumen.

Besonders hart betroffen waren Familien, deren Männer während der mehr als zwanzig Kriegsjahre ihr Leben verloren hatten. Die Frauen und Mütter der Gefallenen hatten das Geld für den Unterhalt aller, auch der Kinder, verdient. Diese Familien existierten ab sofort in Armut. Die Taliban nahmen darauf keine Rücksicht.

Mit Beginn des Monats Oktober 1996 war es gültiges Recht, daß Dieben die rechte Hand amputiert wurde, daß Ehebruch von seiten der Frau mit Steinigung bestraft wurde, daß jeder auszupeitschen war, der alkoholische Getränke zu sich nahm.

»Unter jedem Stein hockt ein Taliban«

Mit diesem Spruch warnten sich die Bewohner von Kabul gegenseitig vor den neuen Herren der Hauptstadt. Diese Mächtigen waren jung, trugen lange Bärte und hatten ihre Augen schwarz umrandet zur Abwehr des bösen Blicks. Sie kamen aus ländlichen Gegenden und hatten kein Verständnis für die Verhältnisse in der Stadt. Sie hatten sich in ihren Dörfern mit dem Koran befaßt; sie hatten die Suren des heiligen Buches auswendig gelernt. Sie konnten lesen und schreiben, jedoch kaum rechnen. Sie hatten keine Ahnung von der Welt. Sie wußten nichts von den Schwierigkeiten der Verwaltung von Dorf, Stadt und Land. Sie waren jedoch überzeugt, unterscheiden zu können, was »islamisch« und was »unislamisch« ist. Ein Zeichen des unislamischen Verhaltens war für sie, wenn sich ein Mann rasierte, wenn sein Bart kürzer war als die Breite seiner Hand, und wenn eine Frau ihren Fuß sehen ließ.

Die Bewohner von Kabul entdeckten rasch, daß die Männer, die jetzt zu bestimmen hatten, nicht aus ihrer Stadt oder aus deren Umgebung stammten, daß sie durchweg Paschtunen aus dem Süden waren. Die Taliban wurden bald als Angehörige einer Besatzungsmacht angesehen. Hatten die Taliban noch in Kandahar das Ansehen genossen, sie seien gekommen, um den Menschen Sicherheit, Frieden und Gerechtigkeit zu bringen, war in Kabul rasch alle Sympathie für die Taliban verflogen. In der Hauptstadt traten sie auf als gewalttätige Kämpfer für Allah, den sie als unerbittlich darstellten.

Es war die Art, wie die Taliban ihren Willen durchsetzten, die verstörte und erschreckte. Es war nicht das Programm, das sie vertraten. Viele Afghanen waren durchaus der Meinung, daß Mädchen nicht zur Schule gehen sollten, weil sie dort Sachverhalte lernten, die sie im Leben nicht brauchen konnten. Die Mädchen sollten sich – nach Meinung der Stammessheikhs – darauf vorbereiten, dem Mann in jeder Lebenslage zu dienen; was zu geschehen hat, bestimmte allein der Mann. Worüber sich die Sheikhs der Sippen in der Region Kabul ärgerten, war der Umstand, daß die Fremden, die den Schulbesuch verboten, Paschtunen waren. Die Sheikhs empfanden das Verbot als Eingriff in ihre Rechte.

Ausnahmsweise verteidigten sich die Taliban in dieser Angelegenheit nicht mit dem Argument, der Islam verbiete den Frauen den Zugang zur Bildung. Sie erklärten, Schulen für Mädchen hätten die Marxisten auf Anraten der sowjetischen Berater eingeführt. Die Taliban aber hätten die wichtige Aufgabe, alles abzuschaffen, was die »gottlosen Kommunisten« dem afghanischen Volk aufgezwungen hätten. Die Mädchen seien von den Moskaufreunden gegen ihren Willen in die Schulen »getrieben« worden. Dort seien sie von männlichen Lehrern erwartet worden, die nur den einen Auftrag gehabt hätten, das moralische Empfinden der Moslemfrauen zu zerstören.

Viele Afghanen sind auch durchaus der Meinung, es verstoße gegen die traditionellen Sitten, wenn eine Frau außer Haus in einem Büro oder in einem Ladengeschäft arbeite – der leicht zu erreichende Kontakt zwischen Mann und Frau schaffe eine Situation, die Verführung ermögliche. Es ist wichtig festzustellen, daß vor dem Einmarsch der Taliban in Afghanistan landesweit nur rund 100 000 von mehr als zehn Millionen Frauen berufstätig waren. Eingerechnet sind die Frauen, die in Krankenhäusern in den Abteilungen für weibliche Patienten gearbeitet haben. Es war also durchaus nicht üblich, daß Frauen zur Arbeit gingen. Es war und ist die Ansicht der Familiensheikhs, daß es eine üble Sitte der »unmoralischen Amerikaner und Europäer« sei, die Frauen aus dem Haus zur Arbeit zu schicken. Doch die Familiensheikhs sind auch der Meinung, die Entscheidung, was eine Frau zu tun oder zu unterlassen habe, liege bei den Männern des Stammes, und nicht bei den »arroganten Taliban«.

Die Talibanführung in Kandahar und Kabul legte Wert auf die Feststellung, ihre Herrschaft, die sie »im Namen des Islam« ausübten, habe eine bedeutsame Leistung vollbracht: Sie hätten den 20jährigen Krieg der Stämme gegeneinander beendet. Die Gefechte der Sippen mit Raketen und Artillerie hätten nur deshalb aufgehört, weil sie – die Taliban – alle Waffen eingesammelt hätten.

Ein weiterer Punkt spricht zu Gunsten der »Suchenden«: Es herrschte Rechtssicherheit in den Gebieten, die sie kontrollieren. Es wurde kaum gestohlen in der Millionenstadt Kabul. Auch wer sich insgeheim über die Strenge der Taliban beklagte, mußte zugeben, daß ein wirklicher Vorteil der Herrschaft der »Suchenden« darin bestand, daß ein Gesetz existierte, das für alle galt, und das durchgesetzt wurde. Nicht geleugnet wurde, daß die Rechtssicherheit besser war als das Rechtschaos »zur Zeit der Marxisten«.

Das »Islamische Emirat Afghanistan«

Zum vierten Mal innerhalb von drei Jahrzehnten wechselte Afghanistan seine Staatsbezeichnung: Bis 1973 war der Staat ein Königreich; dann entstand eine Republik, die sich kurzfristig in eine Demokratische Volksrepublik verwandelte; sie wurde jetzt zum »Emirat«. Doch es gibt keinen Emir im Land am Hindukusch. Angestrebt wurde von den Taliban der Aufbau eines Einheitsstaates unter ihrer Führung. Diese Entwicklung hätte bedeutet, daß sich der Stamm der Paschtunen wieder einmal durchgesetzt hätte.

Mit der Eroberung von Kabul glaubten die Taliban, das ganze Land für sich gewonnen zu haben. Doch es wurde deutlich, daß der Schwung ihrer Offensive erlahmte. Erst allmählich wurden Umstände des Sturms auf Kabul bekannt: Die amerikanische Ölgesellschaft UNOCAL (United Oil of California) war nicht unwesentlich daran beteiligt gewesen. Ihre Mitarbeiter hatten die Stadt für die meist ortsunkundigen Taliban ausgekundschaftet. Den UNOCAL-Mitarbeitern verdankten es die »Suchenden«, daß sie so rasch den UN-Komplex und damit den Aufenthaltsort von Nadschibullah entdeckten. Zu diesem Zeitpunkt war die Konzernleitung von UNOCAL noch immer der Meinung, sie könnten sofort nach dem Sieg der Taliban und nach der Festigung ihrer Herrschaft mit dem Bau der Pipeline vom turkmenischen Erdgasfeld Daulatabad über Herat und Kandahar ins Indusbecken beginnen. Die Baukosten waren berechnet: Sie sollten acht Milliarden Dollar betragen. Für die Finanzierung war gesorgt.

Doch UNOCAL erlebte eine Enttäuschung: Die Überwindung des Hindukusch-Massivs war für die Taliban schwierig zu erreichen. Der Vorstoß nach Norden verzögerte sich. Ahmed Schah Massud aber, der Ende 1996 aus Kabul hatte fliehen müssen, gewann im Norden an Kraft. Als er die Hauptstadt verlassen hatte, war sein nächstes Ziel der Salangtunnel im Hindukuschgebirge.

Der langgezogene Gürtel von hohen Bergen und schroffen Schluchten ist eine imposante Barriere, die das Tal des Flusses Amu Darya vor jedem Angreifer aus dem Süden schützt. Wer den Salangtunnel beherrscht, der kontrolliert den Norden. Ahmed Schah Massud war überzeugt, er könne die Hindukusch-Linie halten.

Er hatte sich kurz zuvor mit Abdul Rashid Dostum verbündet. Dostum, der sich General nannte, war ein Kommandeur mit Erfahrung in Taktik und Strategie. Er hatte die Idee, die südlichen Zufahrten zum Salangtunnel zu sprengen. Danach waren die Serpentinenstraßen nicht mehr zu benützen. Dostum und Massud konnten sich auf die Verteidigung der Stadt Mazar-i-Sharif einstellen.

Mazar-i-Sharif war letzter Zufluchtsort geworden für alle Afghanen, die zwar aus ihren Heimatstädten geflohen waren, die jedoch nicht in Pakistan die Entwicklung abwarten wollten, sondern in ihrem Land – ein Zipfel war ihnen wenigstens noch geblieben. In der Stadt dieses letzten afghanischen Winkels vor dem Amu Darya hausten entwurzelte Geschäftsleute und Beamte, Lehrer und Lehrerinnen, Architekten und Ingenieure. Sie alle waren nach Norden geflüchtet, weil sie nicht im »Islamischen Emirat Afghanistan« leben wollten; sie waren Moslems doch sie fürchteten die harten Gesetze der Taliban. In Mazar-i-Sharif hatten sich Familien versammelt, die sich mit der Republik der Marxisten arrangiert hatten. Ihr Wunsch war, das Leben fortzusetzen, das sie unter dem Regime der Präsidenten Taraki, Amin und Nadschibullah geführt hatten.

Jetzt aber lebten sie in einer Stadt, die von Angst geprägt war. Frauen und Männer, die es sich abgewöhnt hatten zu beten, betraten Tag für Tag die Moschee, um Allah zu bitten, er möge die Taliban von Mazar-i-Sharif fernhalten. Die Sorge ließ sich vom Winter 1997/98 ab nicht unterdrücken, daß es den Taliban doch gelingen werde, den Hindukusch zu überwinden. Auf dem Markt der Stadt erzählten sich Händler und Kunden, jemand habe es selbst gesehen, wie Gruppen von jungen Taliban barfuß über Schneefelder und vereiste Felsen geklettert seien auf dem Weg nach Norden. Die Taliban umgingen also die Sperren, mit denen General Dostum den Feind hatte aufhalten wollen.

Trotz aller Furcht veränderten die Geflohenen ihren Lebensstil nicht. Aus diesem Grunde war der Kontrast zwischen Mazar-i-Sharif und Kabul gewaltig. In der nördlichen Stadt, die von Ahmed Schah Massud und General Dostum beherrscht wurde, waren Frauen nicht gezwungen, sich zu verschleiern; hier waren Mädchenschulen geöffnet; die Frauen bewegten sich frei auf den Straßen. Im Frühjahr 1997 sind allerdings viele der Meinung, daß ihre Freiheit von begrenzter Dauer sein wird. Immer wieder machte sich Defätismus breit.

An Mannschaften und Bewaffnung waren Massud und Dostum gut versorgt. Berichtet wurde von 40000 Bewaffneten. Sie trugen russische Uniformen, die Usbekistan zur Verfügung gestellt hatte. Sie führten russische Waffen mit sich, die aus tadschikischen Beständen stammten. Keiner der Bewaffneten wußte jedoch, wofür er kämpfen sollte. Die Abwehr der Taliban-Herrschaft war kein ausreichender Beweggrund für den Einsatz des eigenen Lebens. Es fehlte eine Ideologie. Die Taliban zogen in den Kampf für die Gültigkeit des Koran im gesamten Islamischen Emirat Afghanistan. Die Kämpfer des Nordens hatten kein erreichbares Ziel vor Augen. Sie schossen jeweils nur im Interesse ihres jeweiligen Kriegsherrn.

Die Folge war, daß der interne Streit, den die Taliban im Süden beendet hatten, im Norden fortlebte. Dostum und Massud begannen im Fluchtort Mazar-i-Sharif mit verbalem Streit. Sie waren uneins über die Strategie, die zur Verteidigung des nördlichen Landeszipfels anzuwenden war. Das Gefühl der Frustration beschlich sie; es artete aus in Resignation. Schließlich schossen die Streitenden aufeinander.

In dieser Entwicklung war General Dostum der Verlierer. Mancher seiner Kommandeure besann sich jetzt darauf, daß der General einst in der Sowjetunion zum Offizier ausgebildet worden war. Man traute ihm plötzlich zu, daß er zusammen mit tadschikischen Exkommunisten ein »postmarxistisches Regime« aufbauen wollte. Davor hatte nun Gulbuddin Hekmatyar Sorge.

Im internen Streit übersahen Dostum und Hekmatyar, daß es den Taliban gelungen war, das Hindukuschmassiv zu überwinden. Als der Stadt Mazar-i-Sharif akute Gefahr drohte, flohen die Männer, die nicht wußten, wofür sie kämpfen sollten. Im Frühjahr 1998 erlosch der Widerstand in der nördlichen Stadt. General Dostum, der fließend russisch sprach, setzte sich nach Rußland ab. Gulbuddin Hekmatyar und Ahmed Schah Massud zogen sich getrennt ins Bergland ostwärts von Mazar-i-Sharif zurück. Dort waren sie unergreifbar; die hohen Berge und die Schluchten boten Schutz. Über die nahe Grenze floß von Usbekistan her ungehindert der Nachschub. Massud hielt allerdings die Widerstandsmoral nur mühsam aufrecht. Die Situation im letzten Nordwinkel Afghanistans schien aussichtslos zu sein. Der Grund: Noch immer wußte kaum jemand, wofür er kämpfen sollte.

Die ideologische Triebkraft aber besaß ein Stamm, der seit Generationen bedroht und an den Kampf ums Überleben gewohnt war.

Der Stamm der Hazara ist schiitisch

Die Männer und Frauen des Stammes der Hazara glauben, Allah habe gewollt, daß allein Männer aus der Sippe des Propheten Mohammed, die in direkter Linie von ihm abstammten, das Recht haben, die Gläubigen zu regieren. Die Schiiten, zu denen sie sich zählten, haben über Jahrhunderte dafür gekämpft, daß die vom Propheten Mohammed begründete Dynastie als Beherrscher aller Menschen, die an Allah glauben, eingesetzt werde. Diese Machtübernahme war im benachbarten Iran im Frühjahr 1979 erfolgt. Dort hatte der Ayatollah Ruhollah Chomeini, der unbestritten ein direkter Nachkomme des Propheten war, die schiitische Islamische Republik Iran begründet. Was den Schiiten im Iran gelungen war, das wollte auch der schiitische Stamm der Hazara erreichen: Ein Blutsverwandter des Propheten sollte endlich auch in ihrer Sippe das Sagen haben. Die Hazara hatten die Königsfamilie abgelehnt; sie hatten die Marxisten gehaßt und sie waren nicht bereit, sich den sunnitischen Taliban unterzuordnen. Die Taliban wiederum sahen die Schiiten als Ketzer an.

Die Hazara leben in einer Bergzone, die Hezajat genannt wird. Sie liegt westlich von Kabul. Das rauhe Klima prägt die Bewohner: Im Winter fällt im Hezajat viel Schnee; die wenigen Straßen und Wege sind unpassierbar; die Dörfer, die aus eng zusammenstehenden Häusern bestehen, sind abgeschnitten. Die Menschen sind auf eine wohlüberlegte Vorratswirtschaft angewiesen.

Eigentümlich ist der Stammesname »Hazara«. Er ist vom persischen Wort für Tausend abgeleitet. Völkerkundler, die sich mit den Hazara beschäftigt haben, sind der Meinung, daß diese Sippe von einer »Tausendschaft« abstammt, die vorzeiten im Dienst der Mongolen stand. Die Stärke der Sippe wird heute auf eine Million Menschen geschätzt. Aus wenigen sind im Verlauf der Geschichte viele geworden.

Ihr Nachteil ist, daß sie gespalten sind. Die Mehrheit der Hazara gehören den »Zwölferschiiten« an; sie leben in der Überzeugung, Allah habe zwölf Männer aus der Familie nacheinander, von Generation zu Generation dazu ausersehen, den Gläubigen den rechten Weg zum Heil und zum Paradies zu weisen. Die Zwölferschiiten glauben, am Ende der Zeiten werde der Zwölfte Imam, der seit dem Jahr 873 n. Chr. durch Allah vor den Augen der Gläubigen »entrückt« worden sei, wiederkehren, um über die Menschen zu richten.

Die Zwölferschiiten weigern sich, die »Siebenerschiiten« als gleichwertig anzuerkennen. Diese sind der Überzeugung, Allah habe nur sieben Männer nacheinander den Gläubigen als Vorbilder präsentiert. Im Volk der Hazara gibt es eine starke Minderheit, die sich zu den »Siebenerschiiten« bekennt.

Gleichgültig, ob Siebenerschiiten oder Zwölferschiiten, sie gelten beide den Taliban als üble Ketzer, die ausgerottet werden müssen. Die Taliban sind Sunniten, die von den Wahabiten geprägt sind. Sie lehnen das Glaubensprinzip ab, daß nur direkte Nachkommen des Propheten Mohammed zur Herrschaft über die Gläubigen befugt sind.

In ihrem Abwehrkampf gegen die sunnitischen Taliban werden die schiitischen Hazara vom Iran mit Geld, Waffen und mit Freiwilligen unterstützt. Der Iran ist ein völlig schiitisch ausgerichtetes Land.

Die Hazara werden als überaus blutrünstige Kämpfer geschildert. Sie sollen im Jahr 1998 bei einem Überfall auf einen Truppentransport der Taliban auf der Straße von Kabul nach Bamian mehr als tausend Männer mit Messern getötet haben. Während der daraufhin entbrannten Kämpfe haben die Hazara die Stadt Bamian verloren – in deren Nähe standen damals noch die zwei über 50 Meter hohen Buddhastatuen, die bald schon zum Ärgernis der Taliban wurden.

Das Volk der Hazara wäre eigentlich der ideale Partner der ebenfalls mehr und mehr in Bedrängnis geratenen Nordstämme der Kriegsherren Massud und Dostum gewesen, doch zwischen den Schiiten und den sunnitischen Nordstämmen war keine Zusammenarbeit möglich.

»Der große amerikanische Verrat«

Einig waren die Völker Afghanistans während der 90er Jahre nur in einer Meinung: Die USA haben uns alle schmählich im Stich gelassen. Sie hatten nur die Absicht, die Sowjetunion aus dem Gebiet im Umfeld des Persischen Golfs zu vertreiben, die

Rote Armee fernzuhalten von den damals wichtigsten Erdölvorkommen der Erde. Der Vorwurf lautet: Das afghanische Volk wurde von den Verantwortlichen in Washington im Kampf gegen die UdSSR unterstützt, doch als die sowjetischen Truppen abgezogen waren, da hatten die Präsidentenberater im Weißen Haus und die Verantwortlichen des State Department jegliches Interesse am Hindukuschgebiet verloren.

Als sich im Frühjahr 1988 der Abzug der Roten Armee aus Afghanistan abzeichnete, wandte sich der Blick aller Beobachter der politischen Entwicklung dem Persischen Golf zu. Dort hatte sich eine Spannung aufgebaut, die in der islamischen Welt als Konflikt zwischen dem Westen und dem Glauben an Allah interpretiert wurde. Diese Spannung betraf zwar zunächst nur den schiitischen Iran, doch er beeinflußte bald das Denken der einflußreichen und der einfachen Menschen in Saudi-Arabien. Chomeinis Stimme, sonst nur von wenigen geschätzt auf der arabischen Seite des Persischen Golfs, wurde gehört.

Am 3. Juli 1988 hatte Ayatollah Ruhollah Chomeini Anlaß, diese Drohung auszusprechen: »Blut der Moslems hat den Himmel rot gefärbt. Mit Allahs Hilfe wird es geschehen, daß sich der Himmel überziehen wird mit Wolken aus amerikanischem Blut!« Der Zorn des Geistlichen war berechtigt: An jenem Tag hatte ein amerikanisches Kriegsschiff ein iranisches Verkehrsflugzeug abgeschossen. 290 Iraner waren dabei ums Leben gekommen. Die meisten der Toten waren iranische Gastarbeiter, die in der wohlhabenden Stadt Dubai den Lebensunterhalt für ihre Familien verdienen wollten.

Der 3. Juli 1988 war der Tag, an dem Moslems den Schwur leisteten, den Kampf »gegen Amerika« aufzunehmen, um dieses »Verbrechen der USA« an unschuldigen Gläubigen zu rächen. Daß der Abschuß des Verkehrsflugzeugs ein Versehen war, konnte niemand im Iran, in Saudi-Arabien und in Afghanistan glauben. Die Meinung war allgemein: Die USA verfügen über das modernste und zielsicherste Kriegsgerät, dem kein Fehler unterlaufen kann. Es ist deshalb notwendig, den Sachverhalt, der in der islamischen Welt so viel Zorn gegen die USA ausgelöst hat, genau darzustellen:

Der Flug Iran Air 655, ausgeführt durch einen Airbus A 300 B, war vom iranischen Flughafen Bander Abbas mit dem Ziel Dubai gestartet. Die Verkehrsmaschine überflog ein Gebiet, in dem höchste Spannung herrschte. Iranische »Pasdaran«, »Revolutionswächter« – junge Männer, die den Befehlen Chomeinis folgten – waren in schnellen und wendigen kleinen Booten unterwegs, um den Tankerverkehr auf dem Persischen Golf zu stören. Sie attackierten Erdöltransporter, die in Kuwait und Saudi-Arabien beladen worden waren. Die westlichen Industrienationen sollten daran gehindert werden, arabisches Öl zu beziehen. Der Vorwurf gegen die USA und gegen Europa lautete: »Mit Erdöl aus der islamischen Welt wird bisher der Westen versorgt, der aus dem Profit, den er mit dem Ölgeschäft gewinnt, die Kriegsmaschinerie der Israelis schmiert; und die Israelis werden so in die Lage versetzt, die arabischen Staaten und vor allem die Palästinenser anzugreifen.«

Kriegsschiffe der US-Marine hatten Befehl, die Schnellboote der iranischen »Pasdaran« von den Öltankern fernzuhalten, denn die Revolutionswächter verfügten über eine Waffe, die den vollgeladenen Tankerkolossen gefährlich werden konnte: Die Stinger-Luftabwehrrakete. Sie eignete sich vorzüglich zum Einsatz gegen die gewaltigen Schiffsrümpfe. Die Stinger-Rakete brach den Stahlmantel auf; eine Explosion entzündete das Öl. Der getroffene Tanker brannte aus.

Die Tanker wurden durch eine Waffe vernichtet, die aus den USA stammte. Sie war in großer Menge vom amerikanischen Geheimdienst an die afghanischen Mujaheddin geliefert worden, als diese im Kampf standen zur Abwehr der sowjetischen Invasion am Hindukusch. Nach dem Abzug der Roten Armee verkauften die Mujaheddin die Stinger-Raketen, die ihnen von den USA geschenkt worden waren, zu einem hohen Preis an die iranischen Pasdaran. Sie wiederum setzten diese Waffe auch gegen Schiffe des Herstellerlandes der Rakete ein. Der amerikanische Lenkwaffenkreuzer »Vincennes« war am Morgen jenes 3. Juli 1988 von einem Schnellboot aus mit einer Stinger-Rakete beschossen worden. Doch das Geschoß war am Bug der »Vincennes« vorübergeflogen. An Bord des Lenkwaffenkreuzers herrschte seither Nervosität. Mit einem weiteren Angriff wurde gerechnet.

Das Radarpersonal beobachtete nicht nur, was auf der Wasseroberfläche geschah, sondern auch die Vorgänge am Himmel. Um die Mittagszeit meldete der Radarkontrollraum, von Bandar Abbas aus sei eine Kampfmaschine vom Typ F-14 gestartet. Sie befinde sich im Anflug auf die »Vincennes«. Der Kapitän befahl höchste Wachsamkeit.

Die Beunruhigung hatte einen Grund: Die iranischen Kampfflugzeuge hatten seit Monaten nicht starten können, weil Ersatzteile gefehlt hatten. Sie waren nun während der vergangenen zwei Wochen geliefert worden – durch Vermittlung der amerikanischen Regierung. Mit dem Geld, das Iran bezahlt hatte, konnte Präsident Ronald Reagan insgeheim »Freunde« in Südamerika unterstützen.

Die Gefahr, daß die iranische Luftwaffe wieder einsatzbereit geworden war, beeinflußte die Entscheidungen des Kapitäns der »Vincennes«. Der Lenkwaffenkreuzer wurde in Alarmbereitschaft versetzt. Im Verlauf weniger Minuten wuchs auf der Kommandobrücke des Kriegsschiffes die Gewißheit, daß ein iranisches Kampfflugzeug dabei war, einen Angriff auszuführen. Es befand sich noch 30 Kilometer entfernt, als der Kapitän eine Entscheidung treffen mußte: Er gab den Befehl, zwei Abwehrraketen auf die sich rasch nähernde Maschine vom Typ F-14 abzufeuern.

Wenige Sekunden später glühte ein Feuerball am Himmel auf: Nicht ein Kampfflugzeug, sondern ein Airbus A 300 B war getroffen worden. Leichen und Flugzeugtrümmer fielen aus einer Höhe von 3600 Metern auf das Wasser des Persischen Golfs. 290 Iraner hatten ihr Leben verloren.

Ungeklärt blieb, wie es hatte geschehen können, daß die hochentwickelten elektronischen Geräte des Lenkwaffenkreuzers derartige Fehlinformationen geliefert hatten. Offenbar war der Unterschied zwischen einem F-14-Kampfflugzeug und dem viel größeren Airbus vom Rechner nicht erkannt worden. Ayatollah Ruhollah Chomeini war überzeugt, die Besatzung des US-Kriegsschiffes habe vorsätzlich und auf Befehl der amerikanischen Regierung gehandelt. Der Abschuß des Airbusses sei ein Teil des Krieges, den die USA gegen den Islam zu führen begonnen hätten.

Chomeinis Wunsch nach Rache wurde von Personen gehört, die sich solidarisch mit Iran fühlten und die der Überzeugung waren, die USA müßten bestraft werden. Kein halbes Jahr war vergangen, seit dem 3. Juli 1988, da detonierte vor Weihnachten ein Verkehrsflugzeug vom Typ Boeing 747, das der Gesellschaft PANAM gehörte, auf der Route über Schottland. 259 Passagiere starben. Im schottischen Dorf Lockerbie, auf das die Trümmer des Flugzeugs herunterstürzten, verloren elf Bewohner das Leben.

Die Verkehrsmaschine war in Frankfurt/Main gestartet. Rasch konnte festgestellt werden, daß dort ein Gepäckstück zugeladen worden war mit verdächtiger Herkunft. Der Koffer war mit einem Flug der Libyan Arab Airlines aus Malta nach Frankfurt gekommen. In Malta war er von einem Angestellten der Libyan Arab Airlines aufgegeben worden. Sein Name und seine Beziehung zum Geheimdienst des Revolutionsführers Moammar al-Kathafi standen bald fest. Doch al-Kathafi stritt jegliche Beteiligung seines Regimes am Attentat auf das Flugzeug der PANAM ab.

Erst zehn Jahre später gab al-Kathafi zu erkennen, daß er bereit war, die Verwicklung seines Landes in die »Affäre Lockerbie« einzugestehen. Im Mai 1999 berichtete eine britische Tageszeitung, sie sei im Besitz von Beweisen, daß der libysche Staatschef selbst die Detonation an Bord der Verkehrsmaschine zu verantworten habe. Auf Antrag der britischen Regierung entschied ein hohes Londoner Gericht, daß die Veröffentlichung der Beweise nicht erfolgen dürfe.

So kann nicht festgestellt werden, daß die Detonation an Bord des Flugzeugs der PANAM mit dem Absturz der Maschine der Iran Air in Beziehung zu bringen ist. Sicher ist, daß der Boden bereitet war für Gedanken, der Konflikt mit den USA, die »Verrat« geübt haben am einstigen Partner Afghanistan, und an dessen Freunden in der arabischen Welt, müsse mit den Mitteln des Terrors ausgetragen werden. Ayatollah Chomeini hatte bereits zuvor die USA als »Feind des Islam« bezeichnet, als den »Großen Satan!«

Um das Jahr 1990 verdichtete sich bei Moslems der jüngeren Generation die Zielvorgabe, daß die USA zu attackieren seien. Der Grund: Die USA führten Krieg gegen einen arabisch-islamischen Staat. In der Vorstellung der Mehrheit der Moslems war der Konflikt mit Irak die eindeutige Stellungnahme der US-Regierung gegen Arabien und für Israel.

Doch es waren in Wirklichkeit nicht die USA, die den Konflikt begonnen hatten. Am 2. April des Jahres 1990 gab der irakische Präsident Saddam Hussein das Zeichen zum Beginn der Auseinandersetzung. Er hielt eine Rede, die in Washington und in Jerusalem Besorgnis auslöste. Vor Fernsehkameras sprach Saddam Hussein davon, daß sein Land in absehbarer Zeit in der Lage sein werde, die Atombombe zu produzieren. Zum Zeichen, daß er die Wahrheit spreche, zeigte er den Zünder einer Atombombe vor. Nun ist der Zünder das Hauptproblem der Konstruktion einer Atombombe. Wer die Zünderfunktion beherrscht, der kann in der Tat sich damit brüsten, bald über die Nuklearwaffe zu verfügen.

Der irakische Präsident war sichtlich stolz darauf, daß seine Wissenschaftler das Zünderproblem gelöst hatten. Irak war offenbar auf dem Weg, eine Atommacht zu werden. In dieser Überzeugung ließ sich Saddam Hussein dazu hinreißen, eine Drohung auszusprechen, die sofort Reaktionen auslöste. Er sagte: »Sollte Israel feindliche Handlungen gegen Irak unternehmen, dann kennen wir ein Mittel, das imstande ist, die Hälfte der Menschen jenes Landes zu verbrennen!« Meinte der irakische Staatschef biologische, chemische oder wahrhaftig nukleare Waffen? Die Antwort konnte niemand geben – doch für Präsident George Bush stand fest, daß Irak eine Gefahr darstellte, die bekämpft werden mußte.

Ein Schlüsselereignis: Amerikas Krieg gegen ein islamisches Land

Für George Bush mußte das Ziel des Konflikts sein, das nukleare Potential des Saddam Hussein rechtzeitig zu zerschlagen. Um einen derartigen »Militärschlag« führen zu können, mußte allerdings erst ein Anlaß gefunden werden. Den bot ganz unverhofft der irakische Präsident selbst.

Sein Außenminister Tareq Aziz legte am 10. Juni 1990 dem Generalsekretär der Arabischen Liga, Chadli Khlibi, in Tunis ein Dokument vor, in dem das Emirat Kuwait beschuldigt wurde, es habe durch unzulässige »Schrägbohrung« im Grenzbereich zwischen Kuwait und Irak das irakische Ölfeld Rumeilah »angezapft«. Auf diese Weise sei der Nationalen Irakischen Ölgesellschaft Erdöl im Wert von 1,2 Milliarden Dollar entwendet worden. Die irakische Regierung verlange vom Emirat Kuwait Ersatz der finanziellen Schäden. Das Dokument schloß mit der Bemerkung, der Emir as-Sabah habe sich durch Schädigung des Irak einer »zionistischen Verschwörung« schuldig gemacht.

Zu diesem Zeitpunkt hatte Saddam Hussein bereits beschlossen, das Emirat Kuwait seinem Staat anzugliedern. Sein Botschafter in Washington, Mohammed al Mashed, bestärkte ihn in diesem Vorhaben. Al Mashed glaubte, die Verantwortlichen in Washington gut zu kennen. Er war der Meinung, er wisse, daß amerikanische Präsidenten auf einseitige Aktionen äußerst vorsichtig reagierten. Der Botschafter stellte fest, daß Reaktionen meist unbedeutend waren.

Ungestraft habe sich die Sowjetunion in die Belange Afghanistans eingemischt – Breschnew habe diesen Staat überfallen lassen und Washington habe direkt nichts zur Verteidigung der Souveränität des Landes am Hindukusch unternommen Allein aus diesem Verhalten der amerikanischen Regierung zog Botschafter Mohammed al Mashed den Schluß, daß Präsident Bush auch die irakische Besetzung von Kuwait letztlich hinnehmen werde. Er ermutigte seinen Staatschef, das Emirat Kuwait einfach zu annektieren.

In dieser Kalkulation des Botschafters befand sich ein Fehler. Al Mashed hatte übersehen, daß die Zuständigen im State Department die Drohung nicht vergessen konnten, die Saddam Hussein ausgesprochen hatte: »...dann kennen wir ein Mittel, das imstande ist, die Hälfte der Menschen jenes Landes zu verbrennen!« Seit dem 2. April 1990, seit dem Tag, an dem sich Saddam Hussein gebrüstet hatte, er verfüge über Massenvernichtungsmittel, war Präsident Bush entschlossen, dem irakischen Staatschef das nukleare Potential aus der Hand zu schlagen.

Saddam Hussein glaubte seinem Botschafter in Washington nicht blindlings. Er war unsicher, ob sich Präsident Bush tatsächlich nicht um eine Besetzung Kuwaits durch Irak kümmern würde. Er bat am 25. Juli die amerikanische Botschafterin, Frau April C. Glaspie zu sich in den Präsidentenpalast von Baghdad. Die diplomatische Vertreterin der USA war informiert, daß sich ein offener Konflikt zwischen Irak und Kuwait anbahnte. Saddam Hussein konnte sich also sofort nach der Haltung der amerikanischen Regierung in dieser Angelegenheit erkundigen. Die Antwort der Botschafterin war, es handle sich wohl um einen innerarabiaschen Konflikt, der die Interessen der USA nicht berühre. Saddam Hussein wollte nun wissen, ob George Bush den Gedanken hege, »in einem besonderen Fall« ein Embargo gegen Irak zu verhängen. Die Botschafterin entgegnete, der Präsident denke nicht an eine derartige Maßnahme.

Das Gespräch zwischen Saddam Hussein und der amerikanischen Botschafterin berührte auch Gefahren, denen sich Irak ausgesetzt fühlte. Saddam Hussein klagte ganz direkt die USA an, sie seien Urheber eines Komplotts, in das auch Israel verwickelt sei: Die US-Administration habe die in Kuwait regierende Emirfamilie as-Sabah angestachelt, durch Erhöhung des Ölangebots auf dem Markt in Rotterdam eine systematische Reduzierung des Ölpreises zu erzwingen. Auf diese Anklage antwortete die Botschafterin mit der Information, sie habe unmittelbar von ihrem Präsidenten die Aufforderung erhalten, die Beziehungen zwischen den USA und Irak wesentlich zu verbessern. Die Botschafterin verabschiedete sich von Saddam Hussein, der Aufforderung ihres Präsidenten werde sie in einem Monat nachkommen – jetzt aber, am 1. August, werde sie ihren Jahresurlaub antreten.

Diese Ankündigung des Urlaubsantritts der Botschafterin war für Saddam Hussein das Signal, daß er von seiten der USA keine Einmischung in seine Politik und in seine militärischen Aktionen zu befürchten habe. Denselben Eindruck hatte der Iraker als ihm mitgeteilt wurde, John Kelly, der Staatssekretär im State Department, habe auf Befragung durch den Vorsitzenden des für den Nahen Osten zuständigen Ausschusses geantwortet: »Alles was über den Irak derzeit geredet wird, ist pure Spekulation! Saddam Hussein stellt keine Bedrohung dar!« Dann aber – so glaubte Saddam Hussein, habe John Kelly in seiner Antwort dem Irak eine direkte Mitteilung zukommen lassen mit der Bemerkung: »Wir haben mit niemand einen Vertrag geschlossen, der uns keinen anderen Ausweg läßt, als Truppen an den Persisch-Arabischen Golf zu schicken, um den Emir von Kuwait zu schützen!« Damit stand für Saddam Hussein fest: Es existiere kein Verteidigungsabkommen zwischen Kuwait und den Vereinigten Staaten von Amerika. Die Konsequenz: Es war nicht zu erwarten, daß vom Pentagon der Eingreifbefehl gegeben wurde, wenn die irakische Panzerarmee die Grenze nach Kuwait überschritt.

Dies geschah am 2. August des Jahres 1990. Noch vor Morgendämmerung fuhren die irakischen Verbände in kuwaitisches Gebiet ein. Die Straße ist ab der Raststätte Abdali sechsspurig ausgebaut. So konnten die Iraker in sechs parallelen Kolonnen am Ölfeld Rawdatain vorüber nach Süden rollen. Die Entfernung zwischen Grenze und Kuwait City beträgt 65 Kilometer.

Noch ehe die Panzerverbände die Stadt erreicht hatten, schossen irakische Kampfhubschrauber Raketen ab auf die Paläste des Emirs und der Prinzen. Geschosse aus Maschinenwaffen trafen vor allem den Dasmanpalast, in dem der Emir Jaber al Ahmed as-Sabah schlief. Direkt beim Palast standen damals ständig sechs Hubschrauber bereit zum schnellen Abflug – der Emir hatte vorgesorgt. Der Emir, von der Schießerei aus dem Schlaf aufgeschreckt, konnte samt den Frauen des Harems, die ihm besonders lieb waren, sein Emirat verlassen. Zu den Offizieren, von denen er sich eilig verabschiedete, sagte Jaber al Ahmed as-Sabah: »Verteidigen Sie unser Land bis zum letzten Blutstropfen!«

Die irakischen Truppen, die in die Stadt eindrangen, hatten den Auftrag, sofort die Central Bank of Kuwait an der Straße Abdallah as-Salam zu besetzen. Saddam Hussein hatte den Befehl gegeben, die Reserven an Gold und Bargeld, die in den Safes eingelagert waren, nach Basra, in die Bankgewölbe der nahe liegenden irakischen Stadt zu transportieren. Die Beute wurde am Vormittag des 2. August 1990 auf Lastwagen geladen und über die Grenze gebracht. Irak war durch den Handstreich um acht Milliarden Dollar reicher geworden.

Saddam Hussein triumphierte. Radio Baghdad verbreitete seine Proklamation der Einheit von Irak und Kuwait: »Die Auftrennung der Einheit des arabischen Volkes in die zwei Länder Irak und Kuwait war einer der abscheulichsten Akte des Kolonialismus. Nun ist das Volk vereint. Es wird zum Paradies der Araber werden. Eine neue Zeit beginnt, die ihren Glanz für uns Araber ausstrahlen wird!«

Als die irakischen Panzer sich bereits in Kuwait befanden, schickten die amerikanischen Geheimdienste in Washington ihre Tagesberichte an den zur Lektüre geheimer Unterlagen berechtigten Personenkreis in den Ministerien ab. Das Fazit dieser Berichte am 2. August 1990: »Kein irakischer Angriff auf Kuwait zu erwarten!« Wenige Minuten später verkündete CNN: »Der irakische Angriff ist erfolgt.«

Kaum jemand in Washington hatte damit gerechnet, daß Saddam Hussein wirklich handeln würde. Die arabisch-islamische Welt war aus dem Gedankenkreis des George Bush und seiner Berater beinahe vollständig entschwunden. Das State Department sah die Region zwischen dem Zweistromland um Euphrat und Tigris, dem Persischen Golf und den zentralasiatischen Staaten nicht als wichtig an. Die islamischen Staaten Irak und Iran hatten sich acht Jahre lang im Krieg neutralisiert. Das islamische Land Afghanistan befand sich nicht mehr im Griff der Sowjetunion; die Gefahr eines Vorstoßes der Roten Armee zu den »warmen Gewässern« des Arabischen Meers und des Indischen Ozeans war gebannt. Die Welt insgesamt hatte sich verändert: Deutschland war wiedervereinigt; die Sowjetunion war in wirtschaftliche Schwierigkeiten geraten, und Michael Gorbatschow befand sich selbst in Bedrängnis.

Diese Entwicklung war für George Bush wichtiger gewesen als die Probleme des Nahen und Mittleren Ostens. Die USA haben die Not des palästinensischen Volkes völlig aus den Augen verloren. Die israelische Regierung hatte freie Hand im Umgang mit Jassir Arafat. Sie brauchten dabei George Bush gar nicht um seine Meinung zu fragen – er hatte zu diesem Zeitpunkt keine. Es war dem US-Präsidenten auch gar nicht bewußt, daß Afghanistan im Chaos und in Armut versank.

Allein Konzerne der US-Energiewirtschaft blickten auf das Land am Hindukusch. Der Firmenkomplex der in United Oil of California (UNOCAL) zusammengeschlossen war, plante für Afghanistans Zukunft. UNOCAL trieb die Planung für den Bau der Gaspipeline von Danlalabad nach Herat, Kandahar und Quetta zum Indusdelta weiter voran.

1990: Die neue Weltordnung des George Bush

Der US-Präsident war damit beschäftigt, die von ihm entworfene »Neue Weltordnung« Wirklichkeit werden zu lassen. Die Welt sollte so gestaltet werden: Die Sowjetunion spielte nur noch eine geringe Rolle; sie war durch ihren Zerfall weltpolitisch unbedeutend geworden. Der Nachfolgestaat Rußland sollte abhängig sein vom wirtschaftlichen Wohlwollen der USA. Sie bestimmten fortan, was auf den Weltkontinenten zu geschehen hatte. Die Führungsrolle des US-Präsidenten im Zusammenleben aller Staaten und Völker war damit unbestritten. George Bush war überzeugt, er werde künftig allen Menschen der gesamten Erde Direktiven geben und Maßstäbe setzen können. Ihm stand, nach seiner Meinung, das Urteil über Gut und Böse zu.

Für George Bush gab es keinen Zweifel: Das Böse repräsentierte Saddam Hussein. Der Iraker hatte durch seine Drohung gegen Israel gezeigt, daß er es nicht wert war, zur menschlichen Gesellschaft zu zählen, er mußte »unschädlich gemacht werden«. Seine Möglichkeiten zur Entwicklung nuklearer Waffen waren zu zerstören.

Für die islamische Welt insgesamt aber stellte sich die Situation so dar: Irak war ein fortschrittliches Land. Es war dabei, die Rückständigkeit zu überwinden, unter der nahezu alle arabisch-islamischen Länder zu leiden hatten. Saddam Hussein war auf dem Weg, seinem Volk und damit allen islamischen Bruderländern Stolz und Selbstwertgefühl zu geben, auf die sie so lange hatten verzichten müssen. Das arabische Volk wollte der Iraker aufwerten – nicht die arabischen Regierungen.

Im islamischen Teil der Welt muß unterschieden werden zwischen Meinungen und Empfindungen der Bevölkerung und den politischen Ansichten der Regierenden. Beide Strömungen stimmen selten überein. Die Vernetzung der Standpunkte von Volk und Regierenden ist nicht gegeben.

Die Regierungen sind nicht vom Volk gewählt; sie sind nicht vom Volk abhängig. Die Staatschefs gehören häufig einem königlichen Haus an und sind damit nicht abhängig von demokratischen Strukturen. Andere Staatschefs aber sind Offiziere und Mitglieder einer Militärjunta. Monarchen und Juntaoffiziere haben nur geringe Neigung, ihre Entscheidungen durch das Volk beeinflussen zu lassen. So konnte es vom Jahr 1990 an geschehen, daß in den arabisch-islamischen Völkern das Ansehen des Saddam Hussein stieg; bei den Regierenden aber sank es ab.

Die Staatschefs waren bereit – wenn auch zögerlich und unter Vorbehalt – in eine Allianz mit der amerikanischen Regierung gegen Saddam Hussein einzutreten. Im Bewußtsein der Völker aber wuchs die Bereitschaft, dem irakischen Staatschef beizustehen und für seine Sache zu kämpfen. Begleitet wurde diese Entwicklung von einer steigenden Entschlossenheit junger arabisch-islamischer Menschen, die Vereinigten Staaten von Amerika als Urheber allen Übels in der Welt anzusehen. Viele erinnerten sich jetzt an die Parole des Ayatollah Ruhollah Chomeini vom »Teufel USA«. Daß zu Chomeinis Zeiten auch die Sowjetunion zu den Teufeln gezählt hatte, ist inzwischen in Vergessenheit geraten. Die UdSSR existierte nicht mehr.

Israelpolitik und Golfkrieg: die USA, der Feind der islamischen Welt

Die amerikanische Regierung hatte im Jahr 1990 überhaupt nicht die Absicht, sich Feinde zu schaffen in der arabisch-islamischen Welt. George Bush war sich bewußt, daß die US-Wirtschaft auf den stetigen Ölfluß aus Saudi-Arabien angewiesen war. Doch der Präsident nahm die wachsende Unzufriedenheit der Menschen in Ägypten, Syrien, Jordanien, im Libanon und in den Palästinensergebieten nicht wahr. Bush erkannte nicht, daß der Unmut der Völker deshalb anstieg, weil seine Haltung im Nahostkonflikt als einseitig gesehen wurde. Nach Ansicht dieser Völker bezog er immer und ganz von selbst Position für Israel und gegen die Palästinenser. Bush und sein Außenminister James Baker glaubten, sich eine starre Haltung gegenüber dem palästinensischen Volk leisten zu können. Auch als im Dezember 1987 in den von Israel besetzten Gebieten der Palästinenseraufstand »Intifada« losgebrochen war, übernahm James Baker den israelischen Standpunkt, »den Palästinensern müssen die Knochen gebrochen werden«. Kein Wort der Kritik war aus Washington zu hören am zu harten Eingreifen der israelischen Sicherheitskräfte.

Mit Geschick entwickelte Saddam Hussein bald nach Beginn der Kuwaitkrise im Herbst 1990 die Idee einer Kombination des Palästinaproblems mit der Möglichkeit eines Rückzugs aus Kuwait. Der Iraker erklärte sich bereit, auf Kuwait zu verzichten, wenn die israelische Regierung offiziell erklärte, sie würde die besetzten Gebiete im Westjordanland und im Gazastreifen einer palästinensischen Verwaltung übergeben.

Am 8. Oktober 1990 wurde die Weltöffentlichkeit überraschend wieder auf das ungelöste Palästinenserproblem aufmerksam gemacht: An diesem Tag ging die israelische Polizei mit besonderer Härte gegen palästinensische Demonstranten vor, die empört waren über die Versuche israelischer Fanatiker, beim Felsendom in Jerusalem einen »Grundstein zum Dritten Tempel der Juden« zu legen. Der Protest richtete sich dagegen, daß dieser »Grundstein« ausgerechnet am islamischen Heiligtum »Felsendom« gelegt werden sollte, das allen Moslems der Welt als »von Allah besonders geweiht« gilt. Als die Konfrontation ausbrach zwischen Israelis, die zu den »Getreuen des Tempelbergs« zählten, und jungen Palästinensern, schossen die Sicherheitskräfte scharf: 17 Palästinenser wurden getötet und über hundert verletzt.

Saddam Hussein sprach an jenem Tag aus, was die meisten der Araber dachten: »Erst wenn sich Israel aus den Gebieten zurückzieht, die es im Junikrieg 1967 erobert hat – auch aus Jerusalem – werden derartige blutige Ereignisse nicht mehr geschehen!« Vernünftig erschien den Moslems die Idee des Tauschgeschäfts »Kuwait gegen Palästina«. Doch George Bush und James Baker dachten nicht an eine derartige Koppelung. Sie waren nicht an einer diplomatischen, unkriegerischen Lösung des Konflikts am

Persischen Golf interessiert. Saddam Hussein sollte gestürzt werden.

An jenem 8. Oktober 1990, als 17 Palästinenser beim Felsendom starben, da hatte der Chef aller US-Generalstäbe Colin Powell begonnen, die Truppeneinheiten zusammenzuziehen, die zunächst nach Saudi-Arabien transportiert wurden. Der Militärapparat der USA war nicht mehr aufzuhalten. Keiner der Verantwortlichen in Washington war überhaupt gewillt, die Entwicklung in Richtung Krieg zu unterbrechen.

Colin Powell verfolgte mit diesem Feldzug sein eigenes Ziel: Er wollte die »Schande« auslöschen, die seit der Niederlage von Vietnam im Gemüt der amerikanischen Militärs brannte.

Colin Powell hatte selbst in Vietnam gekämpft. Elf Auszeichnungen für Tapferkeit waren ihm verliehen worden. Der Krieg war seine Chance gewesen. Er ist Farbiger und mußte zu Begin seiner Laufbahn immer damit rechnen, zurückgesetzt zu werden. Bis zum Beginn des Vietnamkrieges war sein Leben eher mittelmäßig verlaufen. Seine Eltern waren aus Jamaika eingewandert. Sie hatten in den Armenvierteln von Harlem gelebt; dort war Colin Powell aufgewachsen. Eine Aussicht, der Armut zu entkommen, hatte ihm allein die Armee geboten. Er lernte zu warten; und er lernte eine glückliche Situation auszunützen. Seine Taten im Vietnamkrieg machten ihn schließlich zum Helden. Präsident Ronald Reagan, der sich gern mit Helden umgab, holte ihn ins Pentagon.

Jetzt, im Herbst 1990, gab ihm Präsident Bush sen. die Möglichkeit, für die gesamte US-Armee die Scharte von Vietnam auszuwetzen. Für Colin Powell mußte der Krieg am Persischen Golf schon allein aus diesem Grunde stattfinden. George Bush aber wollte verhindern, daß Irak tatsächlich zur Nuklearmacht wurde. Seine Absicht war jedoch vor allem, eine Weltordnung entstehen zu lassen, in der das »Gute« dominierte. Saddam Hussein, der Vertreter des »Bösen«, sollte verschwinden. Öffentlich diskutiert werden sollten diese Kriegsziele allerdings nicht. Verschwiegen wurde, daß Colin Powell eine Scharte im blanken Schild der amerikanischen Armee auswetzen, und daß das »Böse« ausgetilgt werden sollte. Der amerikanische Präsident gab in einer Fernsehrede das unkorrekte Motto aus: »Die Mission unserer Truppen dient allein der Verteidigung!« Unmittelbar nachdem George Bush seine Bürger und die Europäer auf diese falsche Fährte gelockt hatte, verließ er das Weiße Haus, um in Kennebunkport im Staate Maine Herbsturlaub zu machen. Während die ersten US-Soldaten in Saudi-Arabien eintrafen – mit der Sorge belastet, einen blutigen Krieg führen zu müssen –, konnte der Präsident beim Golfspiel, beim Fischen, beim Motorbootfahren beobachtet werden. Auf den Bildschirmen aller Networks erschien Bush, der Urlauber.

Auch in arabisch-islamischen Ländern wurden derartige Bilder ausgestrahlt. Sie wurden als Beweis dafür angesehen, daß George Bush kein Gewissen besaß: Er schickte offenbar Soldaten in den Tod und beschäftigte sich selbst mit Freizeitsport.

Ein vielbeachtetes Beispiel für die Mißachtung der Araber und Moslems bot General Norman Schwarzkopf, der Oberbefehlshaber der alliierten Streitkräfte am Persischen Golf. Er sprach einen Satz aus, der bei der Bevölkerung in Saudi-Arabien und in Ägypten Abscheu gegen die Mächtigen in den USA auslöste: »Wir sind da, um Saddam Hussein in den Hintern zu treten!«

König Hussein von Jordanien spürte die Gefahr, daß die USA-Militärs durch Arroganz und durch Unverständnis für die arabisch-islamische Mentalität den irakischen Staatspräsidenten demütigen würden. Er war sich bewußt, daß diese Demütigung nicht allein Saddam Hussein, sondern viele Araber traf. Hussein sah diese Entwicklung voraus: Eine derartige Mißachtung ließ Haß entstehen.

Daß die Demütigung schon vor der Besetzung Kuwaits durch Irak in den USA geplant worden war, erfuhr der jordanische König durch seinen Geheimdienst. Dessen Enthüllungen – zunächst nur gegenüber dem Monarchen geäußert – offenbarten eine böse Überraschung: Die USA hatten den irakischen Überfall auf Kuwait schon lange in ihre Kalkulation einbezogen; sie hatten ihn durch einen Manöverplan ausdrücklich provoziert. Dieser Plan war in Geheimdienstkreisen unter der Hand verbreitet worden.

König Hussein wurde mitgeteilt, die US-Armee habe bereits im Juni 1990 – also zwei Monate vor dem irakischen Einmarsch in Kuwait – auf dem Gelände des Armeestützpunkts Leavenworth im US-Staat Kansas die Demütigung des Irak geprobt. Ausgangslage des Manövers war der Aufmarsch einer Panzerarmee des Staates »Schattland« gegen die Verteidigungsverbände des Reiches »Audialand«. Durch fulminante Schläge siegte »Audialand« über die absichtlich schwerfällig operierenden Panzer von »Schattland«. Manöverziel war, durch die Niederlage der Schattlandpanzer die völlige Demontage ihres Oberbefehlshabers einzuleiten.

Auf welchem Territorium dieser einstudierte Krieg stattfinden sollte, war an den Codenamen leicht abzulesen: »Schattland« war die Region um den Schatt al Arab, um den Zusammenfluß von Euphrat und Tigris; gemeint war Irak. »Audialand aber war die schlecht verhüllte Deckbezeichnung für Saudi-Arabien. Der Verlauf des Manövers machte deutlich, daß nicht das unbedeutende Panzerkorps Saudi-Arabiens einen derartigen Sieg erringen konnte, sondern die US-Armee, die sich für das Militärwesen des Königreichs verantwortlich fühlte.

Der König von Jordanien war erfahren genug, um zu wissen, daß ein derart gründlich vorbereitetes Kriegsprojekt in der Sicht des amerikanischen Präsidenten auch wirklich durchgeführt werden mußte. Auf den Schlag gegen Saddam Hussein wollte George Bush nicht verzichten. Der Präsident hatte deshalb zur Vorsicht einem eventuellen Nachgeben des Irakers einen Riegel vorgeschoben: Er hatte verlangt, Saddam Hussein müsse sich »bedingungslos« aus Kuwait zurückziehen.

Im Wortschatz eines arabischen Staatschefs fehlt das Wort »bedingungslos«. Sein Verhalten ist geprägt von den Praktiken der Händler in den Suks, in den Bazaren. Sie handeln und verhandeln. Die harte Ausgangsposition »bedingungslos« würde jedes Geschäft von vornherein zum Platzen bringen. Das Wort »bedingungslos« entzog im Konflikt zwischen den USA und Irak jeder Verhandlungsmöglichkeit die Grundlage.

Die wichtigste Phase des Golfkriegs begann in der Nacht vom 16. zum 17. Januar 1991. George Bush und General Norman

Schwarzkopf hatte dem militärischen Unternehmen den Namen »Operation Desert Storm« gegeben.

Das Schlagwort der Kriegführung des Jahres 1991 hieß »pinpoint accuracy« – Treffsicherheit auf den Punkt. Die Geschosse sollten nicht um Zentimeter vom anvisierten Zielpunkt abweichen. Objekte in der Größenordnung von einem Quadratmeter waren im Mittelpunkt zu treffen. Flächenbombardements und Artilleriefeuerwalzen wurden in der Strategie abgelöst durch »chirurgische Schnitte«. Damit sollte die Vernichtung militärischer Objekte möglich sein, ohne die Wohngebiete der Zivilbevölkerung ringsum in Mitleidenschaft zu ziehen. Dafür waren Waffensysteme entwickelt worden, die vom Militärpersonal nach der Methode »fire and forget« bedient wurden. Wenn die Raketen abgefeuert worden sind, bleiben sie sich selbst überlassen auf dem Flugweg zum Ziel, das zerstört werden soll.

Am ersten Tag des Luftkriegs jubelten die Kommandeure der US-Luftflotte über die Zielgenauigkeit ihrer elektronischen Präzisionsgeräte. Der erfahrene Oberst Alton Whitley, der eine Staffel Kampfmaschinen kommandierte, die mit modernsten Raketen ausgestattet war, meinte nach einem Einsatz: »Das ist einfach phantastisch! Das Ziel, das du aussuchst, wird hundertprozentig getroffen! Du zielst auf den Mann in der Herrentoilette und du erledigst ihn. Die Frau auf der Damentoilette daneben bleibt sitzen!«

Im September 1990 hatte der amerikanische General Michael Dugan gesagt: »Wir werden in diesem Krieg nicht an den Rändern von Irak herumknabbern. Wir wollen das Zentrum von Baghdad treffen!« Der General war sofort abgelöst worden. Er hatte vor Beginn der »Operation Desert Storm« die Wahrheit gesagt: Der Luftkrieg war von Anfang an gegen Ziele im Landesinneren gerichtet.

Der »High-Tech-War« vernichtete lebenswichtige Einrichtungen überall im Land um Euphrat und Tigris. Zerstört wurden Elektrizitätswerke, Telefonzentralen, Wasserwerke, Straßen, Brücken, Fabriken, Lagerhäuser. Der böse Satz wurde in den USA geprägt: »Der Irak wird in die Steinzeit zurückgebombt.« Tatsache ist, daß diese Art von Kriegführung den Irak von einem »industriellen Schwellenland mit Ölvorkommen« in einen Staat des »vorindustriellen Zeitalters« verwandelte.

500 tote Iraker – durch 5000 tote Amerikaner gerächt

Am 11. Februar 1991 wurde ein Schutzbunker in Baghdad getroffen, in dem Zivilisten die Kriegsnächte verbrachten. Durch einen Luftschacht war das Raktengeschoß zielgenau in den Bunker eingedrungen – »pinpoint accuracy« – ehe es detonierte. Fünfhundert schutzsuchende Frauen, Männer und Kinder starben. Der amerikanische Oberbefehlshaber schob zunächst den Vorwurf beiseite, seine Raketentruppe habe einen zivilen Schutzbunker angegriffen: »Wir wissen genau, daß es sich um ein militärisches Ziel gehandelt hat.« Wenige Tage später mußte Norman Schwarzkopf jedoch zugeben, daß die Information, der Betonbau werde von Saddam Hussein persönlich zu seinem Schutz benützt, drei Jahre alt und nicht mehr aktuell war.

Die Folge des verhängnisvollen Treffers war, daß zwischen den Kriegspartnern Meinungsverschiedenheiten über Taktik und Strategie auftraten. König Fahd von Saudi-Arabien geriet in Sorge, er werde künftig beim arabischen Volk als der Verbündete der »teuflischen Amerikaner« verschrien sein, die darauf bedacht seien, möglichst viele Iraker umzubringen, die Araber und Moslems seien.

Über zehn Jahre hin blieben die 500 Toten im zivilen Schutzbunker von Baghdad unvergessen. Als am 11. September 2001 gemeldet wurde, 5000 Amerikaner hätten in den zusammenstürzenden Twin Towers des Word Trade Centers in New York den Tod gefunden, wurde dies von vielen Arabern als zehnfache Rache an den Toten von Baghdad empfunden.

Noch am 11. Februar 1991 hatte der saudiarabische König Fahd vom amerikanischen Oberbefehlshaber verlangt, er möge künftig schriftlich im voraus mitteilen, welche Ziele er anzugreifen gedenke. General Norman Schwarzkopf nahm diesen Wunsch des saudiarabischen Monarchen gar nicht zur Kenntnis. Von diesem Tag an ging König Fahd auf Distanz zu den amerikanischen Partnern. Er mußte an den Fortbestand seines eigenen regierenden Hauses denken. Ließ er dem US-Oberkommando freie Hand am Persischen Golf, dann galt er fortan als »Lakai der Amerikaner«.

Das Königshaus as-Saud stand bereits damals heftig unter Kritik, es habe die heiligsten Gebiete Arabiens und der gesamten islamischen Welt den Ungläubigen ausgeliefert. Eine halbe Million amerikanischer, englischer und französischer Soldaten befanden sich tatsächlich in der Nähe der Heiligtümer von Mekka und Medina. Sie waren stationiert in einem Land, das bisher Christen ferngehalten hatte. Nun aber befanden sich christliche Soldaten in den Camps von Dahran, auf den Flugfeldern der Hasaprovinz am Persischen Golf. Mit Empörung wurde von den Stammessheikhs des Wüstenreiches zur Kenntnis genommen, daß sich unter den US-Einheiten auch Frauen befanden – weibliche Soldaten, die sich ungezwungen außerhalb des Kasernenbereichs bewegten, die Auto fuhren. Den Sheikhs wurde auch hinterbracht, daß sich Piloten jüdischen Glaubens in Dahran aufhielten.

Gläubige Anhänger der wahabitischen Ausprägung der islamischen Offenbarung waren entsetzt: Für sie entstand der Eindruck, das Zentrum des Islam werde von Christen und Juden besetzt.

Erste Anzeichen dafür, daß sich eine Entfremdung anbahnte zwischen dem Königshaus und den Repräsentanten der Stämme warnten König Fahd. Er wurde in aller Form höflich darauf aufmerksam gemacht, daß er der Herr von Mekka und Medina sei und damit der Beschützer der heiligsten Stätten, die tiefverankert seien im Bewußtsein der Gläubigen.

Dem König Fahd gegenüber direkte Kritik zu äußern, das wagte niemand. Honoratioren wählten einen Umweg: Sie baten den Gouverneur der Hauptstadt Riyadh, den Prinzen Salman, um eine Audienz. Die bisher üblichen unterwürfigen Reden bekam Prinz Salman diesmal nicht zu hören, sondern vorsichtige Äußerungen der Besorgnis: »Was derzeit in unserer Region geschieht, ist die größte Herausforderung, der wir jemals ausgesetzt waren. Wir fürchten die Erschütterungen, die unsere Ordnung zum Einsturz bringen können!« Prinz Salman verstand, was die Sheikhs und die Wohlhabenden der Bazarkaufleute meinten. Mit der »größten Herausforderung« war die Präsenz der amerikanischen Truppen in der Reichweite von Mekka und Medina gemeint. Sie bildeten einen Fremdkörper in der Heimat des Islam. Zu beanstanden war, daß für Soldaten und Soldatinnen christliche und jüdische Religionsfeiern abgehalten wurden. Bisher war im Königreich Saudi-Arabien jeder Gottesdienst verboten, der nicht Allah zum Zentrum hatte.

Nun aber stand das christliche Fest »Weihnachten« bevor. Die Honoratioren fürchteten, daß für die fremden Soldaten Weihnachtsbäume eingeflogen und im Kasernenbereich der US-Streitkräfte öffentlich aufgestellt werden. Im Königreich war das Zeigen christlicher Symbole verboten. Die wahabitisch orientierten Sheikhs und Kaufleute baten darum, daß eine Auflockerung der Tradition vermieden werde. Prinz Salman aber konnte nur die Zusicherung geben, er werde die Kommandeure der fremden Truppen bitten, auf die religiösen Gefühle der Moslems Rücksicht zu nehmen – ob er damit Erfolg habe, wisse er allerdings nicht.

Die Honoratioren verließen den Palast des Prinzen Salman höchst unzufrieden. Sie waren erzogen worden in der Tradition des Predigers Mohammed Ibn Abdel Wahab, der vor 250 Jahren die Menschen der Arabischen Halbinsel aufgefordert hatte, nach den Regeln zu leben, die der Prophet Mohammed einst erlassen hatte. Der Prophet hatte einst die Ungläubigen aus dem Umfeld der heiligen Städte vertrieben; jetzt aber waren sie präsent, um Krieg zu führen gegen ein islamisches Land, gegen Irak. Daß die Ungläubigen von der Sippe as-Saud nach Saudi-Arabien gerufen worden waren, ausgerechnet von der Sippe, die einst den Glaubensprinzipien des Mohammed Ibn Abdel Wahab zum Durchbruch verholfen hatte, wurde mit Verständnislosigkeit quittiert. Offenbar war das Haus as-Saud dabei, sich von den wahabitischen Prinzipien abzuwenden.

Osama Bin Laden verläßt Saudi-Arabien

Zu denen, die unzufrieden waren mit der königlichen Familie as-Saud gehörte auch der wohlhabende Nachkomme des erfolgreichen Bauunternehmers Mohammed Bin Laden. Er war keineswegs ein Anhänger von Saddam Hussein, den er als Freund der Sowjetunion nicht achten konnte; die Nähe des irakischen Präsidenten zum Marxismus war Osama Bin Laden verdächtig. Der zur wahabitischen Weltsicht neigende junge Mann aus Saudi-Arabien registrierte zwar, daß der Iraker sich häufig und demonstrativ in Baghdader Moscheen sehen ließ, doch er konnte ihn nicht als glaubenstreuen Moslem akzeptieren. Nach der Besetzung des Emirats Kuwait durch die irakischen Truppen am 2. August 1990 war Osama entschlossen, einen Freiwilligenverband zum Kampf gegen Saddam Hussein aufzustellen – dieser Entschluß wurde gefaßt, ehe sich George Bush öffentlich darauf festgelegt hatte, Truppen nach Saudi-Arabien zu entsenden, die Kuwait dem Iraker entreißen sollten.

Der Freiwilligenverband war nicht als rein saudiarabische Einheit gedacht, sondern zusammengestellt aus Ägyptern, Jemeniten, Sudanesen – aus Männern, die mit Osama bereits zuvor in Afghanistan gegen die Sowjets gekämpft hatten. Viertausend von diesen »Afghanen« hatte er nach Mekka und Medina geholt. Er hatte für Unterkünfte gesorgt, für Verpflegung – und er hatte sie mit Geistlichen in Verbindung gebracht, die den jungen Männern den Islam im Sinne des Predigers Mohammed Ibn Abdel Wahab erläuterten und näherbrachten. Die 4000 »Afghanen« entwickelten sich zu den treuesten der Wahabiten.

Den Freiwilligenverband aufzustellen, war im Königreich Saudi-Arabien allerdings nicht möglich ohne die Genehmigung durch den Innenminister Prinz Nayef Ibn Abdel Aziz as-Saud. Der lehnte den Antrag des Osama Bin Laden schlichtweg ab. Bin Ladens bisheriger Vertrauter Turki Ibn Faisal hatte während der vergangenen Monate seinen Einfluß innerhalb der königlichen Familie verloren.

Prinz Nayef Ibn Abdel Aziz as-Saud fürchtete, eine derartige Truppe könne später einmal, nach einem Sieg über Saddam Hussein, zum Unsicherheitsfaktor im Königreich werden: Sie bestand aus jungen Männern, die dann, nach erfolgreichem Kampf, selbstbewußt und schwer zu kontrollieren waren. Es mußte damit gerechnet werden, daß sich die »Afghanen« gegen das regierende Königshaus wandten, getrieben vom Willen, die Sippe as-Saud dafür zu bestrafen, daß sie die »wahabitischen Prinzipien« verraten hatte. Zu befürchten war, daß die »Afghanen« schließlich den Sturz des Königshauses herbeiführen wollten. Derartige Überlegungen waren der Grund, warum der Innenminister die Aufstellung des Freiwilligenverbands zum Kampf gegen Saddam Hussein nicht dulden wollte.

Diese Entscheidung entfremdete Osama Bin Laden von der Familie as-Saud, der er bisher viel zu verdanken gehabt hatte. Die Kluft aber wurde unüberbrückbar, als Osama erfuhr, daß König Fahd persönlich der US-Regierung die Erlaubnis gegeben hatte, in Saudi-Arabien eine Armee von 500 000 Mann zu stationieren zum Kampf gegen Irak. Osama beschimpfte die regierende Familie, sie übe Verrat am Islam, an den heiligen Ideen des Propheten Mohammed. Seine Einstellung deckte sich weitgehend mit der Meinung der Honoratioren von Riyadh. Auf der Seite des Osama standen auch viele der Prinzen aus der dritten Generation der Sippe nach dem Staatsgründer Ibn Saud. Sie standen abseits der Politik. Sie wurden nicht gefragt. Das Königreich wurde beherrscht von den Prinzen der zweiten Generation, von den Söhnen des Staatsgründers, die allesamt auch schon alte und gebrechliche Herren waren. Die Jungen waren entschlossen zu handeln, auch wenn sie damit die Herrschaft der eigenen Sippe gefährdeten. Sie halfen Osama Bin Laden.

Er beschränkte seinen Protest nicht auf verbale Attacken gegen die »Amerika-Hörigkeit« der königlichen Familie, er beschwor die Geistlichkeit der heiligen Stätten Mekka und Medina, sie möge im Namen des Islam laut vernehmbar erklären, daß sie die Präsenz christlicher und jüdischer Kampfverbände in der Heimat des wahren Glaubens mit Abscheu verurteile. Die »ungläubigen Amerikaner«, die »Feinde des Islam«, dürften nicht dort zu bestimmen haben, wo der Prophet Mohammed von Allah inspiriert worden ist. Die Geistlichkeit ließ sich jedoch nicht in einen offenen Konflikt mit der regierenden Familie hineinziehen. Die Prediger in Mekka und Medina waren zwar beunruhigt über die Anwesenheit der US-Truppen in ihrer Nähe, doch sie glaubten dem Innenminister Prinz Nayef Ibn Abdel Aziz as-Saud, der sie mit dem Argument besänftigte, die Amerikaner hielten sich zum Schutz der bestehenden Ordnung in Saudi-Arabien auf.

Osama Bin Ladens Zorn auf die Herrscher im eigenen Land wuchs gewaltig, als ihm deutlich wurde, daß die USA nach einem Sieg über Saddam Hussein nicht daran dachten, ihre Truppen aus den östlichen Provinzen des Königreichs abzuziehen – und daß König Fahd ausdrücklich darum gebeten hatte, Präsident Bush möge auf Dauer Luftwaffe und Bodentruppen in Dahran am Persischen Golf stationieren. George Bush erfüllte den Wunsch des Königs gern: Er ordnete an, daß zunächst 20 000 Offiziere und Soldaten auf längere Zeit in der Ölregion Saudi-Arabiens zu verbleiben hätten.

Von dieser Entscheidung profitierte die Familie Bin Laden. Sie besaß die größte Baufirma des gesamten Königreichs – es war ganz selbstverständlich, daß sie den Auftrag erhielt, die Kasernenkomplexe für die US-Truppen in Dahran zu errichten; sie baute auch die Wohnanlagen für Offiziere, Soldaten und deren Familien.

Daß die eigene Firma florierte, war Osama völlig gleichgültig. Er war dagegen, daß die Amerikaner im Lande blieben. Er verlor jegliche Achtung vor König Fahd und vor den Prinzen, die zur Regierung gehörten. Bei einer Begegnung mit Prinz Nayef Ibn Abdel Aziz as-Saud beschimpfte Osama die gesamte zweite Generation der Prinzen als »Verräter am Islam, am Propheten Mohammed, an der Sache Allahs«. Er sagte den baldigen Untergang der Herrschaft der royalen Sippe voraus.

Der Prinz, der Innenminister war, berichtete dem König Fahd von diesem »unerhörten Vorfall«. Dieser ließ sich nicht zu einer Entscheidung über das Schicksal des jungen Mannes drängen; er war der Meinung, Osamas Worte müßten im Hinblick auf dessen streng wahabitische Ansichten milde beurteilt werden. Der König verlangte, der Sohn des Bauunternehmers sei aufmerksam zu beobachten. Es ergab sich jedoch kein Verdacht, daß er Aktivitäten plante, die für das Regime der as-Sauds gefährlich werden könnten.

Zu Beginn des Jahres 1992 gelangte Osama zur Überzeugung, der Kampf müsse gegen die Prinzen des Hauses as-Saud geführt werden. Ihre Vertreibung war sein Ziel. Allerdings besaß er noch keine Meinung, wie der Staat nach dem Sturz der as-Sauds geordnet sein sollte. Er war nur überzeugt, Allah verlange die Ver-

nichtung dieser »Feinde des Islam«. Was danach geschehen würde überließ Osama der künftigen Entscheidung Allahs.
Da Osama ständig überwacht wurde, glaubte er, daß er im Heimatland nichts für die «Sache Allahs« erreichen könne. Er verließ Mekka und Medina und zog um in den Sudan. Die meisten seiner viertausend Anhänger nahm er mit. So erreichten die »saudiarabischen Afghanen« nach und nach per Flugzeug Khartoum. Die Stadt am Zusammenfluß des Weißen und des Blauen Nil. In der sudanesischen Hauptstadt, so glaubte er, seien die Umstände günstig für den Start einer »islamischen Revolution«, die das Leben in Saudi-Arabien verändern sollte.

Im Sudan hat eine derartige islamische Revolution bereits im Jahr 1984 stattgefunden. Dort wurde seither mit Hieben bestraft, wer Bier, Wein oder Whisky trank. Die Amputation der rechten Hand mußte erleiden, wer als Dieb ertappt wurde; jeweils mittwochs und freitags wurde diese Strafe vollzogen, vom Arzt des Gefängnisses in Khartoum. Nirgends wurde während der 80er und 90er Jahre eine strengere Beachtung der Koranregeln verlangt, als in der Region des Zusammenflusses der beiden Nile.

Gegner der Anwendung streng islamischer Rechtsvorschriften wurden aufgehängt. Der Stammessheikh Mahmud Mohammed Taha war zum Galgen geführt worden mitten in der Stadt Omdurman. Sein Verbrechen: Er hatte sich gegen die Amputation der rechten Hand bei Dieben ausgesprochen. Seine Meinung war, in manchen Fällen würde eine Geldstrafe genügen. Der Staatspräsident Dschafer an Numeiri hatte das Todesurteil gegen Mahmud Mohammed Taha beantragt, mit der Begründung, der Standpunkt des Angeklagten mache deutlich, daß er ein »gefährlicher Ketzer« sei.

Im Staat am oberen Nil galt die Meinung, Christen und Moslems seien gleichberechtigt, als Hochverrat. Der Sudan, von Moslems regiert, litt seit Jahren unter dem Konflikt zwischen Nord und Süd. Im Norden leben islamische Sippen; im Süden christliche Stämme. Die Siedlungsgebiete sind durch die Sümpfe des Nil getrennt. Die Moslems verlangten Vorherrschaft; die Christen wehrten sich mit Waffengewalt. Seit Jahren verzehrte ein Kampf, den der Norden nicht gewinnen konnte, die Kräfte des Sudan.

Die Verantwortlichen in Khartoum – sie gehörten einer Offizierjunta an – hatten finanzielle Unterstützung gesucht, und Saudi-Arabien war zur Hilfe bereit. Allerdings unter einer Bedingung: Die islamischen Gläubigen im Sudan hatten sich künftig den strengen wahabitischen Lebensregeln zu unterwerfen. Das Resultat war, daß seit 1984 am oberen Nil keinerlei Abweichung von den striktesten Regeln des heiligen Buches geduldet wurde.

Osama Bin Laden war 1992 der Meinung, er werde in Khartoum jede Unterstützung für seine Pläne finden, doch zu seiner Verblüffung wurde er stärker gegängelt als in seiner Heimat. Der sudanesischen Regierung war wohlbekannt, daß er wegen Differenzen mit der herrschenden Familie Saudi-Arabien verlassen hatte. Diese herrschende Familie aber war der Hauptgeldgeber des Sudan; auf ihren Standpunkt mußte in Khartoum Rücksicht genommen werden. Unter keinen Umständen war zu dulden, daß Osama Bin Laden vom Sudan aus Unruhe in Saudi-Arabien stiftete. Den Kampf gegen die Mächtigen der as-Sauds fortzusetzen, wurde ihm schwer gemacht. Der saudiarabische Innenminister Prinz Nayef Ibn Abdel Aziz as-Saud sorgte dafür, daß die sudanesischen Sicherheitsbehörden Osama Bin Laden und die 4000 »saudiarabischen Afghanen« aufmerksam beobachteten. Prinz Nayef drohte, die finanzielle Unterstützung der Militärjunta in Khartoum werde gestrichen, wenn Osama auch nur die geringste Möglichkeit geboten werde, gegen das Haus as-Saud aktiv zu werden. Im Frühjahr 1996 wurde der Druck aus Riyadh derart stark, daß sich die Behörden des Sudan gezwungen fühlten, Osama Bin Laden auszuweisen. Im Mai 1996 reiste er ab. Wieder nahm er seine 4000 Getreuen mit.

Er hatte seinen Kontakt nicht aufgegeben zum pakistanischen Geheimdienst ISI. Von dieser Organisation stammte der Rat, sich wieder nach Afghanistan zu begeben. Dort sei die Möglichkeit am größten, sich im Sinne der Lehre des Propheten Mohammed zu betätigen. Als seine Partner empfahl ISI die Taliban. Sie hätten eine aktive Unterstützung nötig. Die pakistanischen Geheimdienstchefs und einige Armeegeneräle knüpften die Kontakte. Deutlich gesagt werden muß, daß diese Pakistaner zwar damals von sich sagten, sie seien für die USA – in Wahrheit aber waren sie zu diesem Zeitpunkt insgeheim gegen Amerika eingestellt. Diese Haltung hatte schon General Zia ul-Haq vorgegeben, der von 1977 bis 1988 Pakistan mit fester Hand regiert hatte. Sein Traum war gewesen, die islamischen Staaten Pakistan und Afghanistan zu vereinen. Zia ul-Haq wußte genau, daß er für die Verwirklichung dieses Plans die Zustimmung der Vereinigten Staaten von Amerika benötigte – die Sowjetunion glaubte der pakistanische Präsident nach einem Sieg der Mujaheddin, nicht mehr nach der Meinung fragen zu müssen. Die Vereinigungsidee pflegte jeder, der Pakistan zu regieren hatte. Die Folge war, daß die in Islamabad herrschenden Präsidenten ihre Neigung zu den USA heuchelten und überbetonten. Sie hatten Erfolg damit.

Die amerikanischen Präsidenten Bush und Clinton waren fest überzeugt, sie könnten sich auf den Staatschef von Pakistan verlassen. Parallel dazu glaubten auch die Verantwortlichen des CIA, die Kollegen von ISI seien verläßliche Partner. Doch sie verfolgten ihre eigenen Ziele.

Der von ISI empfohlene Osama Bin Laden traf auf dem Flugfeld von Islamabad in einer gecharterten Maschine vom Typ B 747 ein. Er wurde begleitet von seiner Familie, die zu diesem Zeitpunkt aus drei Frauen und neun Kindern bestand. Im Flugzeug befanden sich auch fünfzig Kämpfer, die den Kern seiner Anhänger bildeten. Osama Bin Laden hatte ihnen bereits im Sudan die Bezeichnung »Al Qaida« gegeben. Dieses Wort ist mit »Basis« zu übersetzen.

Obgleich Osama keine Qualifikation besaß, um sich als geistliche Autorität zu präsentieren, besaß er die Kühnheit, im Sommer 1996 – bald nach seiner Ankunft in Jalalabad – den »Heiligen Krieg« zu erklären. Seine Feinde waren die Regime der as-Saud in seiner Heimat, und die USA, die von »dreckigen Ungläubigen« bewohnt werden. Truppen dieser »dreckigen Ungläubigen« waren mit Duldung durch die regierende Familie noch immer in Saudi-Arabien stationiert, nahe den heiligsten Stätten von Mekka und Medina. Ein Ergebnis der Kriegserklärung bekam das Königreich und die USA bald zu spüren.

Erstes Ziel: Vertreibung der USA aus Saudi-Arabien

Am Morgen des 25. Juni 1996 biegt ein Tanklastwagen in die 31. Straße im Osten der saudiarabischen Stadt Dahran ein. Ein kleiner weißer Personenwagen fährt voraus. Der Tankwagen schiebt sich, so nahe es geht, an das Gebäude 131 des Hochhauskomplexes Khobar Tower heran. Eine Hecke und eine Sicherheitsbarriere aus Betonblöcken hindern den Fahrer daran, den Tankwagen unmittelbar vor die Hauswand zu stellen.

Der Parkvorgang wird vom Dach des Gebäudes 131 aus beobachtet. Dort halten ein Offizier und zwei Soldaten Wache. Seltsam erscheint ihnen der kleine Wagen, der so gar nicht den eindrucksvollen Limousinen entspricht, die in Dahran gefahren werden. Der Offizier meldet die Beobachtung über Funk an die Sicherheitsleitstelle der King Abdel Aziz Air Base, zu der Khobar Tower gehört. Während der Offizier spricht, bemerkt er, daß der Fahrer des Tanklastwagens eilig in das kleine weiße Auto einsteigt. Es entfernt sich rasch auf der breiten 31. Straße.

Diese Beobachtung alarmiert den Offizier auf dem Dach. Er eilt mit den zwei Soldaten von Wohnungstür zu Wohnungstür. Die wenigsten werden geöffnet. Die meisten Bewohner sind um diese Zeit – es ist zehn Uhr vormittags – nicht zu Hause. Die Apartments werden von Frauen und Männern bewohnt, die bei der King Abdel Aziz Air Base beschäftigt sind. Öffnet sich eine Tür, dann geben der Offizier und die beiden Soldaten die Anweisung, rasch die hinteren Räume der Wohnung aufzusuchen – möglichst weit entfernt von der Hausfront an der 31. Straße. Es gelingt den Posten, die Bewohner zweier Stockwerke zu warnen. Dann erfolgt die Explosion.

Dort, wo der Tanklastwagen geparkt hatte, klafft ein Trichter von nahezu zehn Meter Tiefe und dreißig Meter Breite. Herabgerissen ist die Fassade des Gebäudes 131. Die Innenräume des Gebäudes sind zerstört – auch auf der Hinterseite des Komplexes. Aus der Ruine werden neunzehn Tote geborgen. Mehr als fünfhundert Personen sind verwundet. Unter den Verwundeten befinden sich 137 US-Amerikaner, 265 Saudis und 135 Hausangestellte aus Bangladesch.

Berichtet wird, unmittelbar nach der Detonation sei ein Mann mit langem grauem Kinnbart zur Unglücksstätte gekommen. Er habe laut die Worte gesagt: »Diese Detonation wird ein langandauerndes Echo haben!«

Die Bewohner des Gebäudes 131 im Komplex Khobar Tower – das von der Baufirma Bin Laden errichtet worden ist – gehörten zum 440. Luftwaffengeschwader der USA. Es hat den Auftrag, die saudiarabischen Ölfelder zu schützen. Als äußere Feinde gelten Iran und Irak. Die inneren Feinde aber sind schwer zu fassen. Es sind Männer, die sich gegen das Bündnis der regierenden Familie as-Saud mit den »dreckigen Ungläubigen« wehren. Zu ihren Ohren ist die Erklärung des Osama Bin Laden gedrungen, der zum Heiligen Krieg aufgerufen hat: »Demütigung und Unterdrückung können allein durch Explosionen ausgelöscht werden!«

Quelle der Gewalt im eigenen Land: die königliche Familie

Der amerikanische Geheimdienst entsendet sofort Spezialisten nach Dahran, die feststellen sollen, wer den Anschlag zu verantworten hat. Sie sind dabei angewiesen auf die Zusammenarbeit mit dem saudiarabischen Geheimdienst. Bislang hatten beide Organisationen Hand in Hand gearbeitet. Nun aber weigerten sich die saudiarabischen Kollegen, sich mit den CIA-Spezialisten überhaupt zu treffen.

Die Amerikaner, auf sich selbst gestellt, waren überzeugt, die Anstifter der Attentate seien in Teheran zu finden. Mit Verbissenheit suchten sie Verbindungen aufzudecken zu schiitischen Geheimorganisationen, die im Dienste des Ayatollahregimes stehen. Die saudiarabischen Geheimdienstspezialisten, die inzwischen besser informiert waren, schwiegen zu den Verdachtsäußerungen der Amerikaner. Ihnen war es recht, daß CIA eine falsche Fährte verfolgte.

Seit der Besetzung der amerikanischen Botschaft in Teheran am 4. November 1979 waren die Beziehungen zwischen Washington und Teheran unterbrochen. Die Geheimdienste beider Länder, die zur Schahzeit ihre Erfahrungen ausgetauscht hatten, verständigten sich nicht mehr. Daß es »islamischen Studenten« in Teheran gelungen war, 53 Angehörige der US-Botschaft als Geiseln gefangenzuhalten, hatte sich als gewaltiger Schock für die amerikanische Öffentlichkeit ausgewirkt. Das mächtige Amerika hatte sich als verwundbar erwiesen. Für die Präsidenten Jimmy Carter und Ronald Reagan – er war am 20. Januar 1981 in sein Amt eingeführt worden – war die Situation eindeutig: Iran ist der Urheber verbrecherischer Taten. Der US-Geheimdienst war dazu verpflichtet, iranische Verbrecher aufzuspüren. Dieser Auftrag galt auch noch zur Amtszeit des Präsidenten George Bush. Die Verantwortlichen des Anschlags vom 25. Juni 1996 konnten allein in Teheran zu suchen sein.

Die saudiarabischen Spezialisten aber verfolgten insgeheim eine Spur, die sich auf islamische Zirkel innerhalb des Königreichs konzentrierte. Verdächtige waren festgenommen worden, die beim Verhör aussagten, sie stünden in Verbindung zu Osama Bin Laden in der afghanischen Stadt Jalalabad. Die Verhafteten gaben zu, Angehörige der Organisation Al Qaida zu sein. Sie seien von dieser Organisation mit Dollars versorgt worden. Die Verbindung zwischen den Attentätern, die den Komplex Khobar Tower gesprengt hatten, und Al Qaida war offenkundig. Doch die CIA-Spezialisten erfuhren davon nichts.

An einer Übergabe der saudiarabischen Untersuchungsergebnisse war die königliche Familie nicht interessiert. Sie hätten zugeben müssen, daß ihre Agenten noch immer in Verbindung standen zu Osama Bin Laden. Er wurde auch weiterhin finanziell vom Clan as-Saud versorgt. Herausgekommen wäre auch, daß die Taliban – die offiziell von Saudi-Arabien anerkannt wurden – der königlichen Familie versprochen hatten, darauf zu achten, daß Osama keine Aktionen gegen Saudi-Arabien und gegen die dort anwesenden US-Truppen unternahm. Derartige Versprechungen waren gegenüber dem Außenminister Prinz Saud abgegeben worden. Die Taliban hatten sich offensichtlich nicht daran gehalten. Diese peinliche Entwicklung verheimlichte der saudiarabische Geheimdienst mit Erfolg. Das absolute Schweigen der Verantwortlichen in Riyadh ertrugen die US-Beamten schließlich nicht mehr – sie schlossen ihre Arbeit im Juli 1998 mit dem Vermerk »unerledigt« ab. Sie verließen Saudi-Arabien.

Die These von der Verpflichtung zum »Dschihad«

Während der 70er Jahre des 20. Jahrhunderts studierte ein intelligenter junger Mann an der Universität Al Azhar in Cairo. Er war blind, doch er hatte sich ein exzellentes Gedächtnis antrainiert. Er brauchte keine Blindenschrift um zu lesen: Er konnte die Bücher auswendig, deren Inhalt für ihn wichtig war. Sein Name: Omar Abdel Rahman.

Am Schluß seiner Studien erarbeitete er eine Doktorarbeit, die den gewaltigen Umfang von 2000 Seiten hatte. Das Thema hieß »Dschihad« – der »Heilige Krieg«. Die These des Omar Abdel Rahman stand in schroffem Gegensatz zur Meinung der meisten islamischen Theologen, die verkündeten, der »Heilige Krieg« sei nicht unbedingt ein Kampf mit der Waffe; »Dschihad« könne auch geistige Auseinandersetzung mit anderen Religionen sein – ein »Wettbewerb des Friedens«. Omar Abdel Rahman aber erreichte den Doktorgrad mit der Behauptung, der Prophet Mohammed habe seine Erfolge stets durch die Waffe errungen – die Ausbreitung des Islam sei nicht durch Überzeugung und Missionierung erfolgt, sondern durch Niederwerfung Andersgläubiger. Es sei Zeit, so forderte der Doktorand Omar Abdel Rahman, zum ursprünglichen Begriff für »Dschihad« zurückzukehren, denn Allah fordere den »Heiligen Krieg« im wahren Sinne des Wortes. Die »friedliche Interpretation« des Begriffs sei eine Erfindung der Kolonialzeit – da habe sich der Islam der westlichen Welt als geduldige und tolerante Glaubensbewegung anbiedern wollen. Der Islam habe sich selbst verleugnet, um von den Kolonialmächten, von den erstarkenden Industrienationen akzeptiert zu werden. In der Auseinandersetzung mit dem Westen, dem Judentum und dem Christentum in unserer Zeit aber seien die Gläubigen des Islam verpflichtet, den »Heiligen Krieg« mit der Waffe zu führen. Nur durch die Waffe werde es gelingen, dem Islam die Position in der Welt zu erringen, die Allah für den wahren Glauben vorgesehen habe. Der Islam sei eben nicht eine Religion neben anderen Religionen, Allah habe bestimmt, daß der Islam die Religion aller Menschen sei.

Die Doktorarbeit des Omar Abdel Rahman verschwand nicht, nachdem sie ihrem Autor den Doktortitel eingebracht hatte, im Archiv der Cairoer Universität Al Azhar. Sie wurde unter jungen Theologiestudenten diskutiert, und ihre These vom »Heiligen Krieg« fand Zustimmung. Bald schon sammelten sich Studenten um Dr. Omar, die seine Idee begeistert aufgriffen. Sie erkannten in seiner Lehre eine Möglichkeit, den Islam aus seinem Schattendasein unter den Religionen der Welt herauszuführen. Ausgangspunkt der Diskussionen war, daß die Menschen des Westens den Islam nicht ernst nahmen und ihn nicht einmal beachteten. Die Studenten zogen die Konsequenz, daß die Menschen des Westens durch spektakuläre Aktionen auf die Kraft des Islam hingewiesen werden müssen. Zu den spektakulären Aktionen rechneten die jungen islamischen Theologiestudenten ganz selbstverständlich auch Provokationen durch Gewalt.

Die Koraninterpretation des Dr. Omar Abdel Rahman wurde von einem seiner Schüler aufgegriffen und weiterentwickelt. Sein Name: Abdel Salam Farag. Er stellte die Behauptung auf, der Islam habe ursprünglich »sechs Pfeiler« gehabt – und nicht nur fünf. Dieser »sechste Pfeiler« aber sei im Verlauf der Jahrhunderte in Vergessenheit geraten.

Die Koranschüler lernen frühzeitig, daß der Glaube, den der Prophet Mohammed verkündet hat, »fünf Pfeiler« habe: Das Bekenntnis zu Allah und zu seinem Propheten; das regelmäßige tägliche Gebet; die Abgaben an die Armen; die Einhaltung des Fastenmonats Ramadan; die Pilgerfahrt nach Mekka, die mindestens einmal im Leben durchzuführen ist.

Unter »Pfeiler des Glaubens« ist zu verstehen, daß der gläubige Moslem die fünf ihm aufgegebenen Pflichten zu erfüllen hat. Erst die Erfüllung dieser Pflichten macht ihn zum wahren Moslem.

Abdel Salam Farag glaubte zu wissen, daß der Prophet Mohammed den Gläubigen die Erfüllung einer »sechsten Pflicht« verordnet habe – die Teilnahme am »Dschihad«, am »Heiligen Krieg«. Wobei der junge Koranforscher, der Ingenieur werden wollte, nicht an die Teilnahme an einer geistigen Auseinandersetzung gedacht hatte, sondern an den Kampf mit der Waffe.

Mit der Koraninterpretation des Abdel Salam Farag war das religiöse Fundament gelegt für den »Kampf des Islam gegen Ungläubige«. Gemeint als Feinde waren vor allem Christen und Juden – jedoch auch Moslems, die sich weigern, den »sechsten Pfeiler« zu akzeptieren, die nicht den Krieg mit der Waffe unterstützen.

Die Theorie, die sein Schüler entwickelt hatte, imponierte Dr. Omar Ahmed Ali Abdel Rahman – so lautet sein voller Name. Der blinde Geistliche wollte die Theorie von der Verpflichtung zum »Heiligen Krieg« in die Tat umsetzen. Er suchte sich in der Stadt, in der er studiert hatte, einen Feind aus, der getötet werden mußte. Er fand ihn im ägyptischen Präsidenten Anwar as-Sadat. Dieser war zum »Verbrecher am Islam« geworden, weil er am 5. September 1981 in einer Rede vor dem Parlament einen Beschluß verkündet hatte, der dem Geistlichen als Eingebung des Teufels galt. Der Präsident hatte deutlich gemacht, daß er in Ägypten die Trennung von Moschee und Staat durchsetzen wolle. Anwar as-Sadats Ziel war die Entpolitisierung des Glaubens. Er hatte zu spüren bekommen, daß die Geistlichen in den Moscheen seine Politik angegriffen hatten, die sich den europäischen Maßstäben genähert hatte. Sein Ziel war es gewesen, ein Staatschef zu sein wie der französische Staatspräsident. Ägypten sollte eine Präsidialdemokratie werden, die stark autoritär orientiert zu sein hatte. Von den Geistlichen in den Moscheen aber wollte sich Anwar as-Sadat gar nichts vorschreiben lassen. Sein Grundsatz lautete: »Wer beten will, der gehe in die Moschee; wer sich politisch äußern will, der möge seine Meinung in der Staatspartei zum Ausdruck bringen.« Für

Dr. Omar Ahmed Ali Abdel Rahman bedeutete diese Aussage, daß Sadat für sich die Trennung von Moschee und Staat bereits vollzogen hatte – er mußte daran gehindert werden, sie in der Praxis durchzusetzen.

Eine derartige Trennung ist für Moslems, die ihren Glauben ernst nehmen, undurchführbar. Die Ursache liegt in der Person des Propheten Mohammed: Er war der Verkünder des Glaubens an Allah gewesen – doch er hatte auch die Funktion des Staatschefs im islamischen Staat auf der Arabischen Halbinsel innegehabt. Er war die Exekutive, der die Politik bestimmt hatte. Grundlage seines politischen Handelns waren die Gesetze Allahs gewesen, die er geoffenbart hatte. In der Person des Propheten Mohammed war Glaube und Politik vereint gewesen. Da Mohammed das Vorbild aller Moslems ist, die sich wirklich vom Islam geleitet fühlen, können sie der Auftrennung von »Din wa Daula«, von Glaube und Politik, nicht zustimmen.

Dr. Omar Ahmed Ali Abdel Rahman, der zerbrechliche blinde Geistliche mit dem eisernen Willen, verurteilte – auf Grund seiner Erkenntnisse – den ägyptischen Präsidenten zum Tode, und er fand Männer, die bereit waren, dieses Urteil zu vollstrecken. Sie gehörten zu seinem Kreis überzeugter junger Moslems, die der These des Jungtheologen Abdel Salam Farag zustimmten, der »Heilige Krieg« mit der Waffe sei fester Bestandteil des islamischen Glaubens.

An die Spitze der Entschlossenen stellte sich der 35jährige Berufsoffizier Major Abud Abdel Latif as-Zomor. Er galt als vorbildlicher Offizier und stand kurz vor seiner Beförderung zum Oberstleutnant. Weniger günstig war die Beschreibung seiner Persönlichkeit, die sich in den Akten findet. »Abud Abdel Latif as-Zomor ist ein Mann, der mit Komplexen beladen ist. Diese Komplexe haben ihre Ursachen in den zwei Ehen, die er hinter sich hat. Als die erste Frau kein Kind bekam, ließ er sich von ihr scheiden. Doch die Frau, die er dann heiratete, blieb ebenfalls kinderlos. Nach diesen Enttäuschungen begann as-Zomor seinen Lebensinhalt im Glauben zu suchen. Im Laufe der Zeit zeigte es sich, daß er zu extremen Ansichten neigte.« In der Personalakte wurde der Major gelobt als guter Organisator, als Fachmann der Logistik.

In der Personalakte des Majors Abud Abdel Latif as-Zomor wurden zwar die extremen Ansichten gerügt, doch es fand sich darin kein Hinweis, daß er für das Regime des Präsidenten Anwar as-Sadat gefährlich werden könnte. Verborgen blieb seinen Vorgesetzten sein Haß auf das »Regime des Ungläubigen«, der dabei war, wichtigste Glaubensprinzipien für ungültig zu erklären.

Der Major bewohnte ein kleines Apartment in einem Haus unweit der Straße zu den Pyramiden. Dort studierte er nach dem Dienst den Ablauf der Schlußphase der Chomeini-Revolution zur Zeit des Jahreswechsels 1978/79. Dem Ayatollah war es zwar gelungen, den Schah zu stürzen, doch er war nicht erfolgreich gewesen in der Bemühung, eine neue und überzeugende Ordnung für das Leben der Menschen einzusetzen. As-Zomor hatte begriffen, daß Haß auf eine Person, die an der Staatsspitze steht, zwar Antrieb für dessen Tötung sein kann, er reichte jedoch nicht aus, um eine neue Zeit anbrechen zu lassen. As-Zomor haßte as-Sadat, doch er begriff, daß der Sturz des Präsidenten nur Vorstufe sein konnte für den planvollen Aufbau eines islamischen Staates.

Im Apartment bei den Pyramiden traf sich der Major mit dem Geistlichen Dr. Omar Ahmed Ali Abdel Rahman, um über die Zukunft des Staates zu beraten, den sie nach dem Tod des Präsidenten as-Sadat schaffen wollten. Sie schrieben gemeinsam den Rahmen einer Grundordnung für den islamischen Staat auf. Die fundamentalistische Tendenz wurde schon im Artikel 2 deutlich:

»Zu beachten sind die Lebensgrundsätze und gesellschaftlichen Regeln, die während der ersten drei Jahrhunderte des Islam gültig waren.«

Artikel 3 bestimmt:

»Die Freitagspredigt ist der Schlüssel des Zugangs zu Kopf und Herz der Moslems. Die Prediger haben die Aufgabe zu erfüllen, die Gesetze zu verkünden, die während der ersten drei Jahrhunderte des Islam Gültigkeit besaßen.«

Artikel 9 besagt:

»Der Rat der Geistlichen überwacht Staat und Gesellschaft. Diesem Rat gehören Geistliche aller wichtigen Moscheen der bedeutenden Städte Ägyptens an.«

Eigenartig an dieser Grundordnung ist ihr Schlußteil. Der Major und der Geistliche wollten eng an die Frühzeit des Islam anschließen. Zur Zeit des Propheten Mohammed war der Kampf gegen die »Ungläubigen« ganz selbstverständlich mit der Eroberung von Beute verbunden. Wer am Kampf beteiligt war, der hatte sich ein Anrecht auf einen Teil des erbeuteten Feindeigentums erworben. Der Prophet Mohammed und später seine Nachfolger, die Kalifen, waren berechtigt, sich vor allen Kämpfern Stücke aus der Beute anzueignen. Zum eroberten und damit zum verteilbaren Beutegut zählten jahrhundertelang auch die Frauen der Unterlegenen. Selbst in diesem Punkt folgten die fundamentalistischen Verschwörer den Vorbildern aus der Zeit der frühen aggressiven Phase des Islam.

Nach Abschluß der theoretischen Vorarbeiten suchte der Major die Gelegenheit für das Attentat aus. Er fand, die Militärparade des 6. Oktober 1981 biete das höchste Maß der Chancen. Es mußte sich nur noch ein Offizier in einem niederen Dienstgrad finden lassen, der bereit war, auf den Präsidenten zu schießen. Als Major war as-Zomor von der direkten Teilnahme an der Parade ausgeschlossen. Der Major wandte sich an einen Untergebenen, den Leutnant Khaled al Islambuli, der als überaus gläubiger Mann galt. Er war bereit, die Ausführung des Überfalls auf as-Sadat zu übernehmen. Der Leutnant wußte schon seit Mitte September, daß er zur Teilnahme an der Parade des 6. Oktober eingeteilt war.

Zu Beginn des Monats Oktober 1981 hatte Dr. Omar Ahmed Ali Abdel Rahman Grund, sich in seiner Feindschaft zu Anwar as-Sadat bestärkt zu fühlen. Dem Präsidenten war es gelungen, den Großsheikh des für die islamische Lehre wichtigen Lehrinstituts der Al Azhar-Moschee in Cairo auf seine Seite zu ziehen. Der Großsheikh, Dr. Abdel Rahman Bissar, hatte die Geistlichen des Nillandes angewiesen, sich allein auf das Wort Allahs zu konzentrieren und jede politische Anspielung zu unterlassen. Die oberste Autorität der Universität, an der Dr. Omar Ahmed Ali Abdel Rahman seine These von der Rechtmäßigkeit der Gewalt im Kampf für den Glauben entwickelt hatte, verfolgte eine Richtung, die genau diese These in Frage stellte: Dr. Bissar verlangte, der islamische Geistliche habe auf friedliche und unpolitische Weise den Glauben der Moslems zu vertiefen.

Diese offene Parteinahme der geistlichen Autorität gab dem Präsidenten freie Hand, die Schließung von rund 5000 Moscheen im Land durchzusetzen, in denen Prediger tätig waren, die als »unzuverlässig« galten. Künftig sollten nur noch solche Geistlichen das Wort Allahs predigen dürfen, die ein Diplom des Al Azhar-Instituts vorweisen konnten, das ihnen Regimetreue bestätigte.

Mord an Sadat: Die »Fatwa« des Lehrmeisters wird befolgt

Um dem Major as-Zomor und dem Leutnant al Islambuli eine religiös fundierte Rechtfertigung für ihre Tat zu geben, fertigte Dr. Omar Ahmed Ali Abdel Rahman ein Gutachten aus, das die Funktion eines religiös fundierten Befehls besaß. Eine derartige Mischung aus Gutachten und Befehl trägt die Bezeichnung »Fatwa«. Sie begründet, warum Präsident Anwar as-Sadat zu ermorden sei. In diesem Gutachten wird as-Sadat als Verächter des Glaubens dargestellt, als ein Mann, der dem Propheten Mohammed den Respekt verweigere, der Allahs Gesetze nicht zur Kenntnis nehme. Der Präsident sei ein Feind des wahren Glaubens. Feinde des wahren Glaubens aber hätten kein Recht, am Leben zu bleiben. Die Konsequenz: Die Tötung des Präsidenten Anwar as-Sadat werde als Tat angesehen, die Allah gefällig ist. Der gläubige Moslem habe die Pflicht, den »Feind Allahs« umzubringen.

Der Zeitpunkt des Attentats ist gut gewählt: Die Truppenparade auf dem Platz vor dem Denkmal des Unbekannten Soldaten in Cairo ist um die Mittagszeit jenes 6. Oktober 1981 für die zuschauenden Ehrengäste bereits langweilig geworden, da brechen um 12.40 Uhr fünf Kampfmaschinen vom Typ Mirage 5-E im Tiefflug mit höllischem Donner in das Blickfeld der Zuschauer ein. Knapp über der Oberkante des Tribünendachs, das sich zum Schutz vor Sonnenstrahlen über den Köpfen der Honoratioren wölbt, fliegen die Maschinen eng nebeneinander. Fasziniert blicken die Zuschauer schräg nach oben. Sie sehen, daß vom Heck der Flugzeuge Farbfahnen ausgesprüht werden, die hell leuchten. Da mischt sich plötzlich in den Donner der Düsen der Knall einer detonierenden Handgranate. Sie ist von einem Lastwagen aus geworfen worden, der unmittelbar vor dem Tribünenplatz des Präsidenten angehalten hatte.

Den plötzlichen Stopp hat Leutnant Khaled al Islambuli veranlaßt. Der Fahrer, ein Soldat ohne Rang, war überrascht, als der rechts von ihm sitzende Leutnant unvermittelt die Zündung ausschaltete und die Handbremse zog. Der Soldat sah, wie Khaled al Islambuli die Wagentür öffnete und eine bereits geschärfte Handgranate in Richtung der Ehrentribüne warf.

Kaum ist der Sprengkörper explodiert, springen drei Soldaten vom Lastwagen herunter. In großen Sätzen bewegen sie sich auf as-Sadat zu und beginnen sofort aus ihren Maschinenpistolen zu schießen. Einer schleudert eine zweite Handgranate in die Zuschauerreihen. Sie trifft Verteidigungsminister Abu Ghazala am Kopf; sie detoniert jedoch nicht. Ein anderer Attentäter steht direkt vor der Tribüne und feuert über die Brüstung hinweg, wobei er seine Maschinenpistole über den eigenen Kopf halten muß.

Viele der Ehrengäste haben sich nach den ersten Schüssen auf den Boden geworfen. Andere, die entfernt sitzen, fliehen über die Sitzreihen hinweg. Zum Ausbruch der Panik trägt bei, daß die fünf Kampfmaschinen immer wieder im Tiefflug über den Platz donnern. Die Menschen, die sich im Schußfeld der Attentäter befinden, rechnen jetzt mit der Beteiligung der Luftwaffe an diesem Anschlag. Eine Luft-Boden-Rakete könnte die gesamte Führungsspitze des ägyptischen Staates auslöschen.

Die Flugzeuge bleiben schließlich aus. Nur noch Schreie sind zu hören. Die Getroffenen brüllen vor Schmerz – sie rufen nach Arzt und Krankenwagen. Der offensichtlich schwerverletzte Präsident wird weggetragen.

Ahmed Sirhan, der langjährige persönliche Leibwächter des Präsidenten, sagt später aus, as-Sadats Gesicht sei sofort nach Beginn der Schießerei blutüberströmt gewesen; aus Sadats Mund sei geronnenes Blut gequollen. Die Ärzte des Militärkrankenhauses stellen bei der Einlieferung des Attentatsopfers fest: »Weder Puls noch Herzfunktion wahrnehmbar. Die Augen sind weit offen, reagieren aber nicht auf Lichtreize. Ein Geschoß steckt in der Nackenhaut; zwei Einschüsse in der Brust. Viele Splitter in der rechten Brustseite.« Am Ende seiner Diagnose sagt der Chefarzt: »Allein Allah lebt ewig!«

Die Attentäter werden gefaßt – auch Leutnant Khaled al Islambuli. Aus den Papieren, die der Leutnant bei sich trägt, ist zu ersehen, daß er einem Artillerieregiment angehört, das in Cairo stationiert ist. Doch es stellt sich heraus, daß diese Einheit nichts mit den Putschplänen zu tun hat.

Major Abud Abdel Latif as-Zomor hatte sich zum Zeitpunkt des Attentats nicht in Cairo befunden. Er hielt sich in Asiut auf. Diese Stadt liegt 378 Kilometer nilaufwärts von Cairo entfernt. Eine schattige Uferpromenade gehört zu den reizvollsten Stellen der Stadt. Das Zentrum besteht aus einer Reihe von Märkten, aus breiten Straßen, aus Häusern, denen anzusehen ist, daß die Bewohner nicht arm sind.

In Asiut geschah es, daß am Morgen des 8. Oktober 1981 um sechs Uhr, eine Gruppe junger Männer vor dem Gebäude der Polizeidirektion aus einem Personenwagen vom Typ Peugeot ausstieg. Sie schossen die Wache vor dem Gebäude nieder und stürmten durch den Eingang. Die Polizisten wehrten sich durch Pistolenschüsse, doch die Angreifer waren besser bewaffnet. Sie feuerten sich durch Geschoßgarben aus Maschinenpistolen den Weg frei. Sie erreichten das Büro des wachhabenden Offiziers – ihm schnitten sie die Gurgel durch.

Danach zogen sich die Angreifer aus der Polizeidirektion zurück. Sie besetzten die Dächer der umliegenden Häuser und feuerten von dort aus auf das Gebäude der Polizei. Inzwischen hatten sich auf den Straßen und Plätzen Tausende von jungen Männern versammelt. Sie zeigten ihre Sympathie für die Aufständischen. Gegen neun Uhr mußten die Sicherheitskräfte feststellen, daß die Demonstration ein bedrohliches Ausmaß annahm. In der Nacht traf Verstärkung aus Cairo ein. Diesen Polizeiverbänden waren die Aufständischen nicht gewachsen – sie flohen.

Erste Vernehmungen in Asiut brachten die Erkenntnis, daß der Major Abud Abdel Latif as-Zomor der Organisator war. Sie suchten und fanden den Offizier schließlich in der Cairoer Benhastraße in der Nähe der Pyramiden. Dort konnte er nach einem Feuergefecht verhaftet werden.

Die Sicherheitskräfte stellten innerhalb weniger Tage fest, daß 356 Männer in die Verschwörung verwickelt waren. Husni Mubarak, der Nachfolger Anwar as-Sadats, sagte: »Geplant war eine Revolution, die unser Land in eine islamische Republik verwandelt hätte.« Entdeckt wurde schließlich im Rahmen der Untersuchungen, daß Dr. Omar Ahmed Ali Abdel Rahman der Urheber der Aktionen von Cairo und Asiut gewesen war.

Am ersten Tag des Prozesses gegen die Verschwörer schwenkt Leutnant Khaled al Islambuli den Koran hoch über seinem Kopf. Er ruft: »Im Namen Allahs haben wir unseren Weg begonnen. Wir wollen die Fahne des Islam erheben. Wir glauben allein an den Islam, der Opfer verlangt! Die Religion muß wieder ihren Glanz bekommen – auch am Nil!« Dann preist der Leutnant Allah: »Allah ist über allem.«

In Käfigen, deren Gitterstäbe bis zur Decke des Gerichtssaales reichen stehen vierundzwanzig Angeklagte. Der Prozeß findet im Lehrsaal des Militärlagers Jebel Ahmar im Osten von Cairo statt.

Einen Käfig für sich hat der blinde Geistliche Dr. Omar Ahmed Ali Abdel Rahman. Die Gefangenen in den anderen Käfigen strecken durch die Gitterstäbe die Hände nach ihm aus. Er betet mit ihnen. Sie suchen Kontakt zu dem blinden Mann, der ihnen während der Tage vor dem Anschlag so oft gesagt hatte, daß das Attentat von Allah mit Gefallen beachtet werde.

Eine eigentümliche Mischung der Berufe kennzeichnet die Gruppe der Angeklagten. Es gehören ihr an: Zwei Offiziere, drei Ingenieure, zwei Kaufleute, neun Studenten der Fakultät Landwirtschaft, Maschinenbau und Theologie, zwei Lehrkräfte an der Universität, ein Zahnarzt, ein Apotheker, ein Zimmermann, ein Kraftfahrer, ein Anstreicher und ein Angehöriger der Volksverteidigungsmiliz. Die Mitglieder der Gruppe waren durchweg unter dreißig Jahre alt.

Bemerkenswert sind die Urteile, die von den Militärrichtern ausgesprochen werden: Der Leutnant Khaled al Islambuli und seine drei Mittäter werden zum Tode verurteilt; Major Abud Abdel Latif as-Zomor soll lebenslänglich in Haft bleiben; der Geistliche Dr. Omar Ahmed Ali Abdel Rahman wird freigesprochen.

Der Mann, der die »Fatwa« formuliert hatte – den Befehl zur Tötung des Präsidenten as-Sadat – verließ als freier Mann den improvisierten Gerichtssaal im Militärlager Jebel Ahmar.

Erhängt aber wurde Abdel Salam Farag, der die These entwickelt hatte, der Prophet Mohammed habe den Gläubigen als »Sechste Pflicht« die Teilnahme am »Dschihad« – an der gewaltsamen Auseinandersetzung – auferlegt. Abdel Salam Farag, der seine Ingenieursausbildung inzwischen abgeschlossen hatte, war der Theoretiker der Revolte gewesen. Auf ihn hatten sich die Beteiligten berufen. Seine Idee wird in Zukunft weiterleben.

Sie wurde von Dr. Omar Ahmed Ali Abdel Rahman weiterverbreitet. Der blinde Geistliche mit Sonnenbrille und weißem Vollbart fand großen Zuspruch als Prediger in den wichtigen Cairoer Moscheen. In jener Zeit hatte Dr. Omar die Angewohnheit, seine Predigten mit Witzen zu beenden, die sich mit Zuständen im Land am Nil befaßten. Sie trafen häufig genug genau die Situation der Gesellschaft. Zu den besten Witzen des Geistlichen gehörte dieser:

»Beim gewaltigen Erdbeben des Oktobers 1982 stürzte das Haus einer Witwe zusammen. In ihrer Verzweiflung schrieb sie an den König Fahd von Saudi-Arabien, von dem sie wußte, daß er sehr reich war. Sie bat den Monarchen um Hilfe. Der König war gerührt. Er schickte sofort 100 000 Dollar an den ägyptischen Präsidenten Husni Mubarak mit dem Wunsch, Mubarak möge das Geld der Witwe überreichen lassen, damit sie wieder ein Dach über dem Kopf bekomme. Mubarak rief seinen Ministerpräsidenten zu sich und sagte: ›Hier sind 50 000 Dollar. Sie schickt König Fahd der Witwe, deren Haus eingestürzt ist. Sorgen Sie bitte dafür, daß sie mit dem Neubau beginnen kann!‹ Der Ministerpräsident gab seinem Staatssekretär 30 000 Dollar und ordnete an, daß er sie selbst der Witwe überbringe. Der Staatssekretär beauftragt einen Abteilungsreferenten damit, an die Witwe 20 000 Dollar auszubezahlen. Der Abteilungsreferent aber gibt diesen Auftrag weiter an den Bürovorsteher – er überreicht ihm zu diesem Zweck 10 000 Dollar. Der Bürovorsteher begibt sich tatsächlich zur Witwe und sagt: ›König Fahd ist von deinem Brief sehr beeindruckt! Er spricht dir sein Bedauern aus. Er will für dich in Mekka beten!‹«

An einem anderen Freitag beschloß der Geistliche Dr. Omar seine Predigt mit diesen Worten: »Als Nasser Präsident wurde, suchte er einen Vizepräsidenten, dieser sollte etwas dümmer sein als er selbst – da fand er Anwar as-Sadat. Als dieser dann Präsident wurde, suchte er einen Vizepräsidenten, der dümmer war als er selbst – da fand er Husni Mubarak. Dann wurde Husni Mubarak Präsident – und dieser findet nun gar niemand mehr.«

Diese Witze machten deutlich, daß das Vertrauen in die Staatsorgane ruiniert war. Den jungen Männern, die auf seine Worte hörten, bot der Geistliche eine Alternative an: Den Beitritt zur Geheimorganisation »Jamaat al Islamija«, zur »Islamischen Gruppierung«.

Sie war bereits in der Mitte der 70er Jahre gegründet worden, zunächst mit staatlicher Unterstützung. Anwar as-Sadat hatte angeordnet, daß »Jamaat al Islamija« mit Geld und – in bescheidenem Umfang – mit Waffen zu unterstützen war. Der damalige Präsident hatte in dieser Organisation einen Gegenpol zu linken, marxistischen Vereinigungen gesehen, die in jener Zeit an Universitäten sehr aktiv waren. Anwar as-Sadat wollte sich die Gefahr von Links durch den Aufbau einer militanten Moslemorganisation vom Leibe halten.

Es gelang der »Jamaat al Islamija«, junge Männer in großer Zahl zu rekrutieren. Mittelpunkt der Vereinigung war Dr. Omar Ahmed Ali Abdel Rahman, der in seinen Predigten den Slogan prägte: »Islam ist Revolution!«

»Jamaat al Islamija« wurde bald zu einer gefürchteten Organisation. Sie begann das Ansehen der Tourismusindustrie zu ruinieren. In der kleinen Stadt Qena, die nördlich von Luxor liegt, wurden Touristenbusse beschossen; es gab Verletzte. Das Ziel der Attacken war, die Fremden, die meist Christen waren, zu verjagen

– mit dem Argument, sie würden durch Kleidung und Benehmen bei Moslems Anstoß erregen. Getroffen werden aber sollte vor allem die Regierung des Husni Mubarak, deren Staatshaushalt auf Einnahmen aus dem Tourismus angewiesen ist. Der ägyptische Fiskus bezog zu jener Zeit fünf Milliarden Mark aus dem Geschäft mit den Fremden. Auf dieses Geld, so meinte Dr. Omar, werde der Staat künftig verzichten müssen: Anvisiert war der Staatsbankrott.

Dr. Omar redete ganz offen davon, daß es angebracht sei, die Monumente aus der vorislamischen Zeit der Pharaonen zu sprengen. Er dachte dabei vor allem an den Sphinx bei den Pyramiden und die Säulen von Luxor. Dieselben Ideen hatten nicht ganz zwei Jahrzehnte später die Taliban in Afghanistan: Sie sprengten dann die Buddhastatuen von Bamian tatsächlich.

Als die ägyptischen Sicherheitsbehörden im Jahr 1987 spürten, daß Dr. Omar an seinen Aktivitäten trotz hartnäckiger Ermahnung durch die Behörden festhalten wollte, wurde ihm energisch bedeutet, er möge sich doch für einige Zeit ins Ausland begeben. Ausdrücklich wurde ihm gesagt, er könne nach Afghanistan reisen und sich dort nützlich machen. Der Kampf gegen die Sowjetunion war damals noch nicht abgeschlossen.

Sheikh Omar Ahmed Ali Abdel Rahman flog tatsächlich nach Peshawar. Er wurde begleitet von zweien seiner Söhne, die damals 20 und 22 Jahre alt waren. Die jungen Männer schrieben sich in die Liste der Mujaheddin des Gulbuddin Hekmatyar ein. Sie wollten teilnehmen an Gefechten gegen die »ungläubigen Sowjets«. Sheikh Omar aber nutzte die Zeit in Peshawar, um Angehörige für seine Lehre zu finden, der Islam müsse auch außerhalb der bisherigen islamischen Welt das Leben der Menschen bestimmen. Zu denen, die dem Sheikh schließlich bedingungslos glaubten, gehörte Mahmud Abuhalima, ein junger Mann mit rötlichem Haupthaar und Backenbart. Er stammte aus Ägypten.

»World Trade Center« – der erste Versuch

In Kafr al Dawar ist Mahmud Abuhalima im Jahre 1953 geboren worden, in einem schmutzigen Dorf im Nildelta. Es wird von einem schmalen Nilarm durchschnitten, Kafr al Dawar ist 24 Kilometer von Alexandria entfernt.

Dicht gedrängt leben Familien in niederen betonierten Häusern. Die Bevölkerungsexplosion wirkt sich aus. Während der 80er Jahre bestanden die Familien aus Heranwachsenden und Kindern. Sie wuchsen ohne Hoffnung auf ein besseres Leben auf. In Kafr al Dawar gibt es ärmliche Handwerksbetriebe, aber keine Industrie. Sobald Mahmud Abuhalima lesen konnte, entzifferte er an der Moscheewand diese Aufschrift: »Islam ist die Lösung!« Was diese Worte für einen Sinn hatten, wurde dem Jungen erst spät bewußt – doch sie haben sein Unterbewußtsein beeinflußt.

Im heimatlichen Dorf fiel der Junge dadurch auf, daß er häufig und lange betete. Lehrer wollte er werden. Sobald er das richtige Alter hatte, belegte er entsprechende Kurse an der Universität Alexandria.

Im Zusammensein mit anderen jungen Leuten stellte er fest, daß die Gescheiteren und Gewandteren unter ihnen sehr eloquent über die Probleme Ägyptens diskutierten. Die meisten waren zornig, daß die Regierung nichts unternahm, um Entwicklungsprogramme auf den Weg zu bringen, die der Jugend nützen könnten. Sie sahen die Ungerechtigkeit in der ägyptischen Gesellschaft: Die Zahl der Armen war riesig, doch da existierten auch Reiche – »fette Katzen« genannt, die ihren Wohlstand ganz ungeniert vorzeigten.

Die politischen Köpfe unter den jungen Männern analysierten die Ideologien, durch die eine positive Wende zu erwarten war. Den Kommunismus-Leninismus lehnten sie ab, da er als »gottlos« einzustufen war. Der »dialektische Materialismus« lehrte, daß die Welt von »These und Antithese« in Gang gehalten werde – eine ungeistige Idee beherrschte, nach dieser Lehre, die Geschicke der

Menschheit. Der Kapitalismus war offenbar erfolgreich in der Praxis, vielen Menschen eine erträgliche Lebensbasis zu bieten, doch schwer war der Zugang zu kapitalistischen Kreisen – dazu wurde ein Anfangskapital benötigt. Alle, die an der Universität Alexandria viel Zeit mit Diskussionen verbrachten, kannten diese Erkenntnis: »Der Kommunismus macht die Menschen zu Schafen, weil er sie gängelt; der Kapitalismus macht die Menschen zu Schweinen, weil sie die Freiheit, die er bietet, hemmungslos nützen können.« Die Konsequenz war: »Allein der Islam bietet den Leitfaden für ein Leben in Gerechtigkeit, Anstand und Würde. Allah weist die Richtung!«

Obgleich er nicht zu den Wortgewandten gehörte, wuchs Mahmud Abuhalima in den Kreis hinein, der aus der Lehre des Islam revolutionäre Visionen entwickelte. Er fühlte sich hingezogen zur Theorie des Dr. Omar, der Islam hätte sich nie durchgesetzt, wenn der Prophet Mohammed die Verbreitung des Glaubens an Allah allein mit Hilfe des Wortes, der verbalen Überzeugung, versucht hätte. Mahmud Abuhalima glaubte schließlich fest daran, daß der Islam auch in der Neuzeit nur dann eine Chance habe für alle Menschen gültig zu sein, wenn die Nichtmoslems durch Gewalt auf diesen wahren Glauben hingewiesen werden. Mahmud Abuhalima war begeistert von der Idee, Ägypten müsse in einen islamischen Staat umgewandelt werden, nur dann könne Gerechtigkeit in Städte und Dörfer am Nil einziehen.

Die Hoffnung auf diese Wende aber schwand immer mehr. Der Einfluß der islamischen Geistlichen verringerte sich. Die Denker des Lehrinstituts Al Azhar ließen sich von der Regierung umgarnen und bezahlen. Mit ihrer Zustimmung durfte im ganzen weiten Land nur derjenige predigen, der eine staatliche Lizenz dazu besaß; der Text der Predigten war einer Zensurbehörde vorzulegen. Die Jamaat al Islamija, einst von as-Sadat verwöhnt, wurde verboten und verfolgt. Doch sie blieb eine Bedrohung: Ihr Ziel war, den Tourismus zu verhindern. Die Organisation bemühte sich, die Fremden durch Schrecken von der Reise an den Nil abzuhalten. Es gelang ihr jedoch nur zeitweise – die Faszination der Altertümer aus der Zeit der Pharaonen auf die Ausländer war zu groß.

Mahmud Abuhalima war ein unbedeutender Sympathisant der Jamaat al Islamija. Er blieb verschont von der Verfolgung durch die Sicherheitsbehörden. Er kam nicht ins Gefängnis. Als er erkannte, daß sich der bestehende Staat mit Hilfe des wohlhabenden Bürgertums erfolgreich gegen revolutionäre Angriffe wehrte, beschloß er, Ägypten zu verlassen. Im September 1981 stellte ihm das deutsche Konsulat in Alexandria ein Touristenvisum zur Einreise in die Bundesrepublik aus. Es geschah in jenem Monat, daß Anwar as-Sadat 2000 Studenten, Lehrer und Offiziere verhaften ließ, weil sie verdächtigt wurden, für eine islamische Ordnung in Ägypten eintreten zu wollen. Eine Woche nachdem Mahmud Abuhalima seine Heimat verlassen hatte, wurde Präsident Anwar as-Sadat Opfer islamischer Attentäter.

In München angekommen, stellte Abuhalima einen Asylantrag. Seine Begründung: Er gehöre einer islamischen Vereinigung an, die – nach dem Mord an as-Sadat – in Ägypten verfolgt werde; er müsse damit rechnen bei der Rückkehr in die Heimat eingesperrt und gefoltert zu werden. Unterkunft fand Abuhalima in einem islamischen Zentrum im Norden von München.

Im Oktober 1982 wurde der Asylantrag abgelehnt. Die Münchner Ausländerbehörde vertrat den Standpunkt, Abuhalima sei in Ägypten nicht in Gefahr, ungerecht behandelt zu werden – er sei schließlich nicht offen als Gegner des Sadatregimes hervorgetreten. Die Behörde gab ihm zwei Wochen Frist bis zum Verlassen der Bundesrepublik.

Diese zwei Wochen wollte Mahmud Abuhalima bei ägyptischen Freunden in München verbringen. Da lernte er eine 34 Jahre alte deutsche Krankenschwester kennen. Sie war bereit, dem abgewiesenen Asylbewerber zu helfen: Sie heiratete den Ägypter – und er konnte damit in Deutschland bleiben.

Er lernte rasch die Sprache. Er fand Arbeit als Verkäufer in einem Lebensmittelgeschäft. Abuhalima führte ein unauffälliges Leben. Die Arbeitskollegen fanden es in Ordnung, daß er mehrmals am Tag betete.

Seine Frau aber wunderte sich über Besucher, die in die Wohnung schlüpften, als ob sie etwas zu verbergen hatten. Sie, die kein Arabisch sprach, hatte schließlich das Gefühl, ihr Mann sei für irgendeine Geheimorganisation tätig. Ihr fiel auf, daß er sich gegen

Husni Mubarak aussprach und gegen die amerikanische Regierung, die diesen »schmierigen Feind des Islam« an der Macht halte.

Die Beziehung zwischen der deutschen Krankenschwester und dem Ägypter begann zu erkalten, als sie sich weigerte, zum Islam überzutreten – und als sie durch die Pille dafür sorgte, daß sie kein Kind bekam. Da er unbedingt Nachwuchs haben wollte, holte er sich eine zweite jüngere Frau in die Wohnung. Von der Krankenschwester verlangte er die Anerkennung dieser zweiten Beziehung. Die Krankenschwester weigerte sich. Die Ehe wurde im Februar 1985 geschieden.

Die 20jährige zweite Frau hieß Marianne Weber und stammte aus der Kleinstadt Vogt im Kreis Ravensburg. Sie trat zum Islam über und heiratete Abuhalima. Bald nach der Hochzeit flog das Paar in die USA. Dort bekam er zunächst »temporary residence«, die 1988 in eine »permanent residence« umgewandelt wurde. Diese Aufenthaltserlaubnis ermöglichte es ihm, als Taxifahrer in New York zu arbeiten. Seine Kunden wunderten sich allerdings, daß er vor roten Ampeln im Koran las. Ein Geschäftmann, der häufig mit ihm fuhr, behielt im Gedächtnis, er habe sich damit gebrüstet, daß Amerika den Krieg gegen den Islam verlieren würde.

Im Frühjahr 1988 flog Abuhalima nach Pakistan. Der Flugpreis wurde offenbar von einer islamischen Vereinigung finanziert. In Peshawar traf er mit Sheikh Omar Ahmed Ali Abdel Rahman zusammen, der ihm schon von der ägyptischen Heimat her vertraut war. Der Sheikh sprach davon, jeder Moslem müsse heute gegen die Ungläubigen kämpfen, so wie jeder Moslem einst – zur Zeit des Propheten Mohammed – gegen die Ungläubigen gekämpft habe. Die ruhmvolle Epoche des Glaubens an Allah werde erneut und diesmal für immer anbrechen. Mahmud Abuhalima erklärte sich bereit, an diesem Kampf teilzunehmen.

Er meldete sich sofort in einem Trainingslager, auf das Sheikh Omar Einfluß besaß. Es befand sich in der Nähe von Peshawar in Pakistan. Bezeugt ist, daß Abuhalima tatsächlich auf seiten der Mujaheddin an Kämpfen in Afghanistan teilgenommen hat.

Nach dem Abzug der Sowjetarmee kehrte der« ägyptische Afghane« im Juli 1990 nach New York zurück. Zur selben Zeit befand sich auch Sheikh Omar in dieser Stadt. Er hatte vom US-Konsulat in der ägyptischen Hauptstadt anstandslos ein Visum zum Arbeitsaufenthalt in den Vereinigten Staaten erhalten. Als Grund für den Aufenthalt gab er auf dem Visaantrag völlig richtig an, er werde in der Moschee von Manhattan als islamischer Prediger gebraucht.

Der Geistliche und Abuhalima trafen sich häufig in der Al Salam-Moschee. Dort war der Sheikh für die Freitagspredigten zuständig.

Mahmud Abuhalima arbeitete nach der Rückkehr nicht mehr als Taxifahrer. Der Geistliche beschäftigte ihn als Privatchauffeur und Bodyguard. Seine Aufgabe als Leibwächter bestand darin, den blinden Mann zu führen und ihn gegen Rempeleien von Rivalen zu schützen, die sich innerhalb der islamischen Gemeinschaft bemerkbar machten. Einer dieser Gegenspieler des Dr. Omar Ahmed Ali Abdel Rahman wurde im März 1991 ermordet. Die Mordkommission hatte Abuhalima im Verdacht, die Tat begangen zu haben. Doch es wurde keine Anklage wegen Mordes erhoben.

Im Dezember desselben Jahres erhielt die New Yorker Polizei Hinweise darauf, der Ägypter sei beteiligt gewesen an der Ermordung des extremen Zionisten Rabbi Meir Kahane. Der Rabbi war einer der Begründer der »Jewish Defence League«, einer Vereinigung jüdischer Nationalisten. Die »Jewish Defence League« tritt für ein Israel ein, das vom Problem der Palästinenser durch radikale Mittel befreit ist. Die polizeilichen Untersuchungen ergaben, daß Abuhalima mit seinem Taxi bereitgestanden ist, um den Attentäter nach der Tat aufzunehmen. Doch die Flucht mißglückte, da der Täter aus Versehen das falsche Taxi bestieg. Trotz des konkreten Beweises der Polizei kam es auch in diesem Fall zu keiner Anklage.

Am 26. Februar 1993 zerriß eine Sprengladung, die mehr als 500 kg Dynamit umfaßt haben mußte, die Betonhülle der Parkgarage im Untergeschoß des World Trade Centers in Manhattan, New York. Ein Krater von 60 Meter Durchmesser zeugte von der Wucht der Explosion. Sechs Personen wurden getötet; mehr als tausend wurden verletzt. Eine gewaltige Wolke aus Rauch und Staub umgab die unteren Stockwerke der Twin Towers. Am Abend war das Bild gespenstisch: Die zwei riesigen Türme standen völlig im Dunkel mitten in Manhattan umgeben von hell erleuchteten Hochhauskomplexen.

Eine Autobombe war detoniert. Der Sprengstoff hatte sich in einem gelben Auto befunden – Fetzen der Karosserie, die in der zerstörten Parkgarage aufgespürt wurden, ließen diesen Schluß zu. Die Suche nach dem Besitzer eines derartigen Fahrzeugs begann. Sie war bald erfolgreich.

Am frühen Morgen jenes 26. Februar 1993 war ein gelbes Fahrzeug in eine Tankstelle in Jersey City eingefahren um zu tanken. Der Fahrer war aufgefallen, weil er sich bemüht hatte, zu verhindern, daß der Tankwart Gelegenheit bekam, auch nur einen kurzen Blick ins Innere des Fahrzeugs zu werfen. Der Tankwart gab seine Beobachtungen an die Ermittler weiter. Er sagte auch aus, der Mann habe auffällig rote Haare auf dem Kopf, am Kinn und an den Backen gehabt. Eine exakte Personenbeschreibung lag rasch vor. Vergleiche dieser Daten mit im Computer gespeicherten Angaben führten rasch zum Erfolg. Zweimal zuvor war ein Ägypter mit roten Haaren auf dem Kopf, am Kinn und an den Backen bei Ermittlungen aufgefallen und registriert worden. Die Suche nach Mahmud Abuhalima begann.

In seiner Wohnung befand er sich nicht. Nachbarn sagten aus, er sei eilig nach Saudi-Arabien geflogen. Als er dort gesucht wurde, war er bereits nach Ägypten weitergereist. Er wurde aufgespürt im Dorf Kafr al Dawar – bei seinen Eltern. Auf Antrag der US-Sicherheitsbehörden nahm die ägyptische Polizei Abuhalima fest. Da er nichts über den Grund seines Aufenthalts in New York aussagen wollte, wurde er einer brutalen Folter unterzogen: Er wurde nackt an den Füßen aufgehängt, dann wurde eine heiße Flamme auf seine Genitalien gerichtet. Er gestand bereits nach wenigen Augenblicken, das Fahrzeug mit dem Sprengstoff in die Tiefgarage des World Trade Centers gebracht zu haben; ein Zeitzünder habe die Explosion ausgelöst.

Abuhalima sagte aus, er habe auf Befehl gehandelt. Die Anweisung zur Sprengung der Twin Towers sei von Sheikh Omar Ahmed Ali Abdel Rahman ausgegangen. Der Attentäter erklärte, er sei in New York völlig unter den Einfluß dieses Geistlichen geraten; Omars Autorität habe sein Leben gelenkt. Er, Abuhalima, habe geglaubt, daß Allahs Wille erfüllt werde, wenn das World Trade Center zusammenstürze. Er habe sich verpflichtet gefühlt, im Auftrag des Islam zu handeln. Allah verlange die Bestrafung derer, die im Unglauben verharrten. Das World Trade Center sei das wichtigste Symbol der Ungläubigen, der Materialisten, die von Allah nichts wissen wollten. Der Einsturz dieses Symbols sei der Triumph des wahren Glaubens.

Geplant war damals schon, im Februar 1993, die totale Vernichtung der beiden Türme. Die Detonation in der Parkgarage sollte die Fundamente derart erschüttern, daß sie nicht mehr in der Lage waren, die ungeheuren Massen von Beton und Stahl zu tragen. Doch für ein solches gewaltiges Zerstörungswerk hatten die 500 kg Dynamit nicht ausgereicht. Mahmud Abuhalima soll in New York ausgesagt haben, der Betrag, den ihm Dr. Omar Abdel Rahman in die Hand gedrückt habe, sei für den Kauf von tausend Kilogramm zu gering gewesen.

Abuhalima wurde während der Verhöre hart angefaßt. Der Geistliche wurde milde behandelt – auf Bitten des ägyptischen Präsidenten. Husni Mubarak wollte den Eindruck erwecken, daß er Sympathie für den Geistlichen empfinde. So wurde Dr. Omar in eine Zelle in einem sehr komfortablen Gefängnis eingeliefert.

Um seine Person entstanden bald diplomatische Verwicklungen: Die US-Regierung hätte den Geistlichen gern aus dem Land geschafft – auf möglichst unauffällige Weise. Zu befürchten war, daß die Moslems in den USA bei einer Verurteilung dieser geistlichen Autorität in Unruhe gerieten. Er durfte nicht in den Vereinigten Staaten von Amerika vor Gericht gestellt werden. Dem ägyptischen Staatschef wurde das Angebot gemacht, er möge veranlassen, daß Dr. Omar Ahmed Ali Abdel Rahman in Cairo nach islamischem Gesetz verurteilt werde. Doch Husni Mubarak lehnte dieses Angebot ab.

Das Ziel des Terrors: New York

Der Geistliche war überzeugt, mit der Detonation in der Tiefgarage einen Sieg für Allah errungen zu haben. Er soll gesagt haben: »Jetzt wissen die Ungläubigen, daß wir sie überall erreichen können. Dies war jedoch erst der Anfang!«

Dr. Omar hatte auch weiterhin Kontakt zu jungen Männer nach der Art des Mahmud Abuhalima. Er konnte manchen überzeugen, der Kampf gegen die »teuflischen Ideale des Westens« habe begonnen. Der Behörde FBI gelang es, die Kontakte des Sheikhs zu überwachen und die Aktionen zu verfolgen, die er in die Wege leitete.

Die Überprüfung der Lebensläufe der »Schüler« des Sheikhs ergab, daß sie fast alle zum Kreis der »arabischen Afghanen« gehörten, zu denen, die am Hindukusch gegen Marxisten und Sowjets gekämpft hatten. Gemeinsame Erlebnisse banden diesen Kreis fest zusammen.

Die Agenten des FBI behielten besonders einen Mann im Auge, der Sidiq Ibrahim Sidiq Ali hieß. Er hatte bei Dr. Omar die Funktion eines Dolmetschers und hielt sich häufig in der Nähe des Geistlichen auf. Sidiq Ibrahim Sidiq Ali wurde vom Sheikh mehrmals vor anderen wegen seiner Tüchtigkeit als Übersetzer gelobt.

Der Dolmetscher war 32 Jahre alt. Seine Heimat war der Sudan. 1988 war er von Khartoum nach New York geflogen. Da er von kräftiger Statur war, fand er leicht Arbeit bei einem privaten Sicherheitsdienst. Er heiratete ein Mädchen aus Trinidad. Das Paar bekam im Jahr 1990 eine Tochter.

Mit Sidiq Ibrahim Sidiq Ali machte sich Emad Salem bekannt. Er war früher Offizier bei der ägyptischen Armee gewesen und war vom FBI angeheuert worden – als Informant. Emad Salem hatte sich bei Sidiq Ibrahim Sidiq Ali im Winter 1993/94 als ein Moslem eingeführt, der mit den Zuständen in der islamischen Welt unzufrieden sei. Als Ägypter suche er den geistlichen Beistand des Ägypters Dr. Omar Ahmed Ali Abdel Rahman. Nur von ihm wolle er sich leiten lassen. Fotos zeigen den Geistlichen und den »Schüler« in Gespräche verwickelt. Dr. Omar trägt ein weißes Gewand, der ehemalige ägyptische Offizier eine zerfranste Jeansjacke.

Emad Salem gehörte bald schon zum engen Kreis um den Geistlichen. Er erfuhr, daß dieser Kreis den Namen »Beta Cell« trägt. Emad Salem war in der Lage, seinem Auftraggeber, dem FBI, über die Aktivität der wichtigsten Personen der »Beta Cell« zu berichten, über Sidiq Ibrahim Sidiq Ali. Er lernte vier Männer kennen, die »arabische Afghanen« waren. Von ihnen erfuhr er, daß sie

Mahmud Abuhalima geholfen hatten, die 500 Kilogramm Sprengstoff für die Detonation in der Tiefgarage des World Trade Centers zu beschaffen. Dies sei eine schwierige Aufgabe gewesen. Um nicht in Verdacht zu geraten, hätten sie immer nur kleine Portionen gekauft.

Diese Informationen genügten, um die FBI-Agenten zu alarmieren. Emad Salem äußerte den Verdacht, daß die »Beta Cell« einen Anschlag vorbereitete, der in seiner Größenordnung mit dem auf das World Trade Center zu vergleichen war. Er glaubte zu wissen, daß Sidiq Ibrahim Sidiq Ali dazu von Dr. Omar den Auftrag erhalten hatte. Von zwei Objekten, die ins Auge gefaßt wurden, hatte er gehört: Das Hauptquartier der Vereinten Nationen und das Gebäude, in dem sich das New Yorker Büro des FBI befand.

Es erwies sich als klug, daß die US-Strafverfolgungsbehörde bald schon nach dem Anschlag auf das World Trade Center dem Sheikh Dr. Omar Ahmed Ali Abdel Rahman trotz der bedrückenden Beweislage »relative Freiheit« ließ. Dr. Omar wohnte in einem Apartment in New Jersey City, und er erfüllte seine Aufgabe als Prediger in der Moschee. Er war in dieser »relativen Freiheit« leichter zu überwachen.

Am 8. Mai 1993 übergab Dr. Omar Geld an Sidiq Ibrahim Sidiq Ali, der aus dieser Summe 300 Dollar abzweigte. Diesen Betrag händigte er Emad Salem aus mit dem Auftrag, ein Gebäude zu mieten, dem eine Lagerhalle angeschlossen war. Ein derartiges Gebäude fand Salem in der 90. Avenue. Der Vermieter wurde von FBI kontaktiert. Der Wunsch des Geheimdiensts war, den Einzug der Mieter so lange hinauszuziehen, bis – vor allem in der Lagerhalle – empfindliche Mikrofone installiert waren.

Als sich dann die Mieter eingerichtet hatten, konnten sie nach und nach von den Sicherheitsbehörden identifiziert werden. Außer Sidiq Ibrahim Sidiq Ali wohnten sieben Männer im Apartmenthaus: vier davon waren Sudanesen; einer stammte aus Jordanien. Der Jüngste, 27 Jahre alt, war in Puerto Rico geboren – er war zum Islam übergetreten. Der Älteste hieß Clement Rodney Hampton-El; er war 55 Jahre alt und war der Nachkomme afrikanischer Negersklaven – auch er bekannte sich zum Islam. Dieser Älteste litt an den Folgen einer Verwundung; er war als Mujaheddin in Afghanistan ins Bein getroffen worden.

Die acht Bewohner des Hauses an der 90. Avenue waren regelmäßige Besucher der Moschee, in der Dr. Omar Abdel Rahman predigte. Sie erfüllten ihre Pflicht als Moslems.

Die Planung der Aktivität wurde in der Lagerhalle besprochen – ohne Beteiligung des Geistlichen. Mitte Juni 1993 konzentrierten sich die Vorbereitungen auf zwei Objekte: auf den Lincoln-Tunnel und auf den Holland-Tunnel. Beide verbanden Manhattan mit dem Westufer des Hudson Rivers und waren wichtige Lebensadern für New York.

Das Szenario für die Anschläge sollte so aussehen: Zur Hauptverkehrszeit würden an den Einfahrten in den Lincoln-Tunnel und den Holland-Tunnel Detonationen hunderte von Fahrzeugen am Verlassen der Tunnel hindern. Sofort danach würde der Inhalt von fünf Fässern in Flammen aufgehen. Diese Fässer wären kurz vor der ersten Detonation in die beiden Tunnels gerollt worden. Sie enthielten eine leicht entzündbare Mischung aus Kunstdüngern, Öl und Benzin. Das Resultat wäre ein Flammenchaos in den Röhren unter dem Hudsonfluß. Dieser Hölle konnte niemand entkommen, der sich in den Tunneln befand. Beabsichtigt war, Tausende in diesem Inferno sterben zu lassen.

Als die Ausführung des Plans unmittelbar bevorstand, griffen die FBI-Agenten zu. Sidiq Ibrahim Sidiq Ali und vier seiner Helfer wurden in der Lagerhalle verhaftet – die anderen in den Apartments.

Wieder wurde Sheikh Omar nicht eingesperrt. Seine Wohnung wurde zwar durchsucht, doch es wurde kein Beweis gefunden, daß er ernsthaft in das geplante Attentat verwickelt war. Beschlagnahmt wurden Papiere – sie wurden in 16 Kisten abtransportiert. Die Untersuchungsbehörde stellte fest, die Papiere enthielten nur religiöse Texte. Der Geistliche hatte auf die Durchsuchung mit diesen Worten reagiert: »Was wollen Sie denn von mir. Ich bin ein blinder Mann und lebe völlig allein! Sie legen mir Fotos vor und fragen mich, ob ich diese Leute kenne! Ich bin ein Blinder!«

Unmittelbar nach der Entdeckung der Anschlagsvorbereitungen im Lagerhaus an der 90. Avenue trafen sich zweihundert Antiterrorspezialisten in Washington, um die Situation der USA und deren Bedrohung zu analysieren. Die Sitzungsteilnehmer regten sich hauptsächlich darüber auf, wie es hatte geschehen können, daß es Dr. Omar Ahmed Ali Abdel Rahman gelungen war, ein völlig normales Einreisevisum in die USA zu erhalten, obgleich seine Aktivitäten im Zusammenhang mit dem Attentat auf Anwar as-Sadat bekannt gewesen waren. Es stellte sich heraus, daß der damalige ägyptische Innenminister Abdel Halim Mussa gegenüber dem amerikanischen Konsul für die Harmlosigkeit des Geistlichen gebürgt hatte mit der Bemerkung, es handle sich um eine hochqualifizierte Autorität auf dem Gebiet des Koran, die an Moscheen der Moslems in New York dringend gebraucht werde. Dem US-Konsul war keine Schuld zu geben – eher dem Innenminister, der ein Komplize des Dr. Omar Ahmed Ali Abdel Rahman gewesen war.

Die amerikanische Justiz befand sich in einem Dilemma. Die Justizbehörden wußten, wer die Idee des Terrorismus in die Vereinigten Staaten getragen hatte, doch sie konnten nichts gegen ihn unternehmen. Konservative Politiker wie zum Beispiel Senator D'Amato, warfen dem Präsidenten Bill Clinton vor, er unterschätze die Gefahr, die den USA droht. Er verlangte die Verhaftung des Geistlichen, der noch immer in der Moschee von Manhattan den Gläubigen den Haß auf die »materialistische Welt« predigte. Der Präsident schob die Verantwortung dem Attorney General Janet Reno zu – es sei Angelegenheit dieses Obersten Staatsanwalts, der Gerechtigkeit zum Durchbruch zu verhelfen. Dies geschah erst im Jahr 1995. Da hatte sich die Beweislage derart entwickelt, daß der Sheikh Dr. Omar Ahmed Ali Abdel Rahman zu lebenslanger Haft verurteilt werden konnte.

Damit war die »Beta Cell« weitgehend ausgeschaltet. Die terroristischen Aktivitäten verlagerten sich zunächst wieder in die arabisch-islamische Welt. Zum Ärger des ägyptischen Staatschefs Husni Mubarak erhob die Organisation »Jamaat al Islamija« die Forderung, der Sheikh müsse freigelassen werden. Husni Mubarak sei verpflichtet, dafür zu sorgen. Die Forderung war mit der Drohung verbunden, der nächste Schlag der Gläubigen gegen die Ungläubigen werde am Nil ausgeführt.

Hinter Gittern amerikanischer Gefängnisse grübelten die Getreuen des Dr. Omar darüber nach, wer Emad Salem in Wirklichkeit war. Er war unmittelbar nach dem Anschlag auf das World Trade

Center im Frühjahr 1993 im Kreis des Dr. Omar aufgetaucht. Er wohnte damals in Manhattans West Side, zusammen mit seiner Frau, die nicht arabisch sprach, und seinen zwei Kindern. Emad Salem war dadurch aufgefallen, daß er häufig von seinen Heldentaten im arabisch-israelischen Krieg des Jahres 1973 geprahlt hatte – er sei damals Oberstleutnant in der ägyptischen Armee gewesen. Er erzählte auch gerne Erlebnisse aus seiner Zeit als Bewacher des Präsidenten Anwar as-Sadat – nur dessen Ermordung habe er nicht verhindern wollen.

Am Tag der Verhaftung der Mitglieder der »Beta Cell« verschwand Emad Salem samt seiner Familie aus New York. Der ägyptische Geheimdienst sorgte fortan für die Sicherheit der vier Personen.

Terror in Ägypten

Die Anhänger des Dr. Omar, die allesamt »ägyptische Afghanen« waren, hatten sich am Nil während der Abwesenheit des Geistlichen nie ganz ruhig verhalten. Am 26. Februar 1993 – genau am Tag, als die Sprengladung in der Tiefgarage des World Trade Centers detonierte – explodierten in Cairos Straßen mehrere Sprengkörper. Sieben Personen wurden getötet und fünfzehn verwundet. Am 18. Juni 1993 wurde das Fahrzug des Generals Osman Shahin angegriffen; er entkam dem Attentat. General Mohammed Shaimi und seine zwei Adjutanten starben im Kugelregen auf der Nilstraße bei Abu Tiq, nördlich von Asiut. Ebenfalls im Juni 1993 explodierte ein Sprengkörper in der Nähe eines Touristenbusses bei den Pyramiden von Gizeh. Ein Bus mit japanischen Touristen geriet bei Dairut in die Geschoßgarbe aus einer Maschinenpistole; erstaunlicherweise wurde niemand verletzt. Neun deutsche Touristen wurden Mitte 1997 getötet – auf dem Parkplatz vor dem Ägyptischen Museum in Cairo. Die Attentäter bestiegen den wartenden vollbesetzten Bus. Sie feuerten auf die wehrlosen Insassen, auf Frauen und Männer, die Magazine leer. Die Polizisten, die vor den Gittern des Museums postiert waren, konnten nicht eingreifen – in ihren Waffen steckte keine Munition. Seit dem Attentat auf den ägyptischen Präsidenten Anwar as-Sadat im Jahr 1981 ist – aus Sorge Patronen und Handgranaten könnten in falsche Hände geraten – keine scharfe Munition mehr an Polizisten und Militärpersonal in Ägypten ausgegeben worden. Diese Maßnahme rächte sich am Montag, dem 17. November 1997, auf schreckliche Weise.

Die ersten Touristenbusse waren schon um acht Uhr in der Frühe am Tempel der Hatschepsut in Luxor angekommen. Die Fremden nutzten die Kühle des Morgens aus. Hunderte von Menschen schwärmten aus über das weitläufige Gelände vor dem eindrucksvollen Bauwerk, das Hatschepsut, die Königin der 18. Dynastie, in den Jahren zwischen 1498 und 1468 v. Chr. hatte errichten lassen. Um 8.45 Uhr stürzten sechs bewaffnete Männer auf das Häuschen des Ticketverkäufers zu. Sie erschossen den Mann und rannten weiter. Sie erreichten den Vorhof und feuerten auf die Menschen, die sich dort im Schatten der Säulenhalle befanden. Der Weg der sechs Attentäter führte weiter über die Rampe zum Mittleren Hof. Die Touristen versuchten ins Tempelinnere zu fliehen, doch sie wurden verfolgt.

Die wenigen Wächter und Polizisten, die sich auf dem Tempelgelände aufhielten, unternahmen nichts. Manche hatten zwar Waffen, doch keine Munition. Verwirrung herrschte auch deswegen auf den Höfen des Tempels, weil die sechs Schießenden Uniformen einer ägyptischen Elite-Polizeieinheit trugen.

Als die Magazine der Maschinenpistolen leer waren, zückten die Attentäter Messer. Damit stachen sie auf ihre Opfer ein. Sie befanden sich im Mordrausch. Bezeugt ist, daß sie Ohren abschnitten und Bäuche aufschlitzten. 45 Minuten lang waren die Touristen ihren tobenden und brüllenden Mördern ausgeliefert. So lange ließ sich kein bewaffneter Polizist blicken. Um 9.30 Uhr flüchteten die sechs, die überströmt waren vom Blut der Opfer, über die Rampe herunter und auf den Ausgang zu. Dort bestiegen sie einen der wartenden Touristenbusse. Sie zwangen den Fahrer in Richtung Nil zu starten. Auf dieser Straße traf jetzt, auf offenem Lastwagen, eine Polizeipatrouille ein. Der Touristenbus wurde aufgehalten. Da die sechs Terroristen keine Schußwaffen mehr besaßen, konnten sie rasch niedergeschossen werden. Keiner überlebte.

58 Touristen und vier Ägypter sind innerhalb von 45 Minuten ermordet worden.

Einen Tag später besuchte Präsident Husni Mubarak den Tatort am Hatschepsuttempel. Er entließ auf der Stelle den Innenminister Hassan al Alfi und ersetzte ihn durch Habib al Adili. Der trat sein Amt an ohne Hoffnung, den Terrorismus eindämmen zu können. Er hatte den Auftrag, jeden aufhängen zu lassen, der den »Dschihad« unterstützte. Seine Vorwürfe richteten sich gegen die Bevölkerung der Umgebung von Luxor: Sie hätte darauf achten müssen, wer sich heimlich auf den Hügeln rings um den Tempel der Hatschepsut aufgehalten hatte. Es könne doch nicht möglich sein, daß niemand die Vorbereitungen zum Attentat bemerkt habe.

Die Organisation »Jamaat al Islamija« feierte die Ermordung der Touristen als Sieg. Ihr Chef, der seit zwei Jahren untergetauchte Talal Fuad Kasim, soll diese Worte gesagt haben: »Der Tourismus muß ein Ende haben. Tourismus ist verabscheuungswürdig – die Juden haben ihn erfunden. um die islamische Kultur auszuhöhlen und zu vernichten!«

Den neuen Innenminister Habib al Adili erreichten auf dem Postweg Forderungen der »Jamaat al Islamija«: Er habe sich für die Freilassung ihres »Führers« Sheikh Dr. Omar Ahmed Ali Abdel Rahman einzusetzen – zu diesem Zweck müßten die USA unter Druck gesetzt werden. Auf jeden Fall seien sofort sämtliche Angehörige der »Jamaat al Islamija« aus ägyptischen Gefängnissen zu befreien.

Der Innenminister wurde aufgefordert, seinen Präsidenten Husni Mubarak zur Einsicht zu bringen, daß Allah von ihm den Abbruch aller Beziehungen zu Israel verlange. Im Schreiben der »Jamaat al Islamija« wird allerdings der Begriff »Israel« nicht verwendet – dort steht dafür »zionist entity«.

Verlangt wurde vom Innenminister auch, durchzusetzen, daß am Nil Recht künftig nur nach islamischen Grundsätzen gesprochen werde. Unbedingt müsse die Abkoppelung der Rechtsprechung von europäischen Rechtsvorstellungen erfolgen.

Husni Mubarak konnte sich zu jener Zeit auf die Unterstützung durch die geistlichen Autoritäten des Lehrinstituts Al Azhar verlassen. Sie hatten kein positives Urteil über Sheikh Dr. Omar

Ahmed Ali Abdel Rahman geäußert. Sie hatten die Lehre dieses Geistlichen nicht akzeptiert, daß der »Dschihad« auf jeden Fall mit der Waffe ausgetragen werden müsse, daß jeder Moslem verpflichtet sei, an diesem Kampf mit der Waffe teilzunehmen. Die Autoritäten von Al Azhar hatten sich auch nicht dazu bewegen lassen, der Lehre zuzustimmen, daß der Islam ursprünglich »sechs Pfeiler« gehabt habe – und daß die führenden Köpfe der Gläubigen aus Rücksicht auf die übermächtigen Industriestaaten diesen »sechsten Pfeiler« hatten in Vergessenheit geraten lassen.

Husni Mubarak, der nicht von Wunschträumen lebte, mußte befürchten, daß sich die Geistlichen von Al Azhar vielleicht doch die Theorie zu eigen machten, eine islamische Republik sei die richtige Staatsform für das Land am Nil – und nicht eine Demokratie, die in Wahrheit eine verbrämte Diktatur war, die von Mubarak und seiner »Nationaldemokratischen Partei« beherrscht wurde.

Zum Glück für Mubarak lehnte die Mehrheit der wichtigen Geistlichen die Gewalt zur Durchsetzung der Idee von der islamischen Republik ab. Die Verantwortlichen von Al Azhar waren empört, als sie erfuhren, daß »Jamaat al Islamija« daran dachte, das Bazarviertel Khan al Khalil in Cairo zu sprengen. Das Argument der islamischen Gemeinschaft war: »In Khan al Khalil kaufen nur Touristen ein!« Die Sprengung des Viertels mit den engen Bazarstraßen unterblieb – die Lehrstätte Al Azhar lag räumlich zu nahe beim Touristenmarkt.

Zwei Statuen lenken den Blick wieder auf Afghanistan

Die Statuen beherrschten das grüne Tal des Bamianflusses, der die Gegend fruchtbar macht. Sie waren einst herausgeschürft worden aus den Felsen, die aus dem Tal hochragen. Sie stellten Buddha dar. Entstanden waren sie um das Jahr 630 n. Chr., als die Siedlung Bamian für den Handel der gesamten Region wichtig war. Bamian war eine Zwischenstation der Seidenstraße. Die Siedlung war damals ein Glaubenszentrum des Buddhismus, der im Gebiet des heutigen Afghanistan beherrschende Religion war.

53 Meter hoch war die größere der beiden Statuen; die kleinere war 45 Meter hoch. Die höhere Statue galt als die größte »stehende Buddhadarstellung« in der Welt. Beide Statuen waren vor 1500 Jahren Heiligtum einiger tausend Mönche, die in den Höhlen in der Felswand und im Tunnel gelebt hatten, der beide Statuen miteinander verbindet. Als Afghanistan noch ein Reiseland war, kamen in jedem Jahr Tausende von Touristen nach Bamian; das Tal war von Kabul aus leicht zu erreichen. Ganz intakt waren die Statuen allerdings schon seit dem 9. Jahrhundert nicht mehr, damals hatten Moslems die Gesichter zerstört aus Überzeugung, der Prophet Mohammed habe die Darstellung menschlicher Gesichter untersagt.

Als sich die Talibanstreitkräfte im Frühjahr 1997 Bamian näherten, proklamierte ihr damaliger Kommandeur Ahmadzai: »Wir werden diese Götzenbilder zerstören! Der Islam verbietet derartige Darstellungen! Wir können gar nicht anders handeln, als sie zu sprengen!« Als dieser Ausspruch bekannt wurde, empörte sich die buddhistische Bevölkerung in Indien und in Sri Lanka. UN-Generalsekretär Kofi Anan konnte mobilisiert werden: Er appellierte an die Chefs der Taliban, die Heiligtümer der Buddhisten nicht zu zerstören. Mullah Omar, die oberste Autorität der »Suchenden«, antwortete: »Die Behauptung, wir seien darauf aus, die Statuen zu zerstören, gehört zu einem Komplott, dessen Ziel es ist, die Taliban in Mißkredit zu bringen!«

Die Buddhastatuen von Bamian hatten damals noch eine Schonfrist von vier Jahren vor sich.

Die westlichen Staaten hielten sich mit ihrer Meinung über die Bedrohung der buddhistischen Heiligtümer zurück. Präsident Bill Clinton war noch immer der Ansicht, seine Regierung könne mit den Taliban doch noch zu einer Einigung für den Bau der Pipeline von Turkmenistan über die afghanischen Städte Herat und Kandahar nach Quetta und zum Indusdelta zu kommen. Er hatte bereits im Jahr 1994 die Richtung gewiesen: »Das Gebiet ostwärts des Kaspischen Meeres ist für die USA von höchstem strategischen Interesse.« Er ließ durchblicken, daß die US-Regierung keine russische Dominanz von Turkmenistan, Usbekistan, Tadschikistan und der angrenzenden Länder dulden könnte.

Auch als immer deutlicher wurde, daß das Talibanregime kaum als stabiler Partner für Pipelineprojekte in Frage kam, hielt die Gesellschaft »United Oil of California« (UNOCAL) an ihren Plänen fest. Besonders aktiv in der Talibanpropaganda war Richard Keller, damals Chef der »UNOCAL Pakistan Ltd«. Er bemühte sich, dem Präsidenten Clinton deutlich zu machen, daß politisch durch die diplomatische Anerkennung des Talibanregimes mehr zu erreichen sei, als durch eine zunehmend ablehnende, ja feindliche Haltung. UNOCAL bereitete sich darauf vor, mit der Universität Nebraska in der Ausbildung von Spezialisten für den Pipelinebau in Afghanistan zusammenzuarbeiten.

Derartige Pläne wurden erst im Jahr 1998 als derzeit nicht erfüllbar zu den Akten gelegt. Zwei Detonationen zerrissen nicht nur ein Gebäude, sondern auch amerikanische Hoffnungen, bei der neuen Ordnung in Zentralasien ein Wort mitreden zu können.

Clinton: »Wir werden die Verantwortlichen bestrafen!«

Der Präsident sprach diese Worte aus Anlaß der Trauerfeier für Opfer, die in die USA heimgeführt wurden. Sichtlich bewegt stand er vor den flaggengeschmückten Särgen. Er versprach: »Welcher Anstrengungen es auch immer bedarf, wir müssen und werden die Verantwortlichen für die teuflischen Taten finden. Wir werden sie bestrafen!« Diesen starken Worten folgen keine Taten.

Vorausgegangen waren Detonationen an der ostafrikanischen Küste. Am 7. August 1998 waren die Städte Nairobi und Daressalam durch Donner und eine Druckwelle erschüttert worden. Zur selben Minute, um 10.35 Uhr Ortszeit, waren zwei Explosionen erfolgt. Es war noch Nacht in Washington, als Präsident Bill Clinton von seinem Sicherheitsberater informiert wurde: In Nairobi und Daressalam waren die US-Botschaften Ziel einer Attacke mit Autobomben gewesen. Der Präsident berief sofort den Stab ein, der für Krisensituationen zuständig ist.

Sandy Berger, der Sicherheitsberater, traf sich um 9 Uhr Ortszeit im Weißen Haus mit seinen Mitarbeitern. Sie begannen mit der Analyse der Situation.

Nairobi und Daressalam sind die Hauptstädte von Kenia und Tansania. In Tansania leben rund 20 Millionen Menschen. Etwa ein Drittel der Bewohner sind Moslems; ein Viertel sind Christen; die übrigen gehören zu afrikanischen »animistischen« Religionen. In Kenia sind, bei 16 Millionen Menschen, nur 300 000 Moslems. Bei diesen Verhältnissen war bei oberflächlicher Betrachtung auszuschließen, daß Menschen beider Länder Grund hatten, die Interessen der Vereinigten Staaten von Amerika zu schädigen.

Inzwischen lagen dem Krisenstab Details über die Anschläge vor. In beiden Städten waren Detonationen von gewaltiger Wucht erfolgt. Die Baustrukturen beider Botschaftsgebäude waren zwar erhalten geblieben, doch war das Innere der Komplexe völlig verwüstet. In Nairobi war zu erkennen, daß das mit Sprengstoff beladene Fahrzeug auf der Straße zwischen dem Botschaftsgebäude und einem fünfstöckigen Bürohaus geparkt gewesen war. Das Bürohaus war zusammengestürzt. Unter seinen Trümmern waren die meisten Opfer begraben – um 10.35 Uhr hatten die hier Tätigen ihre Arbeit bereits aufgenommen. Geborgen wurden siebzig Tote. Überraschend gering war die Zahl der amerikanischen Opfer. Die Botschaft war am Freitag morgen personell noch schwach besetzt gewesen: Nur acht Personen hatten ihr Leben verloren. Dabei hatte die Gewalt der Detonation das Botschaftsgebäude voll getroffen: Die Stahltüren des Tresors waren aus ihren festen Rahmen gedrückt worden.

Im Verlauf des Samstags erfuhren Sandy Berger und die Mitglieder des Krisenstabs in Washington, daß die Hauptleidtragenden der Attacke von Nairobi die Menschen waren, die sich auf den Straßen befunden hatten. Etwa tausend Verwundete waren in Krankenhäuser gebracht worden. Die meisten waren schwer verletzt.

In Daressalam befanden sich keine Amerikaner unter den Toten – doch wurden fünf tote Tansanier gezählt. Hier war der Sachschaden beachtlich. Im Diplomatenviertel war fast jedes Gebäude betroffen: Hauswände und Dächer waren aufgerissen, Fenster und Türen eingedrückt, auf den Straßen brannten noch Autos. Auch in Daressalam war die Zahl der Verletzten hoch.

Mit großem personellen Aufgebot machte sich FBI an die Arbeit, um die Schuldigen zu suchen. 215 Fachleute – eigens aus den USA eingeflogen – trafen sich in Nairobi und Daressalam. Sie suchten zunächst Teile, Fetzen des Tatfahrzeugs. Da fand sich wenig, was zusammengehört hatte. Dann aber erhielten die Fahnder einen Hinweis: In Kenia hielt sich eine Gruppe von Ausländern, von Arabern unterschiedlicher Nationalität auf. Sie war bereits Anfang der 90er Jahre ins Land gekommen auf dem Rückweg von Afghanistan. Die Gruppe, etwa hundert Männer stark, war nach dem Abzug der Sowjets aus dem Land am Hindukusch ziellos umhergeirrt bis sie glaubte, in Somalia ein neues Betätigungsfeld zu finden. Da ihnen der Zugang zum Land am Horn von Afrika verwehrt war, ließen sie sich im Nachbarland Kenia nieder. Sie hatten sich dort der Minderheit der Moslems angeschlossen.

Ihre Absicht war gewesen, in Somalia dem Clanchef und Kriegsherrn Mohammed Farah Aidid zu helfen, der sich die Vorherrschaft im Lande sichern wollte. Daß sich in den dortigen Stammeskonflikt die Amerikaner einmischten, reizte die »arabischen Afghanen«: Sie wollten diese Amerikaner bestrafen, die es wagten, gegen Mohammed Farah Aidid, den »Vorkämpfer für den Islam in Afrika«, Stellung zu beziehen. Ihr Drang zum Kampf war zu Ende, als die US-Soldaten abgezogen und der somalische Kriegsherr tot war. Geblieben aber war ihr Haß auf die Amerikaner – und der Wunsch gegen sie aktiv zu werden.

Die US-Fahnder verfolgten die Spur und stellten fest, daß mindestens einer dieser »arabischen Afghanen« um den 20. Juni 1998 von Nairobi aus nach Pakistan geflogen und von dort auch wieder zurückgekehrt ist. Die weitere Spurensuche ergab, daß am 24. Juni eine Konferenz stattgefunden hatte, an der über hundert moslemische Männer teilgenommen hatten. Sie waren aus Ägypten, dem Jemen, aus Saudi-Arabien, aus den Golfemiraten und aus Somalia angereist. Der Ort der Konferenz war nicht in Pakistan, sondern in der afghanischen Stadt Kandahar. Das Treffen trug die Bezeichnung »Versammlung des islamischen Weltbundes«. Eingeladen hatte Osama Bin Laden.

Er war auch der Vorsitzende der Versammlung. Er hielt meist einen Koran mit grünem Einband in der Hand. Immer wieder betonte er, dieses heilige Buch verpflichte dazu, gegen Christen und Juden zu kämpfen, sie zu vernichten. Mit besonderer Freundlichkeit behandelte der Vorsitzende arabische Teilnehmer, die aus London gekommen waren – und aus der Bundesrepublik Deutschland. Sie seien die Vorkämpfer in der Auseinandersetzung mit der christlich-jüdischen Welt.

Die Konferenz dauerte einen Tag und eine halbe Nacht lang. Sie schloß mit einem Gebet in der Moschee. Über das Ergebnis der Konferenz schwieg Osama Bin Laden. Der pakistanische Geheimdienst aber will erfahren haben, daß ein Aktionsprogramm entwickelt worden sei, das einzelne Schritte des Kampfes gegen »die Feinde des Islam« genau festgelegt habe.

Diese Informationen gaben die Agenten von SIS an ihre amerikanischen Kollegen weiter. Die Mitteilungen blieben allerdings verschwommen, was Angaben über den Ort und über den Zeitpunkt der geplanten Aktionen betraf.

Nach dem 7. August 1998 stand für CIA fest: Die Anschläge von Nairobi und Daressalam waren im Auftrag des Osama Bin Laden ausgeführt worden. Sie waren beim Treffen in Kandahar ausgeheckt und fest geplant worden. Der Verantwortliche konnte also kein anderer als Osama Bin Laden sein. Von nun an suchte der amerikanische Präsident keinen anderen Schuldigen mehr für das Böse in der Welt.

Es war die Zeit, da Bill Clinton tief in Schwierigkeiten steckte. Seine Sexabenteuer mit Monica Lewinsky, die er zunächst geleugnet hatte, waren offenbar geworden. Die amerikanische Nation hatte hinnehmen müssen, daß ihr Präsident gelogen hatte, daß er moralisch verwerflich gehandelt hatte. Um sich aus dieser mißlichen Lage zu befreien, mußte es ihm gelingen, das Interesse von den eigenen Fehlern abzulenken. Die Existenz des Osama Bin Laden bot ihm die Chance dazu.

Bill Clinton konnte sich als der Staatschef präsentieren, der sich dafür einsetzte, die Vereinigten Staaten von Amerika vor Schaden zu bewahren. Jetzt, da die Gefahr und der Schuldige erkannt waren, konnte der Verantwortliche bekriegt und besiegt werden.

Bill Clinton spekulierte darauf, daß sich das amerikanische Volk in der Stunde der Gefahr immer um sein Staatsoberhaupt schart. Es paßte in sein Konzept, daß CIA die amerikanische Öffentlichkeit vor Anschlägen warnte, die Osama Bin Laden offenbar vorbereitete.

Die Angst vor biologischen Waffen entsteht

Um die Jahreswende 1998/99 stellten Pentagon und CIA eine seltsame Kombination von Ereignissen fest. Da beide Organisationen gewohnt waren, Parallelvorgänge an unterschiedlichen Orten miteinander in Verbindung zu bringen, wurde die Administration in Washington hellhörig.

Saddam Hussein, dessen Land sich über Monate hin ruhig verhalten hatte, zeigte wieder Aktivität. Die Luftabwehrstellungen im südlichen Irak feuerten Boden-Luft-Raketen vom Typ SAM gegen amerikanische und britische Kampfmaschinen ab, die im Luftraum der No Fly-Zone kontrollierten, ob sich dort ein irakisches Flugzeug aufhielt. Der Abschuß der SAM-Raketen wiederholte sich über Wochen hin alle zwei Tage. Getroffen wurde weder ein amerikanisches noch ein britisches Flugzeug. Die Alliierten versuchten mit Bordwaffen die Bodenstellungen zu vernichten. Auch sie hatten wenig Erfolg – sie reagierten milde auf die irakische Provokation.

Zur gleichen Zeit wurden im Jemen sechzehn Touristen entführt. Derartige Aktionen waren bisher immer harmloser Art gewesen, ausgeführt von Stammesmitgliedern, die durch Geiselnahme die eigene Regierung erpressen wollten. Solche Fälle waren immer durch Zugeständnisse von seiten der Regierung gelöst worden. Diesmal aber war kein Stammesproblem Auslöser der Entführung. Sie wurde begangen durch eine Organisation, die sich »Dschihad al Islamija« nannte, der »Islamische Heilige Krieg«. Sie forderte die Freilassung von zwei Männern, die im Gefängnis von Sana'a festgehalten wurden. Von diesen beiden Männern war bekannt, daß sie in Verbindung standen zu Osama Bin Laden.

Die US-Botschaft in Sana'a erhielt Weisung aus Washington, auf die jemenitische Regierung einzuwirken mit dem Ziel, die Freilassung der beiden Männer zu verhindern. Das Resultat war, daß die jemenitische Polizei das Problem nicht – wie sonst üblich – durch Verhandeln lösen konnte. Sie mußte den gewaltsamen Befreiungsversuch wagen. Dabei wurden drei britische und ein australischer Tourist verwundet; eine amerikanische Touristin wurde schwer verwundet.

Eine Forderung der Organisation »Dschihad al Islamija« beunruhigte den amerikanischen Geheimdienst mehr als jede andere: verlangt wurde die Einstellung aller »amerikanischen Aggressionen gegen den Irak«, – offenbar bestand also eine Komplizenschaft zwischen »Dschihad al Islamija« und dem Irak. Dies konnte ein Bündnis zwischen Saddam Hussein und Osama Bin Laden bedeuten. Beide hatten zu Beginn des Jahres eine Gemeinsamkeit, die nahezu Grundlage war einer engen Beziehung: Der amerikanische Präsident forderte ihre Vernichtung. Bill Clinton hatte erklärt, es werde keinen Frieden mit Irak geben, solange Saddam Hussein in Baghdad regiere; er hatte auch proklamiert, Osama Bin Laden sei der Feind Nummer 1 der USA und der gesamten zivilisierten Menschheit. Beide wußten, daß Bill Clinton ihre »Eliminierung« beschlossen hatte.

Wenn sich Saddam Hussein und Osama Bin Laden zu einem Bündnis vereinigten, war zu befürchten, daß sie sich die Waffen, die ihnen zur Verfügung standen, gegenseitig zur Verwendung anboten. Saddam Hussein war in diesem Fall derjenige, der mehr zu bieten hatte.

Schon einmal, im Frühjahr 1990, hatte er die USA und Israel dadurch aufgeschreckt, daß er mit der Anwendung der Wasserstoffbombe gegen den jüdischen Staat drohte. Von Saddam Hussein war bekannt, daß seine Wissenschaftler mit biologischen und chemischen Waffen experimentiert hatten. Die Möglichkeit lag nahe, daß der Iraker seinem Partner als biologische Waffe den Milzbranderreger zur Verfügung stellte. Osama Bin Laden konnte im Januar 1999 zu diesem Problem befragt werden. Seine Antwort: »Es ist seltsam in der Welt. Wenn die Amerikaner alle Massenvernichtungswaffen besitzen, die es überhaupt gibt, dann empört sich niemand darüber. Es ist selbstverständlich, daß die USA über solche Waffen verfügen, und daß sie andere Staaten damit bedrohen. Wenn Israel die Atombombe besitzt – und wir wissen, daß dies der Fall ist –, dann regt sich darüber überhaupt niemand auf. Wenn jedoch Pakistan sich Zugang verschafft hat zur Produktion einer Atomwaffe und damit nur das eine Ziel verfolgt, mit Indien gleichzuziehen, das die Vormachtstellung in diesem Teil Asiens beansprucht, dann gerät die Welt außer sich. Wir betrachten es nicht als ein Verbrechen, wenn wir versuchen, nukleare, chemische und biologische Waffen in die Hand zu bekommen. Wir stehen im Kampf gegen die USA und gegen Israel. Wir haben das Recht, uns mit allen verfügbaren Mitteln zu verteidigen.«

Daß eine Verbindung zu Irak, dem Besitzer zumindest der chemischen und biologischen Waffen damals bestand, gab Osama Bin Laden zu: »Die Amerikaner töten unschuldige Menschen in Irak und ihr unmoralischer und kaum zurechnungsfähiger Präsident wird von der Mehrheit des amerikanischen Volkes darin unterstützt, so bedeutet dies, daß das amerikanische Volk Krieg führt gegen Irak und gegen uns. Was bleibt uns übrig, als die Amerikaner ins Visier zu nehmen.«

Ein US-Wissenschaftler, der damals ein ausführliches Profil der Persönlichkeit des Irakers Saddam Hussein erstellt hatte, hielt allerdings die Angst für unbegründet, Saddam Hussein werde sein Waffenarsenal Osama Bin Laden zur Verfügung stellen. Sein Name: Gerald Post; er war Berater der Clinton-Regierung. Sein Standpunkt: »Der Iraker ist nicht der Typ, der sich mit einem offensichtlichen Terroristen einläßt. Er hat immer noch den Ehrgeiz, als ein Staatsmann von Weltformat gelten zu wollen. Er will Tito nacheifern. Er will ebenso anerkannt werden wie Fidel Castro heute. Das ist sein Ehrgeiz.« Gerald Post hat recht behalten. Während der folgenden Monate nach der Jahreswende 1998/99 war kein Nachweis zu erbringen, daß eine Verbindung bestand zwischen Saddam Hussein und Osama Bin Laden. Das Thema der biologischen und chemischen Waffen verschwand aus dem öffentlichen Interesse; es blieb jedoch auf der Dringlichkeitsliste der westlichen Geheimdienste. Nicht vergessen wurde der Ausspruch des ehemaligen deutschen Bundesaußenministers Genscher: »Die biologischen und chemischen Waffen sind die Atombomben der Armen!«

Osama Bin Laden hält Waffenstillstand in Algerien für vernünftig

Bei der »Versammlung des islamischen Weltbundes« am 24. Juni 1998 in Kandahar waren auch Vertreter der islamischen Bewegung in Algerien anwesend. Anfang Januar 1999 sagte Osama Bin Laden: »Es kann vorkommen, daß unsere Brüder in anderen Ländern, in Algerien etwa, ihren Kampf beginnen, ohne wirklich darauf vorbereitet zu sein! Damit soll nicht gesagt sein, daß ihr Weg des ›Dschihad‹ falsch ist. Wir haben alle Moslems bedrängt, die Situation ihrer Länder genau zu prüfen und erst dann zu entscheiden, wie der Kampf zu führen ist. Das heißt nicht, daß sie sich bequem zurücklehnen sollen. Man hat viel zu tun, ehe der ›Dschihad‹ wirklich beginnen kann. Jeder Moslem hat sich gründlich vorzubereiten.«

Das Resultat derartiger Äußerungen war, daß sich die Bürgerkriegssituation in Algerien tatsächlich beruhigte. Seit Februar 1998 hatten sich algerische islamische Kampfgruppen darum bemüht, zu einem Waffenstillstand mit der Armeeführung zu gelangen. Die Verluste im Kampf mit der Staatsautorität waren hoch gewesen. Sie hatten das Vertrauen in einen siegreichen Ausgang dieses Kampfes in der Vorstellung der algerischen islamischen Führer erschüttert. Die algerische Regierung konnte sich Hoffnungen machen auf die Möglichkeit eines Waffenstillstands.

Angefangen hatten die Auseinandersetzungen mit der »korrupten Regierung«, die in Algier herrschte, als die »algerischen Afghanen« heimkehrten, die jungen Teilnehmer am Krieg zwischen Afghanistan und der »Roten Armee. Die Härte des Kampfes, der in Algerien im Januar 1992 ausgebrochen war, bestimmte Ali Ben Hadsch. Er war ein »Schüler« des Abdel Salam Farag, der wiederum ein »Schüler« des blinden Geistlichen Sheikh Dr. Omar Ahmed Ali Abdel Rahman gewesen war.

Abdel Salam Farag war der Überzeugung gewesen, der Islam habe ursprünglich nicht fünf, sondern sechs »Pfeiler« gehabt; der sechste Pfeiler sei die Pflicht zum »Dschihad« gewesen. Seit der Hinrichtung des Abdel Salam Farag nach dem Attentat auf Präsident Anwar as-Sadat galt dieser Theoretiker des Heiligen Krieges als verehrungswürdiger Märtyrer und als für immer maßgebender Vordenker im Krampf gegen die »Feinde des Glaubens«.

Auf der Überzeugung des Abdel Salam Farag baute Ali Ben Hadsch eine neue Lehre auf. Ausgangspunkt war, daß es nicht die Absicht des Propheten Mohammed gewesen sein konnte, die Pflicht zum Heiligen Krieg als sechsten und letzten Pfeiler des Islam einzusetzen. Ali Ben Hadsch verkündete seinen Anhängern, den »algerischen Afghanen«, der Prophet Mohammed habe einst auf Anweisung Allahs die Pflicht zum Dschihad an die dritte Stelle der Pflichten, und damit in die Mitte der Aufgaben gesetzt, die ein gläubiger Mann zu erfüllen habe.

Später aber, als die islamische Welt unter dem Druck der Kolonialmächte stand, sei die Pflicht zur Teilnahme am Heiligen Krieg ersetzt worden durch die Aufforderung, eine »Armensteuer« zu bezahlen. Dadurch habe der Islam gegenüber der christlichen und der jüdischen Welt ein »milderes Gesicht« bekommen. Durch diese willkürliche Umstellung, die von Allah nicht gewollt und von ihm nicht anerkannt worden sei, habe sich der Charakter des Islam entscheidend verändert. Allahs Wille sei es, die Umstellung rückgängig zu machen.

Mit diesem Islambild im Sinn und im Gemüt ist die Front Islamique du Salut – die Islamische Heilsfront FIS – im Januar 1992 zum Kampf gegen den weltlichen Staat Algerien angetreten. Vorausgegangen war die 30jährige Herrschaft der »Front de Libération Nationale« (FLN). Sie hatte erreicht, daß dem nordafrikanischen Land am 3. Juli 1962 die Unabhängigkeit zugesprochen worden war.

Dreißig Jahre lang hatte die FLN versucht, aus Algerien einen sozialistischen Staat zu machen. Das Experiment war gewagt worden, den Arbeitern und Angestellten die Verwaltung der Handelsfirmen und Industriebetriebe zu übertragen. Es gelang der FLN nicht, eine blühende Wirtschaft aufzubauen. Das Problem bestand darin, daß Algerien bis zum Sommer 1962 Bestandteil der französischen Wirtschaftsordnung gewesen war – daß Frankreich der Markt für algerische Produkte war, war jahrelang als selbstverständlich angesehen worden. Nun aber, mit dem Tag der Unabhängigkeit fehlte der französische Abnehmer für Getreide, Kartoffeln, Tomaten, Oliven, Trauben, Datteln und Aprikosen aus Algerien. Es war ein Agrarland gewesen und suchte nun den Fortschritt durch Industrialisierung zu erreichen. Doch der Rückstand gegenüber den traditionellen Industriestaaten konnte nicht aufgeholt werden.

Ein weiteres Problem entstand durch eine rapide Zunahme der Bevölkerung. Am 3. Juli 1962 hatten in Algerien rund 14 Millionen Menschen gelebt – im Jahre 1992 waren es 26 Millionen. Die Zahl der Bewohner hatte sich nahezu verdoppelt. Die Hälfte davon war noch keine zwanzig Jahre alt. Den Jungen eine Perspektive zu geben, daran scheiterte die »Front de Libération Nationale«. Die Führung ruhte sich auf den Lorbeeren des Befreiungskampfes aus und feierte jahrelang ihren nationalen Erfolg von einst. Den Jungen war der Triumph von 1962 bald gleichgültig, sie wollten wissen, wo sie Ausbildungsstätten und Arbeitsplätze finden konnten. Die Unzufriedenheit der Jungen wuchs.

Diese Regel gilt für die islamische Welt insgesamt: Wo die Armut zunimmt, da steigt der Einfluß der Geistlichen. Sie konnten darauf hinweisen, daß der Marxismus von Allah zum Scheitern verurteilt worden sei – das Heil aber werde durch den Islam kommen. So schufen die Mullahs die Grundlage für Entstehung und Kampf der »Front Islamique du Salut« (FIS).

Wie stark die FIS in kurzer Zeit geworden war, wurde im Dezember 1991 deutlich, als sie sich an den Parlamentswahlen beteiligte. Sie erhielt auf Anhieb die meisten Stimmen der Wähler. Die FLN durfte im Parlament – das insgesamt 430 Sitze umfaßte – nur noch mit 15 Abgeordneten vertreten sein. Die Front de Libération Nationale hatte endgültig ausgespielt. Der Sozialismus war tot in Algerien – gesiegt hatte der Islam.

Die FIS forderte ganz selbstverständlich für sich die Macht zur Regierungsbildung, und zwar ohne Beteiligung anderer Parteien. Die FIS wollte fortan allein bestimmen, was in Algerien zu geschehen habe.

Am 4. Januar 1992 erklärte die Armeeführung die Wahlen für ungültig und das Parlament für aufgelöst. Das Experiment der algerischen Diplomatie war zu Ende.

Die Führung der FIS nahm mit Enttäuschung zur Kenntnis, daß keine Demokratie der Welt gegen die Vernichtung der demokratischen Ideale durch das algerische Militär protestierte. Offenbar war eine demokratische Entscheidung dann nicht schützenswert, wenn eine islamische Partei siegte. Der Standpunkt des Kaderkerns der FIS: Die westliche Welt beurteilt die politischen Ereignisse mit zweierlei Maß – Wahlergebnisse sind nur zu akzeptieren, wenn sie nicht die Stärke des Islam zum Ausdruck brachten.

Nun wurde die Regierung in Algerien von Generalmajoren und Obersten übernommen. Sie versuchten sofort die Kraft der FIS zu brechen. Am ersten Freitag nach der Machtübernahme durch das Militär wurden Demonstrationen verboten; die Eingänge der Moscheen wurden versperrt. Die Armee nahm mehr als fünfhundert demonstrierende Moslems gefangen. Wenige Tage später überfielen Bewaffnete der FIS einen Polizeiposten außerhalb der Hauptstadt. Zwei Soldaten wurden getötet. Die Gewalt brach über Algerien herein.

Die Militärregierung verurteile sechzehn Mitglieder der FIS zum Tode. Am 29. Juni 1992 wurde der Chef der herrschenden Militärjunta vor Fernsehkameras ermordet. Die FIS-Anhänger jubelten, daraufhin verkündete Generalmajor Nezzar, den »erbarmungslosen Krieg gegen die Islamisten«. Er gab den Sicherheitskräften die Erlaubnis, auf jeden zu schießen, der den Eindruck erweckte, er bekenne sich zur FIS.

Die FIS organisierte nun den Aufbau einer ausschließlich kämpferischen Gruppierung. Sie erhielt den Namen »Groupe Islamique Armé« (GIA). Sie intensivierte den Kampf gegen das Militärregime. Bis zum Sommer 1992 waren mehr als zweihundert Angehörige der Sicherheitskräfte umgebracht worden – die Zahl der toten Zivilisten aber betrug nahezu tausend.

Bald stellte es sich heraus, daß die Führung der GIA aus Algeriern bestand, die aus dem Krieg in Afghanistan heimgekehrt waren. Die »algerischen Afghanen« standen immer noch in Verbindung mit religiösen Kreisen in Afghanistan und in Pakistan.

Das Militärregime in Algier erkannte die Gefährlichkeit der Verbindung zwischen den »Aufständischen« im eigenen Land und den Islamisten in Zentralasien. Sie beauftragten ihre Diplomaten in Washington auf die US-Regierung einzuwirken, daß sie Anstrengungen unternahm, den »Brandherd Afghanistan« zu löschen. Nur auf diese Weise – so lautete das Argument – könne Algerien, Nordafrika und die arabische Welt beruhigt werden. Die US-Regierung aber reagierte nicht auf diesen Hilferuf. So konnte Afghanistan ungestört zum Zentrum der islamischen Revolten werden.

Nach sieben Jahren der Kämpfe in Algerien wurde die Zahl der Toten auf 80 000 geschätzt: Wie viele Kämpfer die GIA verloren hatte, blieb unbekannt.

Wie wichtig die »algerischen Afghanen« für Osama Bin Laden sind, wie sehr sie sein Vertrauen genießen und wie sie ihm selbst ihr Leben anvertrauen, zeigt sich am 9. September 2001.

Ein »algerischer Afghane« tötet den Kriegsherrn Massud

Im Haus des Ahmed Schah Massud im Pandschirtal neunzig Kilometer nördlich von Kabul hat sich an jenem 9. September 2001 Besuch angemeldet: Zwei Fotografen wollten Aufnahmen des Kriegsherrn machen. Sie arbeiteten im Auftrag internationaler Fotoagenturen – so hatten sich die beiden telefonisch vorgestellt. Als sie dann im Pandschirtal eintrafen, war auch der eigene Fotograf des Kriegsherrn anwesend. Er konnte später berichten, was geschehen war.

Die fremden Fotografen erzählten bei der Ankunft, sie seien von Paris nach Duschanbe geflogen – in die tadschikische Hauptstadt – von dort aus hätten sie den telefonischen Kontakt mit dem Stab von Massud aufgenommen. Die Fahrt über die Grenze ins Pandschirtal sei allerdings beschwerlich gewesen, doch es sei sinnvoll, den Sheikh aufzusuchen, denn die ganze Welt wolle wissen, wer derzeit den Widerstand gegen die Taliban repräsentiere.

Ahmed Schah Massud war aufgebracht an jenem Tag, weil Radio Kabul gemeldet hatte, Osama Bin Laden sei ein »Lieber Freund Afghanistans«; das Land sei glücklich, daß er sich hier aufhalte. Ihn ärgerte die Aussage vom »Lieben Freund«. Er meinte: »Er hat das Land doch völlig in der Hand! Er hat das Sagen bei den Taliban! Dabei ist er überhaupt kein Afghane – er stammt aus Saudi-Arabien!«

Während diesen Äußerungen des Sheikhs, packten die beiden Fotografen ihr Gerät aus. Sie stellten die Kamera auf ein Stativ und rückten sie nahe an die Couch heran, auf der Massud saß. Im Augenblick, als das erste Bild entstehen sollte, füllten Feuer und Rauch den Raum. Massuds eigener Fotograf wurde gegen eine Wand und dann zu Boden geschleudert. Die beiden fremden Fotografen waren zerfetzt. Ahmed Schah Massud lag schwerverletzt auf der Couch.

Die beiden Attentäter hatten sich selbst geopfert, um den Gegner des Osama Bin Laden zu töten.

Doch Massud war noch nicht tot. Sein Stab gab bekannt, er sei verletzt worden, befinde sich jedoch bei Bewußtsein. Die russische Nachrichtenagentur aber meldete, Massud sei auf dem Weg ins Krankenhaus gestorben. Diese Meldung erwies sich als richtig.

Die Ermordung des erfahrensten Kommandeurs der »Nordallianz« war – nach Meinung des israelischen Geheimdienstes – eine lange vorausgeplante Aktion. Sie war für alle, die vor dem Anschlag des 11. September 2001 in den USA in Wartestellung bereitstanden, das unmißverständliche Signal zum Beginn der Flugzeugentführungen und damit der Attacke auf die Twin Towers des World Trade Centers. Dieses Signal war von Osama Bin Laden festgelegt worden. Es war von keinem Geheimdienst zur rechten Zeit entdeckt und richtig eingeschätzt worden.

Die Schwächung des Gegners war für Osama Bin Laden nur ein Nebeneffekt zur Stärkung der eigenen Position: Osama Bin Laden erwartete den »Militärschlag« der USA – und er wollte den Rücken frei haben. Ahmed Schah Massud, der Stratege der »Nordallianz«, mußte beseitigt werden.

Der Widerstand gegen die Taliban besaß keinen Führer von Format mehr. Der hagere Mann mit dem kurzen graumelierten Kinnbart war die letzte Leitfigur gewesen, für die viele Afghanen Sympathie empfanden. Er war allerdings Tadschike gewesen, erkennbar an der Tadschikenmütze mit wulstigem Rand – die Paschtunen, also die Mehrheit der Afghanen, hatten gegen den Tadschiken gewisse Vorbehalte.

Ahmed Schah Massud war keineswegs ein milder Charakter. Auch er hatte seinen Willen mit Härte durchgesetzt. Einen Mann töten zu lassen, hatte ihn keine Überwindung gekostet. Populär gewesen war er vor allem bei den Frauen – auch bei denen der Paschtunensippen. Er hatte verkündet: »Wenn ich wieder nach Kabul zurückkehre, werde ich dafür sorgen, daß die Frauen ihre Rechte zurückerhalten, und zwar zu hundert Prozent.« Diese Aussage war ihm geglaubt worden, denn im von ihm beherrschten Gebiet um das Pandschirtal war es den Mädchen nicht verboten, in die Schule zu gehen. Er selbst erzählte gern vom Erlebnis seines Sohnes Ahmed, der als Dreizehnjähriger in der Schule von einem Mädchen an Leistung überrundet worden sei – in einer Klasse für Mädchen und Jungen. Er meinte, dies müsse es künftig auch in Kabul geben.

Das Haus, in dem er am Hang des Pandschirtals gelebt hatte, war ein Erbstück gewesen: Es hatte seinem Vater gehört, der zur Zeit des Königs Oberst in der afghanischen Armee gewesen war. In diesem Haus hatten am Ende der 90er Jahre Gespräche stattgefunden mit geheimen Vertretern Rußlands, der USA. Nach dem Einmarsch der Taliban in Kabul im September 1996 waren vor allen Dingen die USA daran interessiert, Kontakt zu halten zu einem Mann, der wenigstens noch den nördlichen Teil Afghanistans in der Hand hielt. Noch immer bestand in der Vorstellung der für die Energiezukunft Verantwortlichen der westlichen Industrieländer der Plan, die Öl- und Gasfelder der »Kaspi-Zone« an den internationalen Ölmarkt anzuschließen. Der Glaube daran, mit den Taliban zu einer Einigung zu kommen, war erloschen seit deutlich geworden ist, daß sich der Talibanchef Mullah Omar an Osama Bin Laden gebunden hatte.

Die Energiepolitiker glaubten in Eile sein zu müssen, denn sie hatten Chinas Interesse an der zentralasiatischen Ölregion bemerkt. In Peking wurde eine Pipeline projektiert, die von der Region des Aralsees zum Raffineriezentrum Karamay auf chinesischem Gebiet führen sollte.

Treibende Kraft für die Gesellschaft »United Oil of California« war der stellvertretende Secretary of State Strobe Talbot. Er wußte, daß allein eine Großmacht das politische Gewicht besaß, um sich in Zentralasien durchzusetzen. Präsident Clinton akzeptierte Talbots Standpunkt, daß Rußland und China ferngehalten werden mußten von Usbekistan. Strobe Talbot war der Meinung gewesen, ein rascher Sieg des Ahmed Schah Massud und seiner Verbündeten werde dem Projekt der Südpipeline über Herat und Kandahar die Tore öffnen. Es dauerte lange, bis Talbot begriff, daß er mit Massud auf den falschen Mann gesetzt hatte.

Das Problem war, daß Massud Tadschike war, und daß die Paschtunen ihm niemals gestatten würden, auf ihrem Boden eine Lizenz für den Pipelinebau zu vergeben. Als sich diese Erkenntnis im State Department durchgesetzt hatte, war das Interesse der US-Regierung an Ahmed Schah Massud erloschen. Die Suche nach einem anderen Vertreter amerikanischer Interessen begann. Massud blieb seinem Schicksal überlassen.

Das Schicksal ereilte ihn am 9. September 2001, zwei Tage vor dem Anschlag auf das World Trade Center.

Bei jenem Attentat im Hause des Kriegsherrn Massud war der eigene Fotograf, der sich im Abstand zur Explosion aufgehalten hatte, schwer verletzt worden. Er war von Duschanbe aus nach Paris geflogen worden. Dort hatte er diese Aussage gemacht: »Ich bin sicher, daß der pakistanische Geheimdienst hinter dem Anschlag steckt!« Eine Begründung für diese Meinung gab er nicht.

Manches bleibt ein Geheimnis und rätselhaft in Afghanistan, das vom Jahr 1999 ab zu 80% von den Taliban und zu 20% von der »Nordallianz«, einem Konglomerat von Stämmen, beherrscht wird. Die Öffentlichkeit scheuen nicht nur die im Ölgeschäft der Welt Mächtigen, sondern auch die Drahtzieher des Opiumhandels. Die »Opiumbarone« haben meist direkteren Einfluß.

Dreiviertel des Opiums der Welt stammt aus Afghanistan

Wenn Vertreter der Vereinten Nationen – die in Kabul angefeindet wurden, und die dennoch vorsichtigen Kontakt hielten zu Verantwortlichen des Talibanregimes – ihre Gesprächspartner darauf hinwiesen, es wäre besser um ihr Ansehen in der Welt bestellt, wenn sie den Opiumanbau einschränken würden, erhielten sie zur Antwort: »So lange wir von der Welt nicht anerkannt werden, sehen wir keinen Grund zur Kooperation in dieser Angelegenheit.« Redeten die UN-Vertreter mit dem Außenminister der Taliban, Wakil Ahmed Muttawakil, so bekamen sie zu hören: »Es geschieht den Ungläubigen ganz recht, wenn sie sich mit diesem Zeug vergiften, wenn sie sich zu Tode richten!«

Die »Opiumoffensive« ist dem offenen Terror vorangegangen – und sie dauert an. Unzweifelhaft ist, daß sie auf Jahre hin größeren Schaden anrichtet, als die Anschläge auf das World Trade Center in New York. Sulaiman Abu Geith, einer der Ratgeber des Osama Bin Laden, war durchaus der Meinung, daß die jungen Leute, die sich in Europa und in den USA vom Rauschgiftgenuß nicht mehr trennen können, kaum den Willen besitzen, ihre Kultur und ihre Traditionen zu verteidigen: »Sie lassen sich als willenlose Geschöpfe treiben.« Fazit: Je mehr Opiumprodukte in Europa und in den USA konsumiert werden, desto mehr profitieren die Drahtzieher des Dschihad, desto schwächer wird die westliche – die »christliche« – Welt, desto stärker wird der Islam.

Wer so argumentiert, übersieht, daß nicht nur »Ungläubige« dem Drogenrausch verfallen sind, daß sich auch Moslems diesem Rausch nicht mehr entziehen können. In Pakistan, so lautet die Schätzung, sind zwei Millionen von der Opiumversorgung aus Afghanistan abhängig; in Iran soll die Zahl der Süchtigen eine Million betragen.

Vom Rauschgifthandel profitierte das Talibanregime allerdings auch finanziell. Produzenten und Händler zahlten offiziell Steuern.

Morphiumprodukte wurden mit 50 Dollar Steuern pro Kilogramm belegt. Von einem einzigen Labor für die Verarbeitung von Opium in der Naugaharprovinz ist bekannt, daß es pro Tag nahezu 6000 Dollar an die Steuerbehörde abführt. Derartige Labors existieren zu hunderten in den Drogenanbaugebieten von Afghanistan.

Eine wichtige Persönlichkeit bei der Kontrolle von Produktion und Handel ist Hadsch Bashar Mohammed. Er hat zusammen mit Mullah Mohammed Omar gegen die Sowjets gekämpft. In dieser Zeit hat Hadsch Bashar Mohammed in Peshawar ein Laboratorium zur Herstellung hochwertiger Opiumprodukte aufgebaut – mit Billigung des pakistanischen Geheimdienstes SIS und der CIA. Beide hatten deshalb nichts gegen Hadsch Bashar Mohammed unternommen, weil er Geld, das er durch das Laboratorium verdiente, den Mujaheddin zum Kampf gegen Marxisten und gegen die Rote Armee übergab. Durch seine Hilfe konnte die Organisation des Gulbuddin Hekmatyar ihre Kämpfer bezahlen. Später, als die Taliban nicht mehr von den USA unterstützt wurden, kaufte er Waffen für seinen Freund Mullah Omar. Nach deren Eroberung des Südens von Afghanistan verlegte Hadsch Bashar Mohammed sein Laboratorium von Peshawar nach Kandahar.

Daß sich die Taliban auf weite Kreise der afghanischen Bevölkerung stützen konnten, hängt mit dem Drogenanbau zusammen: Hätten sie ihn verboten, hätten Familien und Sippen kein Einkommen mehr. Von was sollten sie leben? In diesem von Krieg und Bürgerkrieg zerstörten Land wird nichts produziert, wird wenig gehandelt – außer Opium.

Der Haupthandelsweg nach Europa führt durch Iran. Die Sicherheitskräfte des Ayatollahstaates versuchen, die Straße von Zahedan über Bam nach Kerman zu kontrollieren. Sie sind dabei erfolgreich – doch sie bringen Opfer. Bewaffnete afghanische Händlerbanden liefern den Polizisten Gefechte, und sie töten dabei Iraner.

Gegen den Vorwurf, sie seien schuld daran, daß Afghanistan zum größten und bedeutendsten Drogenproduzent der Welt geworden sei, wehrten sich die Taliban mit diesem Argument: »In Afghanistan wurde schon immer Opium angebaut – das gehört zu unserer Landschaft!«

»Afghanen« greifen US-Kriegsschiffe an

Am 12. Oktober des Jahres 2000 um 12.15 Uhr Ortszeit zerreißt eine Detonation die Außenhaut des Zerstörers »Cole«. Nachdem sich Flammen und Rauch verzogen haben, ist ein gewaltiges Loch in der Bordwand zu sehen. Später am Tag wird festgestellt, daß es zwölf Meter lang und sechs Meter breit ist. Zunächst aber kümmert sich die Schiffsleitung um das Innere des Zerstörers: verwüstet sind Mannschaftsräume und Antriebsmaschinen. Kapitän Kirk S. Lippold stellt fest, daß die Munitionsdepots nicht betroffen sind. An Bord selbst hat keine Explosion stattgefunden.

Das Loch befindet sich am Wasserspiegel. Wasser dringt in den Schiffskörper ein. Der Zerstörer hat zunächst nur leichte Schlagseite, doch sie wird innerhalb von Minuten deutlicher. Die Gefahr besteht, daß die »Cole« kentert und versinkt. Da die Pumpen in Ordnung sind, kann diese Gefahr gebannt werden.

Der Kapitän muß dem Flottenkommando über Funk melden, daß er vier Tote – darunter eine Frau, die Matrosin war – und 31 Verletzte an Bord hat. Nach einem Mann werde noch gesucht. Die Zahl der Toten erhöhte sich später auf 17.

Das Flottenkommando erfährt auch, daß die Beschädigung der »Cole« so groß sei, daß sie nicht mehr eingesetzt werden könne.

Der Zerstörer war erst wenige Minuten zuvor, nach einer Fahrt durch den Suezkanal, in den Hafen von Aden an der südlichen Ecke des Jemen gelotst worden. Was dann geschehen ist, blieb in der Verwirrung zunächst unklar. Auf mehreren Booten waren Männer damit beschäftigt gewesen, das Schiff mit Tauen an Bojen zu befestigen. Die »Cole« war in einen als besonders gesicherten Hafenabschnitt gebracht worden – sie sollte dort Treibstoff aufnehmen. Neugierige, die den Vorgang als Unbeteiligte beobachtet haben, wollen gesehen haben, daß sich alle Boote zunächst entfernt hätten. Dann aber habe eines dieser kleinen Schiffe einen großen Bogen im Hafenbecken ausgeführt und sei zur »Cole«

zurückgekehrt; es habe eine beachtliche Geschwindigkeit entwickelt. Offensichtlich sollte der Zerstörer gerammt werden. Plötzlich seien zwei Männer zu erkennen gewesen. Sie seien auf einmal aufrecht gestanden – und hätten gebetet. Sie hätten die Gebetshaltung des die »Seele-vor-Allah-Öffnens« beibehalten, bis ihre Körper in Feuerblitzen verschwanden.

Als erster Politiker äußerte sich der jemenitische Staatschef Ali Abdullah Saleh. Er meinte, in diesen Anschlag könne kein Jemenit verwickelt sein, denn in seinem Lande sei die Abneigung gegen die USA nicht verbreitet. Es sei jedoch durchaus möglich, daß die Täter »Veteranen aus dem Afghanenkrieg gegen die Sowjetunion« gewesen seien. Sie seien auf jeden Fall Moslems gewesen, denn sie hätten vor ihrem Tod auf Art der Gläubigen gebetet. Dem Präsidenten des Jemen war dieser Sachverhalt also schon mitgeteilt worden. Den Hinweis auf die »Veteranen aus dem Afghanenkrieg« nahmen die Fahnder, die Stunden später in Aden eintrafen, ernst. Sie hatten von ihrer Regierung die Anweisung erhalten, unbedingt eine Verbindung zwischen den Tätern und Osama Bin Laden aufzuspüren. Es war Präsident Clinton selbst, der dem geheimnisvollen Mann aus Saudi-Arabien die Schuld gab. Für Clinton war von nun an der Urheber alles Bösen fixiert – er kannte fortan nur noch den einen Feind: Osama Bin Laden.

Am Donnerstag, dem 19. Oktober 2000, fand in Washington die Trauerfeier für die 17 Toten des Anschlags statt. Präsident Clinton schwor Rache. Er nannte den Namen des Schuldigen nicht, doch war sich jeder der Anwesenden bewußt, an wem die Rache verübt werden sollte.

Der Aufwand zur Suche nach den Schuldigen war groß. Acht US-Kriegsschiffe liefen den Hafen Aden an; sie wurden zusammengezogen aus den Verbänden des Mittelmeers und des Persischen Golfs. Welche Aufgabe die acht Schiffe am Zielort haben sollten, blieb ein Geheimnis. Auf ihnen befanden sich 3000 Seeleute.

200 FBI-Fahnder und Beamte des State Department wurden eingeflogen. Sie bewegten sich in der Stadt, als ob sie die Herren von Aden wären. Sie mischten sich in die Polizeiarbeit und in sicher-

heitsrelevante Abteilungen der Stadtverwaltung ein; sie unternahmen Hausdurchsuchungen und sperrten Straßen ab. Die Bewohner von Aden fühlten sich, als ob ihre Heimat von den Amerikanern besetzt worden wäre. Als viele der Seeleute Stadtausgang erhielten, begann sich Unruhe in Aden zu regen. Präsident Ali Abdullah Saleh sah sich gezwungen, in der Öffentlichkeit zu betonen, die Untersuchungen im Fall »Cole« würden ausschließlich von seinen Sicherheitsorganen durchgeführt; die FBI-Fahnder seien nur zur Unterstützung anwesend.

Die US-Botschafterin im Jemen, Barbara Bodine, bat das State Department dringend darum, im Interesse der Beziehungen zwischen den USA und Jemen den 3000 Seeleuten den Stadtausgang zu streichen und die Präsenz der FBI-Agenten zu verringern.

Die Ausbeute der Fahndung war gering. In Hafennähe wurde eine Werkstatt aufgespürt, in der Sprengkörper hergestellt worden sein können. Einige Männer wurden von den jemenitischen Behörden festgenommen. Ins Visier der Fahnder geriet die Gruppe »Islamische Armee«, die im Verdacht stand, aus Kandahar Gelder bekommen zu haben. Mitglieder der »Islamischen Armee« hatten im Dezember 1998 sechzehn westliche Touristen als Geiseln genommen; vier der Geiseln waren während eines Befreiungsversuchs ums Leben gekommen. Doch der »Islamischen Armee« konnte beim Anschlag auf den US-Zerstörer keine Beteiligung nachgewiesen werden. Die Organisation war zu jener Zeit führungslos; ihr Chef war vor kurzem hingerichtet worden.

Eine zweite Fährte führte zur »Islah-Partei« des Jemen, zu einer politischen Organisation, die islamische Ziele verfolgte; ihre Absicht war ganz speziell, dem einst marxistisch orientierten Südjemen eine islamische Ordnung zu geben. Ihr Anführer Abdelmajid Zendani, so lautete der Verdacht, halte Kontakt zu Osama Bin Laden. Diese Beziehung werde erleichtert durch den Umstand, daß der Vater des Osama aus dem Jemen stammte – präzise aus dem Hadramaut. Dort war die Sippe noch immer präsent. Osama Bin Laden konnte mit der Solidarität der Verwandtschaft im Hadramaut rechnen.

Doch auch diese Fährte endete im Nichts. Niemand in Aden und im Umland war bereit zu reden.

Die Suche war ausgerichtet auf eine Organisation, die ihre Aktionen langfristig plante. Die Meinung der FBI-Fahnder war, daß für den Anschlag auf die »Cole« eine monatelange Zeit der Vorbereitung nötig gewesen sei. Diese Ansicht stimmte nicht. Den Attentätern stand etwas mehr als ein Tag zur Verfügung. Komplizen von ihnen hatten vom saudiarabischen Ufer des Roten Meeres den Zerstörer unmittelbar nach dem Verlassen des Suezkanals beobachten können. Die Abstimmung war über ganz normale Telefonleitungen möglich. Die restliche Fahrtzeit des Schiffes bis Aden brauchte dann nur noch nach Erfahrungswerten kalkuliert zu werden.

Die »Cole« war bereits das dritte US-Kriegsschiff, das innerhalb eines Jahres den Hafen Aden anlief, um dort mit Treibstoff versorgt zu werden. Das Verfahren der »Bunkerung« war bekannt – auch der Platz im Hafen, wo der Treibstoff aufgenommen wurde.

Im Hafen Aden, der nicht zu den betriebsamsten zählt, arbeiten Spezialisten und Handlanger unterschiedlicher Nationalitäten – Araber sind die meisten. Manche stammen aus Palästina. Sie verdienen Geld, und sie nutzen die Zeit, der verhaßten US-Flotte nachzuspionieren, die im Persischen Golf ihre Aufgabe darin sah, die Einhaltung des Embargos gegen Irak zu überwachen. Der Zerstörer »Cole« war dazu bestimmt gewesen, den Flugzeugträger »Abraham Lincoln« zu eskortieren.

»Die Vision vom vollkommenen Märtyrertum«

Unter den Palästinensern pflegte eine Organisation den Haß auf die USA mit besonderer Ausdauer. Ihr Name: Hamas. Zu deren Begründer hatte ein Intellektueller gehört, der den Kampf der Palästinenser nicht auf den Konflikt mit Israel spezialisiert sehen wollte, sondern der die Ausweitung des Feindbildes auf die Unterstützer der Israelis forderte. Der Name dieses Intellektuellen: Sheikh Dr. Abdallah Azzam.

In diesem Zusammenhang ist bemerkenswert, daß der israelische Geheimdienst zu Beginn der 70er Jahre Hamas insgeheim unterstützt hatte – diese islamische Organisation sollte als Gegenpol zu Arafats Al Fatah entstehen. Das Ziel der in Israel Verantwortlichen war die Aufspaltung der palästinensischen Kräfte. Aus dem Ziehkind der Israelis entstand die Kampforganisation der Palästinenser, die Israel – und die USA – am heftigsten bedroht.

Sheikh Dr. Abdallah Azzam hatte als Vordenker der Organisation Hamas die »Vision vom vollkommenen Märtyrertum« entwickelt. Er sah den Sinn des Lebens eines Mannes darin, den Märtyrertod zu erreichen – erst wenn jemand Märtyrer werde, sei die Aufgabe erfüllt, die Allah einem Mann gestellt habe. Die Vision vom vollkommenen Märtyrertum verbreitete sich rasch innerhalb der Organisation Hamas.

Nach dem Einmarsch der Sowjets in Afghanistan begab sich Sheikh Dr. Abdallah Azzam nach Peshawar, um auch dort für seine Vision zu werben. Er hatte Erfolg.

In Peshawar traf der Sheikh Osama Bin Laden. Der Mann aus Saudi-Arabien fand die »Vision« ganz ausgezeichnet. Er verwandelte rasch die Ziele seines Kampfes: Der eigentliche Zweck war nicht mehr die Niederringung des Gegners Israel oder die Demütigung der USA, sondern der Eintritt des Kämpfers ins Paradies.

Der Sheikh verfaßte eine Zusammenfassung der Lebensläufe von Männern, die beim Kampf gegen die »Gottlosen« das Leben verloren hatten. Diese Schrift trägt den Titel »Die von den Jungfrauen des Paradieses Begünstigten«.

Dem Sheikh Dr. Abdallah Azzam war es vergönnt, selbst zum Märtyrer zu werden. Er starb im Jahr 1989 in Peshawar an den Verletzungen, die er bei einem Attentat erlitten hatte.

Auch nach dem Tod des Sheikhs bleibt die Verbindung zwischen Hamas und den »Afghanen« erhalten. Sie hat sich ausgewirkt um die Mittagszeit des 12. Oktober 2000, als zwei Selbstmordattentäter 17 von 350 Besatzungsmitgliedern des Zerstörers »Cole« mit sich in den Tod rissen. Zu rächen war der Tod eines palästinensischen Jungen, der zwölf Tage zuvor zum Märtyrer geworden war: Mohammed ad Dura.

Am Samstag, dem 30. September, wurde der zwölfjährige Mohammed ad Dura vor den Objektiven eines Kamerateams durch israelische Geschosse getötet. Sein Vater bemühte sich, auf dem Boden hockend, den Jungen mit seinem Leib abzudecken. Vater und Sohn kauerten hinter einer Blechtonne. Sie schützte nicht gegen das gezielte Feuer. Der Vater versuchte, den israelischen Soldaten deutlich zu machen, daß sie auf ein Kind schossen, doch das Feuer wurde nicht eingestellt – bis Mohammed ad Dura tot war. Der Vater war schwer verwundet.

Die Israel Defence Force mußte zugeben, den Jungen getötet zu haben. Doch es sei ein Versehen gewesen. Da der Junge hinter der Blechtonne gekauert habe, sei er von den Schützen nicht bemerkt worden. Mohammed ad Dura habe sich in deren Schußfeld befunden.

Von diesem 30. September 2000 an wird die Bildsequenz der Schüsse auf den Jungen über Monate hin vom Fernsehen der Palestinian Broadcasting Corporation Tag für Tag zu jeder vollen Stunde ausgestrahlt. Sie steigert den Haß der Palästinenser auf die Israels.

Alle Fernsehsender Arabiens und der islamischen Welt übernehmen die Bilder. Daß sie den Tod des Mohammed ad Dura so intensiv erleben, löst bei vielen jungen Moslems die Entschlossenheit aus, den Tod des Jungen zu rächen – an den Israelis und an den US-Amerikanern. Das Attentat auf den Zerstörer »Cole« am 12. Oktober 2000 ist die Folge der Schüsse auf Mohammed ad Dura.

Sharon will die Provokation: Streit um Jerusalem schürt den Haß

Am Vormittag des 28. September 2000 betritt Ariel Sharon den Platz, den die Palästinenser Haram ash Sharif nennen – das höchste Heiligtum; die Israelis geben ihm die Bezeichnung: Tempelberg. Die massige Erscheinung des Politikers Sharon, geprägt durch seinen Körperumfang und durch seinen herausfordernden Gesichtsausdruck, wecken böse Erinnerungen bei allen Palästinensern, die ihn auf dem Tempelberg sehen – selbst wenn sie das frühere Geschehen nur aus Erzählungen kennen. Jedem, selbst den Jugendlichen, ist bewußt, daß dieser Mann verantwortlich war für die Massaker in den beiden palästinensischen Flüchtlingslagern Sabra und Shatila im Süden von Beirut. Im Sommer 1982 war Ariel Sharon als Verteidigungsminister verantwortlich für den Kampf gegen die palästinensische Befreiungsorganisation im Libanon. Sein Ziel war die Vertreibung des Jassir Arafat und seiner Kämpfer aus dem Libanon. Darüber hinaus schwebte ihm vor, im kleinen Staat nördlich von Israel könne ein maronitisch-christliches Regime etabliert werden, das sich als Vasall den Wünschen der Regierenden in Israel füge.

Obgleich US-Präsident Ronald Reagan die Regierung Begin aufgefordert hatte, nicht mit Gewalt Sharons Absichten zu verwirklichen, stieß die israelische Armee am 15. September 1982 ins Zentrum der libanesischen Hauptstadt vor. Am 17. September wurde die US-Regierung aufgeschreckt durch Meldungen, christliche Milizen seien mit Wissen des israelischen Verteidigungsministers in die Flüchtlingslager Sabra und Shatila eingedrungen – hunderte, ja tausende von Palästinensern würden hingeschlachtet. Es stellte sich heraus, daß Sharon die maronitische Miliz »Forces Libanaises« in der Nacht in die Lager geschickt hatte mit der ausdrücklichen Anweisung, möglichst viele der Lagerbewohner umzubringen – ohne Rücksicht auf Frauen und Kinder. Das Massaker sollte bewirken, daß die Palästinenser die Lager räumten und den Libanon in Richtung Syrien und Jordanien verließen. Das maronitisch-christliche Regime des Libanon sollte befreit sein von der »Last« der palästinensischen Flüchtlinge, die seit der Gründung des Staates Israel im Jahr 1948 im Lande lebten. Ariel Sharon gab damals seinen Truppen, die den Zugang zu den Lagern bewachten, die Parole aus: »Jeder Palästinenser ist ein Terrorist! Alle sind Terroristen!« Die Parole wurde so verstanden: »Alle Palästinenser sind zu töten.« Am 16. und 17. September 1982 sind zweitausend palästinensische Männer, Frauen und Kinder umgebracht worden.

Die Empörung in Washington war groß. Ronald Reagan begriff, daß die USA – als Hauptsponsor des Staates Israel – im Begriff waren, jegliches Ansehen in der arabischen Welt zu verlieren. Auf

Druck des State Department setzte der Oberste Gerichtshof in Israel bald darauf eine Untersuchungskommission ein, die dem Verteidigungsminister Sharon den Rücktritt empfahl. Er wurde tatsächlich durch Moshe Arens ersetzt. Die politische Karriere des Ariel Sharon schien am Ende angelangt zu sein.

Doch als er am 28. September 2000 über den Tempelberg von Jerusalem ging, da wußte er, daß er vor dem Wiederaufstieg stand: Er wollte israelischer Ministerpräsident werden. Ehud Barak war in seinen Bemühungen gescheitert, einen dauerhaften Frieden mit den Palästinensern zu schließen, obgleich er beachtliches Entgegenkommen bewiesen hatte. Ariel Sharon war der Überzeugung, Barak müsse abgewählt werden, da er im Begriff sei, Israel an die Palästinenser »zu verkaufen«. Auf gar keinen Fall dürfe ein Palästinenserstaat entstehen. Mit diesem Programm wollte Sharon in den Wahlkampf ziehen. Zum Auftakt benötigte er ein spektakuläres Ereignis, das einer Proklamation seines Programms gleichkam: Der Auftritt auf dem Tempelberg war dieses Ereignis.

Sharons Erscheinen auf dem Platz zwischen dem Felsendom und der Al-Aqsa-Moschee hatte die Wirkung einer Herausforderung zum offenen Krieg. Daß er »Haram ash Sharif« betreten hatte, ein Gebiet, das den Moslems heilig war, wurde rasch bekannt im Osten von Jerusalem, im arabischen Teil. Kaum ein Palästinenser konnte danach noch vernünftig reagieren. Wut brach mit Wucht aus. Jugendliche rotteten sich zu Horden zusammen. Erbittert machten sie sich auf die Suche nach Steinen, die auf dem reinlich gekehrten Areal nicht leicht zu finden sind. Als die ersten Steine durch die Luft flogen, wurde Ariel Sharon von Sicherheitsbeamten in Richtung Ausgang des Platzes bei der Klagemauer gedrängt.

Ariel Sharons Gang über den Tempelberg war keine spontane Aktion, die einem Augenblickseinfall entsprungen war. Sharon hatte sein Vorhaben mit Ministerpräsident Ehud Barak besprochen. Dieser hatte wiederum die israelischen Sicherheitsbehörden informiert. So war es geschehen, daß die bullige Gestalt des Politikers von mehreren hundert Mann der Polizei umgeben war. Sie sorgten dafür, daß ihn die Steine nicht trafen. Nur für Minuten hatte er sich beim Heiligtum der Moslems gezeigt, doch diese kurze Zeit hatte genügt, den Konflikt aufbrennen zu lassen. Die Jugendlichen, die hinter Sharon und dem Block der Sicherheitspolizisten herzogen, begannen damit, ihre Steine gegen die jüdischen Gläubigen zu schleudern, die sich zum Gebet an der Klagemauer versammelt hatten. Die israelische Polizei feuerte auf die Steinewerfer. Die ersten Toten und Verwundeten wurden abtransportiert.

Die islamische Kampforganisation Hamas, der sich »palästinensische Afghanen« angeschlossen hatten, proklamierte am Abend des 28. September 2000, der kommende Tag müsse für alle Palästinenser zum »Tag des Zorns« werden.

Der kommende Tag war ein Freitag – der heilige Tag der Moslems in der Woche. Gläubige, die in Jerusalem wohnten, machten sich in der Frühe auf zum Gebet am Heiligtum des Haram ash Sharif. Autokolonnen waren unterwegs auf der Straße von Ramallah her und auf der Zufahrt aus Bethlehem und Hebron, die über die Dörfer am Ölberg führt. Die Masse war nicht einzudämmen. An der Straßensperre beim palästinensischen Vorort Abu Dis fanden Schlägereien statt zwischen israelischem Militär und Palästinensern. Der zahlenmäßigen Übermacht gelang der Durchbruch zur Altstadt von Jerusalem, zum Haram ash Sharif. Tausende drängen sich durch die engen Gassen des islamischen Viertels. Sie alle sind von der Absicht getrieben, zu demonstrieren, daß die heiligen Stätten von Jerusalem den Moslems gehören – und nicht den Israelis.

Noch ehe an jenem Freitag für die Juden der Sabbat begann, erklärte Ariel Sharon, es sei seine Pflicht als Jude gewesen, den Tempelberg aufzusuchen: »Es ist der heiligste Platz für unser Volk! Hier befinden sich die Relikte des Tempels der Juden. Hier standen die herrlichen Bauten des Salomo und des Herodes. Wir haben nicht nur das Recht auf dem Berg der Tempel zu beten, wir haben die Pflicht, dort das göttliche Gebot zu erfüllen.«

An jenem Freitag, dem 29. September 2000, wurden sieben Palästinenser im Haram ash Sharif tödlich getroffen. 230 wurden verwundet in Krankenhäuser eingeliefert.

Die Zornigen beriefen sich auf den Propheten Mohammed

Zwei Wochen später gab Sheikh Ahmed Yassin, der geistige und geistliche Führer der Kampforganisation Hamas die Parole aus: »Der Kampf gegen die Ungläubigen hat begonnen. Haram ash Sharif gehört uns. Der Platz und der Fels unter der Kuppel ist geheiligt worden durch den Propheten Mohammed.«

Der Geistliche bezog sich auf die 17. Koransure, die den Titel »Die Nachtreise« trägt. Aus wenigen Worten des Textes entnahmen die Gläubigen der Frühzeit des Islam, der Gesandte Allahs habe sich zur Nachtzeit auf den Weg von Medina nach Jerusalem gemacht. Diese dünne Andeutung ist in der Legende ausgeschmückt worden zu einer Glaubenstradition. Sie besagt, der Prophet sei auf seinem Reittier Burak zum heiligen Felsen von Jerusalem gelangt, der heute unter der Goldkuppel des Felsendoms geborgen liegt. Dort habe der Prophet alle Verkünder der Existenz des einen und allmächtigen Gottes angetroffen. Er habe Abraham, Mose, Jeremia, Jesaja erkannt – und er bemerkte Jesus. Sie waren alle von Allah angewiesen worden, sich mit Mohammed an eben jener Stelle zu treffen. Als die Propheten beten wollten, war die Frage, wer der Vorbeter sein solle. Jesus, der letzte Verkünder der Wahrheit von Gott, der vor Mohammed gewirkt hatte, schlug vor, Mohammed müsse der Vorbeter sein, denn durch ihn sei die Vollendung der Botschaft von Gott zu den Menschen gebracht worden – er habe die Gesetze Gottes in ihrer endgültigen Form verkündet.

Der Moslem – vor allem in unserer Zeit – entnimmt dieser islamischen Überlieferung, daß Jesus durch diese Hervorhebung des Propheten Mohammed dem Islam die Stellung an der Spitze aller Religionen zugewiesen habe. Mit dieser Geste habe Jesus zugestanden, daß das Christentum hinter dem Islam zurückzutreten habe – es sei nichts anderes als eine Vorstufe zum Islam und müsse letztendlich durch den von Mohammed verkündeten Glauben ersetzt werden. Die Konsequenzen: Der Islam sei die Religion für alle Menschen und für alle Zeiten.

Daß diese Übereinkunft zwischen Mohammed und Jesus auf eben jener Felsplatte in Jerusalem getroffen worden ist, die heute noch zu sehen ist, heiligt diesen Ort. Für den gläubigen Moslem ist der Gedanke unerträglich, die Aufsicht über Haram ash Sharif falle den Israelis zu.

In diesem Zusammenhang steht eine zweite Überlieferung, die von ebenso großer Bedeutung ist. Mohammed, wird berichtet, sei von der Felsplatte aus auf einer »Lichtleiter« in den Himmel gestiegen. Dort wurde er vom Erzengel Gabriel empfangen, der ihm das Buch Allahs gezeigt habe, in dem die göttliche Ordnung festgehalten ist. Aus diesem Buch habe Mohammed erfahren, was in der Vergangenheit geschah, was in der Gegenwart geschieht, und was – nach dem Willen Allahs – in Zukunft geschehen wird. Mit diesem Wissen um Allahs Gesetz und Willen sei der Prophet Mohammed zurückgekehrt in die Gemeinschaft der Propheten, die seine Vorrangstellung anerkannt haben.

Um die Heiligkeit der Felsplatte hervorzuheben, ist über ihr die Kuppel gewölbt worden. Sie ist im Jahr 691 christlicher Zeitrechnung erbaut worden, rund 70 Jahre nach der »Nachtreise« des Propheten, die in der 17. Koransure angedeutet wird. Golden erstrahlt die Kuppel des Felsendoms allerdings erst seit dem Jahr 1964. Damals hat König Hussein von Jordanien die Bleiplatten der Abdeckung durch vergoldete Aluminiumplatten ersetzen lassen.

Warum Israel auf den Tempelberg nicht verzichtet

Von 1948 bis 1967 hatte der Felsendom zum Königreich Jordanien gehört. Das ganze Areal zwischen der Al-Aqsa-Moschee, dem Felsendom, der Klagemauer und dem Gemäuer über dem Kidrontal war von Moshe Dayans Streitkräften im Junikrieg von 1967 erobert worden. Am 7. Juni 1967 bemerkten die Moslems, die in und um Jerusalem lebten, mit Entsetzen, daß über der Goldkuppel des Felsendoms die blau-weiße Fahne mit dem Davidstern wehte. Sie war von israelischen Soldaten gehißt worden. Viele Israelis glaubten an diesem 7. Juni 1967, der jahrhundertealte Kampf um Jerusalem sei zu Gunsten der jüdischen Religion entschieden: Der Tempel der Juden werde wiederentstehen und der Felsendom werde verschwinden. Doch Verteidigungsminister Moshe Dayan ließ israelische Hoffnungen platzen: Auf seinen Befehl holten israelische Soldaten die Fahne mit dem Davidstern wieder ein.

Doch bereits einen Tag später bemerkten die Moslems beunruhigende Zeichen: Auf dem Gelände um den Felsendom waren ein Rabbi und eine Gruppe junger Thoraschüler dabei, Vermessungsarbeiten durchzuführen. Der Rabbi gab diese Auskunft: Seit zwanzig Jahren habe kein Jude den Ort betreten dürfen, an dem sich einst das Heiligtum der Juden befunden habe – das Haus, in dem der Gott der Juden gewohnt habe. Jetzt aber sei Gelegenheit, die Angaben der Thora über die genaue Position des einstigen Tempels mit den örtlichen Gegebenheiten zu vergleichen. Der Rabbi – sein Name war Shlomo Goren – machte kein Geheimnis daraus, daß er Vorbereitungsarbeiten leiste für den Tag, an dem das Haus des jüdischen Gottes wiederentstehen werde.

Es war damals im Jahre 1967 Moshe Dayan, der die Moslems beruhigte. Er traf sich vor der Al-Aqsa-Moschee mit den Persönlichkeiten des »Höchsten Islamischen Rats« (Waqf). Der israelische Verteidigungsminister verkündete, Israel werde nicht daran denken, die Rechte der Moslems auf dem Tempelberg in irgendeiner Form anzutasten. Auf Drängen der Waqf-Mitglieder gestand er zu, daß kein Jude auf dem Tempelberg beten oder andere religiöse Rituale ausführen werde. Im Detail wurde festgelegt, kein Besucher des Tempelbergs dürfe einen Gebetsschal tragen oder eine Thora bei sich haben.

Am 17. August, genau zwei Monate nach dem Treffen des israelischen Verteidigungsministers mit den Repräsentanten des Waqf, betete Rabbi Shlomo Goren mit einer Gruppe von jüdischen Armeegeistlichen auf dem Tempelberg. Der Rabbi erläuterte am Ende der Gebete, er wisse auf Grund seiner Vermessungen ganz genau, an welcher Stelle sich das Allerheiligste des Tempels des Salomo befunden habe. Der Jude habe ein Recht darauf, im Bereich des einstigen und des künftigen Tempels zu beten.

Während der folgenden Jahre versuchte der Rabbi immer wieder, eine Grundsteinlegung für den künftigen Tempel der Juden durchzuführen. Die israelische Polizei verhinderte diese demonstrativen Aktionen – doch Shlomo Goren erhielt zunehmend Unterstützung aus der israelischen Bevölkerung. Seine Worte treffen die Gemütslage auch der weniger Frommen:

»Ein jüdischer Staat, der nicht im Besitz des Tempelbergs ist, kann nicht existieren. Der Tempelberg ist Mittelpunkt und Basis unseres nationalen und moralischen Lebens. Das israelische Volk muß auf dem Tempelberg wieder zurückfinden zu seinem Bündnis mit Gott. Es hat eine biblische Mission zu erfüllen – und der Tempelberg ist das Fundament für diese biblische Mission, die eine historische Aufgabe darstellt. Die Erlösung des Menschen nimmt vom Tempelberg ihren Ausgang, und sie wird von hier aus die ganze Welt erreichen. Aus diesem Grunde muß der Tempel wiedererstehen.« Die Konsequenz dieses Gedankengebäudes ist, daß die Moslems vom Tempelberg zu verschwinden haben. Daß der Plan ihrer Vertreibung besteht, davon sind die arabisch-islamischen Bewohner von Jerusalem überzeugt. Das Mißtrauen erzeugt Argwohn und erhöht Wachsamkeit.

Immer wieder stellten Bewohner der Häuser in der Nähe der Klagemauer fest, daß sie seltsame schürfende Geräusche hörten, und daß Hauswände Risse bekamen. Geräusche und Risse wurden als Anzeichen von Grabungen im Untergrund des Tempelbergs gedeutet.

Befürchtungen schienen sich im Herbst 1997 zu bestätigen: Die Regierung Netanyahu ließ einen »archäologischen Tunnel« öffnen, dessen unterirdischer Verlauf im weitesten Sinne das Areal um den Felsendom berührte. Die israelische Regierung gab bekannt, der Tunnel stamme aus der Zeit des Makkabäeraufstands (um 150 v. Chr.). Die Palästinenser sahen in dieser zeitlichen Festlegung eine Lüge. Sie glaubten, der Tunnel sei jetzt erst gegraben worden und diene er dazu, den Felsendom zu unterhöhlen. Jassir Arafat erklärte, die Grabung des Tunnels sei in neuer Zeit erfolgt und stelle »ein Verbrechen am palästinensischen Volk« dar. Seine Anklage gegen Netanyahu löste eine Protestwelle gegen den israelischen Regierungschef aus. Demonstrationen führten zu Gewalttaten. Die Polizei der Palestinian National Authority griff ein.

Sie besaß Kalaschnikov-Maschinenpistolen, und sie setzte diese Waffe auch ein. Als wieder Ruhe herrschte in Jerusalem waren 18 Israelis erschossen worden – die palästinensische Seite hatte 50 Tote zu beklagen.

Daß Argwohn und Besorgnis berechtigt sind, ist an den Aktivitäten des Rabbi Jehuda Getz zu erkennen. Unmittelbar nach der Eroberung des Stadtgebiets um die Klagemauer im Juni 1967 begann der Geistliche mit der Erforschung der Geheimnisse des Tempelareals – zuerst in der Theorie durch Lektüre der altjüdischen Schriften, dann aber durch Augenschein an Ort und Stelle. Zusammen mit Rabbi Shlomo Goren und einer Gruppe von Thorastudenten war Rabbi Jehuda Getz im Jahr 1981 auf der Suche nach einem bisher verborgenen Tempeleingang. Diesen Zugang glaubten die Tempelforscher im Bereich der Klagemauer entdecken zu können. Rabbi Getz und Rabbi Goren sind überzeugt, den Tempeleingang tatsächlich gefunden zu haben – und dahinter eine Halle. Im Buch »Ready to Rebuild« (von Thomas Ice und Randell Price, Oregon 1992) schildert Rabbi Jehuda Getz sein Vorgehen:

»Ich habe direkt unter dem Tempelareal gegraben, nahe dem Ort, an dem sich einst das Allerheiligste befand. Ich bin der Meinung, daß dort die Bundeslade versteckt ist, zusammen mit anderen heiligen Gegenständen aus dem Tempel.«

Die »Bundeslade« ist ein Kasten aus Akazienholz, den Mose hatte fertigen lassen, als das jüdische Volk nach der Gefangenschaft in Ägypten vierzig Jahre lang durch die Wüste unterwegs war, um das »Gelobte Land« zu erreichen. Der Holzkasten galt als Zeichen und Zeugnis des Bundes, den Gott mit dem Volk der Juden geschlossen hatte. Durch die Existenz der Bundeslade wurde dem jüdischen Volk deutlich gemacht, daß es ganz allein das »auserwählte Volk« war. Nach der Überzeugung der Juden in der Zeit der Propheten, der Richter und Könige wohnte Gott in dieser Lade. Sie soll häufig bei Nacht von einer rötlich-silbernen Wolke umgeben gewesen sein.

Die Bundeslade verschwand später aus den Texten des Alten Testaments. Kenner der Heiligen Schrift sind der Meinung, sie sei von Herrschern mit Voraussicht im Tempelberg vergraben worden, um sie vor dem Raub durch Nebukadnezar (587 v. Chr) zu bewahren. Seither ist ihr Verbleib ein Geheimnis.

Doch wer an das Wiedererstehen des Tempels der Juden glaubt, der ist auch überzeugt, daß die Bundeslade gefunden werden wird. Rabbi Jehuda Getz erweckt den Eindruck, daß er wisse, wo das Zeichen und Zeugnis des Bundes mit Gott verborgen ist. Doch er schweige aus politischen Gründen: »Die Zeit ist noch nicht reif für eine derartige Enthüllung!«

In der Tat hatte allein schon das Gerücht, im Tempelberg werde gegraben, um die Bundeslade zu entdecken, zur Folge, daß sich die Moslems in Jerusalem zusammenrotteten. Der Rabbi erinnert sich, daß die Situation gefährlich wurde: »Die israelische Regierung hat aus Angst vor weiteren Unruhen von uns verlangt, daß wir die Grabungen einstellen.« Doch er ist der Ansicht, daß bald die Zeit kommen wird, in der sich keine israelische Regierung mehr gegen die ganz offizielle Suche nach der Bundeslade stellen könne – und zwar im Tempelberg. »Zuvor allerdings müssen die Moslems begreifen, daß sie in Jerusalem nichts zu suchen haben!«

Die Palästinenser begreifen jedoch nur, daß ihnen der Anspruch auf Jerusalem weggenommen werden soll. Diese Erkenntnis breitet sich bald aus in der gesamten islamischen Welt. Als Bill Clinton im Sommer des Jahres 2000 nach Camp David einlud zu einer Konferenz, die den Konflikt zwischen Palästinensern und Israelis lösen sollte, stand für politisch Denkende und für einfache Menschen im riesigen Bereich zwischen Marokko und Afghanistan fest, daß die Moslems insgesamt um ihr Recht auf Land in Palästina betrogen werden sollten – mit Hilfe der Vereinigten Staaten von Amerika.

Die Fata Morgana vom Palästinenserstaat

Als Menschen, die von Wüstenbewohnern abstammen, wissen die Araber, was eine Fata Morgana ist: eine Luftspiegelung über heißem Sand, die Wasserflächen und schattige Oasen vorgaukelt. Eine Fata Morgana im übertragenen Sinne gaukelte durch Fernsehbilder dem palästinensischen Volk vor, es werde bald schon seinen Staat erhalten – mit Jerusalem als ewiger Hauptstadt.

Die Fernsehbilder zeigten die feierliche Zeremonie der Besiegelung des »Oslo-Abkommens« am 13. September 1993 auf dem Rasen vor dem Weißen Haus. Arafat, Rabin und Peres schüttelten sich die Hände und beschworen den Anbruch einer Zeit, in der es für beide Völker kein Blutvergießen mehr geben würde. Im Überschwang der Gefühle glaubte Jassir Arafat, er habe die Krönung seines Lebenswerks erreicht. Doch der Abbau seiner Autorität hatte bereits begonnen. Unmittelbar vor der Unterzeichnung hatte Ministerpräsident Rabin verlangt, Arafat dürfe nicht den Titel »Präsident« führen; ihm stehe nur die Bezeichnung »Chairman« zu – er sei der Vorsitzende der palästinensischen Autonomiebehörde. Dann sprach Außenminister Peres öffentlich seinen Zweifel aus, ob Arafat überhaupt in der Lage sei, eine Art Regierung für die Autonomiebehörde aufzubauen und zu leiten. Rabin dementierte bald darauf Meldungen, er wolle ein friedliches Miteinander und ein Zusammenleben der Israelis und der Palästinenser erreichen – in Wahrheit wolle er beide Völker trennen. Allein die Trennung könne die Reibungen verhindern, die bisher zu Gewalt und Terrorismus geführt hatten.

Anfang 1994 mußte sich Arafat den Vorwurf gefallen lassen, er habe während der Verhandlungen das Problem der israelischen »Siedlungen« ausgeklammert. Auf arabischem Boden entstand eine »Siedlung« nach der anderen. Der Baugrund dazu wurde kurzerhand enteignet. Proteste wurden von der israelischen Regierung mit dem Argument erledigt, es handle sich schließlich um das »Land der Vorväter«, es sei Eigentum des jüdischen Volkes.

Enttäuschung machte sich bei den Palästinensern breit, als bekannt wurde, daß Arafat während der Verhandlungen in Oslo das Jerusalemproblem völlig hatte ausklammern lassen. Er hatte gewußt, wie schwierig die Problematik um die Heilige Stadt ist – er wollte Streit vermeiden. Seinen Kritikern sagte er jetzt, er gehe davon aus, daß Jerusalem selbstverständlich die Hauptstadt des Palästinenserstaates werde.

An die Gründung dieses Staats glauben im Kreis um Arafat

immer weniger der bisherigen Getreuen. Als Rabin ermordet und Peres abgewählt wird, kam in Israel am 26. Mai 1996 Benjamin Netanyahu zur Macht. Er dachte nicht daran, die Verträge von Oslo zu erfüllen.

Auf Netanyahu folgte am 17. Mai 1999 Ehud Barak. Auch dieser Ministerpräsident ist nicht gewillt, Arafat zu helfen. Die Zeit der Demütigung des »Chairman« beginnt. Dic Palästinenser erkennen, daß Arafat keine Kraft mehr besitzt, um seinen eigenen Willen durchzusetzen.

Mögliche Termine zur Gründung des Palästinenserstaates läßt er verstreichen – etwa den 13. September 2000 – weil ihm europäische Staatschefs abgeraten haben, einen derartigen »einseitigen Schritt« zu unternehmen. An jenem 13. September 2000 zieht der Veteran des Kampfes der Palästinenser, Dr. Haider Abdul Shafi, dieses Fazit: »Die Leute in Palästina sind apathisch!«

Palästinenser-Sheikh Yassin: »Allah verbietet den Frieden mit den Juden!«

Dr. Haider Abdul Shafi – er war schon mehr als siebzig Jahre alt – wußte wer noch in der Lage war, Palästinenser zu faszinieren. Er sprach seine Erkenntnis aus: »Als sich der palästinensisch-arabische Nationalismus als wirkungslos erwies, da verkündete Sheikh Ahmed Yassin die Kraft des Islam!«

Dieser Sheikh Ahmed Yassin war 16 Jahre alt gewesen, als er zum Flüchtling geworden war. Bis zum Frühjahr 1948 hatte er im Dorf Jurah in der Nähe von Ashkalon gelebt. Sein Vater war gestorben, als Ahmed noch ein Kind gewesen war; ein älterer Bruder hatte für Ahmed gesorgt. Mit ihm war Ahmed nach Süden geflohen, als die jüdischen Kampfverbände der Haganah und der Palmach an der Mittelmeerküste vorrückten. Ahmed und sein älterer Bruder suchten den Schutz der ägyptischen Truppen, die Stellungen bei der Kleinstadt Gaza hielten. Dort entstanden Auffanglager für die Flüchtlinge. Im Lager Ash Shati fanden Ahmed Yassin und sein Bruder Unterkunft in einem Zelt. Die beiden warteten, wie mehr als tausend andere auch, auf die Möglichkeit zur Heimkehr in die Heimat.

Der 16jährige Ahmed wurde von niemand betreut, bis sich die Organisation der »Moslembrüder« um ihn kümmerte. Die »Moslembrüder« wurden finanziert von wohlhabenden Privatpersonen in Ägypten und Jordanien. Ihre Betreuung der männlichen Flüchtlingsjugend bestand hauptsächlich darin, Kenntnisse in der islamischen Glaubenslehre zu vermitteln. Ahmed schloß sich den »Moslembrüdern« an. Jassir Arafat machte zur selben Zeit eine ähnliche Erfahrung: »Nur die aus ägyptischen Spendengeldern finanzierte Moslembruderschaft sorgte für die Flüchtlinge im Gazastreifen.«

Ahmed Yassin wurde auch sportlich aktiv. Allerdings überschätzte er seinen Körper: Er wollte beweisen, daß er länger auf dem Kopf stehen könnte als alle anderen – und er beschädigte dabei seine Wirbelsäule. Die Folge waren Lähmungen der Beine und der Finger. Sein Gehirn aber funktioniert. Ahmed Yassin schulte seinen Verstand durch intensives Koranstudium. Der Behinderte besuchte mit Zähigkeit die Vorlesungen und Seminare der Al Azhar-Universität in Cairo. Er schloß seine Predigerausbildung ab und kehrte nach Gaza zurück. Er wollte als Geistlicher tätig werden, doch er stieß auf Ablehnung innerhalb der Predigerhierarchie – und bald auch bei staatlichen ägyptischen Behörden. Die Geistlichen der älteren Generation waren gegen den jungen Geistlichen, der darauf bestand, daß Politik und Religion nicht zu trennen waren.

Ahmed Yassin wußte sich gegen das Establishment zu helfen: In einer Moschee, die nicht im Blickpunkt der Behörden stand, versammelte er junge Männer um sich, denen er seine Überzeugung vermittelte, der Islam sei – wie einst zur Zeit des Propheten Mohammed – in der Gegenwart eine politische Kraft zur Neuordnung der Gesellschaft. Der Sheikh hatte mit seinen Reden Erfolg bei jungen Männern, deren Leben bisher ohne Sinn gewesen war. Er fand besonders bei Studenten Gehör.

Im Juni 1967 wurde der Gazastreifen von der israelischen Armee erobert. Ihre Kommandeure waren darauf bedacht, in den Flüchtlingslagern keine Unruhe gegen die Besatzungsmacht entstehen zu lassen. Daß Jassir Arafat an Einfluß auf die Jugend gewann, mißfiel den israelischen Sicherheitsbehörden – sie brauchten einen Gegenpol zu Arafats Organisation Al Fatah, die palästinensisch-nationalistisch ausgerichtet war. Daß sich in jener Zeit Hamas konstituierte, paßte ins Konzept der in Israel Verantwortlichen: Das Entstehen von Hamas spaltete die jungen Palästinenser in zwei Gruppen: In die Religiösen und in die Nationalisten. Die Konsequenz: Arafat wurde geschwächt.

Den Agenten der königlichen Familie von Saudi-Arabien entging die Entwicklung im Gazastreifen nicht. Die Sippe as-Saud hatte bisher die Moslembruderschaft unterstützt, doch deren Führung wollte nichts vom Geist des einstigen Predigers Mohammed Ibn Abdel Wahab wissen, der in Saudi-Arabien maßgebend war. Die Rückkehr zu den Fundamenten des Glaubens war nicht das Ziel der Moslembrüder. Dieses Bestreben aber war in Hamas zu bemerken. Die Regierenden in Riyadh entschlossen sich, Hamas zu unterstützen. Zu diesem Zweck gründeten sie in Gaza eine Universität.

Dort war jedoch schon bald nach 1948 ein Ableger der Cairoer Al Azhar-Universität entstanden als arabisch-nationalistisch orientiertes Lehrinstitut. Den Lehrkräften stand Sheikh Mohammed Awwad vor, ein Geistlicher, der vom arabischen Nationalisten Gamal Abdel Nasser abhängig war. Nasser aber galt als Feind der royalen Familie as-Saud.

Zu Beginn der 70er Jahre wandte sich Ahmed Yassin an die Regierenden in Saudi-Arabien. Er schlug vor, im Gazastreifen ein Lehrinstitut aufzubauen, das die Prinzipien des Mohammed Ibn Abdel Wahab zum Zentrum des Lehrplans machen sollte. Dieser Gedanke gefiel in Riyadh. Von dort trafen bald Gelder ein zur Gründung der »Islamischen Universität Gaza«.

Zu Beginn des Jahres 1974 lag bereits die Genehmigung der israelischen Besatzungsmacht vor. Der Aufbau der »Islamischen Universität Gaza« wurde beschleunigt. Die palästinensischen Studenten sollten das Institut des Nasserfreundes Mohammed Awwad verlassen und sich in wahabitischem Geist erziehen lassen.

Das neue Institut entwickelte sich innerhalb weniger Monate in einem Sinne, der den Israelis mißfiel – und der auch bei den Herrschenden in Riyadh keinen Anklang fand. Die religiöse Lehre wurde stark durchsetzt mit politischer Interpretation. Der Glaube hatte die Grundlage zu liefern für die politische Ausrichtung in der Gegenwart. Leben und Lehren des Propheten Mohammed bekamen deutliche Vorbildfunktionen. Sie sollten die Richtung weisen für den Kampf gegen fremde Mächte, die den Islam in seiner Entwicklung hemmten, und Yassins Organisation Hamas sollte der Träger dieses Kampfes sein.

Das kurze Wort Hamas hatte Yassin aus den Worten »Harakat al Mugawama al Islamija« entwickelt – er hatte Laute dieser Worte zusammengezogen. »Harakat al Mugawama al Islamija« bedeutet »islamische Widerstandsbewegung«.

Der Vorteil von Hamas war, daß sich Sheikh Yassin im Gazastreifen befand, am Ort der Auseinandersetzung mit den Israelis. Arafat aber hielt sich außerhalb des Konfliktherdes auf – in Beirut, und nach der Vertreibung aus dem Libanon im Jahre 1982, in Tunis. Ganz von selbst verlor Arafat den Kontakt zu den Jugendlichen in den von Israel besetzten Gebieten. Arafat entwickelte sich unter diesen Umständen zum palästinensischen Politiker; Sheikh Ahmed Yassin aber wurde zum islamischen Kämpfer.

Im Stadtteil Jawarat ash Shamis in Gaza steht das unscheinbare Haus, in dem der Sheikh seinen Anhängern von der Pflicht des Gläubigen zum Heiligen Krieg predigte. Das Haus war ihm von wohlhabenden Palästinensern geschenkt worden. Wenn er die Gläubigen empfängt, liegt Ahmed Yassin meist auf einer Matratze, von einer Wolldecke bedeckt. Er kann sich nicht bewegen, doch seine Rede ist intensiv. Scharf sind seine Angriffe gegen die Israelis, gegen die Juden insgesamt.

Jedem Moslem ist dieses Ereignis bewußt: Die Ölbäume der Juden wurden abgehackt

Von seinem Matratzenlager aus proklamiert Yassin den Kampf des Islam gegen die Juden. Er erinnert daran, daß der Prophet Mohammed diesen Kampf vorgelebt habe.

Im Jahr 622 christlicher Zeitrechnung war der »Gesandte Allahs« in die Oase Jathrib gerufen worden, die vierzehn Tageritte von der Stadt Mekka entfernt liegt. Er sollte dort auf der Basis seiner Offenbarung des göttlichen Willens eine soziale Ordnung schaffen, die das geordnete Zusammenleben aller Oasenbewohner ermöglichte. Sie hatten bis dahin in permanentem Streit gelebt. Unter der Regierung des Mohammed entwickelte sich die Oase zur blühenden Stadt »Medinat al Rasul« – zur Stadt des Propheten. Aus dieser Bezeichnung formte sich der Stadtname »Medina«.

In und um Medina lebten nicht nur arabische Sippen, sondern auch jüdische Großfamilien, die wohlhabend und in sich gefestigt waren. Überliefert ist, daß Mohammed als Regent von Medina durchaus bereit war, den jüdischen Familien freundlich zu begegnen. Sie sollten ihre eigene Glaubensüberzeugung behalten dürfen, stammte sie doch aus einer göttlichen Offenbarung. Ein Zugeständnis verlangte Mohammed allerdings: Die Juden sollten anerkennen, daß er – Mohammed – wirklich ein von Allah gesandter Prophet sei, der den göttlichen Willen verkünde.

Während der ersten Monate des Aufenthalts von Mohammed in Jathrib / Medina waren die Kontakte des islamischen Stadtregenten mit den Juden zufriedenstellend. Die Überlieferung berichtet, es habe ein Vertrag bestanden, der die jüdischen Sippen verpflichtete, keinen Feind der Moslems, des Islam insgesamt, zu unterstützen.

Die dritte Sure des Koran macht allerdings deutlich, daß Mohammed das Verhältnis zwischen Moslems und Juden mit skeptischem Sinn gesehen hat: »Es gibt zwar auch Gläubige unter ihnen. Die Mehrzahl aber sind Frevler. Sie werden euch wenig schaden können. Und wenn sie gegen euch kämpfen, werden sie vor euch fliehen, da sie keine Hilfe haben. Schmach trifft sie, wo man sie auch findet. Es sei denn, daß sie sich Allah unterwerfen. Sie haben Allahs Unwillen erregt. Elend kommt über sie, weil sie die Zeichen Allahs geleugnet haben.« (Dritte Sure 111 ff.)

Der Prophet lehrte, Abraham habe einst den richtigen Weg zu Gott beschritten, doch das jüdische Volk sei davon abgekommen. Es habe den Bund mit Gott gebrochen (Sure 2,28). Mohammed spielt dabei auf die Anbetung des Goldenen Kalbes während der Wanderung des jüdischen Volkes durch die Wüste Sinai an. In der vierten Koransure (154) prangert Mohammed diese Anbetung als Abwendung von Gott an: »Sie sagten zu Mose, zeige uns doch Allah, daß wir ihn sehen können. Darauf schufen sie sich das Goldene Kalb.«

Die jüdischen Sippen nahmen diese Beschuldigungen, das jüdische Volk habe gottlos gehandelt, nicht ernst. Sie warfen Mohammed vor, er sei überhaupt kein Prophet des wahren Gottes, sondern nur ein Dichter. Der Koran sei eine Dichtung ohne jeden Offenbarungswert. Der Koran sei nichts anderes als ein wortreiches Gedicht, das am Lagerfeuer der Beduinenstämme vorgetragen werden könne.

Mohammed erkannte die Gefahr: Wenn erst seine Autorität als Prophet, als Verkünder göttlicher Offenbarungen in Medina untergraben war, dann hatte er seine Glaubwürdigkeit als Stadtregent verloren. Er mußte sich wehren.

Ein Zwischenfall auf einem Dorfmarkt bei Medina – so wird berichtet – habe den schwelenden Konflikt zum gewaltsamen Ausbruch getrieben. Eine junge arabische Frau sei zwischen ihren Waren gehockt, die sie ihren Kunden anbot. Da habe ein sehr junger männlicher Jude den Rockzipfel der Frau an eine Kiste angebunden. Beim Aufstehen der Frau sei es geschehen, daß der Rock an der Kiste hängenblieb. Für einen Augenblick sei der Unterleib der Frau entblößt gewesen. Ein Moslem, der Kunde war auf dem Markt, fiel über den Jungen her, der den Rockzipfel angebunden hatte, und tötete ihn. Daraufhin wurde der Araber erschlagen.

Mohammed, die oberste Autorität in Medina, erkannte seine Chance, Stärke zu demonstrieren. Er ließ die Häuser des jüdischen Clans umzingeln, dessen Mitglied für den Vorfall auf dem Markt verantwortlich war. Die Bewohner ergaben sich. Sie mußten auf Anordnung des Propheten die Stadt verlassen. Ihr Eigentum mußten die jüdischen Familien zurücklassen.

Ein Jahr später – im September 625 christlicher Zeitrechnung – wurde Mohammed zu einer jüdischen Familie zum Versöhnungsessen eingeladen. In Erwartung der Speisen sollte er sich im Schatten einer Hauswand niederlassen. Auf einmal hatte er die Ahnung, er werde von einem herunterfallenden Stein getötet. Er stand auf und entfernte sich.

Für den Propheten gab es keinen Zweifel, daß die jüdische Sippe ein Attentat auf ihn vorbereitet hatte. Er ordnete die Bestrafung der Verdächtigen an – sie sollten Medina verlassen. Die jüdische Sippe aber war sich keiner Schuld bewußt; sie weigerte sich, der Anordnung des Propheten zu folgen. Daraufhin befahl Mohammed, die Sippe sei in ihrem Stadtviertel zu belagern. Die Eingeschlossenen sahen von ihren Häusern aus zu, wie die Gefolgsleute des Propheten ringsum die Olivenbäume abhackten. Diese Maßnahme war ungewöhnlich. Auf der Arabischen Halbinsel galten Ölbäume als heilig. Die Vernichtung der Ölbäume der jüdischen Sippe zeigte an, daß Mohammed zu keiner Aussöhnung mit ihr bereit war.

Der jüdische Stamm verließ Haus und Land. Das bewegliche Eigentum durfte er mitnehmen; es sei auf 600 Kamelen abtransportiert worden. Das Ziel der Karawane war die Oase Khaibar. Sie lag fünf Tageritte von Medina entfernt im Norden des Herrschaftsbereichs von Mohammed.

In Khaibar gaben die jüdischen Familien den Widerstand gegen Mohammed nicht auf. Sie glaubten, sicher zu sein. Doch als Mohammed spürte, daß von Khaibar aus gegen ihn agitiert wurde, handelte er. Im Juni 628 christlicher Zeitrechnung führte er schnelle Reiterverbände nach Norden. Er benötigte nur drei Tage, dann erreichte er die ausgedehnte Oase Khaibar.

Die Siedlung bildete keine zusammenhängende Stadt. Sie bestand aus Gruppen von Lehmhäusern, die sich im schützenden Schatten von Palmen befanden.

Als die Streitmacht des Propheten von der Oase aus bemerkt wurde, war es zu spät, um gemeinsamen Widerstand zu organisieren. Jede Familie war auf sich selbst gestellt. Einige der Sippen, deren Häuser am Rand der Oase lagen, hielten es für klug, dem Angreifer Unterstützung anzubieten. Mohammed war bereit, auf derartige Angebote einzugehen, denn er war auf Versorgung mit Wasser und Datteln angewiesen.

Der Widerstand in der Oase brach bald zusammen. Eine Sippe nach der anderen arrangierte sich mit Mohammed. Sie alle übergaben ihren Besitz – vor allem ihre Olivenbäume – dem Sieger. Die Juden von Khaibar waren künftig die Knechte der Moslems.

Für Ahmed Yassin gelten die Ereignisse der Jahre 625 und 628 als Vorbild für die Führung des Heiligen Krieges – auch in moderner Zeit und mit Mitteln der modernen Kriegführung. Gegen das Beispiel, das Mohammed gegeben hatte, konnte niemand argumentieren. Keiner konnte ihm widersprechen, wenn er predigte, der Prophet habe prinzipiell keinen Frieden mit den Juden eingehen wollen. Für die Zuhörer war das Fazit selbstverständlich, daß auch in unserer Zeit kein Frieden mit ihnen möglich sei.

Die Standpunkte von Sheikh Ahmed Yassin und Osama Bin Laden trafen sich. Die Verbindung der Anhängerschaft der beiden Vorkämpfer des Islam wurde über Saudi-Arabien hergestellt. Das Königreich war Geldgeber für Ahmed Yassin und für Osama Bin Laden. So geschah es, daß der Sheikh nichts dagegen hatte, wenn junge Palästinenser aus seiner Anhängerschaft sich bereit erklärten, bei Osama Bin Laden zu lernen, wie ein Heiliger Krieg praktisch zu führen sei.

Die USA verlangen die Auslieferung des »saudiarabischen Terroristen«

Das State Department wandte sich zu diesem Zweck an die königliche Familie as-Saud. Deren enge Beziehungen zum Sohn der reichen Familie Bin Laden war bekannt. Unmittelbar nach den Bombenanschlägen gegen die US-Botschaften von Nairobi und Daressalam reiste Prinz Turki Ibn Faisal nach Kandahar. Er traf sich mit dem Talibanchef Mullah Mohammed Omar. Als der Prinz dem Gesprächspartner sagte, er bitte darum, Osama Bin Laden – der als Gast im Staat der Taliban lebe – der saudiarabischen Gerichtsbarkeit zu überstellen, wurde er mit heftigen Worten beschimpft. Mullah Mohammed Omar war empört darüber, daß der Prinz es wagte, eine derartige Forderung zu stellen. Er und Osama Bin Laden seien durch Heirat in ein enges Verwandtschaftsverhältnis eingetreten: Osama sei sein Schwiegervater. Auf Grund der Stammestraditionen sei es ausgeschlossen, daß sich Verwandte derart engen Grades Schaden zufügten – etwa durch Auflösung des Schutzes durch die Familie. Der Prinz mußte sich beschimpfen lassen, er sei wohl der Handlanger der US-Regierung.

In Wahrheit hatte Prinz Turki Ibn Faisal nicht ernsthaft die Bitte um Auslieferung gestellt. Es war ihm völlig recht, daß der Untertan Bin Laden – der zwar inzwischen ausgebürgert worden war – Afghanistan nicht verließ. Ob in den USA oder in Saudi-Arabien wäre in jedem Fall während einer Gerichtsverhandlung darüber gesprochen worden, daß Osama enge Beziehungen zur königlichen Familie unterhielt – und sie noch immer unterhält. Im Interesse der Familie as-Saud durfte es nicht geschehen, daß Osama Bin Laden den Vereinigten Staaten von Amerika in die Hände fiel. Die regierende Familie fürchtete die Wahrheit.

Da das State Department begriff, daß die herrschende Familie in Saudi-Arabien nicht bereit war, auf den einstigen Untertanen und auf die Taliban ernsthaft Druck auszuüben, wollten die Verantwortlichen auf saudiarabische Vermittler verzichten. Im State Department war bekannt, daß Mullah Omar an einer Anerkennung seines Talibanregimes durch die USA interessiert war. Es genügte dem Mullah Mohammed Omar nicht, nur von Saudi-Arabien, Pakistan und von den Vereinigten Arabischen Emiraten völkerrechtlich anerkannt zu werden. Er konnte sich wirklich erst dann als Regierungschef fühlen, wenn er vom State Department in Washington ernstgenommen wurde. Der Anerkennung durch die US-Regierung mußte dann ganz von selbst die Aufnahme von Beziehungen durch Moskau, Paris, London und Berlin erfolgen.

Die Planer im State Department waren daran interessiert, den Kontakt zu den Taliban zu halten. Die Hoffnung bestand noch immer, mit ihnen zu einer Übereinkunft für die Gaspipeline von Usbekistan zum Indusdelta zu gelangen. Es bestand keine Aussicht auf Einsetzung eines anderen Regimes in Afghanistan. Wer ins Öl- und Gasgeschäft Zentralasiens einsteigen wollte, der war gezwungen, sich mit den Taliban zu arrangieren.

Um eine Übereinkunft vorzubereiten schuf das State Department die technische Voraussetzung: Sie installierten per Satellitentelefon eine direkte Verbindung zwischen Washington und Kandahar – dort befand sich noch immer, auch nach der Einnahme von Kabul, das administrative Zentrum des Talibanregimes. Zu Beginn des Jahres 1999 wurde der Dialog aufgenommen. Er fand in Englisch und in der Paschtun-Sprache statt; die sprachliche Vermittlung besorgte ein Dolmetscher in Kandahar. Während der mit der Führung des Dialogs betraute Vertraute des Mullah Mohammed Omar über die Aufnahme diplomatischer Beziehungen sprechen wollte, gab es für den Gesprächspartner im State Department nur ein Thema: die Auslieferung von Osama Bin Laden an die USA.

Washington stellte mehrfach Ultimaten für die Erfüllung seiner Ansprüche durch die Taliban – das erste für Ende Februar 1999. Nach einem Jahr nutzloser Telefonverhandlungen stellte das State Department den Gebrauch des Satellitentelefons ein. Der Dialog wurde nicht wieder aufgenommen.

Bei internen Gesprächen im State Department wurde die Frage diskutiert, in welcher Position sich Osama Bin Laden in Afghanistan wirklich befand. Mullah Mohammed Omar hatte sie so bezeichnet: »Er ist unser liebgewordener Gast!« Nicht wirklich erklärt waren die verwandtschaftlichen Beziehungen zwischen Gastgeber und Gast. Der Talibanchef hatte offenbar eine Tochter des Gastes geheiratet – Osama Bin Laden war also wirklich der Schwiegervater des Mullah Mohammed Omar. Osamas Sohn Mohammed hatte wiederum die Tochter eines wichtigen Mannes aus dem Omarclan geheiratet. Diese verwandtschaftlichen Verflechtungen mußten bei der Beurteilung der Situation, in der sich Osama befand, berücksichtigt werden. Er war nicht der Gefangene des Talibanregimes. Daß er zu bestimmen hatte, war am Verlauf einzelner Ereignisse zu erkennen. Über die wahren Machtverhältnisse in Afghanistan gab das Schicksal der beiden Buddhastatuen von Bamian Auskunft.

Das Talibanregime nimmt keine Rücksicht auf fremde Kulturen

Im Frühjahr 1997 hatte Mullah Mohammed Omar erklärt: »Die Behauptung, wir seien darauf aus, die Statuen zu zerstören, gehört zu einem Komplott, dessen Ziel es ist, die Taliban in Mißkredit zu bringen.« Er meinte die beiden Buddhastatuen am Rande des grünen Tals des Bamianflusses. Damals, 1997, hatte der Kommandeur der Talibantruppen das Urteil über die Statuen bereits gesprochen: »Wir werden diese Götzenbilder zerstören! Der Islam verbietet derartige Darstellungen! Wir können gar nicht anders handeln, als sie zu sprengen!« Doch sein Zerstörungsdrang ist damals gebremst worden.

Im Herbst 1998 hatte es noch so ausgesehen, als ob der Kommandeur seinen Willen durchsetzen könnte: Löcher wurden in die Statuen gebohrt, in die Dynamitladungen gesteckt werden sollten. Damals wurden sie auch mit Stinger-Raketen beschossen. Großer Schaden wurde dabei nicht angerichtet.

Doch bemerkenswert ist, daß beim »Kleinen Buddha« die Körpergegend beschossen wurde, an der sich Geschlechtsmerkmale befinden könnten – es war jedoch an jener Stelle nichts derartiges zu erkennen gewesen. Aus gerade diesem Grund waren die Talibankommandeure der Meinung, es handle sich beim »Kleinen Buddha« um eine Frau. Darstellungen der Weiblichkeit aber waren streng untersagt.

Die UNESCO (United Nations Educational, Scientific and Cultural Organization) nahm die Frist wahr, die der Aufschub der völligen Zerstörung gewährte, um auf die Taliban einzuwirken. Das Ergebnis diplomatischer Schritte war, daß Mullah Mohammed Omar höflich darauf hinwies, daß seine afghanische Regierung bisher keine Anerkennung durch die Vereinten Nationen gefunden habe – es bestehe daher keine Veranlassung, auf Wünsche einer Unterorganisation der Vereinten Nationen einzugehen.

Der Direktor des Metropolitan Museums in New York bot an, er werde die beiden Buddhastatuen dem afghanischen Staat abkaufen – um sie in New York aufzustellen. Die Antwort des »Emirs von Afghanistan« – so nannte sich Mullah Mohammed Omar jetzt – lautete: »Afghanistan macht keine Geschäfte mit seiner Vergangenheit.« Auch der Dalai Lama wollte die Gefahr der Statuenzerstörung bannen. Er gab zu bedenken, daß die zwei Sehenswürdigkeiten im Bamiantal doch später einmal als Attraktion für Touristen genutzt werden könnten. Die Antwort aus Kandahar lautete: »Wir sind nicht an Touristen interessiert.«

Der Botschafter der Taliban in Islamabad, Mullah Abdul Salam Saif antwortete auf Bitten westlicher Diplomaten, die sich für den Erhalt der Statuen einsetzten: »Warum kümmern Sie sich um Figuren aus Stein? Wenn bei uns Menschen sterben, weil sie verhungern, ist ihnen dies völlig gleichgültig!«

Aus derartigen Äußerungen entnahmen Beobachter des State Departments, daß der Einfluß des Osama Bin Laden auf das Talibanregime gestiegen war. Mullah Mohammed Omar hatte offenbar seinen Stab angewiesen, auf jede Rücksicht gegenüber anderen Staaten zu verzichten. Dazu konnte nur Osama Bin Laden den Rat gegeben haben. Derart schroffe Töne waren zuvor nicht die Art des Talibanchef gewesen.

Am 21. Februar 2001 erließ der »Emir von Afghanistan« Mullah Mohammed Omar eine »Fatwa«, ein religiöses Edikt, das bestimmte, alle »bildhaften Darstellungen« im Lande seien als »gotteslästerlich« anzusehen, sie müßten deshalb vernichtet werden. Um den Mullah zu belehren, seine Ansicht entspreche nicht den Gesetzen des Islam, reiste am 11. März 2001 der höchste islamische Geistliche Ägyptens, Sheikh Nasir Farid Wasil nach Afghanistan. Er erreichte zwar Kandahar, doch wurde ihm keine Begegnung mit wichtigen Personen gestattet. Der Sheikh wurde von unbedeutenden Geistlichen darauf hingewiesen, daß offenbar auch am Nil Gläubige der Meinung seien, die Altertümer aus der Pharaonenzeit seien unislamisch und müßten gesprengt werden. Sheikh Nasir Farid Wasil hatte das Gefühl, er befinde sich als Besucher in einem feindlichen Land. Man ließ ihn spüren, daß er zu den Stützen des ägyptischen Präsidenten Husni Mubarak zählte, der von Osama Bin Laden zum »Feind des Islam« erklärt worden war.

Der Sheikh hielt sich noch in Kandahar auf, da verkündete der »Kulturminister« der Taliban, die Statuen von Bamian seien zerstört: »Die Arbeit ist beendet. Von den Buddhas ist nichts mehr übrig!« Der »Emir von Afghanistan« zog dieses Fazit: »Es entspricht der islamischen Lehre, alle Arten von Statuen zu zerstören.« Und er fügte hinzu: »Es ist eine Schande, daß sich die Welt mehr um Steine kümmert, als um die Leiden der Menschheit!«

Ausgelöscht waren die Spuren einer fremden Kultur auf afghanischem islamischem Boden. Den Erfolg für den Islam wollte sich Osama Bin Laden zuschreiben. Es stellte sich heraus, daß seine Ablehnung und Feindschaft nicht auf Christentum und Judentum beschränkt waren – er bestritt auch, daß Buddhismus und Hinduismus auf göttlichen Offenbarungen beruhen. So ist zu verstehen, daß Osama Bin Laden in Zentralasien auch den Kampf der Pakistanis um die von Indern beherrschte Kaschmirregion unterstützte. In Indien sind die Hindus – sie stellen die Mehrheit – die beherrschende Religionsgruppe. Die Hindus sind auch die Mächtigen im Kaschmirtal, das von Moslems bevölkert ist.

Kaschmir war ehemals ein selbständiger Fürstenstaat, der sich über das Land westlich des Himalaja erstreckte. Das Tal wird vom Fluß Ihelum durchzogen. Die Hauptstadt der Region ist Srinagar.

Von 1846 ab war Kaschmir zuerst in britischem Besitz, doch die Krone von England verkaufte das Gebiet an den Hinduherrscher Gulab Singh, und damit war es im Besitz der Mächtigen Indiens. Als Indien im Jahr 1948 unabhängig wurde, verlangte der junge Staat, daß Kaschmir zu seinem Gebiet gehörte. Dieser Anspruch wurde vom ebenfalls noch jungen Staat Pakistan bestritten; Pakistan war im selben Jahr unabhängig geworden. Bis dahin war das hinduistische Indien und das islamische Pakistan im Herrschaftsbereich der Briten vereinigt gewesen.

Die Entscheidung der britischen Regierung, das islamische Gebiet Kaschmir dem hinduistischen Indien zu übergeben, führte sofort nach 1948 zu kriegerischen Konflikten, die immer wieder in Versuche mündeten, das Problem friedlich zu lösen. Eine Volksabstimmung über die endgültige Zugehörigkeit Kaschmirs, die schon 1949 beschlossen worden war, hat nie stattgefunden.

Die beiden Kontrahenten Pakistan und Indien beanspruchen Kaschmir. Beide verfügen über die Atombombe.

Bin Laden sponsert islamische Kämpfer gegen Indien

Osama Bin Ladens Ansehen beim »Emir von Afghanistan« beruht auch darauf, daß er die Interessen des Talibanregimes und der Regierenden in Pakistan eng miteinander verwoben hat. Aus seiner eigenen Kasse finanzierte er auf afghanischem Boden Ausbildungszentren für arabische Freiwillige, die am »Dschihad in Kaschmir« teilnehmen wollen. Im Jahr 1998 gab Mullah Mohammed Omar zu, daß er den »Kampf gegen die indische Besatzungsmacht von Kaschmir« unterstütze.

Diesen Kampf führt die »Demokratische Volksfront zur Befreiung Kaschmirs«. Sie versucht, den indischen Soldaten, die Kaschmir ruhig halten sollen, Schrecken einzujagen. Dies geschieht mit geringem Erfolg. Die Menschen in Kaschmir wissen, daß die islamischen »Freiheitskämpfer« in Lagern in Afghanistan, bei den Taliban also, ausgebildet worden sind.

Die »Kaschmiri« aber fürchten, es könne sich bei ihnen ein ähnliches Regime etablieren, wie in Kandahar und Kabul.

Kaschmir galt einst als die »Schweiz Zentralasiens«. Reiche Inder machten im Land bei Srinagar Ferien. Sie kamen auch deshalb in die Städte am Fluß Ihelum, weil Nehru von hier stammte. Doch jetzt bleiben die reichen Fremden aus. So wenig auch die »Demokratische Volksfront für die Befreiung Kaschmirs« erreichte, die von ihr erzeugte Unruhe vertrieb die zahlenden Gäste. Der »Dschihad in Kaschmir« verbreitete eher in New Delhi Schrecken als in Srinagar.

General Kabu, der Kommandeur des indischen Militärs in Kaschmir, meint, die Anstrengungen der »Terroristen« seien wirkungslos. Die Kaschmiri hätten gar keine Lust darauf, unabhängig zu sein: »Kaschmir war nie ein Staat für sich – er ist immer von Indien geleitet und geführt worden.« General Kabu fürchtet die Autobomben nicht, die in der Nähe von Militärstellungen detonieren: »Sie haben keinen Schaden angerichtet.«

Der General erhob Vorwürfe gegen Osama Bin Laden: »Er ist der eigentliche Unruhestifter bei uns hier in Kaschmir.« Der General kennt den Grund, warum sich Bin Laden in Kaschmir engagierte: »Er ist dazu gezwungen worden – vom pakistanischen Geheimdienst SIS. Im Jahr 1998 hat Präsident Clinton damit gedroht, er werde Pakistan auf die Liste der Länder setzen lassen, die den Terrorismus unterstützten. Dies hätte bedeutet, daß Pakistan mit Libyen, Irak und Iran gleichgesetzt worden wäre. Pakistan wäre zum ›Feindstaat‹ für die USA geworden. Pakistan hätte nie mit Unterstützung durch die westliche Welt rechnen können.« Das Resultat war, so meinte General Kabu, daß die Ausbildungslager der Terroristen, die sich auf den Einsatz in Kaschmir vorbereiteten, von Pakistan nach Afghanistan verlegt wurden – und zwar mit Hilfe von Osama Bin Laden. Die Gefahr für Pakistan, auf die »schwarze Liste« gesetzt zu werden, konnte auf diese Weise abgewendet werden.

Pakistan hofft darauf, Kaschmir in nicht zu langer Zeit seinem Territorium angliedern zu können. Die Militärs in Islamabad sind unzufrieden mit der geographischen Gestalt ihres Landes: Es sei nur ein schmaler Streifen des Ufergebiets rechts und links des Indusflusses. Pakistan, so argumentieren die Offiziere, habe nur Länge, aber »keine Tiefe«. Mit der Angliederung der Kaschmirregion gewinne Pakistan an Tiefe. Sie sei deshalb absolut notwendig, weil irgendwann doch die militärische Auseinandersetzung mit Indien nicht mehr zu vermeiden sei.

So beeinflußt das Kaschmirproblem die Beziehung zwischen Pakistan und Afghanistan. Das Regime des Präsidenten Musharraf brauchte sich nicht im Kaschmirkonflikt zu beteiligen – diese Aufgabe übernahm im Jahr 1998 das Talibanregime – und in dessen Auftrag die Organisation des Osama Bin Laden. Sie begann sich jetzt erst richtig zu formieren. Sie erhielt die Bezeichnung Al Qaida – die Basis.

Al Qaida ist keineswegs eine festgefügte Gruppierung mit fixierten Kommandostrukturen. Sie ist eine lose Vereinigung von

Gleichgesinnten, die vom gleichen Ziel angetrieben sind. Die Qaida-Aktivisten werden jeweils auf eine bestimmte Aktion angesetzt. Sie bereiten diese über lange Zeit vor und tauchen nach Erledigung der Aufgabe – wenn möglich – wieder völlig unter.

Präsident Bill Clinton hatte gedroht: »Wir werden die Verbrecher von Nairobi und Daressalam aus ihren Verstecken jagen, wo sie sich auch befinden mögen: Sie werden uns nicht entgehen!« Doch blieben bedeutende Fahndungserfolge aus. Einzig den deutschen Fahndern gelang 1998 ein Erfolg. Sie verhafteten den sudanesischen Geschäftsmann Mamduh Salim. Er stand im Verdacht, einer der Finanzmanager von Al Qaida zu sein; er soll einer der Verantwortlichen für die Anschläge in Nairobi und Daressalam gewesen sein.

Während der Verhöre gab Mamduh Salim zu, daß er Bin Laden kenne. Er sei ihm zum ersten Mal in Pakistan begegnet – im Jahr 1986. Auffällig ist, daß sie gemeinsam aus Pakistan in den Sudan zurückgekehrt sind. Damals war Mamduh Salim 33 Jahre alt und ausgebildeter Elektroingenieur. In der sudanesischen Hauptstadt Khartoum bot ihm Osama Bin Laden an, die Leitungsposition in einer der Handelsfirmen zu übernehmen, die auf Bin Ladens Namen damals gegründet wurden. Mamduh Salim gab in den Verhören an, er habe diese Position abgelehnt mit der Bemerkung, er sei Elektroingenieur und kein Betriebswirtschaftler. Osama Bin Laden habe entgegnet, was er gelernt habe, sei unbedeutend, es käme auf Geschick und Intelligenz an. Auf Mamduh Salim hatte Osama Bin Laden den Eindruck gemacht, er sei ein seriöser Geschäftsmann; und der Sudanese ließ sich bestätigen, ein »aufrechter Mann« zu sein. Er trat in die Dienste des wohlhabenden Mannes aus Saudi-Arabien ein. Seine Beziehung zu Bin Laden sah er so: »Ich war sein Angestellter und habe ein Gehalt bezogen.« Nachzuweisen ist, daß Salim in Khartoum ein »Gästehaus« der Organisation Al Qaida geleitet hat. Später reiste er im Auftrag von Bin Laden in die Bundesrepublik Deutschland. Nach seinen eigenen Angaben war der Zweck der Reise der Erwerb von elektronischen Geräten zum Aufbau einer Radiostation im Sudan. Dieser Sender sollte vor allem islamisch-religiöse Programme in arabischer Sprache ausstrahlen. Der Verdacht ist allerdings berechtigt, daß Mamduh Salim Geräte kaufte, die der Kommunikation zwischen den Zellen von Al Qaida dienen konnten.

Salim wechselte im Jahr 1995 den Wohnsitz: Er zog nach Dubai. Von Dubai aus flog er mehrmals in die Bundesrepublik. Diese Reisen sollten einen doppelten Zweck haben. Er gab den Fahndern an, er habe eine zweite Frau gesucht, weil die erste krank geworden sei – und er habe einen »gebrauchten Mercedes« erwerben wollen.

In Hamburg nahm Salim Kontakt auf zu dem syrischen Geschäftsmann Mamun Darkazanli, der in Finanzangelegenheiten tätig war. Salim und Darkazanli eröffneten ein gemeinsames Konto bei der Dresdner Bank, über das allerdings keine bedeutenden Beträge abgewickelt wurden.

Mamun Darkazanli blieb zunächst unbehelligt – der verhaftete Mamduh Salim aber wurde den US-Behörden übergeben, die glaubwürdig belegen konnten, daß er an den Vorbereitungen der Attentate von Nairobi und Daressalam beteiligt gewesen war.

Ein Durchbruch zum Kern des lockeren Netzwerks von Al Qaida gelang nicht. Ein spürbares Resultat hatten auch »Militärschläge« nicht. Als Vergeltung für die Attentate von Nairobi und Daressalam hatten die amerikanischen Militärs sechzig Marschflugkörper gegen vermutete Ausbildungslager der Al Qaida in Afghanistan abgefeuert; ob sie wirklich Bin Laden geschadet haben, ist zweifelhaft. Der Abschuß von Marschflugkörpern gegen ein Ziel im Sudan erwies sich allerdings als Fehlschlag. Getroffen werden sollte eine Fabrik zur Erzeugung von Giftgas – zerstört wurde eine Firma, die Medikamente herstellte.

Der 11. September 2001

Was sich in den entführten Flugzeugen ereignete, bleibt ein Mysterium. Die Vorgänge können nur an Hand von Protokollen der Gesprächsfetzen rekonstruiert werden, die vom Air Traffic Control Center in Virginia aufgezeichnet worden sind.

Daß ein ernsthaftes Problem droht, spürt der Controller um 8.15 Uhr an jenem 11. September 2001, als er diese Worte über seine Kopfhörer vernimmt: »Zu ihrer Information: Wir haben einige Flugzeuge geschnappt. Verhalten Sie sich bitte ganz ruhig und es wird Ihnen nichts geschehen! Wir kehren zum Flughafen zurück!«

Der Controller kann nicht feststellen, in welchem Flugzeug diese Worte gesprochen worden sind. Er identifiziert sich über seine Funkfrequenz und fragt: »Wer will mir etwas mitteilen?« Mehrfach fragt er nach. Nach zwei Minuten hört er die männliche Stimme wieder: »Niemand bewegt sich! Wir fliegen zum Flughafen zurück. Bitte keine blöden Bewegungen! Unternehmen Sie nichts!«

Der Controller erkennt jetzt, daß der Redende glaubt, sich an Passagiere zu wenden. Der Mann will ihnen offenbar mitteilen, daß das Flugzeug, in dem sie sitzen, entführt worden ist – zusammen mit einigen anderen – und daß er zu den Entführern gehört. Er befindet sich im Cockpit. Da er die Knöpfe verwechselt hat, hören ihn nicht die Passagiere, sondern der Controller in Virginia.

Um diese Zeit stellten die Lotsen vom Air Traffic Control Center fest, daß keine Verbindung bestand zu den Piloten des Fluges 011 der American Airlines. Dieser Flug hatte den Logan International Airport bei Boston um 7.53 Uhr mit dem Ziel Los Angeles verlassen. Es war eine Maschine vom Typ Boeing 767. An Bord befanden sich 81 Passagiere und 11 Besatzungsmitglieder.

Eine Minute vor dem Start des Fluges 011 hatte Flug 175 der United Airlines von der Piste des Logan International Airport abgehoben. Auch diese Maschine vom Typ 767 war unterwegs nach Los Angeles – mit 56 Passagieren und 9 Besatzungsmitgliedern an Bord.

Vom Cockpit des Fluges 175 wurde um 8.41 Uhr dem Controller gemeldet: »Wir haben jemand seltsam reden gehört. Es klang, als ob irgend jemand Passagiere aufgefordert hat, sie sollten sich ruhig verhalten, es sei alles in Ordnung. Etwas stimmt da nicht!« Kaum war diese Nachricht vom Controller gehört worden, brach der Kontakt zum Flug 175 ab. Auf der Bandaufzeichnung ist nur die Stimme des Controllers zu vernehmen: »Nichts rührt sich! Niemand sagt etwas! Überhaupt nichts ist zu hören!« Die Stimme klingt klagend und schließlich zornig. Sie fragt, warum nicht wenigstens der Transponder funktioniere.

Der Name des Instruments »Transponder« setzt sich aus Bestandteilen von zwei Begriffen zusammen, aus »Transmitter« und »Responder«. Der Transponder kann Signale empfangen und er kann sie beantworten. Wird er vom Controller durch Funksignale aktiviert, meldet er sich selbsttätig und strahlt codierte Angaben ab, aus denen Nationalität, Flugnummer und Bestimmungsort zu erkennen sind. Der Transponder macht die Identifizierung eines Flugzeugs möglich. Will die Cockpitbesatzung allerdings nicht, daß ihre Maschine identifiziert wird, schaltet sie den Transponder aus. Bei normalen Linienflügen geschieht dies allerdings nie. Dies erklärt die Verzweiflung des Controllers, als er bemerkt, daß er keine Transpondersignale vom Flug 175 der United Airlines empfangen kann.

Um 8.50 Uhr ist eine später nicht zu identifizierende Stimme auf der Frequenz des Controllers zu hören: »Kann mir jemand sagen, woher dieser schwarze Rauch über Manhattan kommt?« Dann schweigt auch diese Stimme.

Fünf Minuten zuvor war Flug 011 der American Airlines in den oberen Teil des nördlichen Turms des World Trade Centers gerast. Schwarze fettige Wolken quollen sofort aus der Bresche in der Turmfassade. Sie wurden vom Wind am Himmel über Manhattan verbreitet.

Die Controller im Air Traffic Center in Virginia und die Lotsen im Logan International Airport in Boston versuchen über alle nur möglichen Funkfrequenzen Kontakt zum Flug 175 der United Airlines zu bekommen – ohne Erfolg. Auf den Radarbildschirmen ist zu verfolgen, daß die Maschine schon wenige Minuten nach dem Startvorgang (7.58 Uhr) in weit ausschwingenden Schlangenlinien flog. Westlich von New York City wich sie völlig vom vorgesehenen Kurs ab. Südwestlich der Stadt knickte sie den Kurs in einem Winkel von 30° ab und flog direkt auf New York City zu.

Die Stimme des Controllers im Originalton: »We may have a hijack! We have some problems over here now!«

Die Lotsen an den Radargeräten erkennen mit Entsetzen, daß Flug 175 mit einer Geschwindigkeit von mehr als 500 Meilen pro Stunde (800 km/h) auf die Stadt zurast. Die Geschwindigkeit ist damit beinahe doppelt so hoch als zugelassen.

Die Controller ziehen dieses Fazit: Der eigentliche Pilot ist nicht mehr Herr der Maschine; nie würde er ein derartiges Tempo fliegen, das voller Risiken ist. Der fremde Pilot profitiert offenbar vom Nutzen dieser hohen Geschwindigkeit: Die Maschine ist leichter zu steuern – präzise auf das Ziel zu, auf den südlichen Turm des World Trade Centers in Manhattan. Dieses Ziel wird um 9.06 Uhr erreicht. Die Maschine durchschneidet die Fassade in der Mitte des Turms. Eine goldgelbe Explosionswolke verhüllte sofort die obere Hälfte des Turms.

Nur fünf Minuten nach dem Aufprall des Fluges 011 der United Airlines – um 8.50 Uhr – hat der Controller des Airports von Indianapolis Funkkontakt mit Flug 77 der American Airlines. Der Controller weiß zu diesem Zeitpunkt nichts vom Unglück in New York. Er ist nicht in der Lage, eine Warnung auszusprechen. Der Controller weist die Piloten des Fluges 77, der vom Airport Dulles bei Washington aus gestartet war, an, zunächst das Funkfeuer von Falmouth, Kentucky, anzufliegen. Flug 77 ist ebenfalls unterwegs nach Los Angeles. An Bord befinden sich 58 Passagiere und 6 Besatzungsmitglieder.

Die Anweisung, das Funkfeuer von Falmouth, Kentucky, anzusteuern, war die letzte Nachricht, die der Controller an Flug 77 weitergeben konnte. Seine Bemühungen um Fortsetzung des Funkverkehrs sind auf Tonband festgehalten: »American 77! Hören Sie mich? Überprüfen Sie Ihre Frequenzen!« Flug 77 antwortete nicht. Auch vom Transponder war kein Signal zu erhalten.

Um 8.56 Uhr entschließt sich der Controller, die Federal Aviation Administration (FAA) zu informieren, daß Unheil drohe. Die FAA weiß bereits Bescheid über das Ereignis am Nordturm des World Trade Centers (Einschlag um 8.45 Uhr). FAA hatte sofort das North American Aerospace Defence Command (NAADC) in Washington informiert. Um 9.28 Uhr starten die ersten einsatzbereiten Kampfflugzeuge.

Der Einsatzdisponent von American Airlines – er hat sein Büro in Dulles – weiß zu diesem Zeitpunkt von beiden Unglücken in New York. Er war ganz selbstverständlich der Meinung, daß sein Flug

77 den Südturm getroffen habe – nachdem sein Flug 011 zuvor im Nordturm eingeschlagen habe. Vom Flug 175 der United Airlines wußte er nichts.

In Wirklichkeit ist Flug 77 noch unterwegs in Richtung Westen. Unbekannt ist, zu welchem Zeitpunkt und wo die Maschine umgekehrt ist, um Washington anzufliegen. Um 9.33 Uhr entdeckt der Traffic Controller des Flughafens Dulles bei Washington auf seinem Radarschirm ein unbekanntes Flugobjekt. Es ist derselbe Controller, der den Flug 77 beim Abflug zu betreuen hatte. Dabei war ihm nichts Ungewöhnliches aufgefallen. Seit der Abflugprozedur waren eine Stunde und 23 Minuten vergangen – es besteht für den Controller kein Anlaß, anzunehmen, er habe jetzt, um 9.33 Uhr, dasselbe Flugzeug wie zuvor auf dem Radarschirm. Ihn macht die Geschwindigkeit des Flugobjekts stutzig: Es fliegt in einem Tempo von mehr als 500 Meilen pro Stunde in Richtung Washington. Der Controller alarmierte die Sicherheitsdienste mit dem vereinbarten Signal: »Fast-moving primary target«. Die Gefahr wurde erkannt: Das Flugzeug näherte sich rasch dem verbotenen Luftraum über dem Weißen Haus und dem Capitol. Beide Objekte durften nicht überflogen werden.

Der Alarmruf des Controllers setzt Sicherheitsmaßnahmen für das Weiße Haus in Bewegung. Der Präsident selbst befindet sich in Florida, doch Vizepräsident Dick Cheney sitzt in seinem Büro – er wird flink in einen Bunker unter dem Weißen Haus verbracht.

Um 9.36 Uhr wird die Besatzung einer Militärfrachtmaschine vom Typ C-130, die im Luftraum westlich von Washington unterwegs ist, beauftragt, Ausschau zu halten nach dem Flugobjekt, das auf keine Funksignale reagiert. Die Besatzung sieht den Flug 77. Gemeldet wird: »Es handelt sich um eine Boeing 757. Sie fliegt sehr niedrig und ungewöhnlich schnell!« Die Höhe beträgt zu diesem Zeitpunkt 2700 Meter. Die Besatzung der C-130 sieht, wie die Boeing 757 über das Pentagon hinwegzieht. Dann fliegt sie mit gleichbleibend hoher Geschwindigkeit eine volle Kurve, verringert weiter ihre Höhe und rast in den Westflügel des Pentagon. Nicht festzustellen war später, ob das Flugzeug ins Weiße Haus hätte gesteuert werden sollen. Möglich ist, daß der Pilot – der wohl ein Entführer war – das verhältnismäßig niedere Gebäude des Präsidentensitzes nicht ausgemacht hatte. Das Fünfeck des

Verteidigungsministeriums aber lag breit und weithin sichtbar in der Morgensonne. Zeitpunkt des Aufpralls: 9.40 Uhr.

Zur gleichen Zeit verändert Flug 93 der United Airlines seinen Kurs. Die Maschine vom Typ Boeing 757 ist seit 8.01 Uhr unterwegs nach San Francisco – mit 38 Passagieren und 7 Besatzungsmitgliedern. Um 9.40 Uhr waren die Piloten durch Funksignale gewarnt worden: »Beware cockpit intrusion«. In leuchtend grünen Buchstaben auf schwarzem Grund war diese Schrift im Blickfeld der Piloten Kapitän Jason Dahl und seines Ersten Offiziers Leroy Homer zu lesen. Als Reaktion auf diese Warnung vor Eindringlingen ins Cockpit unternahmen die beiden die Kursänderung: Sie flogen weiter südlich. In der Nähe von Cleveland aber erfolgt die abrupte Kursänderung; die Maschine fliegt zurück nach Osten.

Von allen anderen Entführungen dieses Tages sind keine Tondokumente von den Augenblicken der Übernahme des Flugzeugs durch die Entführer vorhanden. Im Fall des Fluges 93 aber wurden undeutliche Geräusche aufgezeichnet, die erkennen lassen, daß ein Streit an Bord stattgefunden hat. Zu hören sind solche Sätze: »Hey, get out of here!« Es klang, als ob ein Araber gesprochen habe.

Ein Zeuge des Geschehens meldete sich aus der Toilette der Boeing 757 des Fluges 93 der United Airlines. Er sprach über sein Handy, über sein Mobiltelefon. Er hat eine Nummer angerufen, die ihm vertraut war, die Nummer des Notrufdienstes von Westmoreland County, das bei Pittsburgh liegt. Der Telefonist vom Dienst hörte eine aufgeregte Stimme, die mehrfach diese Worte wiederholte: »Wir sind entführt worden!« Der Mann habe um dringende Hilfe gebeten und mit schriller Stimme betont: »Dies ist kein Scherz!« Er habe sich in die Toilette geflüchtet. Passagiere hätten die Entführer zu überwältigen versucht. Der Mann in der Toilette berichtete noch, er habe soeben eine Explosion gehört. Die Maschine habe gebebt. Dann brach dieser Kontakt ab.

Streit und Kampf an Bord hatten offenbar dazu geführt, daß Flug 93 sein Ziel in Washington nicht erreicht hat. Möglich, daß diese Maschine das Capitol hätte treffen sollen. Flug 93 stürzte bei der Kleinstadt Shanksville, 120 km südöstlich von Pittsburgh, in freies Feld. Der Absturz geschah um 10.37 Uhr. Wäre Flug 93 noch zehn Sekunden länger in der Luft geblieben, hätte die Maschine die Shanksville-Stonycreek-Schule getroffen.

Um 9.06 Uhr, als Flug 175 der United Airlines den Südturm des World Trade Centers traf, befand sich Präsident George W. Bush in der Stadt Saratoga in Florida. Auf seinem Besuchsplan stand an diesem Morgen die Besichtigung der Grundschule, die den Namen »Emma E. Brooker« trägt. Auf dem Programm der Klasse, die der Präsident besuchte, war »Lesen« angesetzt. Auf einer Tafel, die sich hinter dem Präsidenten befand, standen diese Worte: »Reading makes a country great!« Der Präsident war eben dabei, sich zurechtzusetzen, um sich von den Schülern fotografieren zu lassen, da betrat sein Stabschef Andy Card das Klassenzimmer. Card beugte sich zum sitzenden Präsidenten herunter und flüsterte in sein rechtes Ohr. George W. Bush erfuhr durch seinen Stabschef in diesem Augenblick, was in New York geschehen war. Sein Gesicht war danach angespannt, doch er sprach nicht darüber, was er soeben erfahren hatte. Er sagte: »Ihr seid alle tolle Leser!« Dann ließ er sich fotografieren, als ob nichts geschehen wäre.

In der Turnhalle der Schule warteten 200 Personen auf den Präsidenten – Honoratioren der Stadt, Beamte, das Personal der Schule und ältere Schüler. Gerüchte vom Unglück in New York drangen durch Hinzukommende in den Raum und verbreiteten sich. Sie hatten im Lehrerzimmer das aktuelle Fernsehprogramm angeschaut. Mit 35 Minuten Verspätung betrat der Präsident die Turnhalle. Er sprach zu den Wartenden in kurzen Sätzen: »Dies ist eine harte Zeit für Amerika! Wir werden diejenigen jagen, die dieses Verbrechen begangen haben!«

Die Verblüffung über das Geschehen in New York weicht dem Entsetzen – ab jetzt weltweit. Der Nachrichtensender CNN liefert Bilder. Das Cable News Network hat ab 8.55 Uhr eine Kamera in Position. Sie erfaßt um 9.06 Uhr das Bild vom Anflug und vom Aufprall des Fluges 175 auf den südlichen Turm des World Trade Centers. An zwei Seiten des Gebäudes sind gewaltige Feuerwolken zu erkennen. Aus dem Nordturm quillt weiterhin schwarzer fettiger Rauch.

Um 9.31 Uhr treffen die ersten Feuerwehren auf den Straßen vor den beiden Türmen ein. An Rettung der beiden ungefähr gleich hohen Türme, die weit über New Yorks Skyline hinausragen, ist nicht zu denken. Die Menschen müssen evakuiert werden. Niemand weiß, wie viele Frauen und Männer zu dieser frühen Stunde des Vormittags in den Büros der Banken, Handelsfirmen, Agenturen, Niederlassungen und Firmenvertretungen tätig sind. Die Zahl wird grob auf 5000 geschätzt. Zwei Stunden später würden sich 50 000 im World Trade Center aufhalten.

Die Fernsehbilder zeigen, daß in den oberen Stockwerken der beiden Türme Menschen eingeschlossen sind. Manche winken mit weißen Tüchern. Doch diese Lebenszeichen sind kaum erkennbar hinter dem Gitterwerk der Fassaden.

Zu erfahren ist später, daß viele der Eingeschlossenen über ihre Mobiltelefone ihre Verwandten und Freunde angerufen haben. Sie sind offenbar in Hoffnung, irgendwie gerettet, evakuiert zu werden. Sie erkennen, daß der Weg nach unten und ins Freie abgeschnitten ist. Manche sind der festen Überzeugung, sie könnten von der Dachfläche mit Hubschraubern abgeholt werden. Doch dazu besteht keine Möglichkeit. Die oberen Teile der Türme sind bald schon in Rauch und Feuer gehüllt.

Durch das Gitterwerk der Fassade der Stockwerke unterhalb der Feuersbrunst zwängen sich Menschen. Sie stürzen sich hinunter, in den sicheren Tod. Sie haben nur die Wahl entweder vom Rauch erstickt – von den Flammen verzehrt zu werden – oder den Sprung in die Tiefe, der ihnen einen raschen und schmerzlosen Tod beschert. Eine Frau und ein Mann halten sich beim Sturz an den Händen fest.

Aus den Rauchwolken fallen Teile der Fassadengitter herunter. Betonbrocken brechen aus. Die Struktur der Türme ist der gewaltigen Hitze des brennenden Kerosins, das die Flugzeuge noch in ihren Tanks hatten, nicht gewachsen. Hauptträger des Gewichts der 110 Stockwerke sind die stählerne Außenhaut und vor allem die vier stählernen Ecksäulen. Sie halten jedoch stand. Die Schwachpunkte aber sind die Aufhängungen der Böden/Decken jedes Stockwerks; diese Böden/Decken hängen an den vier Ecksäulen. Das Klammermaterial aber schmilzt in der Hitze. Die Böden/Decken stürzen auf das nächste Stockwerk; es hält dem Gewicht nicht stand. Ein »Dominoeffekt« wird ausgelöst: Von oben nach unten bricht die Konstruktion zusammen. Um 10.00 Uhr – 54 Minuten nach dem Aufprall des Fluges 175 – stürzt der Südturm in einer weißgrauen Staubwolke zusammen. Massen von Stahlträgern und Betonklötzen begraben Feuerwehrleute und Menschen, die sich hatten retten wollen. Fotos existieren, die zeigen, wie Männer und Frauen auf den Straßen davonrennen. Einige blicken im Laufen zurück auf die Staubwolke. Frauen streifen sich – ebenfalls im Laufen – ihre Schuhe mit hohen Absätzen ab.

Da damit zu rechnen ist, daß auch der Nordturm einstürzt, versuchen Feuerwehrleute und Polizisten so viele Frauen und Männer wie möglich zu retten. Sie haben dafür noch 29 Minuten Zeit. Eine erstaunliche Zahl von Menschen zwängen sich über Treppenhäuser nach unten. Die 97 Fahrstühle sind nicht mehr im Betrieb. Die Treppenhäuser haben kein Licht mehr.

Um 10.29 Uhr fallen die oberen Stockwerke in sich zusammen. Die 120 Meter hohe Antenne auf dem Dach verschwindet langsam nach unten in einer Wolke von Rauch und Feuer. Über diese Antenne hatten bisher 10 Fernsehstationen ihre Programme übertragen. Die Telefonversorgung New Yorks hing zu einem großen Teil von den Geräten an diesem Masten ab.

Es waren 105 Minuten vergangen, seit dem Aufprall des Fluges 011 der American Airlines. In dieser kurzen Zeitspanne hat New York seine markantesten Gebäude, seine Wahrzeichen, verloren. Ein Berg von rauchenden und stinkenden Trümmern markierte den Platz, an dem die »Zwillingstürme« einst standen.

Nie in der Geschichte der USA waren an einem einzelnen Tag derart viele Menschen durch eine Gewalttat ums Leben gekommen.

Der US-Geheimdienst läßt wissen, er habe noch vor der Mittagszeit einen Funkspruch in arabischer Sprache abgefangen, der offensichtlich an Osama Bin Laden gerichtet war. Der Text: »Wir haben die Ziele getroffen. Allah sei gepriesen!«

Ali Ibn Abu Taleb als Vorbild der Täter: »Dschihad ist eines der Tore zum Paradies«

»Beispiel für uns ist Ali Ibn Abu Taleb – Allah segne seine Seele! Er hatte Streit mit einem Ungläubigen. Dieser hatte Ali – Allah segne seine Seele – angespuckt. Zunächst wollte Ali – dessen Seele Allah segne – sein Schwert zücken, um den Ungläubigen zu töten. Er beherrschte sich und brachte den Ungläubigen nicht um. Später aber holte er das Versäumte nach. Da fragten die Männer, die an Ali – Allah segne seine Seele – glaubten: ›Warum hast du diesen Ungläubigen nicht sofort getötet, als er dich angespuckt hatte?‹ Die Fragenden erhielten diese Worte zur Antwort: ›Als er mich anspuckte, wollte ich tatsächlich sofort reagieren. Ich habe mich jedoch beherrscht. Hätte ich ihn gleich umgebracht, wäre dies meine ganz persönliche Rache gewesen. Als ich ihn später tötete, war dies Allahs Rache.‹«

Dieses Bekenntnis zu Ali Ibn Abu Taleb ist in einem Schreiben zu finden, das der Entführer des Fluges 011 der American Airlines im Gepäck mit sich führte.

Der Mann wurde durch eine Videoaufzeichnung identifiziert. Im Flughafen Portland wurden routinemäßig alle Passagiere bildlich festgehalten, die von der Sicherheitskontrolle gecheckt worden waren. Diese Aufzeichnung war am 12. September 2001 überprüft worden in der Hoffnung, es könne darauf jemand entdeckt werden, der im Verdacht stand, an den Flugzeugentführungen des Vortags teilgenommen zu haben.

Ein Mann im blauen Hemd, mit umgehängter Tasche erregte Interesse. Er hatte die Sicherheitskontrolle soeben unbeanstandet passiert. Die eingeblendete Zeitangabe zeigte »24 H« an.

Der Mann wurde am 12. September überprüft. Sein Name war rasch ermittelt: Mohammed Atta, 33 Jahre alt.

Atta hatte sich zu jener mitternächtlichen Stunde zum Flugzeug begeben, das ihn von Portland nach Boston bringen sollte. Diese Maschine erreichte Boston mit Verspätung. Er bestieg gerade noch den Flug 011 der American Airlines, der um 7.59 Uhr vom Logan International Airport abhob. Das von Atta aufgegebene Gepäck aber konnte nicht mehr umgeladen werden. Es blieb in Boston zurück.

Das Gepäckstück – es war eine Tasche – wurde durch Fahnder des FBI untersucht. Darin fanden sich Teile einer Pilotenuniform und ein Video, das eine Anleitung zur Bedienung von Flugzeugen des Typs Boeing 767 enthielt. In der Tasche wurde auch ein Schreiben gefunden – der von Hand geschriebene Text war arabisch. Das Schreiben wurde zunächst als Attas Abschiedsbrief angesehen.

Es stellte sich jedoch bald heraus, daß dieses Schreiben einen Leitfaden enthielt, wie sich ein Attentäter zu verhalten habe, der bereit war, im Auftrag Allahs zu handeln. Der Attentäter wird angewiesen, sich Ali Ibn Abu Taleb zum Vorbild zu nehmen.

Ali Ibn Abu Taleb war der Schwiegersohn des Propheten Mohammed. Er war mit Fatima verheiratet, der Tochter des Propheten. Die beiden hatten zwei Söhne, Hassan und Hussain, die als Prophetenenkel später für die Geschichte des Islam bedeutsam wurden. Ali war jedoch zugleich der Stiefsohn Mohammeds. Alis Vater, der Sheikh einer Sippe in Mekka war, hatte als Kaufmann sein Vermögen verloren. Mohammed, der durch Heirat mit der Witwe Chadidscha wohlhabend geworden war, hatte sich bereit erklärt, den zehnjährigen Ali zu adoptieren.

Als Mohammed, von Allah inspiriert, damit begann, die Suren des Koran – und damit Allahs Weisungen – zu offenbaren, wurde der junge Ali um das Jahr 612 christlicher Zeitrechnung zum ersten Gläubigen des Islam. Bis zum Tod des Propheten im Jahr 632 war Ali der getreueste Gläubige, über den Mohammed verfügen konnte. Auch als der Prophet zum Oberhaupt des islamischen Staates um Mekka und Medina berufen wurde, war Ali der Mann seines Vertrauens. Auf ihn konnte sich der »Gesandte Allahs« in jeder Situation verlassen.

Als Mohammed im Jahr 632 starb, war Ali überzeugt, der Prophet habe ihn zum Nachfolger in allen Funktionen bestimmt. Doch Ali wurde bei der Verteilung der Macht im islamischen Staat zunächst übergangen. Erst als er 60 Jahre alt war, fiel ihm die Regierungsgewalt doch noch zu. Er wurde berühmt dafür, daß er ein Regime der Gerechtigkeit einführte, in dem die Gesetze des Koran absolut bindend wurden. Überliefert ist, daß er diese Feststellung getroffen hat: »Nur Allah hat das Recht zu urteilen! Der Mensch aber, der Gutes von Bösem zu trennen vermag, urteilt in Allahs Namen!«

Alis Predigten sind im Buch »Nahjul Balagha« (»Der Weg der wahrhaftigen Rede«) bewahrt. Die 27. Predigt enthält Alis Anweisungen für den »Dschihad«:

»Dschihad ist eines der Tore zum Paradies. Allah hat dieses Tor für seine wichtigsten Gläubigen weit geöffnet. Wer sich dem Dschihad verschreibt, der wird ausgestattet mit dem Kleid der Ergebenheit für Allah, der wird geschützt durch den Schild, den Allah ihm verleiht. Wer sich nicht dem Dschihad verschreibt, den überschüttet Allah mit Schande und gibt ihm das Kleid der Schmach. Er wird von Allah verachtet, im Zorn verstoßen. Er kann die Wahrheit nicht mehr erkennen. Allahs Gerechtigkeit wird ihm nicht mehr zuteil. Alle sind aufgerufen zum Dschihad. Ihr habt gegen die Feinde zu kämpfen bei Tag und bei Nacht, offen und im geheimen. Ihr habt sie anzugreifen, ehe sie euch angreifen.«

Ali Ibn Abu Taleb wurde vor allem deshalb zum Vorbild derjenigen, die sich für »Dschihad« entschieden, weil er den Märtyrertod nicht fürchtete. Er kämpfte gegen die Sippe Mu'awijah, die von Damaskus aus das islamische Reich beherrschen wollte – diese Sippe repräsentiert die »Ungläubigen«, die Position gegen den Anspruch der engeren Familie der Prophetennachkommen bezogen hatten. Für die Sippe Mu'awijah war nur die Macht wichtig, nicht aber der Glaube, den Mohammed verkündet hatte. Der Glaube an Allah stand im Streit mit dem Glauben an die Macht. Ali Ibn Abu Taleb bekam von seinen Anhängern den Titel »Amir al Muminin« – »Fürst der wahrhaft Gläubigen« zugesprochen. Die Anhänger des Ali in der Gegenwart, die Kämpfer des »Dschihad«, schätzen dieses Wort: »Gesegnet sind diejenigen, die sich aus dieser Welt verabschieden und die mit Eifer den Weg zu Allahs Welt beschreiten.«

Ali Ibn Abu Taleb verabschiedete sich von der Welt im Jahr 660 christlicher Zeitrechnung. Er wurde in der Moschee von Kufa in Mesopotamien während des Morgengebets ermordet.

Die Anweisung für die letzten Stunden vor dem Märtyrertum: »Du reist, um Allah zu treffen«

Der »Leitfaden«, den Mohammed Atta in seinem Gepäck mit sich führte, griff diese Forderung auf: »Für niemanden gibt es Besseres zu tun, als sich vor Augen zu halten, daß Allah befohlen hat in seinem Namen zu kämpfen und daß man bei diesem Kampf das Leben auf dieser Erde einsetzen soll für ein besseres Leben im Himmel. In einem anderen Koranwort sagt Allah: Die Menschen, die im Namen Allahs gehandelt haben, und die dabei gestorben sind, leben weiter in Allahs Nähe. Unsere Herzen sollten mit Glück erfüllt sein, denn der Himmel ist zum Greifen nahe. Öffne dein Herz und heiße den Tod im Namen Allahs willkommen. Das letzte, was du zu tun hast, ist, an Allah zu denken. Deine letzten Worte sollten sein, daß Allah die Macht über alles besitzt und daß Mohammed Allahs Prophet ist. Danach begegnest du Allah im Himmel.«

Der Leitfaden weist den Gläubigen, der den Weg des Dschihad gewählt hat, an, seine Kraft aus dem Gebet zu schöpfen: »Bete zu Allah, wo immer du auch hingehst, und lächle dabei, denn du hast die Sicherheit, daß Allah den Gläubigen stets beisteht. Engel werden dich beschützen, obgleich du gar nichts davon bemerkst oder spürst. Bete, daß du tust, was Allah dir aufgetragen hat. Bete, daß du handeln wirst, weil du gegen Ungläubige handelst, die Allah nicht kennen. Wisse, daß dich nichts mit den Ungläubigen verbindet. Wenn du die Gebete gesprochen hast, wird alles für dich leicht gehen, denn du hast die Kraft Allahs in dir. Entsinne dich, daß Allah die Ungläubigen niederschlagen und besiegen wird.«

Das Lächeln darf nicht aus dem Gesicht weichen, wenn der Gläubige die Gebete spricht. Er soll vor den Ungläubigen Sicherheit ausstrahlen! »Löse bei anderen nie das Gefühl aus, du seist unsicher oder verwirrt. Sie sollen überzeugt sein, du seist stark und glücklich. Strahle Zuversicht aus, denn du packst Arbeit an, die Allah segnet. Der Himmel lächelt, mein junger Sohn, denn du reist in den Himmel. Wo du auch hingehst, bete zu Allah, denn er ist unaufhörlich bei dir. Was du auch unternimmst, Allah wird es dir leicht machen, er wird dich segnen und er wird dafür sorgen, daß du Erfolg hast. Du wirst am Ende der Sieger sein.«

Dann folgt die Anweisung, mit welcher inneren Haltung der Gläubige die Tat anzupacken hat: »Sobald du das Flugzeug betrittst, sollst du zu Allah beten, denn jeder, der zu Allah betet, wird gewinnen, denn du handelst im Namen Allahs. Der allwissende Prophet hat gesagt: ›Eine Tat im Sinne Allahs ist mehr wert als alle Güter dieser Welt!‹ Sobald du dich im Flugzeug auf deinen Platz setzt, denke allein an Allah! Du wirst unter Ungläubigen sitzen. Sitze ganz still und denke nur daran, daß Allah dir den Sieg ermöglichen wird. Sobald sich das Flugzeug zu bewegen beginnt, bete die Worte, die der Prophet für reisende Gläubige bestimmt hat, denn du reist, um Allah zu treffen. Dann kommt die Stunde, in der du handeln wirst. Dann bete zu Allah, wie es Allah im heiligen Koran vorgeschrieben hat: ›Allah hilf mir bei dem, was ich jetzt unternehme, und laß uns über die ungläubigen Völker siegen!‹ Fürchte dich vor allem nicht, denn du wirst bald Allah treffen. Wenn du deine Tat in Angriff nimmst, schlage hart zu im Wissen, daß der Himmel dich erwartet. Auf die Erde kehrst du nicht zurück. Dich erwartet ein besseres Leben. Engel werden deinen Namen rufen und sie werden für dich die schönsten Kleider tragen. Laß dich leiten von einem Anhänger des Propheten, der Mustafa hieß. Dieser sagte: ›Töte und denke nicht daran, was dieser Tote zurückläßt.‹ Hüte dich vor Gedanken an diejenigen, die zu töten sind. Solche Gedanken könnten gefährlich für dich sein!«

Eindringlich wird der Attentäter ermahnt, sich gründlich auf die Tat vorzubereiten: »Du sollst daran denken, daß du für Allah stirbst. Rasiere das gesamte Haar von deinem Leib – nicht von deinem Haupt. Wasche deinen Körper und besprühe dich mit Duftstoffen. Dann sieh dir deinen Plan noch einmal ganz genau an und bedenke, wie dein Feind reagieren könnte. Denke daran, daß Allah für Märtyrer eine Belohnung bereit hält. Sage dir, daß du die Pflicht hast, so zu handeln wie dein Plan es vorsieht, daß diese Tat stattfinden muß. Allah sagt, daß du seine Befehle und die seiner

Propheten ausführen mußt. Bist du davon nicht überzeugt, wird dir der Plan mißlingen. Stehe in der Nacht auf und bete für den Sieg, dann wird dir Allah alles leicht machen, und er wird dich beschützen. Sei immer auf der Hut, daß jemand deinen Plan gefährden könnte. Denke, daß du endlich diese Erde verlassen kannst und daß der Himmel dich erwartet. Vergiß vor allem jeden Gedanken an das Leben, das du bisher auf dieser Erde geführt hast, denn es wird bald vorüber sein. Die Zeit ist gekommen, um das Richtige zu unternehmen. Wir haben bisher unser Leben verschwendet, nun aber ist die Gelegenheit gekommen, um uns Allah hinzugeben und ihm zu gehorchen. Öffne dein Herz, denn du bist nur noch einen kurzen Augenblick vom Leben voller positiver Werte entfernt. Du wirst in der Gesellschaft von Märtyrern sein.«

Die Täter

Der junge Mann, der zu mitternächtlicher Stunde von der Überwachungskamera des Flughafens Portland im Bild festgehalten worden war, hatte sich am frühen Morgen des 11. September 2001 in Boston an Bord des Fluges 011 der American Airlines begeben. Sicher hat er dabei die Anleitung des »Leitfadens« befolgt: »Sobald du das Flugzeug betrittst, sollst du zu Allah beten.« Da die Maschine aus Portland mit Verspätung in Boston eingetroffen war, gehörte er wohl zu den letzten Passagieren, die in der Boeing 767 Platz genommen haben. Laut »Leitfaden« war vorgesehen: »Wenn du dich im Flugzeug auf deinen Platz setzt, denke allein an Allah! Du wirst unter Ungläubigen sitzen. Sitze ganz still und denke nur daran, daß Allah dir den Sieg ermöglichen wird.«

Was dann geschah, wird niemals mehr geklärt werden können. Für die US-Ermittler gilt der junge Mann als derjenige, der den Flug 011 gesteuert hat, als die Maschine um 8.45 Uhr in den Nordturm des World Trade Centers gerast ist. Es muß ihm, zusammen mit anderen Tätern, gelungen sein, den wirklichen Piloten und den Kopiloten zu töten oder wenigstens schwer zu verwunden. Die FBI-Fahnder vermuten, daß dies durch unscheinbare Messer geschehen ist, die bei der Passagierkontrolle nicht aufgefallen sind. Auf jeden Fall war es dem Täter möglich, sich auf den Platz des Piloten zu setzen.

Der volle Name des jungen Mannes: Mohammed al Amir as-Sayyed Atta. Die Namensbestandteile al Amir – der Fürst – und al-Sayyed – der Herr – weisen darauf hin, daß er aus einem religiös orientierten Haus stammte.

Mohammed al Amir al-Sayyed Atta war Ägypter. Er gehörte zum Jahrgang 1968. Sein Bewußtsein wurde in Kindheit und Jugend geprägt durch kriegerische Auseinandersetzungen zwischen Arabien und Israel. Mohammed Atta war fünf Jahre alt, als der Oktoberkrieg von 1973 halbwegs günstig für Ägypten zu Ende ging. Dieses Ende führte zwar zum Frieden zwischen Ägypten und Israel, aber nicht zur Aussöhnung zwischen Palästinensern und Israel. Der erfolglose Kampf der Palästinenser mit Armee und Sicherheitsorganen des jüdischen Staates wurde von jungen Ägyptern der Generation des Mohammed Atta als Demütigung für alle Araber empfunden. Der US-Geheimdienst ist überzeugt, Atta habe 1986 als Achtzehnjähriger an einem Anschlag im von Israel besetzten palästinensischen Gebiet teilgenommen – ein Bus sei damals das Ziel gewesen.

Atta kam 1992 in die Bundesrepublik Deutschland zum Studium an der Technischen Universität Hamburg-Harburg. Sein Fachgebiet war Stadtplanung. Stadtplaner zu werden, war ein für einen Ägypter vernünftiger Berufsweg. Die ägyptische Hauptstadt litt unter einer Explosion seiner Bevölkerung. Gebraucht wurden Intelligenz und Durchsetzungsvermögen, um das Chaos am Nil zu bannen. Im Jahr 1999 schloß Mohammed Atta das Studium mit der Note 1,7 ab.

Im selben Jahr kehrte Atta nach Cairo zurück, um sich – mit Hilfe seiner Eltern – eine Braut zu suchen. Dies gelang ihm auch. Die Verlobung fand statt.

Mit Billigung der Leitung der Technischen Universität Hamburg-Harburg gründete Mohammed Atta die »Islam AG«, deren Zweck es war, den Moslems unter den jungen islamischen Akademikern eine Möglichkeit zum gemeinsamen Gebet zu schaffen. In einer Baracke unter Bäumen auf dem Gelände der Technischen Universität fand die Islam AG Platz. Mohammed Atta, ihr Begründer, wurde ihr Vorsitzender und Sprecher.

Mitglied der Islam AG war auch Marwan Jussuf Mohammed al Shehi. Er besaß einen Paß der Vereinigten Arabischen Emirate, der reichen Fürstentümer am Persischen Golf. Er studierte an der Technischen Universität in der Fakultät Schiffsbau. Über Monate hin wohnte al Shehi mit Atta in einer Wohnung in Hamburg. Dort hatten die beiden Kontakt zum syrischen Geschäftsmann Mamun Darkazanli, dessen Geschäftsadresse »Hamburg, Uhlenhorster Weg 34« hieß. Mamun Darkazanli wiederum besaß seit 1995 ein gemeinsames Konto mit Mamduh Salim, der als Finanzverwalter des Osama Bin Laden galt. Mamduh Salim ist im September 1998 von bayrischen Fahndern verhaftet worden. Dank ihres Erfolgs konnte die Verbindungslinie Bin Laden – Salim – Darkazanli – Atta und Shehi festgestellt werden.

Wichtig im Kreis der arabischen Studenten in Hamburg war der damals 26jährige Ziad Samir Jarrah. Sein Fachgebiet waren Fahrzeugbau und Flugzeugtechnik. Seine Lehrer bestätigten ihm, daß er sehr intensiv und zügig sein Studium abwickelte. Auffällig soll allerdings eine betonte Gläubigkeit gewesen sein. Darüber wunderte sich auch seine türkische Freundin Aysel, bei der er zeitweise wohnte.

Im Sommer 1999 meldete sich Ziad Samir Jarrah bei seiner Vermieterin ab. Er teilte ihr mit, er wolle sich jetzt in den USA zum Piloten ausbilden lassen. Seinen Eltern, die in der libanesischen Bekaa-Ebene leben, aber sagte er nichts von einer Reise in die USA. Sein Vater, der zu den wohlhabenden Libanesen zählt, überwies dem Sohn in jedem Monat 2000 Dollar zur Finanzierung von Aufenthalt und Studium. Die Eltern waren glücklich, wenn Ziad ihnen mitteilte, er habe wieder eine Prüfung mit beachtlichem Erfolg abgelegt. Auch nach dem 11. September 2001 war Vater Jarrah überzeugt, Ziad halte sich zum Studium in der Bundesrepublik auf. Er ist auch lange danach noch der Meinung, er könne im Sommer 2002 die Hochzeit seines Sohnes mit der Türkin Aysel ausrichten.

Mohammed al Amir as-Sayyed Atta, Marwan Jussuf Mohammed al Shehi und Ziad Samir Jarrah haben eines gemeinsam: Sie haben sich in Florida Flugunterricht erteilen lassen. Nachgewiesen ist, daß Atta theoretischen Unterricht erhalten hat, und daß er am Simulator übte. Atta hat den Simulatorkurs gebucht, weil er lernen wollte, »wie man ein modernes großes Verkehrsflugzeug wenden kann.« Dieses Manöver interessierte ihn ganz ausdrücklich. Er hatte es abgelehnt, sich beibringen zu lassen, wie ein derartiges Flugzeug startet oder landet. Atta ließ sich unterweisen, wie eine Boeing 767 stabil in der Luft gehalten und in eine Kurve gesteuert werden kann.

Denselben Unterricht wie Atta buchten auch Mohammed al Shehi und Ziad Samir Jarrah. Nach Erkenntnissen der US-Fahnder steuerten diese drei Flugschüler drei der vier Flugzeuge, die am 11. September 2001 entführt worden sind: Mohammed al Amir as-Sayyed Atta flog die Maschine des Flugs 011 der American Airlines von Boston zum Nordturm des World Trade Centers; Marwan Jussuf Mohammed al Shehi steuerte Flug 175 der United Airlines zum südlichen Turm. Ziad Jarrah saß am Steuer von United Airlines 93, die in der Nähe von Pittsburgh auf freies Feld stürzte – Ziad Samir Jarrah hatte sich offensichtlich im Cockpit nicht durchsetzen können. Ungeklärt ist, wer die fliegerische Meisterleistung fertiggebracht hatte, mit der Boeing 757 des Flugs 77 der American Airlines nach einem gewagten Wendemanöver im Tiefflug den Westflügel des Pentagon anzusteuern.

Dschihadkämpfer lernen fliegen am Heimcomputer

Für € 50,-- ist das Computerprogramm erhältlich – bei »guten Freunden« in der libanesischen Hauptstadt Beirut. Das Programm wird nicht in Computershops angeboten. Sein Titel »Flight Simulator«.

Die Programmelemente sind auf einer CD gespeichert, die in den handelsüblichen Laptop des Computers eingeführt werden kann. Dem Benutzer wird auf durchaus realistische Weise Gelegenheit geboten, Erfahrungen im Fliegen wirklicher Flugzeuge zu gewinnen. Berufspiloten sind der Meinung, das Flugerlebnis am CD-Simulator gleiche dem eines Flugschülers, der am Simulator der Flugschule ausgebildet werde; die gewonnenen Erfahrungen seien umsetzbar auf die Bedienung realer Verkehrsmaschinen.

Die Computerprogramme umfassen die Bedienung der am 11. September 2001 von den Dschihadkämpfern für ihren Zweck entführten Flugzeuge.

Auf dem Computerbildschirm sichtbar wird der Blick, der sich dem Piloten darbietet, der nach vorn, durch die Frontscheibe sieht. Gleitet der Blick nach unten, sind die Armaturen deutlich zu erkennen. Ablesbar sind Höhe des Flugzeugs, Geschwindigkeit, Tourenzahl der Triebwerke, Neigungswinkel der Maschine zum Horizont und Kompaßangaben. Gesteuert wird das Flugzeug über Knöpfe am Laptop. Knopfdruck verändert Stellung des Höhenruders und des Seitenruders, Knopfdruck verändert auch die Leistung der Antriebsaggregate.

Selbst realistische Fluggeräusche sind dem Speicher der CD zu entlocken. Vor einer Beschleunigung heulen die Turbinen auf; bei Reduzierung der Schubkraft verringert sich die Lautstärke.

Das Trainingsprogramm »Flight Simulator« ist auch darauf ausgerichtet, Flughäfen amerikanischer Großstädte anzufliegen. Der Flugschüler hat dabei vor allem den Crash mit Hochhäusern zu vermeiden. Das Computerprogramm liegt vor, das den Anflug einer Boeing 767 auf New York simuliert. Sichtbar werden die Hochhäuser von Manhattan. Der Blick durch die Frontscheiben fällt auf die noch entfernten Twin Towers des World Trade Centers.

Der Flugschüler sollte darauf bedacht sein, die Wolkenkratzer zu überfliegen, oder sie in weitem Bogen zu umfliegen. Möglich ist aber auch – durch Ungeschick des Pilotenschülers oder in dessen Absicht, daß die Maschine auf die Twin Towers zurast. Der Simulator folgt, wie das wirkliche Flugzeug auch, dem Willen des Piloten.

Einen der Türme zu treffen ist allerdings schwierig. Viele Versuche scheitern. Es geschieht, daß die Boeing 767 am Ziel vorbeidriftet. Die Maschine muß dann behutsam auf den Ausgangspunkt des Rammflugs zurückgeleitet werden.

Die Erfahrung ist zu machen, daß hohe Geschwindigkeit den Zielflug erleichtert. Ist der Kollisionskurs erreicht, rast das Bild des Turmes auf den Pilotenschüler zu. Mit einem Schlag wird der Bildschirm schwarz. In der linken oberen Ecke des schwarzen Schirms erscheint nüchtern die Schrift »Crash«.

Mohammed al Amir as-Sayyed Atta hatte sich zur ungehinderten Schulung ein derartiges Computerprogramm beschafft. Nicht gebraucht hat er eine Programmsparte, die im »Flight Simulator« ebenfalls gespeichert ist: »Start und Landung großer Verkehrsmaschinen«.

Das Profil des Mohammed al Amir as-Sayyed Atta

Daß Atta ein Mittelpunkt der Gruppe war, ist daraus abzuleiten, daß er nicht nur sein eigenes Ticket für den Todesflug bezahlt hat, sondern auch die Tickets anderer Attentäter. Die Buchungen waren bereits am 28. August 2001 über Internet erfolgt. Bezahlt wurde über Attas Visacard. Festgestellt wurde auch, daß für sechs Personen bei Flugbuchungen Attas Telefonnummer als ihre eigene angegeben worden war. Dieser Anschluß stand in Attas Apartment in Hollywood – dieses hatte Atta seit Mai 2001 gemietet.

Nachdem diese Details bekanntgeworden waren, kümmerten sich Fahnder des BKA um das »Profil« dieses Mannes – und sie wurden rasch fündig. Das Persönlichkeitsbild füllte sich rasch durch zusätzliche Informationen auf.

Mohammed al Amir as-Sayyed Atta ist in einem Dorf des Nildeltas geboren worden: In Kafr al Sheikh. Die Eltern, die zu den besser situierten Familien Ägyptens zählten, besaßen jedoch auch eine Wohnung bei den Pyramiden von Gizeh westlich von Cairo. Dort verbrachte Atta seine Jugend. Als einziger Sohn seiner Eltern war es ihm möglich, sich vom Militärdienst, der in Ägypten Pflicht ist, befreien zu lassen. Die so gewonnene Zeit benützte er zum Studium an der Universität Cairo. Sechs Semester lang befaßte er sich mit Architektur. Er soll damals auch als Bauzeichner gearbeitet haben.

Recherchen ergaben, daß die Eltern zwar wohlsituiert waren, daß sie jedoch mit dem kapitalistisch orientierten Regime des Husni Mubarak nicht einverstanden waren. Nach ihrer Meinung war es ein Fehler, sich derart an die USA anzuschließen, sich völlig den USA zu öffnen. Durch diese Öffnung, so glaubte der Vater, gehe der Charakter des ägyptischen Volkes verloren. Er pflegte auf die »McDonalds-Kultur« zu schimpfen. Daß der Tourismus gerade in der Nähe seiner Wohnung bei den Pyramiden zunahm, war für ihn ein Übel, das eine islamisch orientierte Regierung nicht dulden dürfe. Dem Vater mißfiel die Profitsucht der Neureichen. Diese Schicht der Bevölkerung war durch die Abschaffung der Handelsbegrenzungen entstanden; diese Begrenzungen waren eine Generation zuvor durch Gamal Abdel Nasser eingeführt worden zur Absicherung der eigenständigen ägyptischen Wirtschaft. Die Neureichen wurden von Attas Vater mit einer verächtlich gemeinten Bezeichnung abqualifiziert, die in Cairo zum Wortschatz des Volksmundes gehörte: »die fetten Katzen«.

Der Einfluß des Vaters, das ergaben die Nachforschungen nach dem Anschlag auf das World Trade Center, muß überaus stark gewesen sein. Der Vater war gegen die Juden, gegen Israel – und gegen die Amerikaner, »die Israel am Leben halten«. Auch nachdem bekannt wurde, daß der Sohn wohl das erste der Flugzeuge gesteuert hatte, die das Wahrzeichen der amerikanischen Wirtschaftsgröße ausgelöscht hatten, machte er die überraschende Äußerung: »Das waren die Juden!« Daß sein Sohn daran beteiligt gewesen sei, hält er auch weiterhin für unmöglich: »Eine derartige Tat kann nur der israelische Geheimdienst vollbringen!« Laut einer Information des »Spiegel« (Heft 39/2001) ist der Vater überzeugt, von seinem Sohn einen Tag nach dem Geschehen von New York angerufen worden zu sein; ein weiterer Anruf sei wiederum einen Tag später erfolgt. Das Fazit des Vaters: »Mein Sohn muß entführt worden sein – von Mossad.«

Der Vater verschweigt nicht, daß er die Juden haßt, und daß er diesen Haß an den Sohn weitergegeben hat.

Doch wann der Bewußtseinswandel stattgefunden hat, der den Judenhasser Atta zum Feind der westlichen Lebenskultur gemacht hat, ist nicht festzustellen. In der Bundesrepublik Deutschland gelang es ihm, diesen Haß zu verbergen. Er paßte sich an. Er bewarb sich um ein Stipendium zu einem Aufenthalt in Ägypten. Das Ziel war die Erstellung eines Verkehrsplans für die Altstadt von Cairo. Seine Hamburger Tutoren des Stipendiums urteilten nahezu mit Begeisterung: Sie hielten die Arbeit für hervorragend.

An den Aufenthalt in Cairo schloß sich eine Pilgerfahrt nach Mekka an. Dort könnte die Bewußtseinsveränderung stattgefunden haben: Bei seiner Rückkehr trug Atta einen langen Bart am Kinn. Er soll die absolute Vortrefflichkeit des Koran gelobt haben.

Vom gläubigen Moslem zum aktiv handelnden Moslem wurde Mohammed al Amir as-Sayyed Atta durch ein Ereignis am 28. September 2000: Ariel Sharon beschritt in Jerusalem den Tempelberg – in Begleitung von 800 Sicherheitsbeamten. Er bereitete sich darauf vor, israelischer Ministerpräsident zu werden. Auf sehr konkrete Weise wollte er den Wählern sein Programm vor Augen führen. Es hieß: Land, das im Alten Testament, laut den fünf Büchern Mose, dem jüdischen Volk gehört hat, muß für alle Zeiten dem jüdischen Volk gehören. Ariel Sharon sagte unmißverständlich: »Ich werde dafür sorgen, daß die Jahre der israelischen Verzichtpolitik zu Ende sind!« Er erneuerte den politischen Grundsatz: »Das Alte Testament ist das Grundbuch des Nahen Ostens.« Ein Verzicht auf das »Land der Vorväter« kam also für Ariel Sharon nicht in Frage. Seinen Gang über den Tempelberg empfanden viele Moslems als Kriegserklärung.

Ehud Barak, damals noch israelischer Ministerpräsident, unterstützte Ariel Sharons Demonstration. Er sagte an jenem Tag: »Dieser heilige Ort, der für uns als Ort des Salomotempels gilt, darf nie zum palästinensischen Autonomiegebiet zählen – und schon gar nicht zu einem Palästinenserstaat.«

Die Moslems aber erinnerten sich – wieder einmal – daran, daß der Prophet Mohammed diesen Platz durch seine Anwesenheit geheiligt habe. Viele Männer griffen nach dem Koran, um die 17. Koransure zu lesen; sie trägt die Überschrift: »Die Nachtreise«

– gemeint ist die wunderbare nächtliche Reise nach Jerusalem, zum heiligen Felsen, über dem sich in unserer Zeit die Goldkuppel des Felsendoms wölbt.

Ein Foto, das von Mohammed al Amir as-Sayyed Atta bekannt geworden ist, spiegelt die innere Spannung eines jungen Mannes wider, der unter der »Arroganz« des israelischen Politikers leidet – und der einen Entschluß gefaßt hat: Verbissen preßt er die Lippen zusammen. Die Augen wirken stechend, gnadenlos. Er hat sich dazu durchgerungen, zu handeln.

Atta versammelt andere junge Männer um sich, die denken wie er selbst. Einer von ihnen ist wahrscheinlich noch am Leben. Er war, nach allen Erkenntnissen, nicht beteiligt an der Entführung der Flugzeuge, die am 11. September 2001 zu Maschinen der Massenvernichtung geworden sind. Sein Name: Said Bahadschi. Auch er war Student der Technischen Universität Hamburg-Harburg. Sein Fach war die Elektrotechnik. Wie andere arabische Studenten des Kreises um Atta sprach Said Bahadschi ausgezeichnet Deutsch und dazuhin soll er noch fließend Englisch und Französisch gesprochen haben Sein Vater ist Marokkaner; die Mutter ist Deutsche.

Eine Besonderheit im Profil des Said Bahadschi ist bemerkenswert: Er hat, weil er einen deutschen Paß besitzt, bei der Bundeswehr in einer Einheit der Panzergrenadiere gedient. Diese Dienstzeit endete allerdings nach fünf Monaten. Schuld an der Trennung von der Bundeswehr war eine Hautallergie, die nur schwer zu behandeln war.

Said Bahadschi ist mit einer Türkin verheiratet, deren Vater – ein Türke mit deutschem Paß – allerdings schon seit den 60er Jahren in der Bundesrepublik lebt. Said Bahadschi und seine Ehefrau haben einen kleinen Sohn.

Die beiden machten einen glücklichen Eindruck. Der Schwiegervater hatte nichts an der Ehe seiner Tochter zu beanstanden. Er wunderte sich allein darüber, daß die Tochter ihr Aussehen nach und nach veränderte. Vor der Eheschließung hatte sie sich europäisch gekleidet; danach aber trug sie außerhalb der Wohnung einen langen, schwarzen Mantel und bald auch ein Kopftuch, das ihre Haare verbarg. Der Schwiegervater führte diese Veränderung darauf zurück, daß der Schwiegersohn immer stärker die Lebensregeln des Koran zu beachten begann – und daß er diese Beachtung auch seiner Frau abforderte.

Unmittelbar vor dem 11. September 2001 teilte Said Bahadschi der Familie mit, er werde sich für einige Zeit in Pakistan aufhalten; dort werde er einen Computerkurs besuchen. Die Kurse in Pakistan seien fortschrittlicher und zeitgemäßer als in der Bundesrepublik – und dazuhin seien sie weit preisgünstiger. Said Bahadschi verschwand noch vor dem 11. September aus der Wohnung, in der er Frau und Kind zurückließ.

Als er nach dem Anschlag auf das World Trade Center bei der Überprüfung aller Personen, die mit Atta in Verbindung standen, in Verdacht geraten war, Mittäter zu sein, wurde die Wohnung in Hamburg-Harburg durchsucht. Die Fahnder entdeckten Texte propagandistischer Art, deren Verfasser Osama Bin Laden war.

The Sleepers – »die Schläfer«

Ob Said Bahadschi tatsächlich nach Pakistan gereist ist, galt zunächst als zweifelhaft. Möglich war, daß er untergetaucht ist und sich nach dem 11. September weiterhin in der Bundesrepublik aufhielt – im verborgenen – um bereit zu sein, für die Vorbereitung künftiger Aktionen.

Die Sorge der Sicherheitsbehörden vor allem in den USA war, daß junge Männer, die aus islamischen Ländern stammen, darauf warteten, in Europa aus ihrem normalen Leben hervorzutreten, um auf Anweisungen aus der Ferne Anschläge im Sinne des Dschihad auszuführen. Es war anzunehmen, daß Gruppen wie die »Hamburger Connection« auch anderwärts in Europa bisher unbemerkt existierten.

Zur Verblüffung der FBI-Fahnder und der CIA-Spezialisten hatte sich Hamburg als »Zentrum des Terrorismus« herausgestellt. Dort waren die Anschläge auf das World Trade Center vorbereitet worden, ohne daß die Sicherheitsbehörden dagegen hätten etwas unternehmen können. Die Attentäter waren freundliche Herren gewesen, die sich intelligent und fleißig eingepaßt hatten in den Lebensrahmen, den ihnen die Bundesrepublik geboten hatte. Sie hatten die deutschen Gesetze, die ihre Existenz im Gastland schützten, auf gescheite Art ausgenützt. Bundesinnenminister Otto Schily hatte eine peinliche Mission zu erfüllen, als er bald nach dem 11. September in Washington die deutsche Kooperation zur Bekämpfung des Terrorismus anbot. Seine Sicherheitsmitarbeiter hatten bisher versagt. Sic hatten keine Ahnung gehabt von den Aktivitäten islamischer Zellen. Die Mitglieder dieser Zellen hatten über Jahre hin mit Geduld die Grundlage schaffen können für den Schlag, den sie auszuführen hatten. Ihre Anweisung hatte gelautet: »Nicht auffallen; sich in die Gesellschaft des Gastgeberlandes einfügen; die richtige Zeit abwarten.« Die Spezialisten des BKA hatten sich gründlich täuschen lassen. Das Angebot des Bundesinnenministers zur Kooperation bei der Terrorismusbekämpfung wurde in Washington mit Ironie aufgenommen.

Für das FBI stellte sich die Frage, ob Spuren zu finden waren einer Verbindung der »Hamburg Connection« zu bisher unentdeckten Gruppen in anderen Ländern. Die Spurensucher des FBI waren zunächst in einer Richtung erfolgreich.

Sie entdeckten im Übernachtungsregister des Embassy Hotels in Karachi, das zur billigen Kategorie zählt – dort kostet das Zimmer 15 Dollar pro Nacht –, die Eintragung des Namens Said Bahadschi. Er hatte keinen Decknamen verwendet. Am Abend des 4. September war Said Bahadschi zusammen mit zwei anderen Männern, die arabische Namen trugen, in Karachi angekommen. Sie hatten die türkische Luftlinie benützt. Vom Zimmer 318 aus führte Said Bahadschi einige Telefongespräche, offenbar auch in die USA. Am Morgen verließ Bahadschi das Embassy Hotel. Er nahm ein Taxi zum Flughafen Karachi und flog mit der pakistanischen Gesellschaft PIA nach Quetta. Dort verlor sich die Spur des Mannes, der Frau und Kind in Hamburg-Harburg zurückgelassen hatte. Die Stadt Quetta liegt nahe an der afghanischen Grenze. Anzunehmen ist, daß Said Bahadschi in Richtung Kandahar weitergereist ist – zu Osama Bin Laden.

Im Verlauf der Rekonstruktion der Aktivitäten der »Hamburg Connection« wurden Spuren entdeckt, die nach Prag führten. Entdeckt wurde, daß der Ägypter Mohammed Atta sich im April 2001 in der Hauptstadt der Tschechischen Republik aufgehalten hatte. Er war vom tschechischen Geheimdienst beobachtet worden. Atta hatte sich mit Personen algerischer Nationalität getroffen, die sich in Bosnien aufgehalten hatten. Der tschechische Innenminister, Stanislav Gross, bestätigte diesen Sachverhalt. Er verfügte in diesem Zusammenhang über eine interessante Information: Mohammed Atta hat sich in Prag mit Ahmed Samir al Ani getroffen, dem Residenten des irakischen Geheimdiensts in Prag. Gross äußerte sich allerdings nicht über den Ort des Treffens; Gross wußte auch nicht über welches Thema gesprochen wurde. Allein der Sachverhalt, daß sich Atta und al Ani getroffen hatten, bestätigte Befürchtungen des FBI, daß der irakische Staatschef Saddam Hussein in die Terrorstruktur verwickelt war, die nach und nach offengelegt werden konnten.

Der Verdacht lag nahe, daß ein derartig, nahezu perfekt abgewickeltes Unternehmen wie die Anschläge in New York und Washington nicht ohne Mitwirkung einer staatlichen Organisation hatten durchgeführt werden können. Daß der Irak dafür in Frage kam, war ein naheliegender Gedanke. Im Irak hatte sich Wut gegen die USA angestaut. Noch immer gehörte das Land um Euphrat und Tigris zu den geächteten Staaten der Welt. Irak war seit zehn Jahren mit einem Embargo belegt, das von den arabisch-islamischen Völkern als ungerecht empfunden wurde – es verhinderte die Einfuhr von Medikamenten, von medizinischen Geräten, von Lebensmitteln und Bedarfsartikel des täglichen Lebens. Den USA, die verantwortlich waren für die Fortdauer des Embargos, wurde die Schuld daran gegeben, daß viele tausend Kinder deshalb gestorben waren, weil sie nicht mit Medizin hatten versorgt werden können. Das Treffen zwischen Mohammed Atta und Ahmed Samir al Ani weckte Sorgen auf in Washington, die vor dem 11. September fast völlig eingeschlafen waren. Jedoch erhärteten weitere Nachforschungen den Verdacht nicht, daß der Irak in Zusammenhang mit den Anschlägen des 11. September 2001 stehen könnte. Die Spurensuche konzentrierte sich weiterhin auf Europa. Gesucht wurden jüngere Männer, die bisher über längere Zeit unauffällig gelebt hatten und die irgendwann einen Kontakt mit Mohammed Atta gehabt hatten.

Gesucht wurde der »Schläfer« Zakariya Essabar. Er war 24 Jahre alt. Er war bisher durch gar nichts aufgefallen. Jetzt aber war er deshalb in Verdacht geraten, weil er für kurze Zeit im Apartment des Mohammed Atta gelebt hatte. Allerdings waren zuvor schon die amerikanischen Konsulatsbeamten in Hamburg argwöhnisch gewesen. Sie hatten Essabars Antrag auf ein Visum zur Einreise in die USA abgelehnt. Essabar hatte für seinen Wunsch, in die USA reisen zu dürfen, keinen triftigen Grund angeben können. Nach dem 11. September 2001 nahmen die US-Fahnder an, Essabar habe den Auftrag gehabt, an einer der Flugzeugentführungen teilzunehmen.

Gesucht wurden vor allem junge Araber, die sich in Flugschulen hatten unterrichten lassen. Da kam der Algerier Lotfi Raissi in Betracht. Er war 27 Jahre alt. Er hatte sich an Flugschulen in England und in den USA ausbilden lassen. Nachzuweisen war, daß er im Juni und Juli 2001 am Flugsimulator Flugmanöver trainiert hatte. Erst im nachhinein war aufgefallen, daß Lotfi Raissi nur daran interessiert war, die Maschine in der Luft zu halten und sie im Flug zu beherrschen. Um Start und Landung wollte er sich nicht kümmern.

Auf Grund dieser Erkenntnisse ist der Algerier Lotfi Raissi bereits am 21. September in London verhaftet worden. Er wehrte sich auf juristischem Wege gegen die Auslieferung an die US-Gerichtsbarkeit.

Nach wenigen Tagen hatte FBI Zellen von Al Qaida in nahezu allen europäischen Hauptstädten aufgespürt: in Genf, Rom, Madrid, London und vor allem in Paris. Die französischen Sicherheitsbehörden waren sich bewußt, daß Paris bereits im Jahr 1994 beinahe Opfer eines Anschlags geworden wäre, der als Vorläufer der Verbrechen von New York hätte gelten können. Die »Bewaffnete Islamische Gruppe« (GIA) hatte beabsichtigt, in Marseille während des Auftankens ein Flugzeug der Air France zu entführen. Diese Maschine sollte über dem Herzen von Paris zum Absturz gebracht werden – möglichst über der Kathedrale Notre Dame. Die Entführer waren damals auf dem Flughafen Marseille von einem französischen Spezialkommando erschossen worden.

Der französischen Polizei gelang es, zwölf »Schläfer« zu entdecken und zu verhaften. Sie sollen geplant haben, die US-Botschaft in Paris zu sprengen. Zuvor, im Dezember 2000, war schon ein Anschlag auf das Münster in Straßburg verhindert worden.

Der Hinweis auf diesen Anschlag war allerdings von der deutschen Polizei gekommen. Ihr war ein Videoband in die Hand gefallen, dessen Bilder die Anfahrtsstrecke zur Straßburger Kathedrale zeigten. Ausführlich war das Bauwerk von allen Seiten aufgenommen worden. Die Aufnahmen endeten mit Einstellungen, die Straßen erkennen ließen, die von der Kathedrale wegführten.

Was wie ein Amateurfilm, von Touristen gedreht aussah, zeigte seinen wahren Charakter durch den Begleitton. Er stammte aus dem Lautsprecher des Rundfunkgeräts, das im Fahrzeug installiert war, aus dem heraus die Videoaufnahmen gemacht worden sind. Zu hören waren lautstark gesungene Lieder, deren Texte zum Dschihad aufriefen. Dazuhin ertönte immer wieder die Stimme des Mannes, der die Kamera hielt. Er rief auf arabisch »Christenhunde!«

Die an dieser Aufnahme Beteiligten konnten verhaftet werden. Sie hatten das Straßburger Münster als Wahrzeichen des christlichen Glaubens verwüsten wollen. Allen Verhafteten konnten Verbindungen zu Gruppierungen nachgewiesen werden, die Dschihad propagierten, den Heiligen Krieg gegen Christen und Juden. Sie stammten alle aus Algerien. Sie waren Mitglieder einer Organisation, die sich »Gruppe für Beten und Kampf« nennt. Diese Gruppe soll, nach Ansicht der US-Fahnder, fester Bestandteil der Organisation Al Qaida geworden sein.

Die Spuren aus Paris führten zu »Schläfern«, die in Rom und Mailand auf den Zeitpunkt für Aktivitäten warteten. Unter der Anklage, er warte auf Anweisungen von Osama Bin Laden wurde der Tunesier Essad Sami Bin Khemais verhaftet. Er war 33 Jahre alt. Sein Telefon war überwacht worden. Bin Khemais hatte Gespräche geführt, deren Inhalt den Überwachern den Eindruck einflößte, der Tunesier sei das Gehirn einer Qaida-Zelle in Mailand.

Die Auswertung des Materials veranlaßte Staatsanwalt und Gericht, einen Haftbefehl gegen einen Mann auszustellen, dessen Name in den Telefonaten häufig erwähnt worden ist. Der Mann hieß Tareq Marufi. Der Fahnder hatte den Aufzeichnungen der Telefongespräche entnommen, daß Marufi die Aufgabe erfüllte, jungen Arabern, die er traf, deutlich zu machen, daß es die Pflicht jeden Moslems sei, sich auf den »Krieg gegen die Ungläubigen« vorzubereiten.

Der Wunsch des italienischen Staatsanwalts, Marufi verhaften und an Italien ausliefern zu lassen, konnte jedoch nicht erfüllt werden. Der Grund: Marufi war Belgier geworden; er besaß einen belgischen Paß. Nach den Gesetzen der Europäischen Union war in diesem Fall kein Auslieferungsverfahren möglich. Marufi blieb in Brüssel unbehelligt. Hätte er jedoch die italienische Grenze überschritten, hätte er sofort verhaftet werden können. Da er wußte, daß ihm nichts geschehen konnte, gab er offen zu, in Afghanistan gewesen zu sein. Von einer Verbindung zu Osama Bin Laden sprach er nicht.

Der Verdacht der Fahnder dehnte sich aus auf den Balkan. Aufgefallen war, daß sich dort viele Algerier aufhielten, die meist harmlosen Beschäftigungen nachgingen – als Repräsentanten ausländischer Firmen oder als Beauftragte internationaler Hilfsorganisationen. Dieser Personenkreis wurde überwacht.

Am 16. Oktober 2001 wurde in Sarajewo im Rahmen dieser Überwachung ein Telefongespräch abgehört, das zwei Männer miteinander in arabischer Sprache führten.

Der Spezialist, der das Telefonat abhörte, merkte auf, als dieser Satz gesprochen wurde: »Morgen fangen wir an!« Festzustellen war aus dem Gespräch zunächst nicht gegen welches Objekt ein Schlag geführt werden sollte. Aus Vorsicht wurden die Gebäude der US-Diplomaten in Sarajewo geschlossen. Die Auswertung des Texts des Telefonats ergab schließlich, daß »Eagle Base« als Ziel eines Anschlags ausgesucht worden war. »Eagle Base« war der Luftwaffenstützpunkt, über den die Versorgung von 3000 amerikanischen Soldaten abgewickelt wurde, die in Bosnien zur »Bewahrung des Friedens« eingesetzt sind.

Der bosnischen Polizei gelang es, die beiden Männer, die auf arabisch telefoniert hatten, zu identifizieren und festzunehmen. Es waren zwei Algerier, die jedoch Bosnier geworden waren. Sie hatten schon seit Jahren in Bosnien gelebt und sich – als »Schläfer« – ganz unauffällig in das Leben ihres Umfelds eingefügt. Sie waren jetzt aktiviert worden, um das Hauptgebäude von »Eagle Base« zu sprengen.

Vom 11. September bis Ende November 2001 wurden in Bosnien zehn Algerier festgenommen, die zu einer Zelle von Al Qaida gehörten. Der führende Kopf dieser Zelle war Ben Sayah Belkassem. Er war 41 Jahre alt und Mitarbeiter einer Hilfsorganisation in der Stadt Zenica.

Als sein Wohnraum durchsucht wurde, entdeckten die Fahnder einen algerischen und einen jemenitischen Paß. In seinem Mobiltelefon war die Nummer von Abu Zubaydah in Kandahar eingespeichert – er galt als wichtiger Ratgeber von Osama Bin Laden.

Bemerkenswert ist, daß Belkassem über dieses Handy 70 Anrufe getätigt hat; der Anzurufende war jedesmal Abu Zubaydah.

Dieser Helfer von Osama Bin Laden war in Bosnien gewesen; er hatte auf seiten der Moslems an Kämpfen teilgenommen. Damals war es ihm gelungen, eine Zelle junger Araber aufzubauen – und sie in Bosnien als »Schläfer« zurückzulassen. Die Mitglieder der Zelle waren in Organisationen untergebracht worden, auf die kein Verdacht fiel, sie seien Arbeitgeber von »schlafenden Terroristen«. Einer von den beiden, die am 16. Oktober telefoniert hatten, war bei der hochangesehenen »Saudi High Commission for Relief« angestellt. Arbeitgeber anderer »Schläfer« war das Rote Kreuz.

Präsident Bush aktiviert seinen Gott

»Beten wir für Weisheit, Kraft und für klare Gedanken.« Diese Worte sagte George W. Bush jr. zu 27 Geistlichen unterschiedlicher christlicher Religionen, die er zu sich in den Roosevelt Room des Weißen Hauses gebeten hatte. Sie saßen im Kreis und hatten zunächst Scheu, die Stühle neben der Sitzgelegenheit einzunehmen, die dem Präsidenten vorbehalten war. Der Bostoner Kardinal Bernard Law rückte schließlich zu George W. Bush auf. Jeder im Roosevelt Room war sich bewußt, daß Bush im Anschluß an dieses Treffen eine Rede an die Nation und an die Welt zu halten hatte, von der die Zukunft der Menschheit abhängen konnte. Erwartet wurde, daß er eine Kriegserklärung abgab. Die Frage war nur, wen Bush zum Feind bestimmte. Das Treffen mit den 27 Geistlichen – so wünschte es sich der Präsident – sollte ihm Kraft geben für die richtige Entscheidung.

Mit vorsichtigen Worten und mit nicht zu fester Stimme begann der Präsident zu reden: »Sie verstehen, was ich tun muß. Ich habe das amerikanische Volk aufzurütteln, ohne in ihm eine irrationale Furcht zu wecken. Welchen Weg schlage ich ein? Jederzeit kann eine neue Krise über uns hereinbrechen. Sie kann durch biologische, chemische oder nukleare Waffen ausgelöst werden. Ich habe zwar keine direkten Hinweise auf derartige Anschläge, doch ich glaube ausreichende Beweise dafür zu besitzen.« George W. Bush dachte laut nach. Was dem Weißen Haus am 11. September hätte geschehen können: »Viel ausgehalten hätte dieses Gebäude nicht. Es besteht aus Ziegelsteinen. Seine Struktur ist nicht mehr sehr stabil. Viele Menschen hätten getötet werden können. Dazu hätte meine Frau gehört!«

Er selbst war unmittelbar nach dem Treffen mit den Honoratioren der Stadt Saratoga in Florida zum Flugzeug »Air Force One« gebracht worden. Als er die Maschine erreicht hatte, war sie bereits startklar gewesen. Ohne Zeit zu verlieren war sie abgeflogen – jedoch nicht zum Weißen Haus, sondern zunächst ziellos in Richtung Westen. Der für den Präsidenten an diesem Tag zuständige Sicherheitsbeamte hatte den Abflug angeordnet. Seine Meinung: Wenn der Präsident in der Luft ist, kann ihm am wenigsten geschehen.

Was bisher nie für möglich gehalten worden war, war am 11. September 2001 Realität geworden: Der Präsident der Vereinigten Staaten von Amerika hatte sich auf der Flucht befunden. »Air Force One« war auf eine Flugstraße in Richtung Westen geleitet worden – begleitet von Kampfmaschinen des Typs F-15 und F-16, die eiligst auf Luftwaffenbasen alarmiert worden waren.

Auf dem Militärflughafen von Louisiana war die Maschine aufgetankt worden. Am Nachmittag jenes Dienstags erreichte der Präsident eine seit langem für Notfälle vorbereitete Kommandozentrale in Nebraska.

Im sicheren Bunker aber hatten die politischen Berater – die nicht für die Sicherheit verantwortlich waren – gemurrt. Sie hatten sich mit Worten nicht zurückgehalten. Sie hatten deutlich gesagt, ein Präsident der Vereinigten Staaten von Amerika dürfe in kritischer Zeit nicht fliehen und sich nicht verstecken. Sie hatten ihm zugeredet, er möge sich so rasch als möglich im Weißen Haus zeigen. Auf das Drängen der politischen Berater hatte er um 17.00 Uhr wieder »Air Force One« bestiegen. Um 20.00 Uhr war er auf allen wichtigen Kanälen des Fernsehens vertreten. Er sprach den Familien der Opfer sein Beileid aus – und er kündigte an, daß die USA Rache und Vergeltung üben werden.

Im Gespräch mit den 27 Geistlichen holte sich George W. Bush jr. die Kraft, die er benötigte, um den Amerikanern Mut und Zuversicht zu vermitteln. Er mußte über das Erscheinungsbild, das er seit seinem Amtsantritt am 20. Januar 2000 geboten hatte, hinauswachsen. Er hatte bislang darunter gelitten, daß sein Wahlsieg nicht unbestritten gewesen war, daß nie eindeutig festgestellt worden war, ob nicht doch noch der frühere Vizepräsident Gore der eigentliche Sieger der Wahlen im November 1999 war. Nun waren Zweifel an der Rechtmäßigkeit seiner Amtsführung nicht mehr Diskussionspunkt der Innenpolitik. Nun wurde von George W. Bush verlangt, daß er Fähigkeiten entwickelte, an die er selbst zuvor nicht geglaubt hatte.

In Gegenwart der 27 Geistlichen aller in den USA vertretenen christlichen Glaubensbekenntnisse faßte der Präsident diesen Entschluß: »Ich werde für Gerechtigkeit kämpfen – und ich werde für Gerechtigkeit beten. Ich werde Gott um Geduld bitten, und ich werde ihn auch darum bitten, daß nichts Vergleichbares mehr geschieht!«

George W. Bush erntete nur wenige Stunden später stürmischen Jubel der Kongreßabgeordneten, als er verkündete, er werde die amerikanische Nation und die gesamte zivilisierte Welt in den entscheidenden Kampf führen gegen den weltweiten internationalen Terrorismus. Dieser Kampf werde sich zunächst in erster Linie gegen Osama Bin Laden richten und gegen dessen Terrornetz »Al Qaida« in den Bergen von Afghanistan. Er machte jedoch deutlich, daß die Jagd auf Osama Bin Laden nur der Anfang eines ausgedehnten Feldzugs sei.

Präsident Bush vermied das Wort »Kreuzzug«, das während der ersten Stunden nach den Anschlägen von Politikern seiner Umgebung leichtfertig gebraucht worden war. Dieses Wort weckt im Gemüt von Moslems böse Erinnerungen – auch wenn die Kreuzzüge rund 800 Jahre zurückliegen. Am 27. November 1095 hatte Papst Urban II. beim Konzil in Clermont zum »Heiligen Krieg« gegen die Moslems aufgerufen. Seine Mobilisierungsorder wurde von Geistlichen und Rittern mit dem Ruf beantwortet: »Deus lo volt!« – »Gott will es!« Vorausgegangen war die Nachricht von der Zerstörung der Grabeskirche in Jerusalem durch den fatimidischen Kalifen Hakim – diese Zerstörung lag damals allerdings schon siebzig Jahre zurück. Die Kreuzritter nahmen Rache für die Schändung des Heiligtums. Sie fielen in das Land an der Ostküste des Mittelmeers ein. Sie mordeten, zerstörten Städte und sie erhoben sich zu Herren über die Moslems. Die Führung der Kreuzritter hatte damals durchaus die Absicht, den Islam wenigstens im Bereich von Jerusalem völlig auszulöschen.

Zum Glück für den Islam entartete der Glaubenskrieg in jener Zeit zum Kampf um Beute und Rittergüter im »Heiligen Land«. Das »christliche Königreich Jerusalem« ging schließlich am Egoismus der christlichen Grafen und Barone zu Grunde. Es liegt auch im Interesse des Christentums in unserer Zeit, das Wort »Kreuzzug« zu meiden. Präsident Bush hat genau dafür gesorgt.

Erstaunen hat Präsident Bush dadurch erzeugt, daß er wissen ließ, wie lange dieser Kampf gegen den internationalen Terrorismus dauern würde: Der Krieg gegen das Böse in der Welt werde erst in einer »Dekade« zu Ende sein – vielleicht werde er auch mehrere »Dekaden« lang andauern. Dann aber werde der Terror nie mehr ein Mittel der politisch-militärischen Auseinandersetzung sein können. Auf jeden Fall werde dieser Kampf während seiner gesamten Präsidentschaft – also über acht Jahre hin – das zentrale und beherrschende Aufgabengebiet sein.

Bush machte deutlich, daß »von diesem Tag an jede Nation, die weiterhin Terroristen beherbergt (›that continues to harbor terrorism‹) als ein feindliches Land betrachtet wird.« Ein feindliches Land aber müsse mit militärischen Konsequenzen rechnen.

Der Sieg, so versprach der Präsident, werde den USA gehören;

er werde mit Hilfe Gottes erfochten: »Gott kann sich in diesem Kampf nicht neutral verhalten.«

Bush vermied geschickt, von einem Krieg der Religionen zu reden, wohl wissend, daß er die islamische Welt gegen sich aufbringen würde. Er sagte: »Freiheit und Furcht stehen sich gegenüber – Gerechtigkeit und Grausamkeit. Gott wird sich für Freiheit und Gerechtigkeit entscheiden!«

Unmittelbar nach dieser Rede stieg die Popularitätskurve des Präsidenten gewaltig an: 86% der US-Bürger waren mit den Gedanken ihres Staatschefs völlig einverstanden. Zum Vergleich: Am Ende des Golfkriegs im Jahr 1991 – er war gegen Irak geführt worden – hatte der Vater des jetzigen Präsidenten 89% Zustimmung erhalten. Dieses Maß wollte George W. Bush jr. auch erreichen. Es war für ihn ein ganz selbstverständlicher Gedanke, daß der Kampf gegen den internationalen Terrorismus seine ganz persönliche Angelegenheit war. Eine Angelegenheit, die sein künftiges Leben dominieren würde: »This will be a lengthy campaign unlike any other we have ever seen. We have to find, stop and defeat every terrorist group of global reach.«

Das Kriegsziel ist also großflächig angelegt. Auf diese Weise bleibt verborgen, daß kein wirklich konkreter Beweis gegen den Mann vorliegt, der bereits öffentlich zum wahrhaft Schuldigen erklärt worden ist. Die Selbstmordattentäter und bereits verhaftete Araber hatten alle irgendwie einen Kontakt zu Al Qaida – doch bewiesen war damit noch gar nichts. Am 15. September 2001, also vier Tage nach den Anschlägen von New York und Washington, sagte Colin Powell, der US-Außenminister: »Daß Osama Bin Laden der Schuldige ist, steht für mich nicht eindeutig fest!«

»Wir verlangen von jeder Nation Unterstützung«

Die Frage war nur, gegen welchen Feind die USA und ihr Präsident unterstützt werden sollten? Die wichtigsten Berater des Präsidenten waren zu diesem Zeitpunkt Verteidigungsminister Donald Rumsfeld, Vizepräsident Dick Cheney, die Beraterin für

Nationale Sicherheit Condolezza Rice und Außenminister Colin Powell.

Er hatte die schmerzhafte Erfahrung gemacht, am 11. September 2001 nicht in der Nähe des Präsidenten gewesen zu sein. Er hatte sich in Peru aufgehalten zu Gesprächen mit dessen Staatschef Alejandro Toledo. Die beiden saßen im Präsidentenpalast von Lima gerade beim Frühstück, als er von den Anschlägen in New York und in Washington erfuhr. Der Außenminister befahl zwar sofort den Rückflug nach Washington, doch er hatte für die Dauer von zehn Stunden keinen Kontakt zu Bush. Als er in Washington eintraf, wurde im Weißen Haus bereits darüber diskutiert, ob es nicht klug wäre, die Gelegenheit zu benützen, einen entscheidenden Schlag gegen Saddam Hussein zu führen – von dem angenommen wurde, er sei auf die eine oder andere Weise doch am Geschehen des 11. September beteiligt. Colin Powell äußerte sich – als er schließlich Gelegenheit dazu hatte – schroff gegen die Einbeziehung des Irak in die Kriegsziele. Er dachte daran, daß für die Führung des Kriegs gegen den Terrorismus eine Koalition von Staaten geschmiedet werden müsse, die Amerikas Kriegsziel für richtig hielten. Kein arabischer Staat aber würde einer derartigen Koalition beitreten, wenn das arabische Volk von Irak wieder einmal Opfer eines Militärschlags werden sollte. Colin Powell wurde bei diesen Überlegungen von Condolezza Rice, der Sicherheitsberaterin, unterstützt. Powell reagierte rasch: Er führte mehr als 80 Telefonate mit Regierenden aller Kontinente. Manche verpflichteten sich, den USA beim »Kampf gegen den internationalen Terrorismus« zu helfen. Diese Verpflichtungen waren von unterschiedlicher Bedeutung: Da wurden Überfluggenehmigungen erteilt, Grenzkontrollen verstärkt, Kooperation der Geheimdienste vereinbart, Koordinierung militärischer Aktionen beschlossen.

Es war Colin Powell sogar gelungen, Verständnis in Teheran zu wecken, auch wenn die Position der Ayatollahs schließlich doch nicht so ganz deutlich wurde. Staatspräsident Ayatollah Chatami äußerte sich gegen den Terrorismus im allgemeinen. Ayatollah Chamenei, der in Wahrheit bestimmende Geistliche des Iran schwieg.

Zurückhaltend waren auch die arabischen Staaten. Selbst Saudi-Arabien, das bereits amerikanische Garnisonen im Land aufgenommen hatte, äußerte Bedenken, die arabisch-islamische Welt werde es nicht hinnehmen, daß die USA gegen ein islamisches Land Krieg führten. Colin Powell und Vizepräsident Dick Cheney hatten Erfahrungen aus dem Golfkrieg der Jahre 1990/91 mit der Bildung von Allianzen. Damals hatte selbst die Tatsache, daß zuvor Irak das arabische Emirat Kuwait besetzt hatte, die Ägypter, Jemeniten und Syrer nicht veranlaßt, mit Eifer die USA und deren europäische Verbündete dabei zu unterstützen, die irakischen Truppen wieder aus Kuwait zu vertreiben. Im Herbst 2001 fürchteten die Mächtigen in Saudi-Arabien die Gläubigen von Mekka und Medina könnten auf den Gedanken kommen, es sei ihre Pflicht, das Königreich in eine islamische Republik zu verwandeln. Die Prinzen der königlichen Familie fanden es ärgerlich, daß Al Qaida Anschläge in New York verübte, doch es war für die Sippe as-Saud besser, als wenn derartiges in Riyadh oder Jeddah geschah.

Die Position Rußlands war zunächst abwartend als die USA um Hilfe warben. Daß die USA durch Dschihad in Schwierigkeiten geraten waren, löste bei Staatspräsident Putin zwar keine Schadenfreude aus, doch wurde diese Entwicklung nicht ungern gesehen – machte sie doch deutlich, daß die US-Pläne für den Aufbau eines Raketenabwehrsystems zum Schutz gegen Angriffe durch Waffen einer Großmacht als bedeutungslos entlarvt werden konnten: Die Gefahr bestand offenbar nicht darin, von Interkontinentalraketen aus großer Entfernung angegriffen zu werden. Es genügte, daß im eigenen Land eine Verkehrsmaschine einer Luftlinie entführt und als wirkungsvolle Waffe benutzt wurde.

Erst allmählich setzte sich in Moskau der Standpunkt durch, daß auch Rußland nicht gefeit war gegen Terroranschläge. Beispiele dafür hatte die Bevölkerung russischer Städte bereits erleben müssen. Zunächst aber hatte Putin verlangt, daß sich die zentralasiatischen Republiken Usbekistan, Tadschikistan, Turkmenistan und Kasachstan weigern, ihre Flughäfen und Luftwaffenbasen dem Militär der Vereinigten Staaten zur Verfügung zu stellen. Usbekistan und Kasachstan wollten sich in dieser Angelegenheit keine Vorschriften machen lassen: Sie erklärten sich bereit, den USA »im Kampf gegen den weltweiten Terrorismus« beizustehen.

Zustimmung in vollem Umfang zum Kampf gegen Dschihad fand Colin Powell bei den europäischen Verbündeten der USA – Premierminister Tony Blair zögerte keinen Tag, um sich und sein Land ohne Vorbehalt an die Seite der USA zu stellen. Gedanken an das Bündnis der Jahre des Zweiten Weltkriegs kamen auf: Damals waren es die USA, die Großbritannien gerettet hatten – jetzt waren die Engländer bereit, den Amerikanern zu helfen, die in Bedrängnis geraten waren. Der deutsche Bundeskanzler erklärte sofort, die Bundesrepublik werde die USA uneingeschränkt unterstützen. Seinem Beispiel folgten die Regierungen von Italien, Spanien und Portugal. Die NATO setzte Artikel 5 des Bündnisvertrags in Kraft – damit war der Verteidigungsfall gegeben. Jedes NATO-Land war verpflichtet, dem anderen beizustehen.

In Washington wurde mit Genugtuung die Haltung der Bundesregierung zur Kenntnis genommen. Die Formulierung, die Gerhard Schröder geprägt hatte, gefällt George Bush und Colin Powell: »Unrestricted solidarity with the United States in all necessary measures.«

Entscheidend für den Erfolg des Kampfes gegen Dschihad in Afghanistan war die Beteiligung Pakistans – doch die Zustimmung des pakistanischen Präsidenten General Pervez Musharraf war nur schwer zu erreichen. Sein Land bildet die Ostgrenze von Afghanistan. Verwandtschaftliche Beziehungen bestehen zwischen den Sippen Afghanistans und Pakistans. Wenn eines der beiden Länder leidet, bleibt das andere nicht unbeteiligt. Seit Jahren lebten zwischen zwei und vier Millionen afghanische Flüchtlinge auf pakistanischem Boden – meist in der Gegend von Peshawar. Ihre Emotionen waren leicht anzuheizen. Freunde der USA waren diese Flüchtlinge auf jeden Fall nicht.

Am 11. September 2001 war zu spüren, welche Stimmung in Pakistan herrschte: Als in der Hauptstadt Islamabad bekannt wurde, daß in New York Anschläge auf das World Trade Center erfolgt waren, strömten Zehntausende von Männern auf die Straßen. Als sich die Nachricht verbreitete, die Vernichtung dieses »Monuments der amerikanischen Überlegenheit« sei auf Befehl von Osama Bin Laden erfolgt, war die Begeisterung groß. Im Verständnis der Demonstranten hatte Osama Bin Laden bewiesen, daß die USA verwundbar waren. General Pervez Musharraf konnte es unter dieser Voraussetzung nur schwer wagen, die amerikanische Bitte um Hilfe beim Kampf gegen Osama Bin Laden zu erfüllen.

Die Situation wurde für Präsident Musharraf noch dadurch erschwert, daß das Offizierskorps fast ausschließlich aus überzeugten Moslems bestand. Den Prozeß der Islamisierung der Armee hatte Präsident Zia ul-Haq eingeleitet, der im Jahr 1977 die Macht in Pakistan an sich gerissen hatte. Zu seiner Zeit wurden Offiziere nur befördert, wenn sie regelmäßig Moscheen besuchten und an Freitagsgebeten teilnahmen. So wuchs eine ganze Generation von »fundamentalistisch« geprägten Offizieren heran. Noch immer gehören 30% der Hauptleute und Obersten fundamentalistischen Gruppierungen an.

Noch stärker islamisch ausgeprägt ist die Organisation des pakistanischen Geheimdiensts ISI (Inter Services Intelligence).

Dieser Dienst hatte ab 1976 die Mujaheddin gegen die Sowjets unterstützt – und dann die Taliban an die Macht gebracht. ISI war kaum dazu zu veranlassen, jetzt im Sinne der amerikanischen Regierung Position gegen die Taliban und Osama Bin Laden zu beziehen. Die Erscheinung des Chefs von ISI, der bis vor wenigen Wochen dieses Amt inne hatte, war ein Zeichen für die Orientierung seiner Organisation: General Jarvid Nasser trägt einen langen Bart – wie Osama Bin Laden.

Schon einmal, im Jahr 1995, hat ein fundamentalistisch geprägter General (sein Name war Zahir Abbasi) Pakistan in eine islamische Republik verwandeln wollen. Der Putsch konnte damals gerade noch verhindert werden. Der Chef des Putsches war nur zu 14 Jahren Haft verurteilt worden. Er befindet sich inzwischen in Freiheit. Daß er auf seine Chance wartet, General Musharraf zu stürzen, ist anzunehmen.

Trotz dieser Probleme erklärt sich Präsident Pervez Musharraf Anfang Oktober 2001 bereit, mit der US-Regierung zu kooperieren: Er öffnete sein Land für US-Flugzeuge und für Bodentruppen.

Dem General – er war gerade 58 Jahre alt – wurde von George Bush und von Colin Powell ein beachtlicher Lohn versprochen: Die amerikanische Regierung war bereit, dem Regime in Pakistan zu verzeihen, daß es gewagt hatte, sich das Geheimnis der Atombombe zu beschaffen, sie zu bauen und zu testen. Seit drei Jahren gehört Pakistan zu den Atomländern. Seither waren die Beziehungen zwischen den USA und Pakistan sehr abgekühlt. Sie wieder warm werden zu lassen, war erstrebenswert für Musharraf.

Der geschickte Taktiker Musharraf verließ sich nicht völlig auf den neuen Verbündeten im fernen Amerika. Er brach Pakistans diplomatische Beziehungen zu den Taliban in Kandahar nicht ab. Nachdem Saudi-Arabien und die Vereinigten Arabischen Emirate ihre Vertreter aus Kandahar zurückgezogen hatten, bestand die einzige offizielle Verbindung der Taliban zur Außenwelt aus der Taliban-Vertretung in Islamabad. Über den Chef dieser diplomatischen Mission konnte Mullah Mohammed seinen Standpunkt der Welt mitteilen. Der amerikanischen Regierung schien der Taliban-Diplomat in Islamabad gleichgültig zu sein.

Sein Gesicht wurde allerdings bald bekannt in der Welt: Nahezu täglich erläuterte er mit sanfter Stimme über alle Fernsehkanäle Vorwürfe gegen die USA, sie hätten nur das eine im Sinn, den Islam in Afghanistan auszurotten.

Sein Name: Abdul Salam Saif. Er ist 34 Jahre alt. Sein Geburtsort ist ein Dorf in der Provinz Kandahar. Er stammt aus derselben Gegend wie der Chef der Taliban Mullah Mohammed Omar. Sie sind beide Paschtunen. Schon als Kind sind sie sich begegnet. Dann aber trennten sich die Wege: Abdul Salam Saif war noch zu jung als der Kampf der Mujaheddin gegen die Rote Armee in Afghanistan begann. Er besucht eine Koranschule in Quetta in Pakistan. Dort bleibt er fast zwanzig Jahre lang. Wie Mohammed Omar hat Abdul Salam Saif das Recht, sich Mullah zu nennen.

Der Taliban-Diplomat in Islamabad kennt die Welt nicht aus eigener Anschauung. Er hat die zwei Länder Afghanistan und Pakistan nie verlassen. Abdul Salam Saif spricht ein wenig englisch. Doch bei der Begegnung mit Journalisten im Hof seiner »Botschaft« in Islamabad zieht er es vor, die Sprache der Paschtunen zu benützen. Ein Dolmetscher übersetzt, was der Diplomat zu sagen hat. Es handelt sich fast ausschließlich um Attacken gegen die USA. Er warnt die arabisch-islamischen Völker vor den »Machenschaften« der Bush-Regierung. Der Vater des jetzigen US-Präsidenten habe im Jahr 1990 gezeigt – beim Krieg gegen Irak –, daß die Mächtigen in Washington Todfeinde des Islam seien. Jedes islamische Land müsse damit rechnen, von der Bush-Dynastie so übel behandelt zu werden wie zuvor Irak und wie jetzt Afghanistan.

Zu beobachten ist während der Wochen nach dem 11. September, daß Abdul Salam Saif keinen direkten Kontakt zum Hauptquartier des Talibanchefs bei Kandahar besitzt. Der Diplomat holt sich Direktiven in Kandahar. Dafür hat er einen Weg, für die Hin- und Rückreise, von 2000 Kilometern zurückzulegen. Es dauert jeweils sechs Tage, bis er wieder Islamabad erreicht.

Verborgen blieb lange Zeit, daß Abdul Salam Saif nicht nur Direktiven aus Kandahar abzuholen, sondern auch Botschaften dorthin zu überbringen hatte. Präsident Musharraf hielt sich diesen Kanal offen – und er fand dabei die Unterstützung von Colin Powell, der insgeheim die Meinung hatte, es könne für bestimmte Situationen nützlich sein, mit den Verantwortlichen in Kabul und Kandahar zu reden.

Der US-Außenminister erwies sich als geschickter diplomatischer Stratege. Colin Powell hielt es für vernünftig, sich nicht allein mit Pakistan zu arrangieren, sondern auch mit der indischen Regierung. Die Einigung mit New Delhi war auch nicht einfach, denn die Beziehungen mit Indien waren merklich abgekühlt seit es dieses Land gewagt hatte, sich ebenfalls das Geheimnis der Atombombe zu beschaffen, sie zu bauen und zu testen. Da die indische Regierung daran interessiert war, die Kontakte mit Washington wieder zu verbessern, ließ sie sich dazu überreden, ihre Flughäfen der Luftwaffe der USA zur Verfügung zu stellen. New Delhi versprach auch den indischen Geheimdienst mit CIA und FBI kooperieren zu lassen.

Colin Powell sah in dieser Entwicklung eine Chance, ein weiteres Problem anzupacken: Den Streit zwischen Indien und Pakistan um Kaschmir. Da die beiden Länder nun Verbündete waren im Kampf gegen Dschihad und den internationalen Terrorismus, war zu erwarten, daß sie selbst ihre Territorialinteressen ausglichen und den Streit beilegten.

Die Allianzen waren geschmiedet; der Krieg gegen den Terrorismus konnte beginnen. Noch immer war die Frage offen, gegen wen er wirklich gerichtet war. Schwer zu greifen war ein Gegner, der mit dem Begriff »internationaler Terrorismus« umrissen wird. Gemeint war zunächst Osama Bin Laden. Getroffen werden sollte auch das Regime der Taliban in Kandahar – eine Kriegserklärung an Mullah Mohammed Omar und seine Helfer erfolgte allerdings nicht.

Der Krieg beginnt am Sonntag, den 7. Oktober 2001 mit Luftangriffen gegen Ziele in Afghanistan. Das Interesse der Menschen in Europa und in den USA aber wird vom Kriegsgeschehen in Asien bald abgelenkt durch eine Bedrohung, die sich erst abzuzeichnen beginnt, deren Ausmaß nicht abzuschätzen ist.

Präsident Bush zum Thema »Milzbrand«: »Jetzt beginnt die zweite Terrorwelle«

Um den 10. Oktober 2001 wiesen acht Personen übereinstimmend diese Symptome auf: Sie hatten hohes Fieber, Husten, Schüttelfrost, Atembeschwerden, juckende Beulen auf der Haut, Darmentzündung, Bauchschmerzen, Übelkeit.

Diese acht Personen arbeiteten alle bei derselben Firma in Florida. Ihr Name: American Media Inc. Einer der acht Mitarbeiter starb. Festgestellt wurde, daß er sich mit einer bestimmten Art von Bazillen (Bacillus anthracis) angesteckt hatte, die Sporen entwickelten, die den Organismus angriffen.

Am 12. Oktober erkrankte eine Mitarbeiterin des Fernsehsenders NBC, eine News Assistentin, in New York City. Die Diagnose der Symptome ergab, daß sie mit Erregern der Kategorie Bacillus anthracis in Berührung gekommen war.

Die durch diesen Bacillus anthracis ausgelöste Erkrankung trug fortan in den USA die Bezeichnung »Anthrax«. Im deutschen Sprachraum wird sie »Milzbrand« genannt, weil diese Krankheit, die hauptsächlich bei Schafen und Rindern vorkommt, bei diesen Tieren mit einem Anschwellen der Milz verbunden ist.

Die News Assistentin hatte wenige Tage zuvor einen Briefumschlag geöffnet, der eine geringe Menge eines weißen Pulvers enthielt. Mit diesem trockenen Pulver war sie in Berührung gekommen. Stunden später wurde ein ähnliches Pulver bei der Firma Microsoft in Nevada entdeckt; auch dort hatte es sich in einem Briefumschlag befunden.

Obgleich keine öffentliche Verlautbarung erfolgt war, erzählten sich die ohnehin noch erschreckten Bewohner von Manhattan vom Fall der News Assistentin bei NBC. Innerhalb weniger Stunden war die Sorge weit verbreitet, jetzt habe der »Angriff mit Biowaffen« begonnen. Die Terroristen des Osama Bin Laden hätten das Ziel, die Bevölkerung der USA zu vernichten.

Der US Postal Service reagierte rasch: Er forderte alle US-Bürger auf, besonders auf Briefe zu achten, die zu hoch frankiert waren. Das zu hohe Porto weise darauf hin, daß der Absender unbedingt den Brief zum Adressaten habe auf den Weg bringen wollen. Verdächtig seien auch Briefe ohne Absender, Briefe mit Flecken auf den Umschlägen und Briefe, von denen ein seltsamer Geruch ausging.

Als Mittel gegen die Erkrankung »Anthrax« wurde in den USA Antibiotika in hoher Dosierung empfohlen. Der deutsche Pharmazieproduzent Bayer wies darauf hin, daß er mit dem Medikament »Cipro« ein Produkt entwickelt habe, das den Erkrankten helfen könne. Es enthalte den Wirkstoff Ciprofloxacin. Innerhalb weniger Stunden war dieses Medikament ausverkauft. Der Bayerkonzern wurde gedrängt, seine Produktion ab 1. November 2001 zu erhöhen.

Präsident Bush bat die Bürger der USA, nicht in Panik zu verfallen, sondern ihr Leben so normal als nur möglich weiterzuführen: »Die Regierung bemüht sich darum, dieses Land so sicher zu machen, als dies nur möglich ist!« Im Gespräch mit seinen Beratern aber gibt er zu, daß jetzt die »zweite Terrorwelle« begonnen hat.

Das FBI konnte nicht verhindern, daß verdächtige Briefe auftauchten, daß bei unterschiedlichen Empfängern Briefe eintrafen, die weißes Pulver enthielten.

Von Anfang an waren die Fahnder des FBI skeptisch, ob die Briefe wirklich von Anhängern des Osama Bin Laden stammten. Doch auf einmal war ein Hinweis nicht zu mißachten, es könne doch Mohammed Atta der Auslöser sein. Atta war der erste Pilot, der das World Trade Center am 11. September angesteuert hatte. Der Besitzer einer Apotheke, die sich in der Nähe der Flugschule befand, in der Atta unterrichtet worden war, erinnerte sich, Atta – dessen Foto inzwischen überall in den USA bekannt war – habe ihn um ein Mittel gebeten, das Entzündungen an den Händen lindern könne. Attas Hände seien damals rot und rauh gewesen. Der Apotheker meinte, er habe die Ursache nicht erkennen können; er habe deshalb eine handelsübliche Salbe verschrieben.

Die Erinnerung des Apothekers war Anlaß zu der Spekulation, Atta habe mit Bazillen laboriert, und er habe Spuren von Sporen an seinen Händen mit einem überaus scharfen Mittel abgetötet.

Das FBI legte auch diesen Verdacht bald zu den Akten. Die Meinung der Fahnder: Es sind nur wenige Briefe in Erscheinung getreten – steckten Leute von Osama Bin Laden dahinter, wäre der »Milzbrandangriff« in größerem Maßstab passiert. Es konnte nur ein Amateur Absender der Briefe sein. Welches Ziel er verfolgte, blieb unklar.

Was sich am 14. Oktober 2001 ereignete, bewirkte allerdings für einige Tage akute Befürchtungen. An diesem Tag war in der Poststelle des Capitols in Washington ein Brief eingegangen, der in Druckbuchstaben handgeschrieben diese Adresse trug:

SENATOR DASCHLE
509 HART SENATE OFFICE
BUILDING
WASHINGTON DC

Der Briefumschlag wurde von einem Mitarbeiter des Senators geöffnet. Er enthielt dieses Schreiben, das ebenfalls in Druckbuchstaben handgeschrieben war:

»YOU CAN NOT STOP UNS
WE HAVE THIS ANTHRAX
YOU DIE NOW
ARE YOU AFRAID?
DEATH TO AMERICA
ALLAH IS GREAT

Einen Brief gleichen Inhalts erhielt der Editor der New York Post. Der an ihn adressierte Brief enthielt den Rat »TAKE PENACILIN NOW«. Das Wort »Penicillin« war falsch geschrieben.

Der Briefumschlag enthielt allerdings auch ein Pulver, das zunächst wie Babypuder aussah. Die Analyse ergab, daß dieses Pulver aus hochgradig gefährlichen Anthrax-Sporen bestand. Die Spezialisten des Army Medical Research Institute of Infections Diseases in Maryland stellten fest, daß bei der Ausfilterung dieses Materials ein Fachmann am Werk gewesen sein muß.

Die Schriftexperten waren sich allerdings nicht einig, ob der Absender ein Ausländer war oder ein US-Amerikaner. Die Unbeholfenheit der Wortwahl und der Schreibweise konnte Verstellung sein. Der Absender des Briefs konnte nicht dingfest gemacht werden.

Die meisten Briefe, die dem FBI übergeben wurden, enthielten allerdings ungefährliche Pulver. Diese Briefe waren abgeschickt worden von Menschen, die glaubten, damit einen Scherz initiiert zu haben. Dies traf vor allem auf Briefe zu, die am 15. Oktober in Berlin in der Poststelle des Bundeskanzleramtes als verdächtig aussortiert worden waren.

Am 19. Oktober sprach Bush die Entwarnung aus: »Es besteht keine Verbindung zwischen den Milzbrandanschlägen und dem Terroristen Osama Bin Laden.«

Nur langsam klang die aktuelle Sorge vor Anthrax in den USA ab. Die Angst blieb, es werde eben doch eine zweite Terrorwelle über das Land hereinbrechen, von der man noch überhaupt nichts ahne. Viele Menschen in den USA sorgten vor: Sie kauften Gasmasken und »Bodysuits«, aus Gummi, die den ganzen Körper bedeckten. Sie erwarben Geräte, um im Notfall Trinkwasser reinigen zu können. Besonders in New York war die unbestimmte Angst vor Anschlägen der Kämpfer des Dschihad zu spüren. Frauen und Männer informierten sich, ob ihnen ein Überfall mit »Senfgas« gefährlich werden könnte; sie erfuhren, daß derjenige sterbe, der Senfgas einatme, daß die Materialien dazu jedoch schwer zu präparieren seien. Diskutiert wurde die Gefahr, »Gotteskrieger« könnten über das Nervengift »Sarin« verfügen, das bereits im Zweiten Weltkrieg entwickelt worden war. Sarin bewirkt, daß schon Berührung von kleinsten Mengen des Nervengifts mit der Haut die Koordination der Körperfunktionen stören kann. Daß Sarin eine wirkliche Bedrohung darstellen kann ist seit 1995 bekannt – damals versprühten Mitglieder einer japanischen Kultsekte Saringas in Tokio in einer U-Bahn-Station. An der Wirkung des Nervengifts starben zwölf Menschen.

Schrecken jagte der Gedanke ein, Anhänger des Osama Bin Laden könnten sich das noch gefährlichere Nervengas Soman beschafft haben. Es ist in der einstigen Sowjetunion entwickelt worden – als Hauptkampfstoff für den Krieg mit dem Westen. Befürchtet wird, daß Saddam Hussein im Besitz von Soman ist.

Die US-Regierung nahm die Sorgen der Menschen ernst. Sie war bereit, Milliarden Dollar dafür auszugeben, die Abwehrkräfte der USA zu stärken. Präsident Bush jr. hat während der Tage der Unsicherheit vor Dschihad-Anschlägen beschlossen, zwei Persönlichkeiten in sein Kabinett aufzunehmen, um die Anstrengungen zur Verbesserung der Terrorabwehr zu koordinieren. Vermieden werden sollte Konkurrenz zwischen den Sicherheitsorganen der Einzelstaaten und der US-Zentralmacht. Alle Bemühungen, den Bürgern der USA Sicherheit zu geben, vor allem aber sie zu vermitteln, sollten in einer Hand integriert werden.

Bemerkenswert war die Haltung des US-Präsidenten während der Wochen nach dem 11. September. Er versprach Rache und Vergeltung, doch er ging überlegt vor. Der rasche Militärschlag konnte das gewünschte Ergebnis nicht bringen; er würde sinnlose Zerstörungen hervorrufen, aus denen die islamischen Völker ablesen könnten, die USA handelten unüberlegt, tatsächlich getrieben vom Willen, gegen Allah und seine Gläubigen kämpfen zu wollen. Rücksicht genommen werden mußte auch auf die Alliierten in diesem Kampf gegen den »weltweiten Terrorismus«. Die Gefühle der Menschen in Ägypten und Saudi-Arabien durften nicht verletzt werden. Ihre Staatschefs waren dafür zu gewinnen gewesen, daß das Terrornetz Al Qaida zu zerschlagen ist; sie würden protestieren, wenn der Krieg auch nur im geringsten die islamische Welt schwächen würde.

»Ich hoffe, es wird nicht Sache des Militärs sein, das Problem zu lösen!«

Gemeint war die Aufgabe, Osama Bin Laden zu fangen. Gesagt hat diesen Satz einer der Berater des Präsidenten George Bush, der voraussah, daß die US-Armee nicht in der Lage ist, in den Gebirgen rund um das Hindukuschmassiv eine Person zu finden, die beraten wird von Männern, die alle Schluchten und Verstecke im unwegsamen Gelände kennen. Der Präsident hat die Warnung verstanden: Er hörte damit auf, den Konflikt zu personifizieren. Er nannte Osama Bin Laden kaum noch beim Namen.

Drei Wochen waren vergangen, da begannen mit Wucht die Angriffe der US-Luftflotte. Die Ziele waren präzise ausgewählt. Aus Bomberflugzeugen vom Typ B-52, die von Basen der Insel Diego Garcia im Indischen Ozean gestartet waren, fielen »bunker busters«, Sprengkörper großen Kalibers, deren Detonationskraft so gewaltig war, daß sie Felsen aufreißen konnten in denen sich Höhlen befanden – Verstecke der Anhänger von Osama Bin Laden. Von Kampfflugzeugen vom Typ B-2 »Stealth« wurde eine Kolonne von Chevrolet-Kraftfahrzeugen getroffen, die zum Fahrzeugpark des Mullah Mohammed Omar gehörten. Wenig später war in Islamabad zu erfahren, es seien Familienmitglieder des Talibanchefs ums Leben gekommen. Mullah Mohammed Omar selbst war nicht unter den Opfern des Angriffs.

Die hochmodernen Stealth-Kampfflugzeuge, die von Radargeräten nicht entdeckt werden können, kamen von der Whiteman Air Base im amerikanischen Bundesstaat Missouri; sie waren mit Geräten ausgerüstet, die höchste Zielgenauigkeit garantierten. Doch sie fanden keine lohnenden Ziele. Es stellte sich bald heraus, daß die Bomben der ersten drei Wochen des Krieges gegen den internationalen Terrorismus die Zentrale der Taliban und des Osama Bin Laden nicht getroffen haben.

Am 25. Oktober 2001 gab Verteidigungsminister Donald Rumsfeld zu: »Wir haben keine Ahnung, wo sich Bin Laden befindet. Wir wissen nicht, ob wir ihn überhaupt jemals packen können!« In offiziellen Stellungnahmen des Pentagon wurde verlautbart: »Wir haben die Struktur der Taliban zerstört!« Auch bei diesem Konflikt bewahrheitet sich die alte Erkenntnis: »Das erste Opfer im Krieg ist die Wahrheit!«

Den Reportern, die zu Pressekonferenzen im Pentagon zugelassen waren, wurden Videoaufnahmen gezeigt von elektronisch geleiteten Bomben, die Hütten und Lehmhäuser zerstörten, die Landebahnen aufrissen, die Felsen zertrümmerten. Verschwiegen wurden die fehlgeleiteten Bomben, die ein Dorf und ein Depot des Roten Kreuzes getroffen hatten. So geschah es, daß in der dritten Woche des Luftkriegs US-Piloten mit der vollen Bombenlast an Bord wieder zu ihren Basen zurückkehrten, weil sie – nach ihrer Einschätzung – kein Ziel gefunden hatten, das als Talibanbasis in Frage kam.

Das Problem war, daß der Gegner falsch eingeschätzt worden war. Die Planer des Pentagon hatten angenommen, die Taliban seien vergleichbar mit einer regulären Armee, die über Artillerie und Kampfflugzeuge verfügte, die Radarleitsysteme und Kommandozentralen besaß und eine Hierarchie der Befehlsstruktur. Dies alles war bei den Taliban nicht vorhanden. Sie wurden vor allem von niemand kommandiert, der auch nur die geringste Ausbildung an einer Militärakademie genossen hatte. Die einzige militärische Erfahrung der Talibankommandeure stammte aus dem Krieg mit der Roten Armee – und dieser Krieg war seit über zehn Jahren zu Ende. Aus der Zeit vor 1988 stammte auch die Ausrüstung der Talibankämpfer.

Die Taliban werden überschätzt, die »Nordallianz« wird unterschätzt

Die Planer des Krieges auf der Seite der Vereinigten Staaten von Amerika wurden von den Kommandeuren der afghanischen Gegner der Taliban – sie werden unter der Bezeichnung »Nordallianz« zusammengefaßt – falsch informiert. Das Arsenal der Taliban wurde von diesen Kommandeuren so aufgelistet: 650 Panzer der Typen T 62, T 54 und T 55. Sie stammten aus einstigen sowjetischen Beständen. An Schützenpanzerwagen sollen den Taliban über zweihundert zur Verfügung stehen und hundert Geschütze der schweren Artillerie vom Kaliber 122 und 152 Millimeter. Die Kommandeure der Nordallianz behaupteten zu wissen, daß die Taliban über eine beachtliche Menge von Raketenwerfern verfügen würden. Derartige Waffen sind dann später in Kämpfen im Gebirge und während der Schlacht um Kunduz nahe der usbekischen Grenze von den Taliban tatsächlich mit einigem Erfolg eingesetzt worden.

Die Nordallianz behauptete, die Taliban besäßen auch eine beachtliche Luftwaffe; sie bestehe aus einem Dutzend Kampfmaschinen vom Typ Mig-21 und einer gleichen Anzahl von Transporthubschraubern. Auch militärische Transportmaschinen stünden auf der Flugbasis Kabul bereit. Da die Taliban über keine eigenen Piloten verfügten, würden die Maschinen von »fundamentalistischen« pakistanischen Luftwaffenoffizieren geflogen.

Auch der Mannschaftsbestand war vor dem Beginn der Kämpfe mit der Zahl von 60 000 Bewaffneten sehr hoch angesetzt worden. Die Nordallianz bezifferte ihre Kämpferstärke mit nur 15 000 Mann und die Zahl ihrer Panzer mit 60. Vor allen Dingen, so wurde den Beamten der US-Botschaft in Islamabad mitgeteilt, benötigte die Nordallianz Kampfhubschrauber.

Als die ersten amerikanischen Frontkorrespondenten in der zweiten Oktoberhälfte in den vorderen Linien der Nordallianz nördlich von Kabul eintrafen, machten sie andere Erfahrungen.

Die Kämpfer besaßen russische Grad-Raketen, die sie von Usbekistan in großer Menge erhalten hatten; sie verfügten über moderne Geschütze russischer Produktion und über einige neuwertige Kampfhubschrauber. Viele der Männer der Nordallianz besaßen auch praktische Kampfanzüge aus chinesischer Fertigung.

Doch Anfang November 2001 entwickelt die Nordallianz ihre Kampfkraft noch nicht. Die US-Planer haben ihnen mitteilen lassen, daß zuvor die Luftwaffe der USA ihre Aufgabe zu erfüllen habe: Sie müsse die Strukturen der Taliban zerschlagen. Dafür werde noch Zeit gebraucht. Die Planer glaubten nun zu wissen, wo sich Osama Bin Laden versteckt hielt. Doch dann geschah ein Rückschlag, der die Stimmung in Islamabad, Peshawar und in Washington drückte.

Das Ende des Abdul Haq

Er war ein Kriegsherr der besonderen Art. Abdul Haq stammte aus einer reichen afghanischen Familie. Er war ein Geschäftsmann, dessen Firmenzentrale in Dubai angesiedelt war; sie wickelte Import-Exportgeschäfte ab. Abdul Haq war ein mutiger Mujaheddin während der Kämpfe gegen die Sowjets in Afghanistan gewesen. Abdul Haq war 1985 von Präsident Ronald Reagan im Weißen Haus empfangen worden – Reagan hatte ihn gelobt als tapferen und brillanten Kämpfer für die Freiheit Afghanistans.

Er sah in späteren Jahren nicht wie ein Afghane aus. Seinen runden Kopf zierte ein kurzgehaltener Bart. Seine Augen erweckten den Eindruck, Abdul Haq besitze einen überaus lebhaften Geist. Sicher ist, daß er sich gerne in Szene setzte, daß er mit Vorliebe zeigte, wie mutig er war.

Als Mann, der im Luxus der westlichen Welt zu leben wußte, hielt er sich häufig in Washington, London und Paris auf. Rom gefiel im besonders gut. Dort kam er in Kontakt mit dem einstigen König Mohammed Zahir Schah, der hoffte, wieder als Herrscher nach Kabul zurückkehren zu können. Der Monarch und der

Kriegsherr beklagten gemeinsam den Zustand ihres Heimatlandes. Beide haßten die Taliban, weil sie den Frauen überhaupt kein Recht auf Entfaltung ließen. Abdul Haq hatte vor, die Rolle des Befreiers der afghanischen Frauen zu spielen. Mohammed Zahir Schah wollte diese Rolle gern mit Abdul Haq teilen. Beide dachten darüber nach, wie es gelingen könnte, die Republik Afghanistan wieder in eine Monarchie zu verwandeln.

Der einstige König – inzwischen 87 Jahre alt – und Abdul Haq, der um die 50 Jahre alt war, suchten in Rom das Gespräch mit CIA. Sie wußten, daß ohne Hilfe der USA die Taliban nicht zu beseitigen waren. Dem König und dem Kriegsherrn Abdul Haq wurde der erfahrene Robert C. MacFarlane zugewiesen, der einst National Security Adviser des Präsidenten Ronald Reagan gewesen war. Er stand dem State Department und dem Pentagon jetzt für besondere Aufgaben zur Verfügung. MacFarlane hielt sich in der pakistanischen Stadt Peshawar auf, um dort für eine Mission bereitzustehen.

Abdul Haq und MacFarlane tüftelten in Peshawar einen Plan aus, wie regionale Kriegsherren der Paschtunenstämme für eine Allianz gegen die Taliban zu gewinnen seien. Für beide war selbstverständlich, daß dafür ein größerer Dollarbetrag notwendig war. Sie waren vertraut mit der afghanischen Tradition, die Seiten im Konflikt zu wechseln, wenn dafür Geld geboten wurde. Sie kannten aber auch den Unsicherheitsfaktor dieses Geschäfts: Man kann nie sicher sein, daß sich der Empfänger des Geldes an die Abmachungen hält. Abdul Haq wollte sich auf dieses Risiko einlassen.

Ansatzpunkt der Bestechungsaktion sollten die Paschtunenstämme südlich von Kabul sein. Das Ziel war, die Sheikhs dieser Paschtunenstämme zu veranlassen, eine Einheitsfront gegen die Taliban zu bilden. Bisher waren die Herren der Stämme gegeneinander verfeindet. Jeder wollte den anderen beherrschen – und jeder wollte dem anderen die Felder wegnehmen, auf denen die Mohnkapseln für die Drogenproduktion wuchsen. Da sie sich bekämpft hatten, waren sie zur leichten Beute für Mullah Mohammed Omar geworden; sie waren ihm jetzt untertan. Konnte Abdul Haq ihnen größere Dollarbeträge anbieten, bestand die Chance, daß die Sheikhs Front bezogen gegen den Mullah.

Die Afghanistanspezialisten des CIA waren keineswegs begeistert von der Idee des Abdul Haq, die Kriegsherren auf afghanischem Gebiet aufzusuchen. Die Zuständigen in Peshawar hielten wenig von diesem Lebemann, der den Abenteurer spielte. Mancher war der Meinung, die Manie des Abdul Haq, nach Art des James Bond zu agieren, sei seit den 80er Jahren überholt. Sie beanstandeten, daß dem Draufgänger die kühle Professionalität fehle. Doch er entgegnete, allein zu ihm hätten die Kriegsherren der Paschtunen Vertrauen; allein er sei geeignet, die Stämme zu einigen.

Robert C. MacFarlane übermittelte den CIA-Verantwortlichen in Washington die Wünsche des Abdul Haq. Er verlangte, daß er mit dem Hubschrauber von Stamm zu Stamm geflogen werde – der Hubschrauber sollte mit einem starken Funkgerät ausgestattet sein.

Dieser Wunsch wurde abgelehnt mit dem Argument: Es könne nicht verborgen bleiben, daß Abdul Haq mit dem Hubschrauber in Afghanistan einfliege. Das Resultat sei, daß die Verwicklung der USA in diese Aktion erkannt werde. Aussicht auf Erfolg könne sie nur haben, wenn sich Abdul Haq heimlich nach Afghanistan begebe. Abgelehnt wurde auch die Bitte um das starke Funkgerät. Angeboten wurde statt dessen ein Satellitentelefon. Darauf reagierte Abdul Haq beleidigt. Seine Antwort. »Ich besitze ein Dutzend Satellitentelefone. Ich benötige keines vom CIA.«

Geld aber bekam er offenbar in einer beachtlichen Summe. Der CIA-Resident in Peshawar soll ihm »Bündel von Dollarnoten« übergeben haben. Der Grund für diese Großzügigkeit: Verteidigungsminister Donald Rumsfeld hatte eingesehen, daß seine Truppe ohne afghanische Hilfe nicht in der Lage war, Bin Laden aufzuspüren. Versuche, US-Spezialtruppen in den Bergen operieren zu lassen, waren fehlgeschlagen. Mit Glück hatten sich die amerikanischen Kämpfer zurückziehen können. Beim überstürzten Abflug hatte einer der Hubschrauber Metallteile verloren. Sie waren dann von den Taliban vor Fernsehkameras als Beweis dafür präsentiert worden, daß es ihnen gelungen sei, einen Hubschrauber abzuschießen. Während einer Pressekonferenz im Pentagon mußte der offizielle Sprecher zugeben, daß die Taliban zähe und unerschrockene Kämpfer seien, die den Tod nicht fürchteten. Von fehlender Kampfmoral der Taliban könne keine Rede sein.

Donald Rumsfeld brauchte zu diesem Zeitpunkt einen spektakulären Erfolg. Der Verteidigungsminister hatte geglaubt, mit dem Beginn der Bombardierungen aus der Luft, würden Talibankämpfer in großer Zahl ihre Stellungen verlassen, um sich in Richtung pakistanischer Grenze zu retten. Doch nichts derartiges geschah. Die Bombardierungen hatten offenbar nicht zu einer Schwächung der Taliban geführt. Die Öffentlichkeit in Europa murrte, weil zum zweiten Mal ein Lagerhaus des Internationalen Roten Kreuzes in einem Vorort von Kabul getroffen worden war. Wertvolle Vorräte an Lebensmitteln und Medikamenten sind zerstört worden. Es ließ sich auch nicht verbergen, daß häufig in ländlichen Gegenden Lehmhäuser getroffen wurden, in denen sich kein Talibankämpfer aufgehalten hatte. Bekannt wurde, daß ein Kommandeur der Nordallianz gespottet hatte: »Die Amerikaner wühlen die Berge um, doch Osama Bin Laden treffen sie nicht!« Auf Bildschirmen der Fernsehgeräte in den USA und in Europa wurde der Fluch einer alten Frau, deren Haus zerstört worden war, übertragen: »Allah verdamme die Taliban und die Amerikaner. Sie haben beide Unglück über uns gebracht!«

In dieser Situation war es Abdul Haq, von dem erwartet wurde, daß er einen Erfolg vorweisen konnte. Am 21. Oktober 2001 fuhr er in einem Jeep bei Nacht auf Schleichwegen bei Peshawar über die Grenze. Er war begleitet von vier Männern, die er gut kannte. Noch vor Morgengrauen traf er im Dorf des ersten Stammessheikhs ein, den er für die Allianz gegen die Taliban gewinnen wollte. Der Sheikh, der den langen Bart zum Zeichen seiner Solidarität mit den Taliban trug, empfing Abdul Haq mit Freuden. Der Gast war berühmt für seine Tapferkeit im Kampf gegen die »roten Teufel«. Man sprach lange über die Vergangenheit. Sie bildete die Brücke zur Gegenwart. Der Gastgeber meinte, es sei an der Zeit, daß die Taliban aus dem Lande getrieben werden – und mit ihnen die Bewaffneten von Al Qaida. Als Grund für die Ablehnung von Mullah Mohammed Omar und Osama Bin Laden gab der Sheikh nicht die Unterdrückung der Frauen an, sondern seine Wut darüber, daß die Taliban die Entscheidungsfreiheit der Stammessheikhs beschnitten hätten.

Nach langem Gerede waren sich Abdul Haq und der Sheikh darin einig, daß nur eine Allianz der Paschtunensheikhs im Süden des Landes Grundlage für den Kampf gegen Taliban und Al Qaida schaffen könne.

Der Sheikh nahm die Dollars an, die ihm dargeboten wurden, dann verabschiedete sich Abdul Haq, um den nächsten Sheikh aufzusuchen.

Vier Tage lang war Abdul Haq unterwegs. Über das Satellitentelefon berichtete er Robert C. MacFarlane von seinen Erfolgen. Er meinte, der Aufbau der Stammesallianz gegen die Taliban sei gesichert. Am fünften Tag aber klang die Stimme des Abdul Haq bedrückt. Er meinte, das Gefühl zu haben, er werde verfolgt; irgend etwas sei wohl falsch gelaufen.

Eine Stunde später erfolgte wieder ein Anruf. Diesmal sagte Abdul Haq, er wisse nun sicher, daß Verfolger hinter ihm her seien. Sein Verdacht war, er sei gleich vom ersten der Stammessheikhs, den er aufgesucht hatte, verraten worden.

Der Kontakt zu Abdul Haq brach ab. MacFarlane handelte sofort. Er rief das »Central Command« in Florida an; es trifft alle wichtigen Entscheidungen im Afghanistankrieg. MacFarlane bat um Entsendung von Hubschraubern, die in Peshawar zur Verfügung standen, sie sollten in den Bergen bei Kandahar Abdul Haq suchen und aus seiner schwierigen Situation befreien. Das »Central Command« entsprach der dringenden Bitte. Doch die Hubschrauber kamen zu spät. Abdul Haq war von Talibankämpfern gefangen und nach Kandahar gebracht worden. Dort fand eine Art Gerichtsverfahren statt. Über den Verlauf der Verhandlung ist nichts bekannt geworden – nur über deren Ende. Abdul Haq wurde erschossen.

Robert C. MacFarlane reagierte bitter auf den Mißerfolg. Gegenüber einem Reporter der Zeitschrift »Newsweek« sagte er: »Dies war ein miserables Versagen des CIA. In diesem aufgeblasenen Apparat fehlt jegliches Verständnis für Tradition der Stämme, für ihre Eigenarten und für ihre Streitigkeiten untereinander. Ich habe noch keinen einzigen in diesem Apparat getroffen, der die Sprache der Afghanen auch nur einigermaßen beherrscht, der ihre Struktur und ihre Geschichte kennt.«

Den CIA-Vertretern in Peshawar soll der Einfall gekommen sein, einen Pakt zu schließen mit Jalaludin Haqani, einem der Militärkommandeure der Taliban. Er sei häufig in Peshawar gesehen worden. Er hatte bereits in früheren Jahren mehrfach die Fronten im Bürgerkrieg gewechselt. Möglich ist durchaus, daß er sich schon im Oktober 2001 absichern wollte für »die Zeit nach den Taliban«.

Die CIA-Vertreter sehen sich veranlaßt zur Suche nach Afghanen, denen Verantwortung übertragen werden kann, weil sie von ihrer vorgesetzten Behörde in Washington dazu gedrängt werden. Im State Department hatte sich schon Anfang Oktober die Meinung durchgesetzt, es sei sinnlos, den Krieg wirklich zu eröffnen, wenn kein Plan dafür existiere, was durch diesen Krieg erreicht werden sollte. Wer diesen Standpunkt vertrat, der sah nicht das Kriegsziel in der Vernichtung der Taliban und von Al Qaida. Es mußte ein Plan entwickelt werden, wie Afghanistan in Zukunft geordnet sein sollte, und wie ein friedliches Zusammenleben der zerstrittenen Stämme ermöglicht werden könnte. Der »Militärschlag« allein war ungeeignet zur Zukunftssicherung Afghanistans.

Wo hält sich der Chef des »Dschihad« versteckt?

Die Kenntnisse der US-Planer von der Geographie Afghanistans waren bei Kriegsbeginn oberflächlich: Sie beschränkten sich auf die Topographie der Gebirgslandschaften um Kabul und Kandahar. Bekannt war, was durch Luftaufklärung zu erkunden gewesen war. Auf den Fotos der Luftaufklärer aber war kaum zu erkennen, welche Geheimnisse sich in den Gebirgsschluchten verbargen. Da gab es jedoch Gerüchte, die von einem weitverzweigten unterirdischen Bunkersystem berichteten. Diese Verteidigungsanlagen unterstanden offenbar allein dem Chef der Al Qaida und seinen Kommandeuren. Die Auskünfte, die den Fachleuten des CIA hinterbracht wurden, waren allerdings sehr verschwommen.

Im Flüchtlingslager bei Peshawar begannen die Fahnder mit ihren Erforschungen. Sie konzentrierten sich dabei auf Mujaheddin, die bis 1988 in den Bergen oberhalb der Shamal-Ebene gekämpft hatten. Die Kämpfer wußten Bescheid, daß dort natürliche Höhlen als Verstecke genutzt und auch ausgebaut worden waren. Doch die Erfahrungen der einstigen Mujaheddin beschränkten sich auf eine weit zurückliegende Zeit. Die Kämpfer der Jahre von 1979 bis 1988 konnten nichts darüber sagen, was Osama Bin Laden aus diesem Höhlensystem gemacht hatte. Es blieb den US-Befehlshabers nichts anderes übrig, als kleine Commandogruppen durch Hubschrauber in jene Gegend zu bringen und sie dort abzusetzen, in der Hoffnung, diese Spezialkämpfer würden eine Spur von den Verstecken der Al Qaida finden.

Die Suche war mühsam. Die US-Soldaten durften sich keine Unterstützung aus den Dörfern holen. Die Erfahrungen, die Abdul Haq hatte machen müssen, waren den amerikanischen Kämpfern bekannt – sie hüteten sich – aus Angst vor Verrat – Kontakt mit Afghanen aufzunehmen.

Fündig wurden die Commandos in der Region von Tutakhan westlich der Flugbasis Bagram und in der Nähe der Ortschaft Qarabagh. Es gelang den gründlich ausgebildeten Marines, unbemerkt in ein Tunnelsystem einzudringen, das offenbar gerade nicht genutzt wurde. Sie entdeckten Erstaunliches. Offenbar hatte Osama Bin Laden unter großem Aufwand Bunkerstellungen geschaffen, die geeignet waren, langen Bombardierungen zu trotzen. Der Respekt vor der Voraussicht dieses Mannes wuchs. Er hatte offenbar damit gerechnet, in den Bergen Afghanistans gesucht und angegriffen zu werden.

Als die Commandos – in der Weltpresse als »Bodentruppen« bezeichnet – wieder von den Hubschraubern abgeholt wurden, hatten sie diese Erkenntnisse gewonnen: Die Männer von Al Qaida hatten aus den Felsen geräumige rechteckige Kammern gehauen, die eine Länge von ungefähr zehn Metern und eine Breite von vier Metern besaßen. Der Boden war mit Matten bedeckt, auf denen geschlafen wurde. Die Waffen, vor allem Stinger-Raketen, lagerten greifbar in einer Ecke. Entdeckt wurden Gänge, die zu anderen derartigen Höhlenkammern führten.

Spezialisten der Commandogruppe hatten rasch bemerkt, daß der Zugang zur Kammer auf raffinierte Weise geschützt war. Im felsigen Boden waren Minen versteckt. Ein Minentyp überraschte die amerikanischen Kämpfer. Der Minenkörper steckt in einem Tongefäß, das im Boden vergraben ist; er besitzt Stacheln wie ein Igel. Berührt ein Mensch eine dieser Stacheln, springt die Mine etwa einen Meter hoch und explodiert dann. Der Mensch wird in seiner Mitte zerrissen. Dieser Minentyp wurde von den Commandos als außerordentlich gefährlich eingestuft.

Die Erkenntnisse der Commandos veranlaßte die US-Planer für einige Lufteinsätze die Art der abzufeuernden Raketen zu verändern. Um das Bunkersystem beschädigen zu können, waren Flächenbombardements mit schwerkalibrigen Sprengkörpern von B-52-Bombern aus, ungeeignet. Versucht wurde Beschuß ausgemachter Ziele mit einer Rakete, die geeignet war, Felsen zu durchdringen. Der Raketenkörper war ungefähr fünf Meter lang und außerordentlich schlank. Er traf mit gewaltiger Wucht auf Felsen. Er konnte hartes Material mit einer Dicke von sechs Metern durchschlagen – erst dann erfolgte die Explosion. Anzunehmen war, daß diese Waffe geeignet war, das System von Bunkern und Tunnels der Al Qaida zu zerstören.

Die Umstellung der Raketenart diente auch dazu Kongreßabgeordnete in Washington zu beruhigen, die sich verärgert gezeigt hatten über das Resultat der Flächenbombardements. Dem Pentagon wurde vorgeworfen, da werde ein Krieg geführt, der Vieles zerstöre – nur nicht das Hauptquartier des Osama Bin Laden. Donald Rumsfeld reagierte durch Vervierfachung der Bodenstreitkräfte. Sie wurden beauftragt, systematisch nach dem Chef der Al Qaida zu suchen. Der Druck auf Rumsfeld wurde dadurch erhöht, daß es der Fernsehgesellschaft Al Jezira, die in Qatar zu Hause ist, offenbar möglich war, Bin Laden zu finden, ihn zu filmen, ihn zu interviewen. Es gelang nicht, sich an die Fersen der Mitarbeiter von Al Jezira zu heften.

Über die Stärke der Bewaffneten, die der Organisation Al Qaida zur Verfügung standen, existierten nur Schätzungen, die auf schwacher Grundlage basierten. Dem US-Geheimdienst lagen Informationen vor, daß Osama Bin Laden in den Bergen Afghanistans 30 Ausbildungszentren unterschiedlicher Größe unterhielt. Doch die Geheimdienstspezialisten waren bisher noch keinem begegnet, der ein solches Camp persönlich gesehen hatte. Vor allem wußte niemand, was wirklich dort geschah. Spekuliert wurde, auf der Seite des Osama stünden 10000 Kämpfer – auch für diese Zahl gab es überhaupt keine verläßlichen Anhaltspunkte. Die Frage war, ob die Männer, über die Al Qaida verfügte, für den Kampf in Afghanistan ausgebildet wurden oder für Anschläge in der westlichen Welt. Als sicher wurde angenommen, daß viele zu den »arabischen Legionären« gehörten – und mancher hatte wohl schon am Krieg gegen die Sowjetunion teilgenommen. Sie stammten aus Saudi-Arabien, Ägypten und Algerien. Afghanistan war ihnen damals, vor dem Jahr 1988, zur Heimat geworden. Nach Ägypten, Jemen, Algerien hatten sie nicht mehr heimkehren wollen.

Die Analysen des US-Geheimdiensts besagten, daß ihre Bewaffnung aus Granatwerfern, schweren und leichten Maschinengewehren und aus Stinger-Raketen bestand. Al Qaida soll zu diesem Zeitpunkt auch über veraltete sowjetische Raketenwerfer vom legendären Typ »Stalinorgel« verfügt haben.

Anfang November 2001 lagen einigermaßen sichere Informationen vor, daß die Organisation Al Qaida Kämpfer in Nordafghanistan konzentrierte, offenbar als Vorbereitung der Verteidigung der Stadt Mazar-i-Sharif, die sich seit nahezu drei Jahren in der Hand der Taliban befand. Die Nordallianz wollte diese Stadt kontrollieren, denn durch sie verlief die einzige brauchbare Straße vom Tal Amu Darya herauf in die Gebiete, die nicht von den Truppen des Mullah Mohammed Omar beherrschte wurden. Die Gegner der Taliban konnten nur dann erfolgreich militärisch operieren, wenn sie ständig mit Munition versorgt wurden. Der Nachschub wurde von Usbekistan geliefert. Eine erste noch zaghaft geführte Offensive der Talibangegner war bereits ostwärts von Mazar-i-Sharif aufgehalten worden. Die Schuld am Scheitern ihrer Offensive gaben die Kommandeure der »Nordallianz« den US-Luftverbänden: »Ihre Bombenabwürfe waren wirkungslos! Die Amerikaner haben uns überhaupt nicht geholfen!«

Die »Nordallianz« gegen die Krieger Allahs

Die Planer im Pentagon ärgerten sich über Bemerkungen, die amerikanische Leistungen herabsetzten. Die US-Strategen hielten wenig von der »Nordallianz«, die als eine »Ansammlung von Banden und Banditen« angesehen wurde. Da hatte es nur eine Person gegeben, die im Pentagon Respekt genossen hatte – und das war Ahmed Schah Massud gewesen. Dieser »Löwe von Pandschir« war zwei Tage vor dem 11. September einem Attentat zum Opfer gefallen. Auch acht Wochen nach diesem Anschlag bestand noch der Verdacht, es bestehe ein Zusammenhang zwischen dem Attentat und den Attacken gegen das World Trade Center. Die Frage war, ob gleichzeitig den USA Schaden zugefügt werden, und die »Nordallianz« geschwächt werden sollte. Der Tod des Ahmed Schah Massud nahm den »Banden im Norden« zunächst völlig jede Reputation.

Als Gegner des Mullah Mohammed Omar präsentierte sich Burhanuddin Rabbani. Er war der letzte Präsident der Republik Afghanistan gewesen. Im Jahr 1996 hatten ihn die Taliban aus Kabul vertrieben. Von Stadt zu Stadt war Rabbani vor Mullah Mohammed Omar und Osama Bin Laden geflohen. Er hatte zuletzt Zuflucht gefunden in Faizabad, im nördlichsten Zipfel des Landes. Von dort aus führt keine Straße weiter, die noch ein Ziel in Afghanistan hat. In Faizabad gab es bereits Ende September 2001 ein Treffen des einstigen Präsidenten mit Vertretern des US-Geheimdienstes über mögliche Perspektiven des Landes. Die Gespräche hatten allerdings für Rabbani kein positives Resultat. Die Geheimdienstspezialisten sind mit ihrem Hubschrauber wieder in Richtung Tadschikistan abgeflogen mit dem sicheren Gefühl, daß dieser Mann nicht geeignet ist, Afghanistan die Zukunft zu sichern.

Es ging den US-Spezialisten in Wahrheit nicht darum, den Afghanen einen Staat zu schaffen, in dem sie leben können, sie hatten zu sondieren, ob Rabbani dem Land die Stabilität geben konnte, die gebraucht wurde, damit die seit langem geplante Pipeline von Turkmenistan über Herat, Kandahar und Quetta zum Indusbecken und zum Hafen Karachi endlich gebaut werden konnte. Der Vertrag, den die Gesellschaft UNOCAL (United Oil of California) einst mit dem Talibanregime geschlossen hatte, war längst hinfällig geworden – doch das amerikanische Interesse am Öl des Gebiets um das Kaspische Meer war gleichgeblieben. Die USA mußten sich den Zugang zu diesem »Kaspi-Öl« sichern. Expräsident Burhanuddin Rabbani aber war nicht die geeignete Persönlichkeit, um von UNOCAL als ernsthafter Partner betrachtet zu werden.

Das Problem war, daß sich unter den Führern der Nordallianz niemand befand, der diese Aufgabe übernehmen konnte. Deshalb waren die USA nach den Gesprächen von Faizabad gar nicht daran interessiert, daß die »Nordallianz« einen Sieg gegen die Taliban errang. Vorsorglich warnte Präsident Bush den Expräsidenten Rabbani, er möge seinen Machtbereich nicht zu weit nach Süden ausdehnen. Dort sollten die Paschtunen herrschen dürfen.

Der Ehrgeizige der »Nordallianz« ist nicht Burhanuddin Rabbani, sondern General Abdul Rashid Dostum. Den Namen Dostum hat Abdul Rashid selbst erfunden – er läßt sich übersetzen mit »Jedermanns Freund«. Daß er tatsächlich jedermanns Freund sein kann, hat Abdul Rashid bewiesen: Er hat zu den wenigen Moslems gehört, die vor 1988 auf der Seite der Roten Armee gegen die Mujaheddin gekämpft haben, gegen die islamischen Kämpfer, die nichts wissen wollten von Marxismus und von der Sowjetunion. Folgerichtig hatte er sich dem moskautreuen Regime in Kabul zur Verfügung gestellt – jeweils mit seinen usbekischen Anhängern. Abdul Rashid Dostum gehört zum Stamm der Usbeken.

Als sich das Ende der marxistischen Herrschaft abzeichnete, hat er sich für die Mujaheddin entschieden. Allerdings war er nie bereit, mit anderen Kriegsherren zu kooperieren. Er ging während des Bürgerkriegs wechselnde Allianzen ein. Sein erster Alliierter war der Tadschike Ahmed Schah Massud. Zusammen wollten Dostum und Massud den Paschtunen Gulbuddin Hekmatyar verdrängen. Als dieses Ziel nicht zu erreichen war, verbündete sich Dostum mit Hekmatyar. Jetzt bestand die Absicht Massud zu entmachten. Doch auch dabei stellte sich kein Erfolg ein.

Während dieser inner-afghanischen Intrigen und Streitereien wurde die Hauptstadt Kabul zerstört. Dostum, Hekmatyar und Massud sind dafür verantwortlich, daß vor 1996 rund 5000 Einwohner den Tod fanden. Die drei Kriegsherren trieben jeweils ihre Kämpfer an, mit brutaler Härte gegen die Anhänger der Konkurrenten im Kampf um die Macht vorzugehen. Sie schreckten nicht davor zurück Massaker an Sippen anderer Stammeszugehörigkeit anzuordnen. Wenn Dostum Gelegenheit hatte, ließ er Clans, die den Usbeken nicht angenehm waren, ohne Skrupel umbringen.

Dostum war in der Stadt Balkh geboren worden, die westlich von Mazar-i-Sharif liegt. Er hatte lange Zeit den Ehrgeiz, die Region um Balkh, die an die Grenze von Usbekistan anstößt, zum autonomen Gebiet zu erklären. Zum Beweis, daß die Autonomie schon erreicht war, stellte er auf den winzigen Flugplatz von Balkh ein zweimotoriges Flugzeug, auf dem in großen Buchstaben der Name »Balkh Air« zu lesen war.

Der General Abdul Rashid Dostum, der zum Jahrgang 1954 zählt, mußte allerdings auch die bittere Erfahrung machen, daß Männer der eigenen Sippe zu Verrat neigten – wenn es sich lohnte. Einer seiner engsten usbekischen Verwandten brachte Agenten auf die Fährte Dostums. Mit knapper Not konnte er ihnen entfliehen. Er entkam über die Grenze am Fluß Amu Darya und suchte Zuflucht in Usbekistan.

Daß Dostum ohne Rücksicht auf andere Menschen und brutal handeln kann, ist seinem Gesicht anzusehen: Es zeigt, daß er die Neigung zu Genuß mit Sadismus zu verbinden versteht. Er macht auch kein Hehl daraus, daß er nichts hält vom Glauben an die Lehre des Propheten Mohammed; ob Allah wirklich existiert, ist ihm gleichgültig. Derartige Kriegsherren, wie General Abdul Rashid Dostum aus Afghanistan verjagt zu haben, machte die Popularität der Taliban bei der Bevölkerung zwischen Kandahar und Kabul möglich. Keine der Sippen wollte beherrscht werden, von einem unberechenbaren Ungläubigen, der das Gesetz des Koran nicht anerkannte. Die »Nordallianz« bot im Oktober 2001 keine Alternative zu den Taliban – der im Exil lebende König Zahir Schah auch nicht.

Osama Bin Laden läßt sich nicht vom Exilkönig fangen

Eine Woche nach dem Scheitern der Mission des Abdul Haq drang von Peshawar aus eine Gruppe von zwölf Bewaffneten in das Bergland ostwärts von Kabul ein. Die zwölf gehörten zu den treuesten Anhängern des einstigen Monarchen Zahir Schah. Sie waren überzeugt, nur der Exkönig sei in der Lage, alle Streitigkeiten im Land zu überwinden, und die Kriegsherren zu einigen. Von Rom aus hatte er die zwölf beauftragt, bei den Sheikhs der Stämme nachzuforschen, in welchem Versteck sich Osama Bin Laden befinde. Angenommen wurde, er halte sich mit seinem Stab zwischen den Orten Sarobi und Laghman auf – also ostwärts der Hauptstadt Kabul.

Die Voraussetzung für den Erfolg auch dieser Mission bestand darin, Paschtunenstämme zu überzeugen, daß es schädlich für ihre Zukunft sei, wenn sie weiterhin auf der Seite der Taliban stünden. Es mußte gelingen, den Stammessheikhs eindringlich deutlich zu machen, daß ihnen allein die Rückkehr zur Monarchie – und damit die Abwendung von den Taliban und von Osama Bin Laden – für die Zukunft ihre Position in der Führungsspitze der Paschtunen sichere. Zur Abstützung ihrer Argumente trugen die zwölf beachtliche Dollarbeträge bei sich, die sie – je nach Bedarf – den Stammessheikhs übergeben konnten.

Chef der zwölf Bewaffneten war wiederum eine in den afghanischen Bergen berühmte Persönlichkeit, die durch taktisches Geschick und durch rechtzeitigen Seitenwechsel überlebt hatte und wohlhabend geworden war. Der Name des Chefs: Hamid Karsai. Er war ungefähr 50 Jahre alt. Hamid Karsai gehörte zum Stamm der Paschtunen. Als junger Mann galt er als Sympathisant des marxistischen Regimes, das von der Sowjetunion gestützt wurde.

Nach dem Sieg der Mujaheddin über die Rote Armee stand Hamid Karsai im Sold des amerikanischen Geheimdienstes. Als Vertrauter des CIA war er im Jahr 1992 stellvertretender Außenminister der ersten Regierung der Mujaheddin. 1994 verdingte er sich den Taliban; er half mit, die islamisch orientierte Staatsverwaltung in Kabul aufzubauen. Zwei Jahre später löste sich Hamid Karsai – aus Verärgerung über den Einfluß, den Osama Bin Laden auf Mullah Mohammed Omar gewann. Hamid Karsai fühlte sich zurückgesetzt.

Genau zu diesem Zeitpunkt erhielt Hamid Karsai durch einen Boten des Exmonarchen eine Nachricht, die ihn daran erinnerte, daß er durch Verwandtschaft an den Paschtunenclan des Zahir Schah gebunden sei. Diese Familienbande, so wurde ihm mitgeteilt, verpflichte ihn, sich der Autorität des Zahir Schah zu unterstellen. Hamid Karsai verließ die Taliban und die Hauptstadt Kabul; er begab sich nach Peshawar – und von dort aus nach Rom zur Residenz des Verwandten. Dort traf Hamid Karsai auch mit Vertretern der US-Botschaft zusammen, die mit ihm über die Vorteile einer Rückkehr zum politischen System der Zeit vor 1973 sprachen. Hamid Karsai wurde in Rom zum Monarchisten.

Am Donnerstag, dem 1. November, trafen die zwölf Männer bei der Stadt Laghman in Ostafghanistan ein. Sie nahmen sofort Kontakt auf zu einflußreichen Sheikhs. Ihnen erzählten sie allerdings nichts von Plänen zur Wiedereinsetzung des Königs Zahir Schah. Sie sprachen darüber, daß die Absicht bestehe, eine Versammlung aller Chefs der Stämme einzuberufen, die über das Schicksal zunächst der Paschtunensippe entscheiden solle. Eine solche Versammlung habe sich zur Zeit der Monarchie bewährt – sie hatte damals die Bezeichnung »Loya Jirga« getragen. Darüber, daß das Talibanregime die Einberufung der »Loya Jirga« auf keinen Fall dulden würde, wurde offenbar nicht gesprochen.

Die Dollarbeträge, die Hamid Karsai mitgebracht hatte, waren sehr begehrt. Die Übergabe des Geldes muß wohl die Sheikhs auch zur Diskussion weiterer Themen bereit gestimmt haben, denn Hamid Karsai berichtete über das Satellitentelefon seinen Verbindungsleuten in Peshawar, er sei auf Verständnis gestoßen für die Idee, den König Zahir Schah zurückzuholen.

36 Stunden später meldete sich Hamid Karsai wieder über das Satellitentelefon. Er teilte mit, die Gruppe sei während der Besprechung im Haus eines Sheikhs von Talibankämpfern überfallen worden. Anzunehmen sei, daß die Gruppe verraten wurde. Ihm und zwei weiteren Männern sei die Flucht in die Berge gelungen. Sie befänden sich in großer Gefahr, entdeckt zu werden. Über das Schicksal der neun anderen sei ihm nichts bekannt.

Am darauffolgenden Tag dementierte Amir Khan – der in der Regierung der Taliban die Funktion eines »Ministers für Erziehung« ausübte – Gerüchte, die Gefangenen seien bereits aufgehängt worden. Der Talibanfunktionär sagte, da die Männer Afghanen seien, würden sie nicht getötet werden. Wenn es sich allerdings erweisen sollte, daß sie Agenten der »verbrecherischen USA« seien, würden sie ganz sicher rasch aufgehängt werde.

Daß sich die militärische Situation rasch zu Ungunsten der Taliban entwickelte, hat die Getreuen des Königs gerettet. Hamid Karsai hörte allerdings auf, sich für den einstigen Monarchen Zahir Schah einzusetzen. Er nahm sich vor, Präsident von Afghanistan zu werden. Die internationale Afghanistankonferenz in der Bundesrepublik bot die Chance dazu.

Der Überraschungserfolg der »Nordallianz«: Abdul Rashid Dostum erobert Mazar-i-Sharif

Der Angriff begann im Stil der Reiterattacken vergangener Jahrhunderte: Auf Pferden ohne Sattel stürzten sich die Angreifer gegen den Feind. Es war Morgendämmerung im Kishindital 50 Kilometer südlich von Mazar-i-Sharif. Die 600 Reiter brachen über eine Kolonne von Panzern her, die sich langsam auf schlechtem Pfad in Richtung Aq Kubrik bewegten. Die Panzerfahrer waren damit beschäftigt, sich an den Wegrändern zu orientieren. Die Angreifer sprangen von den Pferden direkt auf die Panzer. Es blieb den Überfallenen keine Zeit für Gegenwehr. Die Luken wurden mit Gewalt geöffnet. Die Angreifer zogen die Besatzungen heraus. Die Überraschten wurden sofort getötet.

Der Befehlshaber der Angreifer war General Abdul Rashid Dostum. Seine Kämpfer rekrutierte er aus seinem Stamm der Usbeken. Die Gegend aus der heraus er angriff, war die afghanische Region Balkh an der Grenze zu Usbekistan. Balkh war die Heimat des Generals. Er war vor wenigen Wochen zurückgekehrt in diese Heimat, nach langen Monaten im usbekischen Exil. Gerade noch rechtzeitig war er gekommen, um den Kampf gegen die Taliban in Mazar-i-Sharif zu kommandieren. Der Usbeke Dostum mußte sich beeilen, denn der Tadschikenkommandeur Mohammed Atta – der nicht verwandt ist mit dem Flugzeugentführer – war ebenfalls vom Ehrgeiz getrieben, Mazar-i-Sharif zu besetzen.

Sobald die Panzerbesatzungen getötet waren, zogen die Reiter auf das Dorf Shulgarah zu. Dort trafen sie auf den Tadschiken Atta, dem es gelungen war, den hartnäckig verteidigten Ort Aq Kubrik einzunehmen.

Eine gemeinsame Aufgabe stand ihren vereinigten Verbänden bevor: Wenn sie weiter nach Mazar-i-Sharif vordringen wollten, mußten sie den Shulgarah-Paß in die Hand bekommen. Die Paßstraße führte durch eine enge Schlucht, die eigentlich leicht zu verteidigen war. Zur Überraschung von Dostum und Atta aber, hatten sich die Verteidiger nach Norden zurückgezogen.

Auf dem Weg nach Mazar-i-Sharif schloß sich dem Verband von Atta und Dostum eine lose Gruppe von Kämpfern an, die dem Stamm Hazara angehörten; dieser Stamm bestand aus Schiiten. Die Hazara wurden vom Iran finanziell unterstützt. Aus Teheran stammte ihre Ausrüstung. Die Schiiten der Hazara lagen traditionell im Streit mit den Sunniten – und dazu gehörten die Paschtunen, Tadschiken, Usbeken und Turkmenen. Der Hazarakommandeur Hadsch Mohammed Mohaqiq hatte sich entschließen können, die alte Feindschaft zu überwinden.

Die Zeit dafür war günstig: Vielleicht konnte mit Hilfe der USA für Afghanistan eine neue Ordnung geschaffen werden, in der auch den schiitischen Hazara Sicherheit geboten und Respekt gezollt werden konnte.

Die Verbände von Atta, Dostum und Mohaqiq vereinigten sich zum Sturm auf Mazar-i-Sharif. Kern dieser Truppe bildeten die Reiter des Usbekengenerals.

Unklar blieb, warum die Talibankämpfer den Shulgarah-Paß kampflos geräumt hatten. Sie hatten nun Stellung bezogen an der Straße im Süden von Mazar-i-Sharif. Dort waren sie allerdings das Opfer der Bombenangriffe der US-Luftwaffe. Zermürbt zogen sich die Taliban in den Stadtkern zurück. Dort brach dann ihr Widerstand bald zusammen.

Einer Gruppe von Verteidigern gelang die Flucht nach Osten auf die Stadt Kunduz zu. Sie liegt am Kunduzfluß, der in den Amu Darya mündet. Die Flüchtenden waren entschlossen, Kunduz zur Verteidigung zu präparieren. Die meisten dieser hartnäckigen Kämpfer waren keine Afghanen; sie stammten aus Saudi-Arabien, dem Sudan und aus Algerien. Sie waren Mitglieder der Organisation Al Qaida. Die »Fremden« wußten, daß sie vom »Ungläubigen« Dostum keine Gnade zu erwarten hatten.

Fotos beweisen die Brutalität der Dostum-Krieger. Eine ganze Serie von Bildern zeigt, wie in einem Graben neben der Straße ein bärtiger Mann der Al Qaida gefunden wird. Die Bewaffneten des Generals Dostum zerren ihn auf die Straße. Mit Entsetzen im Gesicht fleht er um Gnade, doch er wird zusammengeschlagen. Ihm wird die Hose ausgezogen. Dann wird er auf die Straße geworfen – und durch Schüsse in die Brust getötet.

Über das, was in Mazar-i-Sharif geschehen ist, schweigt der Usbekenkommandeur Dostum. Der Tadschike Atta aber gibt zu, daß ein Massaker stattgefunden hat – und daß vor allem die »Fremden« umgebracht wurden. Er meint, seine Bewaffneten seien gezwungen gewesen, die Saudiaraber zu töten. Schuld sei die Erinnerung an das, was vor drei Jahren geschehen sei, als die Taliban zusammen mit »Leuten, die zu Osama Bin Laden gehörten«, Mazar-i-Sharif eingenommen hätten. 6000 Einwohner seien damals vor die Stadt hinausgeführt worden. »Osamas Leute« haben sie durch Salven aus Kalaschnikov-Maschinenpistolen niedergemäht.

»Tötet die Touristen!«

Dieser Schrei ist seit den Ereignissen von Mazar-i-Sharif zu hören, wenn die Kämpfer der »Nordallianz« auf Mitglieder von Al Qaida stoßen. Die »Touristen«, das sind die Fremden, die Osama Bin Laden ins Land gebracht hat – gemeint sind Männer aus Saudi-Arabien, aus dem Sudan, aus Ägypten, aus Jemen und Algerien. Ihnen wird nachgesagt, sie hätten drei Jahre lang die Bewohner von Mazar-i-Sharif drangsaliert, gedemütigt, gefoltert und getötet. Die Rache der Sieger ist furchtbar.

Die Unmenschlichkeit der Kommandeure und Kämpfer der »Nordallianz« bringt die Verantwortlichen des Pentagon in Verlegenheit. Daß sie blutrünstige Verbündete haben, war nicht der Wunsch der Mitarbeiter des Stabes von Verteidigungsminister Donald Rumsfeld. Doch sie hatten keine Auswahl – sie brauchten Dostum, Atta und Mohaqiq. Es war den USA fünf Wochen lang nicht gelungen, durch Bombardements aus der Luft ein greifbares Resultat zu erzielen; die Bodentruppen der USA hatten vergebens versucht, Osama Bin Laden aufzuspüren. Die Öffentlichkeit in den Vereinigten Staaten war frustriert durch das Ausbleiben positiver Meldungen aus Afghanistan. Daß es der »Nordallianz« nach Angriffsvorbereitungen durch die US-Luftwaffe gelungen war, die wichtige Stadt des Nordens einzunehmen, war eine erwünschte positive Nachricht.

»Tötet die Touristen!« Dieser Ruf einigte die Kommandeure der Nordallianz« für einige Tage. Doch dann begann der Streit, erneut aufzubrechen. Der Schiit Hadsch Mohammed Mohaqiq sah seine Aufgabe allein darin, das Siedlungsgebiet seines Stammes, der Hazara, abzusichern. Er war nicht an der Eroberung von Kabul interessiert. Ihn störte die massive Unterstützung der Kriegführung der »Nordallianz« durch die USA. Protektor des schiitischen Stammes sind die schiitischen Geistlichen des Iran – sie aber waren gegen die USA eingestellt. Sie sahen ungern, daß die Schiiten Afghanistans auf Seiten der USA standen.

»Tötet die Touristen!« – dieser Schrei fordert auch auf zum Mord an Pakistani, die als »Fremde« gekommen sind, um Mullah Mohammed Omar und Osama Bin Laden zu helfen. Mehr als zehntausend Pakistani waren zwischen dem 1. und dem 15. November nach Afghanistan gekommen, um die Taliban und Al Qaida zu unterstützen. Sie waren Gegner der »Nordallianz«.

Für einige Stunden wurden die Ereignisse, die in Afghanistan geschahen überdeckt durch ein Desaster, das New York traf – daß es sich ereignet hatte, dafür wurde zunächst ganz selbstverständlich Osama Bin Laden die Schuld gegeben. Nur er konnte der Urheber dieses Schreckens sein.

Das Geheimnis des Absturzes von Flug 587 der American Airlines

New York war darauf vorbereitet, daß sich derartiges wiederholen würde. Die Fahrzeuge der Feuerwehr rückten nach Plan aus; die Tunnels und Brücken wurden vorsorglich geschlossen; das Empire State Building wurde evakuiert. Alarmzustand herrschte in New York. Die ersten Gedanken konzentrierten sich darauf, daß im Gebäude der Weltorganisation, der Vereinten Nationen, am Hudson River die Generalversammlung tagte. Die Spitzenpolitiker der Welt tagten dort – auch um das Thema »Afghanistan« zu behandeln. Das riesige Gebäude der Vereinten Nationen konnte ein Ziel sein für einen Terroristen vom Format des Osama Bin Laden. Einige Stockwerke wurden geräumt.

Es war nahezu zur selben Uhrzeit geschehen wie am 11. September 2001 – es war der 12. November, als ein Verkehrsflugzeug vom Typ Airbus 300-600 auf New Yorker Häuser stürzte. Die Maschine war um 8.45 Uhr vom Kennedy Airport gestartet. Nur Sekunden später war der Flug zu Ende. Sein Ziel wäre Santo Domingo gewesen in der Dominikanischen Republik.

Die Black Box, der Flugschreiber, zeigt an, daß das Flugzeug nach 121 Sekunden heftig schüttelte und unkontrollierte Bewegungen zur Seite machte. Es war nicht mehr steuerbar. Flug 587 der American Airlines hatte im Steigflug eben die Kurve in Richtung der Halbinsel Rockaway begonnen. Rechts voraus befand sich Flug 47 der Japan Air in der Luft. Diese Maschine war 1 Minute und 36 Sekunden früher gestartet.

Die Druckwelle des Jetstreams der Düsen des japanischen Flugzeugs traf den Airbus mit Wucht. Das Resultat: Das Seitenruder löste sich aus seiner Verankerung am Heck der Maschine. Die zwei erfahrenen Piloten der American Airlines waren nicht mehr in der Lage, das Flugzeug zu steuern. Es stürzte nahezu senkrecht vom Himmel. Vom Aufschlag getroffen wurden Villenhäuser des New Yorker Stadtteil Queens auf der Halbinsel Rockaway. 260 Menschen starben.

Die Untersuchung des Unglücksvorgangs übernahm der National Transportation Safety Board – und nicht FBI. Daraus war abzulesen, daß die Behörden nicht der Ansicht waren, es sei ein Terroranschlag auf Flug 587 erfolgt. Bei Besichtigung der Trümmer zeigte sich nicht die Spur einer Explosion. Die Auswertung des Stimmenrecorders ergab, daß im Cockpit zweimal ratternde Geräusche zu hören gewesen waren; dann hatte der Pilot »Maximum Power« gefordert. Die »Black Box« hatte aufgezeichnet, daß das Flugzeug auf Bedienung der Steuerpedale nicht mehr reagierte. Zu diesem Zeitpunkt war das Seitenruder wohl bereits abgefallen. Gesucht wurde nach technischen Mängeln des Fluggeräts. Die Suche konzentrierte sich auf den Bereich des Heckruders, das unmittelbar vor der Küste der Halbinsel in den Atlantischen Ozean gestürzt war. Nach der Bergung des Seitenruders wurde festgestellt, daß sechs Klammern zerbrochen waren, die das Seitenruder am Heck festzuhalten hatten. Diese Klammern waren nicht aus Metall, sondern aus hochgradig festem Plastikmaterial gefertigt worden, das sich bei allen Tests unter schwierigen Umständen bewährt hatte. Erstaunen erregte das Aussehen des Bruches: Die Trennung der Klammerteile war gerade und scharf, ohne »ausgefranste Bruchstellen«.

Fachleute rätselten über die Ursache des Bruchs – nie hatte sich bisher ein derartiger Unfall ereignet. Das Magazin »Time« zitiert am 26. November 2001 Professor Paul Czysz vom Parks College of Engineering and Aviation at St. Louis University. Dieser Fachmann sagt: »Das Material ist getestet worden. Es wies keine Ermüdungserscheinungen auf. Es tut mir leid, aber es kommt nicht vor, daß das Seitenruder einfach so herunterfällt.«

Der Verdacht bleibt bestehen, der Absturz des Fluges 587 der American Airlines sei eben doch dem Schuldkonto des »Dschihad« zuzubuchen.

Osama Bin Laden: »Ich setze nukleare und chemische Waffen ein!«

Diese Drohung hat der Chef von Al Qaida Anfang November 2001 gegenüber dem pakistanischen Journalisten Hamid Mir ausgesprochen. Osama Bin Laden wollte mit diesen Worten den USA drohen. Allerdings fügte er eine Einschränkung hinzu: »Ich benutze nukleare und chemische Waffen, wenn Amerika solche Waffen gegen mich richtet!«

Der US-Geheimdienst versuchte Sorgen der Amerikaner und Europäer zu mildern mit der Feststellung: »Soviel wir wissen, besitzt Osama Bin Laden keine nuklearen Waffen.«

Doch die Gefahr bestand, daß sich der führende Kopf des »Dschihad« derartige Waffen bereits besorgt hat – in Pakistan.

Das Land am Fluß Indus ist im Besitz der Atombombe – und es hat Wissenschaftler in seinem Dienst, die an der Weiterentwicklung der Waffe arbeiten. Zwei dieser Wissenschaftler heißen Bashar ad Din Mahmud und Choudhury Mohammed Amjad. Sie waren wesentlich beteiligt am Erfolg des pakistanischen Atomtests im Jahr 1998. Ihre wichtigste Aufgabe war, die Fertigung der 50 Atombomben zu überwachen, die jetzt Pakistan zur Verfügung stehen. Die beiden Wissenschaftler hatten vor zwei Jahren gemeinsam den pakistanischen Staatsdienst verlassen; sie gaben für diesen Schritt private Gründe an. In jener Zeit war es für niemand verdächtig, daß sie in Peshawar eine Organisation gründeten, die Hilfe leisten wollte für afghanische Flüchtlinge. Ihre Sympathie für die Taliban verbargen die beiden Atomwissenschaftler nicht. Erst Anfang November 2001 fiel den Verantwortlichen des pakistanischen Geheimdiensts auf, daß absolute Geheimnisträger mit den Taliban in Verbindung standen. Jetzt wurden Bashar ad Din Mahmud und Choudhury Mohammed Amjad verhaftet.

Es konnte den beiden nicht nachgewiesen werden, daß sie der Organisation Al Qaida nukleares Material zur Verfügung gestellt haben. Nicht auszuschließen aber ist, daß sie im Flüchtlingslager Peshawar mit Anhängern des Osama Bin Laden über die Möglichkeit gesprochen haben, »radioaktiv verseuchte Waffen« herzustellen. Das Konstruktionsprinzip ist einfach. In einem Sprengkörper der traditionellen Art wird das brisante Material mit radioaktiven Partikeln vermischt. Diese Partikel werden bei der Explosion der Granate oder Bombe in weitem Umfeld verstreut. Die radioaktiven Teilchen bewirken Verseuchung von Boden, Luft und Wasser. Explodiert ein derartiger Sprengkörper in einer Stadt mittlerer Größe, kann es geschehen, daß sie für Jahre nicht mehr bewohnbar ist. So sieht die Gefahreneinschätzung des amerikanischen Geheimdiensts aus.

Sich radioaktives Material zu besorgen, dürfte für Al Qaida kein Problem darstellen. Am Dienstag, dem 6. November 2001, verhafteten die türkischen Sicherheitsdienste einen Mann, der mehr als ein Kilogramm an »waffenfähigem Uran« Agenten fremder Länder zum Kauf angeboten hatte. Das Material hätte auch der Organisation Al Qaida zur Verfügung stehen können.

Mit dem Thema der »Gefahr durch radioaktive Anschläge« befaßt sich Professor Friedrich Steinhäusler, der Leiter der Forschungsgruppe »Risiko« an der Universität Salzburg. Nach seiner Meinung ist ein »radiologischer Anschlag« durch Terroristen durchaus im Bereich des Möglichen. Er nennt den Sprengkörper, dessen brisantes Material mit radioaktiven Teilchen durchsetzt ist, eine »schmutzige Bombe«. Ihre Detonation setzt diese Teilchen in die Umwelt frei. Professor Steinhäusler sieht allerdings die Gefahr im Gegensatz zum amerikanischen Geheimdienst weniger in einer möglichen Schädigung der Menschen durch Strahlung. Die

»Kontamination«, so meint er, werde nur gering sein – »der Schaden an Mensch und Umwelt wird gering sein«. Der Wissenschaftler fürchtet die psychologische Wirkung: »Der strahlende Stoff ist gefürchtet. Ein Anschlag mit einer ›schmutzigen Bombe‹ wird Panik und Hysterie auslösen! Die Bewohner einer betroffenen Stadt werden für lange Zeit diesen Ort meiden. Die Angst wird bleiben. Eine Massenpanik auszulösen, das ist genau das Ziel der Terroristen!«

In der Woche vom 29. Oktober bis zum 2. November 2001 hat sich die Internationale Atomenergiebehörde (IAEO) mit dem Thema eines atomaren Terrorangriffs befaßt. 500 Experten sind zusammengekommen, um das Gefahrenpotential abzuschätzen. Sie waren alle der Ansicht, ein Anschlag mit einer Atombombe sei unwahrscheinlich. Mohammed al Baradei, der Direktor der Internationalen Atomenergiebehörde sagte: »Es ist durchaus möglich, daß Terroristen waffenfähiges Material in die Hand bekommen, doch es ist unwahrscheinlich, daß sie es dazu benützen können, daraus eine Atombombe zu bauen. Für die Konstruktion einer Atombombe ist weitaus mehr nötig, als nur die Verfügung über waffenfähiges Material in ausreichender Menge. Dazu sind feste und gut ausgerüstete Labors die Voraussetzung. Die notwendigen Geräte sind teuer und kaum zu bekommen. Notwendig ist auch der Aufbau eines Stabs hochqualifizierter Mitarbeiter. Diese Spezialisten sind zwar nach dem Zusammenbruch der sowjetischen Atomforschung für Rüstungszwecke zu finden, doch sie stellen Ansprüche an Arbeitsplatz und Umwelt.«

Der Direktor der Internationalen Atomenergiebehörde glaubte nicht, daß Osama Bin Laden in seinem Höhlenversteck am Hindukusch Atomwissenschaftler dazu bewegen konnte, eine Nuklearwaffe zu bauen.

Mohammed al Baradei schloß die Gefahr eines Atombombenangriffs durch Al Qaida aus: »Dem Dschihad steht diese Waffe nicht zur Verfügung.«

Husni Mubarak warnt die USA vor dem Zorn der Araber

Anfang November 2001 weihte der ägyptische Staatspräsident eine Brücke über den Suezkanal ein; sie führt vom Kernland Ägyptens hinüber zur Halbinsel Sinai. In seiner Rede betonte Husni Mubarak, Ägypten sei ein Land, das für sich den Frieden gewählt habe – doch es fühle auch Verständnis für die arabischen Völker, die in Zorn gegen Israel und gegen die USA entflammt seien. Amerika lasse sich nicht davon abbringen, Israel mit den modernsten und wirkungsvollsten Waffen zu versorgen – und diese Waffen würden gegen die Araber eingesetzt werden. Es sei deshalb völlig korrekt, daß sich der Zorn gegen die Amerikaner richte.

Husni Mubarak sagte: »Auch Araber können sich Atomwaffen beschaffen, das ist überhaupt kein Problem. Solche Waffen werden angeboten. So kann es geschehen, daß sich diese furchtbaren Waffen auch in den Händen von Arabern befinden werden. Jeder, der darüber nachdenkt, wird feststellen, daß daraus eine gewaltige Gefahr erwachsen wird. Wer im Nahen Osten wirtschaftliche Interessen hat, der sollte dafür sorgen, daß dort niemand Grund hat, sich um Atomwaffen zu bemühen.«

Die Warnung war an die USA gerichtet. Der ägyptische Staatspräsident wollte der Regierung Bush deutlich machen, daß sie Schuld trägt, wenn die Gewalt im Nahen Osten nicht zu bändigen ist. Mubarak fordert den amerikanischen Präsidenten auf, die einseitige Unterstützung Israels einzustellen. Sein Standpunkt: »Solange die USA hinter Israel stehen, werden die Araber die USA als Feind betrachten.«

Die Tatsache ist in Arabien wohlbekannt, daß israelische Armee und Luftwaffe jährlich moderne Waffen im Wert von zwei Milliarden Dollar geliefert bekommen. Diese regelmäßige Lieferung wird als feindlicher Akt der USA bezeichnet. Die Zahl derer ist nicht gering in Arabien, die sich zum Gegenschlag herausgefordert fühlen.

»Amerika wird bald sein Hiroshima erleben«

Diese Prophezeiung stamme aus dem Munde eines Aktivisten der Organisation Al Qaida – sie sei von mehreren Geheimdiensten abgehört worden. Der britische Verteidigungsminister glaubt nicht daran, daß sie einen realistischen Hintergrund hat, doch er warnt zur Vorsicht: »Doch wir dürfen uns nicht naiv verhalten. Osama Bin Laden ist gefährlich. Um ›Dschihad‹ voranzutreiben, kennt er keine Skrupel.«

In Vergessenheit geraten ist eine Schrift, die Osama Bin Laden schon vor drei Jahren verfaßt hat. Sie trägt den Titel »Die Nuklearwaffe für den Islam.« In dieser Schrift wird gefordert, jeder Moslem, der in der Lage dazu sei, müsse beitragen, daß der Islam über die Atombombe verfügen könne. Jeder habe sich mit seinen Mitteln und Fähigkeiten dafür einzusetzen. Dem Islam müsse die Möglichkeit gegeben werden, »die Feinde Allahs in Schrecken zu versetzen«. Mit Hilfe Allahs werde es gelingen, die Atombombe, auf welche Weise auch immer, in die Hand zu bekommen. In Osama Bin Ladens Schrift ist dieses Versprechen zu finden: »Wenn ich die Atombombe erst besitze, werde ich mich vor Allah besonders demütig niederwerfen!«

Die Aktivitäten sind nicht verborgen geblieben, die dem Versuch dienten, ein Exemplar einer Atombombe erwerben zu können. Agenten von Al Qaida sind in Südafrika, allerdings erst nach ihrer Abreise, aufgespürt worden; man hatte sie auch in der einstigen Sowjetrepublik Kasachstan entdeckt – und in Tschetschenien. Diese Beschaffungsversuche waren jedoch alle gescheitert. Selbst das Angebot hoher Dollarbeträge hatte nicht bewirkt, daß jemand bereit gewesen wäre, der Organisation Al Qaida eine Atombombe zu verkaufen.

Wenn Osama Bin Laden tatsächlich den Willen hatte, in den USA ein Ereignis nach dem Vorbild »Hiroshima« stattfinden zu lassen, mußte er versuchen, in Pakistan die Voraussetzung zu schaffen, daß ihm das dort vorhandene nukleare Potential zur Verfügung stand. Diese Hoffnung war gar nicht abwegig.

In der pakistanischen Hauptstadt Islamabad brachen bald schon nach dem 11. September 2001 die Emotionen auf. In den Armenvierteln von Islamabad rotteten sich Männer, meist Jugendliche, zusammen, um ihre Begeisterung zum Ausdruck zu bringen, daß es Moslems gelungen war, das gewaltige Monument des materialistischen Denkens in der christlichen Welt zum Einsturz zu bringen. Das verhaßte Amerika, das immer Position gegen den Islam bezogen habe, sei endlich gedemütigt worden. Die Masse der Demonstranten feierte Osama Bin Laden und die Taliban.

Daß der Staatschef General Pervez Musharraf Pakistans Flugbasen für Kampfhubschrauber der USA öffnete und der amerikanischen Luftwaffe die Erlaubnis gab, von pakistanischem Boden aus die Taliban und Osama Bin Laden anzugreifen, steigerte die Wut der Demonstranten. Osama Bin Laden erkannte seine Chance: Er rief zum Sturz des Staatspräsidenten Musharraf auf. Es sei die Pflicht der Moslems, diesen Freund der »Ungläubigen« zu vertreiben und zu vernichten.

Die Kalkulation war eindeutig: Wenn Musharraf getötet wurde, dann gehörte Pakistan den Freunden der Taliban – dann verfügten diese über das nukleare Potential dieses Landes.

Der Präsident hatte Anfang Oktober sehr freimütig über Pakistans Atombomben mit dem CNN-Talkmaster Larry King gesprochen. Musharraf sagte, seinem Kommando seien zwei Dutzend Atomsprengköpfe unterstellt. Sie könnten durch Kampfflugzeuge vom Typ F-16 oder durch Raketen ins Ziel gebracht werden. Beide Möglichkeiten seien in Pakistan vorhanden. Der Präsident meinte, er habe Vorsorge dafür treffen lassen, daß niemand Zugriff habe zu diesem gefährlichen Potential. Deshalb werden Sprengkörper und Träger getrennt gehalten. Niemand könne mit dem Sprengkörper etwas anfangen ohne Transportmittel. Für einen Einsatz müßten erst die Atomköpfe geschärft werden und dann mit Flugzeugen oder Raketen zusammengebracht werden.

Der Inhalt dieses Gesprächs, ausgestrahlt über CNN, beunruhigte in Washington CIA und Pentagon. Beide Organisationen waren immer von der Sorge getrieben, die pakistanischen Atomwaffen könnten in die Hände von Leuten fallen, die den USA feindlich gesinnt sind. Jetzt entstand aus der Sorge ein Horrorszenario: Die USA könnten doch bald »ihr Hiroshima« erleben.

Der amerikanische Geheimdienst reagierte. Ein Plan wurde ausgearbeitet – in Zusammenarbeit mit dem israelischen »Mossad«, der im Falle eines Machtwechsels in Islamabad rechtzeitig ausgeführt werden sollte. Die 15th Marine Expeditionary Unit und Agenten von Mossad sollten die Aufgabe übernehmen, die nuklearen Sprengkörper Pakistans in Besitz zu nehmen und mit Hubschraubern auf amerikanische Schnellboote zu bringen, die im Arabischen Meer bereitstanden. Für Osama Bin Laden sollte es keine Chance geben, die pakistanischen Atombomben gegen Ziele in den USA einzusetzen.

Das Geheimnis der Banknoten des »Dschihad«

Die Aufgabe ist von gleicher Schwierigkeit: Unmögliches beginnt, wer Osama Bin Laden im Hindukuschgebiet suchen will – und wer seine Gelddepots aufspüren will. Da hatte der Mailänder Staatsanwalt Gerardo D'Ambrosio einen Verdacht. In Campione d'Italia, einer kleinen italienischen Exklave am Luganer See, von Schweizer Gebiet umgeben, existiert die Firma Nada Management Organization – ein Unternehmen, das seine Geschäfte unauffällig führt. Als zeichnungsberechtigt gelten Mustafa Nada und Ali Ghaleb Himmat. Beide waren nach Campione d'Italia mit gültigen arabischen Papieren eingereist: der eine mit einem ägyptischen, der andere mit einem syrischen Paß – inzwischen hat jeder einen italienischen Paß.

Aufgefallen ist die Firma dadurch, daß sie im März 2001 den Namen gewechselt hat. Bis dahin hieß sie »Al Taqwa«. Dieser Name ist übersetzbar mit »Die Furcht vor Allah«. Auf einmal hatten es die beiden Verantwortlichen für richtig gehalten, unter einem harmlosen Namen zu firmieren.

Der frühere Name konnte als Bekenntnis aufgefaßt werden zur Mitgliedschaft bei den »Moslembrüdern«, einer Organisation, die als »fundamentalistisch« bezeichnet werden kann. Die »Moslembrüder«, deren Zentrum sich in Ägypten befindet, setzen sich dafür ein, daß der Koran das Leben der Menschen und der gesamten menschlichen Gemeinschaft bestimmt.

Als Zweck der Firma Nada Management Organization wird »Entwicklungshilfe für islamische Unternehmen in der Dritten Welt« angegeben. Der Mailänder Staatsanwalt hatte nach dem 11. September 2001 allerdings den Verdacht, die Firma verwalte Gelder von Al Qaida. Sicher ist, daß Nada Management Organization von Campione d'Italia aus in Wirtschaftsunternehmen Italiens und der Schweiz investiert hat. Am Tag nach den Anschlägen auf das World Trade Center in New York hat sich Gerardo D'Ambrosio mit dem FBI in Verbindung gesetzt, weil er das Gefühl hatte, sein Verdacht könne zu einer wichtigen Spur führen. Doch es zeigte sich, daß die Geschäfte gut getarnt waren. Auch nach Verhören der zwei Unternehmer und nach Beschlagnahme von Dokumenten konnte der Verdacht nicht erhärtet werden, Nada Management Organization unterhalte Verbindung zu Al Qaida.

Das Beispiel der Nada Management Organization zeigt die Schwierigkeiten auf, in denen sich Fahnder befinden, die den Verlauf der Geldströme aufspüren wollen, die von den führenden Köpfen des »Dschihad« gelenkt werden. Noch immer gilt die Regel, daß Banken die Pflicht haben, Geheimnisse zu wahren. Die Siegel, unter denen diese Geheimnisse ruhen, müssen auf Druck von Staatsanwälten mühsam aufgebrochen werden.

Nur wenige Tage nach dem 11. September 2001 hat die Regierung der USA eine Liste mit Namen von 27 Firmen veröffentlicht, von denen begründet angenommen werden kann, daß sie auf ihren Konten Dschihad-Gelder verstecken. Im Visier befindet sich das holländische Finanzinstitut ABN AMRO. Es besitzt Anteile an der Saudi Holland Bank in Jeddah. Diese wiederum ist Miteigentümer der sudanesischen Bank Al Shamal Islamija. Sie ist von Osama Bin Laden gegründet worden. Derartigen Vernetzungen nachzugehen, ist nicht von heute auf morgen möglich. Ein Erfolg kann erst nach Monaten eintreten. Bis dahin sind die Gelder meist längst auf anderen Konten deponiert.

Die Regierungen in Berlin und London haben eigene, selbständige Fahndereinheiten aufgebaut, die befugt sind, den Bankgeheimnissen nachzugehen. Die Schweiz aber hält sich zurück.

Gordon Brown, der Londoner Chancelor of the Exchequer, möchte die Schweizer Geldinstitute veranlassen, ihre Bücher den Fahndern rasch zu öffnen. Nur mit Hilfe der Zürcher Banken könnte es möglich sein, die »Geldströme des Terrorismus« zu unterbrechen.

Doch der Chancelor of the Exchequer sieht auch im eigenen Bereich Handlungsbedarf. Die britischen Kanalinseln, zum Beispiel Jersey, gelten noch immer als uneinnehmbare Festungen der alten traditionellen Finanzordnung. In dortigen Instituten sind Gelder aus dem Nahen Osten noch immer sicher bewahrt.

»Dschihad« der Palästinenser

Am Morgen des 17. Oktober saß der israelische Tourismusminister Rechawam Zeevi mit seiner Frau beim Frühstück im Hayatt Hotel in Jerusalem. Dieses Hotel befindet sich an der Grenze zwischen dem jüdischen und dem arabischen Teil der Heiligen Stadt.

Rechawam Zeevi, ein Ex-General, hatte es sich seit langem angewöhnt, seine Umgebung argwöhnisch zu beobachten; mit einem Blick aus den Augenwinkeln prüfte er, ob Gefahr drohte.

An jenem 17. Oktober empfand er Gefahr. Zu seiner Frau sagte er: »Dort drüben sitzt ein Araber, der starrt mich unentwegt an.« Nach diesen Worten stand Rechawam Zeevi auf und fuhr mit dem Lift zum 8. Stock des Hotels. Gleich darauf war auch der Araber aus dem Frühstücksraum verschwunden.

Rechawam Zeevi hatte es immer abgelehnt, sich von Sicherheitsbeamten begleiten zu lassen. Seine Begründung: »Dieses Land ist mein Land! Dies ist vor allem auch das Land meiner Vorväter! Ich gehöre hierher und habe keine Furcht!« So verließ er ohne Leibwächter im 8. Stock den Lift. Auf dem Gang wurde er erwartet. Wer dort stand, bleibt unbekannt. Wahrscheinlich waren es mehrere Männer. Auf jeden Fall fielen einige Schüsse.

Als die Frau des Tourismusministers einen anderen Lift im 8. Stock verließ, lag ihr Mann am Boden. Die Schüsse hatten den Kopf getroffen; sein Gesicht war zerschmettert.

Rechawam Zeevi hatte sich mit seinem Standpunkt in der Palästinenserfrage häufig weit vorgewagt. Er hatte die Meinung vertreten, den Palästinensern seien im Land, das Gott den Juden übertragen habe, keine nationalen Rechte zuzugestehen. Rechawam Zeevi hatte sich gegen die Schaffung eines Palästinenserstaates ausgesprochen. Er war auch dafür gewesen, daß Ariel Sharon Befehl gegeben hatte, Palästinenser zu »liquidieren« denen vorgeworfen werden konnte, sie seien verantwortlich für Schüsse auf Bürger des Staates Israel.

Vierzig Tage vor jenem 17. Oktober 2001 war Abu Ali Mustafa liquidiert worden. Er hatte am Schreibtisch in seinem Büro im autonomen Gebiet der Palästinenser gearbeitet. Es war ein freistehendes dreistöckiges Gebäude. Im zweiten Stock befand sich das Büro. Dort explodierte um die Mittagszeit eine Rakete.

Das Geschoß war aus großer Entfernung von einem israelischen Hubschrauber abgefeuert worden. Es hatte sein Ziel genau getroffen. Auf Befehl von Ministerpräsident Ariel Sharon sollte der Chef der Popular Front for the Liberation of Palestine getötet werden.

Abu Ali Mustafa hatte diese Funktion im Herbst des Jahres 2000 von Dr. George Habbash übernommen, der zu den legendären Persönlichkeiten des palästinensischen Widerstands gehört. Dr. George Habbash war während der 70er Jahre verantwortlich gewesen für Flugzeugentführungen. Seine Anhänger waren damals die ersten gewesen, die durch derartige Aktionen die gesamte Welt auf das Problem der Palästinenser, auf ihr Dasein als aus dem Land vertriebene Flüchtlinge aufmerksam gemacht hatten. Die Popular Front for the Liberation of Palestine zehrt bis heute in der arabisch-islamischen Welt vom Ruhm jener Jahre.

George Habbash – der etwa gleich alt ist wie Jassir Arafat – hat in neuerer Zeit mehrere Schlaganfälle erlitten. Er ist einseitig gelähmt. Er ist, als die Palästinenserführung nach Gaza und Ramallah ins autonome Gebiet übersiedelte, als kranker Mann in Damaskus zurückgeblieben. Seine Führungsposition hat Dr. George Habbash an Abu Ali Mustafa übertragen.

Während der kranke George Habbash noch der Führer der Volksfront war, hatte sie sich zuletzt wenig hervorgetan. Abu Ali Mustafa hatte sich bemüht, ihr wieder ein kämpferisches Profil zu geben. Er hatte angeordnet, daß im jüdischen Teil von Jerusalem Anschläge durch Autobomben stattfinden müßten. Dieser Befehl war befolgt worden. »Selbstmordattentäter« hatten sich und israelische Frauen und Männer durch Sprengstoff zerfetzen lassen. Dafür ist Abu Ali Mustafa von Ariel Sharon zum Tode verurteilt worden.

Am 17. Oktober 2001 glaubte wiederum die Volksfront zur Befreiung Palästinas, sich für den Tod ihres Chefs gerächt zu haben. Noch am selben Tag stellte die arabische Fernsehgesellschaft Al Jezira, die in Qatar stationiert ist, den Fernsehanstalten der Welt ein Video zur Verfügung, auf dem drei bewaffnete Männer zu sehen sind. Ihre Gesichter sind vermummt mit roten Tüchern. Rot ist die Farbe der Volksfront. Die drei Männer verlesen einen Text, der die Ermordung des Rechawam Zeevi rechtfertigt: »Wir waren die Rächer! Wir haben diesen Zionisten getötet. Er hatte hundertfach Verbrechen an unserem Volk geübt. Im Namen des Islam haben wir diesen Zionisten umgebracht!«

Bemerkenswert an dieser Videoaufnahme ist, daß sie der TV-Sender Al Jezira zur Verfügung stellte, der sich sonst durch Bilder des Osama Bin Laden hervorgetan hat – und durch Interviews mit dem Chef von Al Qaida.

Der Text, den die drei Attentäter sprechen, zeigt, daß die Volksfront zur Befreiung Palästinas eine ideologische Kursänderung vollzogen hat. Zur Zeit des Dr. George Habbash war die Volksfront marxistisch orientiert gewesen; der Glaube an Allah war ihr nicht wichtig gewesen. Jetzt aber handelte sie im Sinne des Islam.

Daß zumindest eine ideelle Verwandtschaft zwischen der Palästinenserorganisation und Al Qaida bestehe, darauf weist der israelische Ministerpräsident Ariel Sharon hin. Er hat zu diesem Zweck das Wort geprägt: »Arafat ist Osama Bin Laden gleichzusetzen. Arafat ist genauso ein Verbrecher wie Osama Bin Laden.«

US-Außenminister Colin Powell begreift, daß die Probleme in Afghanistan und in Palästina/Israel eng miteinander verzahnt sind. Er beschließt zu diesem Zeitpunkt erneut eine Friedensinitiative für den Nahen Osten in Gang zu bringen. Seine Einsicht: »Afghanistan kann nur befriedet werden, wenn sich die Lage im Land zwischen Jordan und Mittelmeer beruhigt!«

Die Niederlage der Taliban zeichnet sich ab. Osama Bin Laden ist unangreifbar

Nach der Aufgabe der Stadt Mazar-i-Sharif ziehen sich die Verbände der Taliban zunächst langsam nach Süden zurück. Sie beziehen für einige Tage Position im Hindukusch, am Salangtunnel, doch dann geben sie diese einigermaßen sicheren Stellungen auf. Die Kommandeure der Nordallianz sind überrascht. Sie haben im Hindukusch mit hartnäckigem Widerstand gerechnet.

Überrascht sind auch die US-Strategen. Ihr Plan hatte eine langsamere Entwicklung vorausgesehen. Der Kampf um die Hauptstadt Kabul war erst für das Frühjahr 2002 vorgesehen – nach dem Ende der kalten Jahreszeit. Bis dahin konnte »der Sumpf des Terrors ausgetrocknet werden, in dem sich Osama Bin Laden so wohl fühlt.«

Die Talibanverbände und die Kämpfer von Al Qaida bereiten sich jedoch darauf vor, die Hauptstadt vorzeitig zu räumen. Ihr oberster Chef Mullah Mohammed Omar lebte ohnehin in Kandahar – aus Abneigung gegen die Hauptstadt. Es war ihm nie gelungen, die Bevölkerung von Kabul auf seine Seite zu ziehen. Kabul war zwar die Stadt der Minarette und Mausoleen, doch wollten sich die Bewohner nicht den letzten Rest von Lebensfreude rauben lassen. Insbesondere die Frauen wehrten sich gegen den Lebensstil, den ihnen das Talibanregime aufzwingen wollte.

In der Nacht vom 12. auf den 13. November 2001 ist das Regierungsviertel, das seit langem aus zerfallenden Gebäuden bestand, nach und nach verlassen worden. Zuerst hatten sich am Abend die Talibankommandeure ohne Verabschiedung von ihren Leuten auf kleinen japanischen »Pick-ups«, auf Kraftfahrzeugen mit Ladeflächen, in kleinen Gruppen davongeschlichen. Sie hatten ihre Kämpfer im Stich gelassen. Die Bewaffneten hatten keinen Grund mehr, in der ungeliebten Stadt zu bleiben. Sie konfiszierten nun ebenfalls »Pick-ups«, die in großer Zahl im Hof der einstigen Residenz standen. Auch die Kämpfer verschwanden in Richtung Kandahar. Die letzten, die Kabul räumten, waren die »arabischen Afghanen«, die Osama Bin Laden ins Land gebracht hatte.

Kampflos fällt Kabul der »Nordallianz« zu, die zu diesem Zeitpunkt aus sieben getrennt operierenden Verbänden besteht. Sie rekrutieren sich aus unterschiedlichen Tadschikensippen, denen sich Männer aus Usbekenclans angeschlossen haben. Der Kommandeur, der diesem gemischten Haufen Befehle geben soll, nennt sich Bismillah Khan. Er weiß, daß er – wenn er einen Vorstoß in Richtung Kandahar führen will – die Unterstützung der Sheikhs der Paschtunenclans braucht. Ihnen gehört das Land im Süden von Kabul. Doch die Herren der Paschtunenstämme finden sich nicht zu Verhandlungen ein. Sie hatten zu den Taliban gehalten während der vergangenen fünf Jahre; sie waren Feinde gewesen der Tadschiken und Usbeken im Norden. Sie konnten nicht glauben, daß auf einmal Frieden und Einigkeit herrschen sollte.

Die Paschtunensheikhs hatten mit Überraschung festgestellt, daß ihre Feinde, die Tadschiken und Usbeken, einen hochgerüsteten Verbündeten besaßen – die Luftwaffe der Vereinigten Staaten von Amerika. Die »ungläubigen Amerikaner« hatten während ihrer Bombardements auch Dörfer getroffen, in denen sich keine talibanischen Glaubenskrieger befunden hatten, sondern Angehörige der Paschtunensippen. Frauen und Kinder waren verwundet worden. Die Paschtunen konnten fortan die Amerikaner nicht als ihre Freunde betrachten.

Mitte November 2001 wurden Gerüchte in Kabul verbreitet, Mullah Mohammed Omar habe seine Befehlsgewalt an Hadsch Baschar übergeben, an einen Kommandeur ohne jede Bedeutung und ohne Ausstrahlungskraft. Dieser Verzicht auf das Kommando hätte bedeutet, daß die Taliban die Kapitulation vorbereiteten. Nur Stunden später erwies es sich, daß diese Gerüchte falsch waren. Von Kandahar aus informierte Mullah Mohammed Omar die Welt, er werde dafür sorgen, daß die USA von der Landkarte verschwinden. Das »Land der Ungläubigen« habe das Recht verloren, weiterzuexistieren. Er bekräftigte seine Siegesgewißheit: »Der Islam wird siegen – mit Hilfe Allahs!«

»Dschihad gegen Amerika«

Dies ist der Titel eines Büchleins, das von CIA-Beamten gefunden wurde, die mit den Truppen der Nordallianz in Kabul eingefahren waren. Die Paperback-Broschüre lag in Stapeln aufgeschichtet in Häusern, die von Al Qaida benützt worden waren. Sie enthielt Reden und Erklärungen von Osama Bin Laden.

Jedem »arabischen Legionär« ist die Schrift in die Hand gedrückt worden. »Dschihad gegen Amerika« hieß der Leitfaden, nach dem sich der Legionär zu richten hatte. »Dschihad gegen Amerika« vermittelte die Grundsätze des Kampfes der Organisation Al Qaida. Der Legionär hatte sich diese Prämisse einzuprägen: »Die Moslems sind in Gefahr! Die Amerikaner und die Juden wollen die Moslems und den Islam vernichten!« Um dies zu verhindern seien die Moslems in erster Linie verpflichtet, die Ungläubigen aus dem Bereich der heiligen Stätten zu vertreiben. Mekka und Medina dürften nicht innerhalb der »Aktionszone der USA« bleiben. Die Gläubigen in Saudi-Arabien und den benachbarten Ländern seien vom Druck zu befreien, in jedem Augenblick in Gefahr zu sein, von den »Ungläubigen« bedroht zu werden.

Osama Bin Laden gibt sich selbst als Vorkämpfer in dieser Auseinandersetzung mit den USA zu erkennen: »Ich führe diesen Kampf! Ich benötige dazu nicht viel. Ich werde vom Hindukusch aus zuschlagen. Der Hindukusch wird zur Zentrale des Dschihad gegen Amerika. Die ›Ungläubigen‹ können vom Hindukusch aus besiegt werden.«

Eine andere Broschüre enthält eine Liste der Organisationen, mit denen Osama Bin Laden in Verbindung steht, und die sich verpflichtet haben, seinen Kampf zu unterstützen. Besonders hervorgehoben wird die Kooperation mit »Jamaat al Islamija«; diese Gruppe will von Ägypten aus den Kampf gegen die USA führen. In Libyen gehört »Dschihad al Islamija« zu den Verbündeten von Al Qaida. In Jordanien existiert ebenfalls eine aktive Gruppe, die für die Vertreibung der königlichen Familie al Hashem und für die Beendigung der amerikanischen Militärpräsenz in der Region kämpft. In der Liste der getreuen Freunde ist auch die libanesische »Hisb'Allah« (die »Partei Allahs«) aufgeführt, die sich rühmt, die israelische Armee vor zwei Jahren aus dem Südlibanon vertrieben zu haben. Die Broschüre hebt besonders hervor, daß auf den Philippinen die Kampfgruppe Abu Sayyaf im Einvernehmen mit Osama Bin Laden gegen die Amerikaner kämpft.

Ohne Detailangaben listet die Broschüre Staaten auf, in denen Verbündete von Al Qaida gegen die USA Position beziehen. Diese Staaten sind Indien (Kaschmir), Indonesien, Usbekistan, Turkmenistan, Tadschikistan und Bosnien. Wichtig ist: Auch für die Moslems von Somalia fand Osama Bin Laden aufmunternde Worte: »Sie haben sich schon bewährt im Kampf gegen die USA. Ihnen ist es gelungen, die Marines der USA aus Somalia zu treiben. Sie haben im Jahr 1993 achtzehn Amerikaner getötet!« Osama Bin Laden nennt die wichtigste islamische Kampfgruppe Al Itihad al Islamije (Islamische Einheit) nicht beim Namen. FBI hat begründeten Verdacht Al Itihad al Islamije stehe in Kontakt mit Al Qaida.

Seine Verbündeten, so schrieb Osama Bin Laden in seiner Broschüre, seien alle vom einen und einzigen Wunsch getrieben, gegen die USA zu kämpfen mit dem Ziel, die amerikanischen Soldaten von islamischem Boden zu verjagen.

Der Text der Broschüre vermeidet es jedoch, den Eindruck zu erwecken, die Gruppe Al Qaida sei eine Art Dachorganisation für die genannten Verbündeten im Kampf gegen die USA. Osama Bin Laden will ausdrücklich nicht die zentral lenkende Persönlichkeit sein, die für Koordinierung der Aktivitäten sorgt. Er stellt sich auch nicht als Schirmherr des Kampfes gegen die »Ungläubigen« dar. Er betont ausdrücklich, Al Qaida sei eine Gruppe unter vielen. Wichtig sei, daß Al Qaida nicht allein stehe in der Auseinandersetzung mit den USA.

Gefunden wurde ein Dokument, das Aufschluß darüber gibt, wie und in welchem Gremium ein Entschluß gefaßt worden ist, der für Aufsehen und Aufregung in der Welt gesorgt hat: Die Sprengung der Buddhastatuen von Bamian ist erst nach langer Diskussion im Kreis der »arabischen Afghanen« gefaßt worden.

Das Dokument, in arabischer Sprache verfaßt, berichtet von dieser Diskussion: »Die Taliban waren zuerst der Meinung, es sei nicht nötig, die Statuen zu sprengen. Gegen diesen Standpunkt argumentierten Mitglieder der ›Islamischen Bewegung‹. Sie wollten nicht dulden, daß diese Monumente eines unislamischen Glaubens in einer Zeit fortbestehen sollen, in der sich der Islam auf seine Wurzeln besinnt. Wenn die Taliban der Meinung waren, die Statuen stünden unauffällig an der Seite eines Berges und sie seien doch nur Blöcke aus Stein und trockenem Schlamm, so lehnten die Mitglieder der ›Islamischen Bewegung‹ diesen unislamischen Standpunkt der Taliban ab.« In der Tat hatte Mullah Mohammed Omar zuvor wissen lassen, er halte es für wenig sinnvoll, Sprengstoff an die Zerstörung dieser Buddhastatuen zu verschwenden – nach der Diskussion mit den Vertretern des Osama Bin Laden aber schloß er sich deren Standpunkt an.

Die FBI-Fahnder, die in Gebäuden, die von den Taliban und Al Qaida benützt worden waren, nach Dokumenten suchten, die Aufklärung versprachen über die wirkliche Gefährlichkeit dieser beiden Organisationen, stießen auf eine Entdeckung, die zunächst erschreckte: Sie fanden die detaillierte Konstruktionsanleitung für die Atombombe des Typs, der im Jahre 1945 auf Nagasaki abgeworfen worden war. Das Konstruktionsprinzip der Bombe gilt unter Fachleuten als einfache Angelegenheit. Die Befürchtung war, irgendwo in einer Höhle seien angeheuerte Nuklearspezialisten am Werk, mit Hilfe von Konstruktionsskizzen – die entdeckten Bauanleitungen waren mit der Hand gezeichnet worden – gebrauchsfähige Sprengkörper zu fertigen. Es stellte sich jedoch schon bald nach der Vertreibung der Taliban aus dem größten Teil des Landes heraus, daß in Afghanistan niemand die Fähigkeit und die technischen Mittel besaß, die Konstruktionspläne in die Wirklichkeit umzusetzen.

Der »Milzbrand-Ballon«

Im November 2001 war das Interesse an der Milzbrandaffäre erloschen. Die offizielle Meinung in Washington war so zu definieren: Die Briefe, die Anthrax-Sporen enthalten hatten, sind nicht von Mitgliedern der Organisation Al Qaida verschickt worden. Osama Bin Laden sei nicht mit diesen Anschlägen auf das Leben von US-Bürgern in Verbindung zu bringen. Der Verursacher der Milzbranderkrankungen ist offenbar ein Mitarbeiter eines Forschungsinstitutes in den USA gewesen, das mit der Erforschung biologischer Kampfstoffe befaßt gewesen sei. Der betreffende Spezialist – so lautete schließlich der offizielle Standpunkt der US-Regierung – habe nur Unruhe und Befürchtungen in den USA erzeugen wollen. Sein Ziel sei gewesen, die US-Regierung darauf hinzuweisen, daß die Erhöhung des Etats für das Forschungsinstitut in dieser kritischen Zeit dringend angebracht sei. Es sei nicht die Absicht dieses Täters gewesen, die Empfänger der Briefe zu töten. Er habe nur nicht bedacht, daß der Verschluß der Umschläge einen geringen Schutz vor Kontakt mit den Anthrax-Sporen bieten würde. Daß keine Mordabsicht bestand, sei daraus zu ersehen, daß der Absender der Briefe darauf hingewiesen habe, die Anwendung von Antibiotika sei zu empfehlen.

Die Identität dieses Einzeltäters, der nur die Bedeutung der Anthraxforschung habe aufwerten wollen, wurde in der Öffentlichkeit nicht preisgegeben. Der Eindruck entstand, die US-Regierung sei nicht an der für jeden zugänglichen Aufklärung dieser Angelegenheit interessiert.

Daß die Beruhigung der Amerikaner nicht angebracht war, konnte am 24. November 2001 dem renommierten Wirtschaftsmagazin »The Economist« entnommen werden. Beschrieben wird, daß in einem Haus im Viertel der Wohlhabenden von Kabul Büros und Arbeitsräume entdeckt wurden, die eigentlich von einer international geförderten Organisation benützt wurden, die Opfern der langen Kriegsjahre in Afghanistan helfen wollte. Die

Büros und Arbeitsräume befanden sich in einem Haus, dessen Miete extrem teuer war. Die Nachbarn, die bemerkt hatten, daß die Mieter auf »Pick-ups« der Taliban geflohen waren, betraten die Räumlichkeiten. Sie entdeckten im ersten Stock eine Werkstatt. Da lagen Einzelteile von russischen Raketen und ein Kanister mit der Aufschrift »Helium«. Verstreut im Raum lagen Papiere mit gedruckten Anweisungen, was beim Umgang mit Milzbrand-Sporen zu beachten sei. Ebenfalls in gedruckter Form fand sich das Impfprogramm der US-Armee zur Vorbeugung gegen Ansteckung durch Anthrax. Da lag auch ein Foto des früheren amerikanischen Verteidigungsministers William Cohen. Er hielt ein Zuckerpaket in Händen. In arabischer Schrift wurde darauf hingewiesen, die im Zuckerpaket befindliche Menge an Sporen würde ausreichen, die meisten der Bewohner von Washington erkranken zu lassen und zu töten.

Die CIA-Fahnder, die kurze Zeit später Büros und Werkstatt untersuchten, stellten fest, daß hier Seminare stattgefunden haben müssen zur Ausbildung von Anthrax-Spezialisten. Der Zweck des Unterrichts war ohne Zweifel die Vorbereitung des Krieges mit Biowaffen.

Das Interessanteste, was die Spurensucher der Central Intelligence Agency im einstigen Seminarraum zu sehen bekamen, war eine weiße Tafel, die eine der Wände bedeckte. Die Tafel war von der Art und Größe, wie sie in Schulklassen verwendet werden. Auf der Tafel ist ein Fesselballon zu erkennen, dessen Gasbehälter länglich geformt ist. Daran hängt, an Seilen, eine Gondel. Links neben diesem Flugobjekt ist ein kleiner Ballon – in Kugelform – dargestellt. Mit einem schwarzen Filzschreiber sind diese Zeichnungen gefertigt.

Um die Ballondarstellungen herum hat der Unterrichtende Angaben über Höhe und Windgeschwindigkeit geschrieben. Als ideale Flughöhe wurden 10 Kilometer angegeben bei einer Geschwindigkeit von 5 Kilometer pro Stunde. Der Zweck des Ballonflugs war die Verstreuung der Anthrax-Sporen über die Fläche einer Stadt.

Mit blauem Filzstift waren diese englischen Worte auf die Tafel gekritzelt: »Your days are limited! Bang!«

Auch in diesem Seminarraum war eine Sammlung der Reden und Statements des Osama Bin Laden vorhanden. Der Titel, mit der Hand geschrieben: »Dschihad«.

Die Entdeckung im vornehmen Viertel von Kabul macht verständlich, daß der Talibanchef Mullah Mohammed Omar auch in der zweiten Hälfte des Monats November 2001 verkünden konnte, er sei fest überzeugt, es werde den Gläubigen gelingen, die USA zu zerstören. Die British Broadcasting Corporation hatte es fertiggebracht, den Mullah bei Kandahar aufzuspüren. Das Interview wurde über Satellitentelefon geführt.

Mullah Mohammed Omar sagte: »Allah wird uns helfen, die Vereinigten Staaten von Amerika zu vernichten. Wir haben die Mittel dazu. Doch dies wird nicht von den Waffen abhängen, sondern allein von Allah! Das Wichtigste in dieser Auseinandersetzung ist, daß Amerika fallen wird – und es wird tiefer fallen, als man es sich vorstellen kann. Wenn sich die Taliban derzeit zurückziehen, so geschieht dies aus strategischen Gründen. Es ist völlig gleichgültig, wie viele Provinzen wir in der Hand haben. Einst war eine Zeit, da besaßen wir überhaupt keine Provinz und bald darauf hatten wir das ganze Land in der Hand. Nehmen Sie meine Voraussage ernst: Afghanistan wird wieder den Rechtgläubigen gehören. Von hier aus werden wir den Kampf führen gegen die USA! Von hier aus werden wir siegen!«

Auf die Frage des BBC-Reporters, ob er bereit sei, sich an einer Friedenskonferenz zu beteiligen, antwortete Mullah Mohammed Omar:

»Das wird eine Konferenz der Gottlosen sein, der Verbrecher an Allah. Daran beteilige ich mich nicht! Schon seit zwanzig Jahren wird versucht, Afghanistan durch Konferenzen zu stabilisieren. Alle Konferenzen schlugen fehl! Dies wird auch diesmal der Fall sein!«

Mullah Mohammed Omar prophezeite, daß der innerafghanische Streit wieder aufbrechen – und daß er brutal geführt werde.

Amerikaner können ein Massaker nicht verhindern

Es geschah unter den Augen amerikanischer Beobachter: Rund 400 Kämpfer aus Pakistan und aus arabischen Ländern wurden mit Salven aus Maschinenpistolen niedergemäht. Die 400 Männer waren als Gefangene in die Festung von Mazar-i-Sharif gebracht worden. Sie hatten auf der Seite der Taliban gegen die Nordallianz gekämpft – und hatten sich ergeben. Am 25. November überfielen einige der Gefangenen ihre Bewacher und nahmen ihnen die Waffen weg. Im Hof der Festung wurde geschossen. Das Resultat: Die Gefangenen, die keine Waffen erbeutet hatten, suchten Schutz hinter Mauern, in zerfallenen Räumen und in Gewölben der alten Festung. Wer dazu in der Lage war, der versuchte sich zu wehren. Die Bewacher, Kämpfer der Nordallianz, flohen zunächst aus dem Gemäuer. Sie bezogen Stellungen rings um die Festung. General Abdul Rashid Dostum, der Kommandeur usbekischer Streitkräfte, verließ sein Hauptquartier, das sich innerhalb des Festungskomplexes befand.

Sein Befehl lautete: »Keiner der Gefangenen darf am Leben bleiben!«

General Dostum zog seine Usbeken aus der Festung zurück. Auch die Pferde, auf denen er und die Kämpfer in die Stadt Mazar-i-Sharif eingeritten waren, wurden aus den Ställen gebracht. Dostum ordnete an, die Festung müsse belagert werden. Er stimmte sich mit dem Verbindungsmann des CIA ab, der seinem Stab zugeordnet war. Dieser Mann hieß Johnny Spann. Er war 32 Jahre alt und stammte aus Alabama. Johnny Spann gehörte der Central Intelligence Agency seit Juni 1999 an. Er hatte zuvor im Marine Corps der USA gedient. Seine Aufgabe bestand darin, die Aktionen der US-Luftwaffe und der Bodentruppen der Nordallianz zu koordinieren. Johnny Spann war nicht der einzige Amerikaner im Stab des Usbekengenerals. Er wurde von anderen CIA-Beamten unterstützt.

Spann und seine Kollegen wollten verhindern, daß die gefangenen Talibanmänner getötet werden. Er wußte, daß die meisten aus Pakistan stammten, daß sich nur wenige arabische Angehörige der Organisation Al Qaida unter ihnen befanden; die Araber waren aus Saudi-Arabien, Algerien und aus Ägypten gekommen. Johnny Spann war informiert, daß General Dostum ein Feind der Pakistani war – und daß die Pakistani den General haßten. Spann drängte darauf, daß den Pakistani in der Festung ein Kapitulationsangebot gemacht werde. Dostum lehnte diesen Gedanken ab: »Wir haben sie menschlich zu behandeln versucht – und sie sind über unsere Männer hergefallen!«

Der General rechtfertigte seine Härte mit diesem Argument: »Die Pakistani sind doch in unser Land gekommen, um es zu annektieren, um es Pakistan anzugliedern. Diese Paschtunen wollen die afghanischen Paschtunenstämme mit den pakistanischen Paschtunen vereinigen. Allein wir Stämme aus dem Norden haben dies verhindert!«

Der CIA-Beamte Spann meldete den Inhalt seiner Gespräche mit Dostum über Funk an seine Vorgesetzten weiter. Ihm wird berichtet, daß es bereits Spannungen gibt zwischen der US-Regierung und Präsident Pervez Musharraf. Der pakistanische Staatschef hatte sich darüber beschwert, daß die USA durch ihr Eingreifen aus der Luft den Vormarsch der Nordallianz in Richtung Süden ermöglicht haben. Präsident Musharraf war deshalb wütend, weil die Russen davon profitierten. Es sah zu diesem Zeitpunkt so aus, als ob Rußland den General Dostum drängte, möglichst viel afghanisches Territorium zu besetzen – im Interesse der Russen, die offenbar nicht vergessen hatten, daß schon Zar Peter der Große sie dazu verpflichtet hatte, ihren Einfluß auf die Region des Indischen Ozeans auszudehnen.

Die Vorgesetzten des Johnny Spann waren in Sorge, die Tötung der Pakistani in der Festung Mazar-i-Sharif könnte die Spannungen zwischen den USA und dem pakistanischen Regime vergrößern. Wenn es nicht gelang, das Massaker zu verhindern, würde bestimmt den USA die Schuld am Tod der pakistanischen und arabischen Verbündeten der Taliban zugeschoben. Johnny Spann setzte sich für eine Verhandlungslösung ein, doch General

Abdul Rashid Dostum hörte nicht auf den CIA-Mann. Er meinte: »Wenn wir sie nicht erschießen, erschießen sie uns. Hier herrscht der pure Haß!«

Noch ehe die Kämpfer der Nordallianz das Feuer auf die Männer der Taliban eröffneten, schlug nahe dem Küchentrakt eine Rakete ein. Ihre Explosion riß einen gewaltigen Trichter auf. Dreck und Menschenteile wirbelten durch die Luft – dies konnte von den Dostum-Kämpfern beobachtet werden, die vor der Festung auf den Strafbefehl warteten.

Die Rakete war von einem amerikanischen Kampfflugzeug abgefeuert worden. Raketensplitter und die Druckwelle töteten etwa 40 Taliban. Unmittelbar nach der Detonation begann der Endkampf um die Festung. Keiner der gefangenen Taliban überlebte. Ums Leben gekommen ist auch der Verbindungsmann des US-Geheimdiensts. Seine Behörde machte keine Angaben, wie er getötet worden ist. Johnny Spann hinterließ eine Frau und drei Kinder.

George Tenet, der Direktor von CIA, teilte den Mitarbeitern seiner Behörde am anderen Morgen in Washington den Tod des ersten Amerikaners im Afghanistankonflikt mit. Er beschloß seine kurze Rede mit diesen Worten: »Wir werden unseren Kampf gegen das Böse mit neuerwachter Stärke und mit Begeisterung fortsetzen!«

Ein Amerikaner als »Gotteskrieger«

Seine Eltern trauten ihren Augen nicht: Sie erkannten ihren Sohn John auf Fernsehbildern. Der Bericht schilderte die Situation im Norden von Afghanistan. Die Stadt Mazar-i-Sharif war gefallen. Nun war auch der blutige Kampf um die Festung beendet. Ein junger Mann wurde von den Siegern aus einem Graben gezogen und wie ein Hund verprügelt. Er war halbnackt. Er blickte verängstigt. Offensichtlich erwartete er, auf der Stelle brutal getötet zu werden. Zu erkennen war, daß aus seinen Beinen Blut floß.

Die Eltern ließen sich von Nachbarn, die den Bericht ebenfalls gesehen hatten, bestätigen, daß da tatsächlich ihr Sohn gezeigt worden war.

Der Name des Geschundenen: John Walker Lindh. Er stammte aus einer bürgerlichen Familie, die in einem einfachen gemieteten Haus am Stadtrand von Washington lebte. Der Vater war im Justizministerium tätig. Er war studierter Jurist, doch er hatte es nur bis zum mittleren Beamten gebracht. Die Mutter arbeitete als Fotografin; sie trug aber nur wenig zum Lebensunterhalt der Familie bei. Doch die Ansprüche waren gering. Vater und Mutter waren um das Jahr 1968 vom Gefühl durchdrungen, sie müßten vor allem »Selbstverwirklichung« erreichen. Es war die Zeit, da der Beatles-Star John Lennon eine Generation faszinierte, die der Welt ein neues Gesicht geben wollte: Endlich sollten Frieden und Liebe das Leben der Menschen bestimmen. Johns Eltern gehörten zu den Fans der Beatles. Sie wollten dem Sohn die Gewißheit ins Leben mitgeben, er sei ein einmaliges Individuum, das auch ein Recht auf »Selbstverwirklichung« besitze.

Die Eltern waren praktizierende Katholiken. Sie besuchten an jedem Sonntag die Messe; ihren Sohn John nahmen sie immer mit. Doch sie ermutigten ihn auch, sich mit Inhalt und Ritual anderer Religionen zu befassen. John befolgte den Rat: Ihn begann der Islam zu interessieren. Er studierte Korantexte und Lebensbeschreibungen des Propheten Mohammed. Dann erkannte er, daß es Menschen in unserer Zeit gibt, die sich von der Lehre des Islam leiten ließen. John las die Autobiographie des amerikanischen schwarzen Bürgerrechtlers Malcolm X. Danach glaubte John für sich den richtigen Weg gefunden zu haben – die Eltern hielten es für richtig, daß der Sohn sich zum Islam bekannte. Vater und Mutter waren stolz auf ihre Toleranz.

John, der gerade 16 Jahre alt geworden war, trug fortan einen schwarzen Vollbart, und er bekleidete sich mit Hemden, die bis zu den Knöcheln reichten. Zu diesem Zeitpunkt konnten es sich die Eltern nur schwer vorstellen, daß der Sohn einen praktischen Berufsweg einschlagen sollte. Sie waren deshalb sofort einverstanden, als er vorschlug, er werde in den Jemen reisen, um die arabische Sprache und die Lehre des Islam zu studieren.

Im Herbst 1998 erfuhren die Eltern, John sei unterwegs nach Pakistan. Er habe jetzt den richtigen Freundeskreis gefunden. Die Freunde und er suchten Erfüllung im Islam.

Nach dieser Mitteilung erfuhren die Eltern fast zwei Jahre lang nichts von John. Im Mai 2001 erreichte sie eine E-Mail mit der Nachricht, John befinde sich in Peshawar und sei auf dem Weg nach Afghanistan. Im übrigen gehe es ihm gut.

Sorgen machten sich die Eltern erst, als nach den Anschlägen des 11. September 2001 zu erfahren war, daß die USA Ziel eines »Heiligen Krieges« seien, der offenbar von Afghanistan aus gesteuert wurde.

Nach der Gefangennahme erzählte John Walker Lindh den CIA-Fahndern sein weiteres Leben, das er in Afghanistan geführt hatte: Zusammen mit arabischen Freunden aus dem Jemen und aus Saudi-Arabien sei er in einem Trainingscamp der Organisation Al Qaida aufgenommen worden. Er sei zum Kämpfer bei Commandoaktionen ausgebildet worden. John war stolz darauf, nach dem 11. September Osama Bin Laden getroffen zu haben. Der Chef sei höchst befriedigt darüber gewesen, einen Kämpfer aus den USA in seiner Truppe zu haben.

Auf Befragen durch die CIA-Fahnder meinte John Walker Lindh, er sei nicht von Gewissensbissen geplagt gewesen, weil er freiwillig im Dienst eines Mannes stand, der tausende von Amerikanern hatte umbringen lassen.

Eingesetzt worden war der Amerikaner John Walker Lindh zur Verteidigung der Stadt Mazar-i-Sharif gegen die Kämpfer der Nordallianz. Angegriffen wurde er vor allem durch die US-Luftwaffe. Durch die Bombardements völlig demoralisiert, geriet er in Gefangenschaft. Zu seinen Bewachern in der Festung von Mazar-i-Sharif gehörten auch US-Marines. Ihnen gab John sich nicht als US-Bürger zu erkennen. Als in der Festung am 25. November der Aufstand der Gefangenen losbrach, gehörte er zu denen, die sich eine Waffe erbeuten konnten.

Das Sturmgewehr trug er noch in der Hand, als ihn Kämpfer der Nordallianz aus dem Graben zogen. John wurde von den CIA-Fahndern sofort verdächtigt, den CIA-Agenten Johnny Spann – wenn auch vielleicht ungewollt – mit eben diesem Sturmgewehr erschossen zu haben.

Saudi-Arabien distanziert sich vom Dschihad

Kronprinz Abdullah Ibn Abdul Aziz begriff, in welch schwieriger Situation sich sein Königreich befand. Präsident Bush und Außenminister Colin Powell hatten zu erkennen gegeben, daß sie den schlimmsten Fehler der US-Politik in bezug auf den Nahen und Mittleren Osten erkannt hatten: Es war falsch gewesen, das Nest der Gewalt in Iran zu suchen – es hatte sich in Saudi-Arabien befunden. Um die friedlichen Beziehungen mit dem Ölstaat nicht zu gefährden, hatten die Verantwortlichen in Washington darüber hinweggesehen, daß die wahabitische Ausprägung des Islam der Nährboden gewesen war, der den Haß auf die »Ungläubigen« hatte gedeihen lassen. Der »Wahabismus« hatte Leben und Denkweise des Osama Bin Laden beeinflußt. Sein Handeln war durch die Predigten der Geistlichen in Mekka, Medina und Riyadh ermöglicht worden.

Am Tag nach dem Massaker an den Talibankämpfern in der Festung von Mazar-i-Sharif nutzten die Geistlichen in den Moscheen dieser Städte das Ereignis, um den Gläubigen deutlich zu machen, daß wieder einmal die »Ungläubigen« zugeschlagen hätten. Sie schilderten im Predigttext den Angriff amerikanischer Kampfflugzeuge gegen die wehrlosen Eingeschlossenen. Angeheizt wurde die Stimmung gegen die USA.

Kronprinz Abdullah Ibn Abdul Aziz mußte – wenn er einen Konflikt mit Präsident Bush vermeiden wollte – den Ton der Predigten dämpfen. In einem bis dahin in Saudi-Arabien nie dagewesenen Aufruf wandte sich der Kronprinz, der die Geschäfte des kranken Königs führte, an die Geistlichen:

»Ich hoffe, ihr alle seid in dieser schwierigen Situation eurer Verantwortung bewußt. Vor Allah seid ihr für euer Verhalten verantwortlich. Ich verlange, daß ihr nichts unternehmt und nichts predigt, was unser Land in eine schwierige Situation bringt!«

Unmittelbar nach den Anschlägen des 11. September 2001 hatte der amtierende Herrscher den Predigern mitteilen lassen, das Königreich sei nicht einverstanden mit dem Geschehen in New York und Washington. Doch dieser sanfte Hinweis, wie die Attentate in der Moschee zu behandeln seien, hatte nichts genützt. Auch der deutlichere Aufruf wurde wenig beachtet. Am Mittwoch, dem 14. November, sah sich Kronprinz Abdullah veranlaßt, die zwei wichtigsten Persönlichkeiten der Religion im Königreich zu sich einzuladen. Im Palast des Kronprinzen erschienen Sheikh Abdul Aziz al Sheikh, der höchste geistliche Richter, und Sheikh Saleh Ibn Mohammed al Luhaidan, der Minister für islamische Angelegenheiten. Sie wurden aufgefordert, sich nicht »von Emotionen überwältigen zu lassen«. Die Anweisung des Kronprinzen lautete: »Niemand darf versuchen, die Gefühle der Gläubigen anzuheizen.« Der Minister für islamische Angelegenheiten antwortete in Demut: »Es ist unsere Pflicht gegenüber denen, die uns zu leiten haben, daß wir genau zuhören, was sie sagen, und daß wir ihre Anweisungen befolgen. Wir haben unsere Zungen im Zaum zu halten. Wir werden nur zum Ausdruck bringen, was unserem Königreich nützt und was im Interesse der gesamten islamischen Nation ist.

Die Worte des Kronprinzen und die Antwort des Sheikhs Saleh Ibn Mohammed al Luhaidan wurden am selben Tag noch von der Saudi Press Agency veröffentlicht. Die Worte des amtierenden Herrschers galten von nun an als Gesetz in Saudi-Arabien. Vom »Dschihad« durfte nicht mehr gepredigt werden.

Eine Woche nach dem Erlaß der Richtlinien für die Geistlichen nahm sich Bundesaußenminister Fischer vor, das Ölkönigreich für die Anti-Dschihad-Koalition des amerikanischen Präsidenten Bush zu gewinnen. Sein Gesprächspartner war Außenminister Prinz Saud al Faisal as-Saud. Der Prinz war zurückhaltend in seinen Äußerungen: Er wies darauf hin, das Königreich habe die religiösen Stiftungen angewiesen, ihre Geldmittel den Flüchtlingen in Afghanistan zur Verfügung zu stellen und nicht den Kampforganisationen. Innerhalb einer Woche sei es gelungen, 40 Million Dollar für diesen Zweck zu aktivieren.

Prinz Turki Ibn Faisal:
»Schande über dich, Osama!«

Es war Prinz Turki Ibn Faisal gewesen, der Osama Bin Laden Bedeutung gegeben hatte, der ihm die Aufgabe übertragen hatte, die »saudiarabischen Afghanen« zu mobilisieren und zu führen im Kampf gegen die Sowjettruppen, gegen die Marxisten. Es war Prinz Turki Ibn Faisal gewesen, der Osama die Anweisung gegeben hatte, im wahabitischen Sinne zu wirken, auf die Reinheit der Glaubensprinzipien zu achten – und damit den Mächtigen im Königreich Saudi-Arabien nützlich zu sein. Ende Oktober 2001 verdammte der Prinz jedoch seinen Schützling in einem offenen Brief. Prinz Turki Ibn Faisal schrieb deutliche Worte: »Deine Zunge und deine Taten haben mit dem Islam nichts zu tun. Du hast dem Islam übel geschadet. Was hast du denn für das afghanische Volk getan? Du hast nur zu seiner Zerstörung beigetragen. Du hast die Anschläge der Selbstmordattentäter von New York und Washington gebilligt. Es wäre besser für dich gewesen, wenn du dein eigenes Leben geopfert hättest, um die Afghanen vor den Konsequenzen deiner Taten zu bewahren.«

Prinz Turki Ibn Faisal war zwanzig Jahre lang der Chef des saudiarabischen Geheimdiensts gewesen. Er weiß Bescheid über das, was die Organisation Al Qaida und Osama Bin Laden zu verantworten hatten. Er zieht in seinem offenen Brief Bilanz der blutigen Taten – und er verurteilt sie: »Über 6000 Menschen hatten in New York sterben müssen, darunter sind 700 Moslems. In den Trümmern der US-Botschaften in Nairobi und Daressalam sind 270 Menschen umgekommen. 50 dieser Opfer waren Moslems. In Tschetschenien haben deine Anhänger zwei Gebäude sprengen lassen. Die Trümmer begruben 250 Menschen.« Prinz Turki stellt fest, daß diese Art des »Dschihad« dem Islam nichts genützt habe, daß dieser »Dschihad« dem Glauben Schaden eingebracht habe. Prinz Turki bestreitet, daß Osama Bin Laden das Recht habe, zu behaupten, er kämpfe auch für die Rechte der Palästinenser. Der

Prinz fragt sehr direkt: »Was hast du für Palästina getan? Hast du einen einzigen Israeli umgebracht?«

Mit dieser Frage wird deutlich, daß die Mächtigen im Ölkönigreich Saudi-Arabien die Selbstmordanschläge der Palästinenser im Land zwischen Jordan und Mittelmeer für eine Form des »gerechten und berechtigten Dschihad« ansehen. Der Kampf der Palästinenser wird von Saudi-Arabien auch weiterhin unterstützt.

Ein Beispiel für den »gerechten und berechtigten Dschihad« – nach Vorstellung des Prinzen Turki Ibn Faisal bietet die palästinensische Organisation »Dschihad al Islamija« am 29. November 2001. Ein Selbstmordattentäter betritt in Nordisrael einen Bus und sprengt sich nach wenigen Augenblicken in die Luft. Drei Busbenutzer sind sofort tot; sechs weitere wurden schwer verletzt.

Die Organisation »Dschihad al Islamija« stellt unmittelbar nach dem Anschlag den Nachrichtenagenturen ein Videoband zur Verfügung, das den Attentäter bei der Vorbereitung der Tat zeigt. Er nennt ausdrücklich den Namen seiner Organisation »Dschihad al Islamija« – »der islamische Heilige Krieg« – und er bekennt, daß er als Moslem bereit ist, gegen Juden zu kämpfen und dabei sein Leben zu opfern. Er sagt: »So wie ich bereiten sich hunderte junger Moslems auf den Tod und auf die Begegnung mit Allah vor.«

»Allahs Soldaten« in Madrid

Im Jahr 1994 trafen sich junge Moslemmänner in der Moschee im Zentrum von Madrid. Ihre Absicht war es, dieses Bethaus ganz in ihre Hand zu bekommen, um es als Basis für ihre Aktivitäten zu benützen. Sie waren sich damals noch nicht ganz einig, wie diese Aktivitäten aussehen sollten. Zunächst sorgten sie dafür, daß in jener Moschee nur noch Predigten im wahabitischen Sinn gehalten werden. Der Islam sollte in seiner reinsten Form verkündet werden; der Geist der Neuzeit hatte, nach Meinung der jungen Männer, keinen Platz in der Moschee.

Doch es dauerte nicht lange, da brach Streit aus. Die Madrider »Wahabiten« spalteten sich in zwei Fraktionen auf. Die bedeutendere dieser beiden Fraktionen wurde von einem Palästinenser geführt. Sein Name: Anwar Adnan Mohammed Saleh.

Er verließ Spanien im Jahr 1995 und reiste nach Peshawar. Im dortigen afghanischen Flüchtlingslager bekam er rasch Kontakt zur Organisation Al Qaida und zu Vertrauten von Osama Bin Laden. Der Palästinenser Saleh fand Zugang zu Abu Zubaydah, den Osama aus Saudi-Arabien nach Afghanistan gebracht hatte. Abu Zubaydah war damals schon als »Leiter der Operationen« von Al Qaida eingesetzt. Seine Aufgabe bestand damals vor allem darin, junge Araber, die sich zur strengen Form des Islam bekannten, für Al Qaida zu gewinnen. Zeigten sie sich dem wahabitischen Denken aufgeschlossen, wurden diese Araber von Peshawar aus über die Grenze nach Afghanistan ins Trainingslager bei Kandahar gebracht. Ein derartiges Camp erreichte auch Anwar Adnan Mohammed Saleh. Unbekannt ist, für welchen Einsatzzweck er dort ausgebildet wurde.

Seine Funktion in Madrid als Leiter der Gruppe »Allahs Soldaten« übernahm Imad Eddin Barakat. Er stammte aus Syrien. Er trug einen kurzgeschorenen Bart an Backen und Kinn; der Schädel aber war nahezu kahl. Barakat begann seine Arbeit in der Madrider Moschee damit, daß er Broschüren verteilte, die über die Taten moderner Moslems in den Palästinensergebieten, in Algerien, Ägypten und in Afghanistan berichteten. Er gab auch Schriften weiter, in denen Aufrufe des Osama Bin Laden abgedruckt waren. Es ist anzunehmen, daß er Broschüren und Schriften vom Palästinenser Saleh aus dem afghanischen Trainingscamp zugeschickt bekam.

Einige der jungen Moslems, die er hatte überzeugen können, jeder werde von Allah belohnt, der bereit sei »Soldat Allahs« zu sein, wurden von Barakat nach Bosnien geschickt. Dort befanden sich Moslems und Serben im Konflikt. Die »Soldaten Allahs«, die keinerlei Kampferfahrung besaßen, sollten dort die Front der Moslems verstärken. Dieses Unternehmen war nicht vom Glück begünstigt: Die jungen Männer kannten Land und Sprache nicht – sie fanden sich schwer zurecht. Mancher starb gleich während der ersten Einsatztage durch Salven der Serben, die es verstanden, die Araber in den Hinterhalt zu locken.

Die Tätigkeit von Barakat fiel den spanischen Sicherheitsbehörden bereits im Herbst 1995 auf. Sie begannen sein Telefon zu überwachen. Beachtlich ist die Zahl der Tonbandaufzeichnungen, die über drei Jahre hin gesammelt wurden. Ab dem Jahr 1997 wurden Telefonate mit Mohammed Atta registriert. Da Atta unter keinerlei Verdacht stand, gab es keinen Anlaß für sicherheitspolizeiliche Maßnahmen.

Aufmerksamkeit erregten Telefongespräche, die Barakat mit einem Unbekannten geführt hatte, der sich Shakur nannte. Während eines Telefonats, das im August 2001 aufgezeichnet wurde, sagte Shakur: »Ich fühle mich jetzt psychologisch besser. Ich konzentriere mich nur noch auf ein Sache. Ich befasse mich mit Fliegerei.« Shakur benützte oft Floskeln, die noch nicht ausgedeutet werden konnten: Zum Beispiel: »Wir haben dem Vogel den Hals durchgeschnitten.«

Barakat führte ein völlig unauffälliges Leben. Er hatte eine Spanierin geheiratet, die ihm jedes Jahr ein Kind zur Welt brachte – insgesamt sind es vier. Auf sein Drängen hin war die Frau bereit, zum Islam überzutreten. Sie bedeckte im Lauf der Zeit immer mehr von ihrem Haar. Die Familie hielt sich an strenge islamische Lebensregeln. Die zwei ältesten Kinder besuchten eine Koranschule im Gebäude der Moschee. Barakat sah es als seine Pflicht an, die Kinder jeden Tag dorthin zu bringen und wieder abzuholen.

Für die Familie kaufte Barakat eine geräumige Wohnung in einem Haus, in dem Architekten und Beamte wohnen. Barakat erweckte den Eindruck, er gehöre zum traditionsbewußten aber abgesicherten arabischen Mittelstand. Sein Name stand sogar im Madrider Telefonbuch. Barakat gab an, ein Geschäftsmann zu sein mit weitverzweigten Beziehungen. Bereitwillig erzählte er den Nachbarn, er sei gezwungen, Reisen zu unternehmen, nur so könne er seine Geschäftsverbindungen aufrechterhalten: Die Sicherheitsbehörden registrierten jede dieser Reisen. Sie führten zwanzigmal nach London – aber auch häufig nach Jordanien, Indonesien, Schweden und Dänemark.

Die häufigen Auslandsreisen machten es notwendig, daß sich Barakat für die Aktivität in der Madrider Moschee einen Stellvertreter heranzog. Er hieß Jasem Mahbule. Er gehörte zu denen, die ihren Einsatz in Bosnien überlebt hatten. Er galt als erfahrener Moslemkämpfer. Es ist bekannt, daß er zweimal in einem afghanischen Trainingscamp der Al Qaida eine Spezialausbildung unbekannter Art erhielt.

Auch Jasem Mahbule heiratete eine spanische Frau. Auch sie trat zum Islam über und begann damit, ihr Haar zu bedecken.

Das Paar zog in eine elegante Wohngegend im Madrider Süden. Mahbule regte an, am Rand der breiten Straße vor dem Haus Olivenbäume zu pflanzen. Er gewann dafür das Interesse von den anderen Hausbewohnern und den Nachbarn. Er selbst spendete eine beträchtliche Geldsumme, daß seine Idee verwirklicht werden konnte.

Jasem Mahbules Tätigkeit für »Allahs Soldaten« bestand darin, Araber zu betreuen, die eben erst nach Spanien eingereist waren. Es war in der zweiten Hälfte der 90er Jahre leicht für Algerier, Jemeniten, Ägypter ein spanisches Visum zu erhalten. Für Neuzugänge wurde die Moschee im Madrider Zentrum zum Sammelpunkt. Jasem Mahbule sorgte dafür, daß diese jungen Männer Aufenthaltsgenehmigungen für einen längeren Zeitabschnitt erhielten – und daß sie Kreditkarten bekamen. Diese Dokumente waren nötig für den Beginn eines normalen Lebens in der spanischen Hauptstadt.

Mahbule benützte die Gelegenheit um zu prüfen, welcher der Neuankömmlinge für einen Spezialeinsatz als »Soldat Allahs« in Frage kam. Er hatte die Absicht, vor Ablauf des Jahres 2001 einen spektakulären Anschlag in Europa verüben zu lassen. Als Ziel war das NATO-Hauptquartier in Brüssel vorgesehen. Die Planung war noch nicht weit vorangeschritten, da geschahen die Anschläge des 11. September 2001. Sie veränderten die Situation der »Madrider Zelle« von Al Qaida völlig. Von einem Tag zum anderen wurden bisher überwachte Personenkreise einer intensiven Überprüfung unterzogen. Telefonaufzeichnungen wurden nochmals abgehört – so auch die Gespräche zwischen Barakat und Shakur. Auf einmal klangen Formulierungen verdächtig. Da hatte Shakur gesagt: »Ich bin jetzt dabei, alle meine alten Beziehungen abzubrechen.« Auch dieser Satz erregte jetzt Verdacht: »Ich habe etwas vorbereitet, was ihnen sicher gefallen wird!« Die Worte schienen darauf hinzuweisen, daß Barakat und Shakur in die Anschläge des 11. September 2001 verwickelt waren.

Der Untersuchungsrichter in Madrid erließ Haftbefehl für die beiden Verdächtigen. Mit ihnen wurden sechs weitere Personen festgenommen.

Bald nach Beginn der Untersuchungen stand fest, daß Mohammed Atta, der wichtigste der Todespiloten von New York, mehrfach die »Soldaten Allahs« in Madrid besucht hat – zuletzt im August 2001, also nur einen Monat vor dem 11. September. Angenommen wird, daß Barakat der Verbindungsmann gewesen war zu Osama Bin Laden, daß er vor allem die Attentäter, die bereit waren Flugzeuge zu entführen und zu fliegen, mit Geld aus der Kasse von Al Qaida versorgt hat.

Osama Bin Laden überlebt in Verstecken

Immer wieder wird er gesehen, an unterschiedlichen Orten: Er soll auf Straßen östlich von Kabul beobachtet worden sein, auf Plätzen der Dörfer um die Stadt Jalalabad, vor Höhleneingängen in Tälern des Hindukusch, auf Märkten im Stadtbereich von Kandahar. Vielleicht aber täuschten sich diejenigen, die ihn erkannt haben wollen. Wer erzählen kann, er sei dem Chef von Al Qaida begegnet, der fügt meistens hinzu, der Gesuchte habe einen sicheren und gesunden Eindruck gemacht – er habe keineswegs ausgesehen wie jemand, der von Panik befallen sei. Vor allem, so wird berichtet, sei seine Begleitung gut bewaffnet gewesen. Derartige Erzählungen können der Phantasie entsprungen sein, denn die Orte, an denen sich Osama Bin Laden aufgehalten haben soll, lassen sich nicht in Zusammenhang bringen. Der Chef von Al Qaida müßte, wenn die Beobachtungen stimmten, permanent Afghanistan kreuz und quer durchfahren haben.

Am Mittwoch, dem 14. November, glaubten Agenten von CIA zu wissen, wo sich sein Versteck befindet. Es handelt sich um ein Geflecht von Höhlen in der Nähe von Kabul. Der Aufenthaltsort wird dem Hauptquartier der Luftwaffe gemeldet. Noch am selben Tag wird das Versteck »punktgenau« von der US-Luftwaffe angegriffen. Das Bombardement ist derart heftig, daß Krater neben Krater in den Fels geschlagen wird. Überraschenderweise läßt Al Qaida verlauten, es sei tatsächlich ein Hauptquartier getroffen und verwüstet worden. Die Organisation gibt zu, daß sie bittere Verluste erlitten habe: Getötet worden sei Mohammed Atef – der Stellvertreter des Chefs. Er war eine wesentliche Stütze von Osama Bin Laden gewesen.

Bei einem weiteren Luftangriff verloren die Al Qaida-Kommandeure Mohammed Saleh und Tarik Anwar al Sayyed Ahmed ihr Leben. Dieser Verlust soll Osama Bin Laden schwer getroffen haben, waren die beiden doch die Verbindungsmänner zu Zellen der Al Qaida in Europa gewesen.

Genau zehn Tage später berichtet Hazarat Ali, ein Sheikh, der bei der Nordallianz hohes Ansehen genießt, Osama Bin Laden halte sich in einem Trainingscamp 55 Kilometer südwestlich von Jalalabad auf. Dieses Camp befinde sich in der Nähe des Dorfes Tora Bora. Dort treffen sich zwei sehr enge Gebirgstäler. Als Zeuge für seine Behauptung nennt Hazarat Ali »Vertrauensmänner«, die sich in Tora Bora aufhielten. Zum Wert dieser Zeugen sagt der Sheikh: »Ich vertraue ihnen, so wie ich meinem Vater und meiner Mutter vertraue.«

Hazarat Ali hat von den »Vertrauensmännern« erfahren, Osama Bin Laden lasse bereits vorhandene Höhlen zu seinem Hauptquartier ausbauen. Der Chef von Al Qaida sei überzeugt, bei Tora Bora lange Zeit aushalten zu können. Das Höhlensystem, so hat Hazarat Ali erfahren, sei nur über schmale Pfade zu erreichen. Er wisse, daß Osama Bin Laden zu Pferd unterwegs sei, um die Stellungen zu inspizieren: Für Autos sind die Wege völlig ungeeignet.«

Der Sheikh meint auch zu wissen, daß sich im Trainingscamp von Tora Bora mehr als 2000 Kämpfer aufhielten. Hazarat Ali sagt, sie stammten alle aus Arabien – aus Saudi-Arabien, aus dem Sudan und aus Ägypten. Über ihre Qualifikation urteilt er so: »Sie sind kampferfahren, und sie fürchten sich nicht vor dem Tod!«

Der Sheikh, der sich zur Nordallianz zählt, schätzt die Chance des Al Qaida-Chefs, amerikanische Luftangriffe zu überleben, hoch ein: »Die Schwachpunkte des Höhlensystems sind die Eingänge, doch gerade sie können kaum entdeckt werden. Es wird den Amerikanern nicht gelingen, die Verstecke von der Luft aus empfindlich zu treffen. Eine Eroberung ist nur durch Bodentruppen möglich. Dafür sind allerdings Kenntnisse des Geländes nötig. Man muß damit vertraut sein. Allein werden die amerikanischen Elitetruppen wenig ausrichten. Die Nordallianz wird ihnen helfen müssen.«

Hazarat Ali weiß zu berichten, Osama Bin Laden habe die Familien des Dorfes Tora Bora aus Sorge vor Luftangriffen veranlaßt, ihre Häuser und die Gegend zu verlassen. An jede Familie seien als Entschädigung für ihr Eigentum 50 Dollar ausbezahlt worden.

Nicht alle haben Tora Bora verlassen. 14 Tage später hat die US-Luftflotte die Region bombardiert. Dabei sind mehr als 50 Dorfbewohner ums Leben gekommen.

Hazarat Ali, der Kenner des Gebiets südwestlich von Jalalabad, glaubt, daß Osama Bin Laden noch im Winter 2001/2002 gezwungen sein könnte, seine Höhlenfestung zu verlassen. Der Chef von Al Qaida muß mit entschlossenen Angriffen der US-Marines und der Royal Marines der Briten rechnen. Sie standen Anfang Dezember 2001 bereit, sich dem Trainingscamp zu nähern. Wenn die Situation kritisch wird, so meint der Sheikh, werde sich Osama Bin Laden mit seinem Pferd über schmale Pfade nach Pakistan absetzen. Wenn er ins Gebirge gelangt, erreicht er auf pakistanischer Seite das Tivahtal. Dort trifft der Flüchtling auf einen Paschtunenstamm, mit dem er verwandt ist – und der bereit ist, ihn zu schützen. Präsident George W. Bush, der die Order ausgegeben hat, Osama Bin Laden zu fangen – tot oder lebendig – hat Ende November 2001 die US-Flotte im Bereich des Arabischen Meers aufgefordert, jedes Handelsschiff, das dort unterwegs ist, anzuhalten und zu durchsuchen. General Peters, der stellvertretende Vorsitzende des Kreises sämtlicher Stabschefs, meinte zu dieser Maßnahme: »Wir besitzen keinen Hinweis, daß der Chef von Al Qaida über das Meer entweichen will, doch wir sind vorsichtig. Wir werden ihm keine Chance lassen!«

Osama Bin Laden bekommt noch im November 2001 zu spüren, daß selbst die Talibanführung seine Anwesenheit als Belastung empfindet. Bislang war er immer als »gerngesehener Gast Afghanistans« behandelt worden, nun aber bekam er zu hören, die Taliban seien nicht mehr in der Lage, ihm Schutz zu gewähren. Osama Bin Laden wurde aufgefordert, für sich selbst zu sorgen und sich selbst zu schützen.

Daß er dazu in der Lage ist, bewies Osama Bin Laden an einem Tag im November 2001 auf verblüffende Weise. Er war mit einer Begleittruppe von 120 Mann in das Al Qaida-Lager Beni Hissar bei Kabul gekommen – in einer Kolonne von »Pick-up-trucks«. Es war seine Absicht, über Nacht in Beni Hissar zu bleiben. Dem Kommandanten des Camps sagte er, seine Abfahrt sei auf acht Uhr am Morgen angesetzt. Erzählt wird, es sei eine unruhige Nacht gewesen für den Stab des Chefs und für ihn selbst. Er sei bereits um fünf Uhr aufgestanden, er habe gebetet und sei ohne Frühstück mit seiner Begleitung abgefahren. Osama Bin Laden habe noch befohlen, das Lager müsse sofort geräumt werden. Punkt acht Uhr schlugen Raketen in Beni Hissar ein. Die US-Luftwaffe griff an. Da sich zu diesem Zeitpunkt niemand mehr im Lager befand, wurde niemand getötet. Zerstört wurden Lehmhütten und Unterstände.

Über Satellitentelefon war Osama Bin Laden gewarnt worden. Seine Agenten warteten in Positionen, in denen sie Einblick hatten in geheime Vorgänge, auf den Augenblick, an dem sie dem Chef helfen konnten.

Um neun Uhr befanden sich die Lagerbewohner wieder in Beni Hissar. Kommandant war ein energischer Sudanese, der den Wiederaufbau der Hütten und Unterstände leitete. Ihm zur Seite stand ein Mann aus Saudi-Arabien, der Amin hieß. Er war zuständig für die Finanzverwaltung; er kontrollierte die Soldzahlungen an die »arabischen Afghanen«. Jeder arabische Kämpfer erhielt 150 Dollar im Monat ausbezahlt. Dieser Betrag entsprach dem Jahresgehalt eines Professors an der Kabuler Universität.

Die Kämpfer von Al Qaida fühlten sich hochbezahlt. In Beni Hissar hielten sich rund 850 dieser »Privilegierten« auf. Sie kamen aus unterschiedlichen arabischen Staaten – aus Saudi-Arabien, Ägypten, aus den Arabischen Emiraten und aus dem Libanon. Im

Verlauf des Oktober 2001 waren noch arabische Al Qaida-Anhänger aus Italien und aus der Bundesrepublik Deutschland in Beni Hissar eingetroffen. Ihre Reisewege konnten von den CIA-Fahndern nach der Eroberung von Beni Hissar durch die Nordallianz rekonstruiert werden – an Hand der Flugtickets, die dort in den Trümmern herumlagen. Sie waren über Syrien oder über Iran gereist. Von Damaskus und Teheran aus waren sie in Gruppen über Land gefahren. Weder die Syrer noch die Iraner hatten sie aufgehalten.

Einer dieser »arabischen Legionäre« war den deutschen Grenzkontrolleuren am Flughafen Frankfurt aufgefallen: In seinem Gepäck befand sich ein Teil eines Schutzanzugs, der »biologische Waffen« vom Körper fernhalten will, und Seiten eines Leitfadens für den Kampf mit Biowaffen.

Erneut wächst die Sorge vor Anthrax

Das Gepäck des Reisenden, der von Frankfurt aus nach Teheran und von dort nach Afghanistan wollte, beschäftigte die CIA-Fahnder. Der Gedanke, die Organisation Al Qaida könne doch in jedem Augenblick bereit sein, Städte und Landschaften mit tödlichen Sporen zu verseuchen, brach erneut auf. Ins Bewußtsein trat die Erkenntnis, daß im Februar 2002 in Salt Lake City, in den USA, Olympische Winterspiele ausgetragen werden – daß ein derartiges Ereignis die führenden Köpfe des Dschihad reizen könnte, das Massenvernichtungsmittel einzusetzen. Die olympische Idee, die als Symbol der westlichen Kultur betrachtet wurde, zu beschädigen, konnte durchaus in die Zielvorstellung der Chefs von Al Qaida passen. Wichtig war, diese Chefs, die Kenntnisse besaßen von Biowaffen, aufzuspüren.

Daß die Idee durchführbar war, eine großflächige Region mit Anthrax-Sporen zu besprühen, war schon einmal durchdacht und geplant worden – während der Auseinandersetzung zwischen den USA und Kuba, zwischen Präsident John F. Kennedy und Fidel Castro. Kennedy hatte die Forschungsabteilung der US-Armee aufgefordert, Anthrax-Sporen bereitzustellen und mobile Sprühgeräte. Es war nicht das Ziel des Präsidenten, die Kubaner umzubringen; sie sollten erkranken und damit außer Gefecht gesetzt werden. Waren die Kubaner erst nicht mehr in der Lage, sich zu wehren, sollte die Insel besetzt werden. Präsident Kennedy hat dann selbst diesen Plan als zu abenteuerlich verworfen. Es war dann Nixon gewesen, der im Jahr 1969 für die USA den völligen Verzicht auf die Produktion von Biowaffen ausgesprochen hat.

Im Jahr 1972 wurde die Internationale Konvention zur Ächtung von Biowaffen ausgesprochen. Sie wurde von der Sowjetunion nicht eingehalten. In den Produktionsstätten, die in den zentralasiatischen Teilrepubliken der Sowjetunion angesiedelt waren, wurde weiterhin Anthrax produziert. Angenommen wird, daß in diesen Produktionsstätten noch 300 Tonnen der Sporen lagern – bei ungenügender Sicherung.

Das Interesse der CIA-Fahnder konzentriert sich besonders auf eine Anthraxfabrik in der Stadt Stepnogorsk. Wo sie liegt, wird – auch von CIA – bis heute geheimgehalten. Stepnogorsk ist auf keiner Landkarte verzeichnet. Zur Zeit von Breschnew war dort der Wissenschaftler Dr. Sergei Popov Chef der Entwicklungsabteilung. Er hatte den Auftrag, die »ultimative Waffe« zu entwickeln, die in der Lage sein sollte, den Gegner völlig zu vernichten, die Bevölkerung ganzer Staaten auszurotten. Dr. Popov sagt, er habe den Auftrag erfüllt: Die »ultimative Waffe« existiere. Er gehört heute zu den arbeitslosen Wissenschaftlern der einstigen Sowjetunion.

In Stepnogorsk wurde auch daran gearbeitet, Pockenviren zu kultivieren. Seit der Ausmerzung dieser Erkrankung war die Pockenimpfung weltweit abgeschafft worden. Niemand besaß mehr Schutz, der die Auswirkung eines Kontakts mit Pockenviren verhindert hätte. Die Möglichkeit bestand – und besteht – einer erneuten und ungehinderten Verbreitung der Krankheit über weite Gebiete.

Daß die Organisation Al Qaida an den Einsatz derartiger »Waffen« ernsthaft gedacht hatte, ist daraus zu ersehen, daß Mohammed Atta, der erste Pilot, der das World Trade Center mit der Verkehrsmaschine getroffen hat, sich während seiner Flugausbildung ernsthaft danach erkundigt hatte, wie ein Flugzeug gesteuert werden kann, das in der Lage ist, Unkrautvernichtungsmittel in der Luft zu zerstäuben. Was dem Fluglehrer dabei seltsam vorkam, war die Frage nach der »Reichweite« einer derartigen Maschine. Als die CIA-Fahnder davon erfuhren, wurden Sprühflüge über den USA von der Regierung verboten.

Wenn Mohammed Atta sich um die Bedienung von Sprühflugzeugen gekümmert hatte, dann war der Schluß zwingend, daß sich auch andere Anhänger der Dschihad-Idee über die Möglichkeit informiert hatten, Anthrax-Sporen und Pockenviren ohne großen Aufwand am Himmel zu zerstäuben. Die gefährlichen Stoffe lösen sich in der Luft auf, sind resistent gegen Feuchtigkeit und Wärme, sie sind nicht zu entdecken. Beim Kontakt mit dem menschlichen Körper beginnt langsam das Zerstörungswerk.

Am 3. Dezember 2001 sagt der Sprecher des Weißen Hauses in Washington: »So wie die Attentäter auf den 11. September gewartet haben, so kann es andere geben, die auf ein anderes Datum warten. Diese Situation ist höchst gefährlich für die derzeitige Sicherheitslage der USA.« Der Trost des Sprechers des Weißen Hauses: »Wir haben jetzt ein internationales Netz aufgebaut, das den 60 Terroristen-Zellen auf der Spur ist, die weltweit existieren.«

Ärgerlich für die Kriegsplaner der USA ist, daß die Vernichtung der zentralen Zelle in Afghanistan länger dauert, als ursprünglich angenommen. Die Meldung vom 5. Dezember, das Höhlensystem von Tora Bora sei eingenommen, erwies sich einen Tag später als falsch. Doch am 5. Dezember geschah es, daß Hamid Karsai, der auf der Afghanistankonferenz im Hotel Petersberg bestimmte Staatspräsident, an der Front bei Tora Bora leicht verletzt wurde – durch ein Geschoß aus einem US-Flugzeug.

Die Vision vom Kalifat hilft über den Verlust von Beni Hissar hinweg

Seit Mitte November 2001 ist das Lager Beni Hissar für die Organisation Al Qaida verloren. Die 850 Kämpfer, die unter dem Kommando des energischen Sudanesen standen, hatten versucht, den

Vormarsch der Nordallianz auf die Hauptstadt zu verhindern, doch sie kamen nicht zum Einsatz. Sie waren ständig durch Angriffe der US-Kampfflugzeuge bedroht; sie wurden aus allen Stellungen vertrieben. Sie zogen sich schließlich in die Berge ostwärts von Kabul zurück.

Osama Bin Laden hatte die Weisung ausgegeben, das Kampfziel sei höher gesteckt als nur die Verteidigung von Afghanistan. Dieses kleine Land sei nur ein Teil der Heimat der Moslems. Diese Heimat umfasse alle islamischen Länder von Marokko bis Indonesien. Deshalb sei es nicht angebracht, die Kräfte am Hindukusch zu verbrauchen; auf sie warte ein Einsatz von höherer Bedeutung.

Das wahre Ziel – so verkündete Osama Bin Laden – müsse zunächst darin gesehen werden, diese Heimat von allen Regimen zu reinigen, die nicht den reinen, wahren Glauben praktizierten. Zu den Regimen, die zu beseitigen seien, gehöre die Clique um Husni Mubarak in Cairo und die königliche Familie von Saudi-Arabien. Osama Bin Laden ist auch der Meinung, Saddam Hussein sei kein wirklich gläubiger Moslem, sondern ein materialistisch orientierter Machtmensch. Unfreiwillig ist der Chef von Al Qaida in diesem Fall einig mit Präsident Bush: Saddam Hussein gehört zu den Feinden.

Die Vision des Osama soll sich in zwei Stufen erfüllen: Nach der Beseitigung der Feinde Allahs wird es in der Heimat der Moslems keine Grenzen zwischen Ländern mehr geben. Damit ist die erste Stufe erreicht. Danach gilt es, eine islamische Herrschaft einzusetzen. Das »Kalifat« soll errichtet werden. Gemeint ist eine Regierungsform, die religiös-geistigen Charakter trägt, deren Aufgabe es ist, dem Leben der Menschen Orientierung zu geben, ihnen den richtigen Weg zu weisen. Vorbilder sind die »Kalifen«, die Nachfolger des Propheten Mohammed. Sie hießen Abu Bakr, Omar, Othman, Ali. Sie hatten für sich die Aufgabe beansprucht, religiöse Leitgestalt zu sein und zugleich Chefs der Exekutive im islamischen Staat.

Osama Bin Laden glaubt daran, daß die Zeit bald reif sein werde für die Schaffung des Kalifats. Allah werde bald in seiner Weisheit den Gläubigen mit der Einsetzung eines Kalifen seiner Wahl ein Geschenk machen.

Der Chef von Al Qaida besitzt nicht die Vermessenheit zu glauben, er sei der von Allah Erwählte. Er sieht sich nur als Wegbereiter dieses idealen Herrschers. Ihm sei von Allah vor allem die Aufgabe zugewiesen, die USA als Verkörperung des Bösen zur Rechenschaft zu ziehen und die US-Amerikaner als Feinde Allahs zu bestrafen und zu vernichten. Zur Erfüllung dieser Aufgabe aber benötige er den Hindukusch und Afghanistan nicht.

Der Chef der Al Qaida ist überzeugt, Allah werde ihm helfen, sein Ziel, die USA zu zerstören, zu erreichen. Er ist überzeugt, ihm bleibe ein Ausweg aus der schwierigen Lage in Afghanistan. Seine Hoffnung ist, Präsident Bush werde sein Kriegsziel ausweiten, er werde sehr bald Irak angreifen. Wenn sich das US-Militär in dieses Abenteuer einläßt, kann es darin derart verwickelt werden, daß die Suche nach Osama Bin Laden einen geringen Stellenwert bekommt. Die Blicke werden sich auf das Land um Euphrat und Tigris konzentrieren.

Daß sich Irak bereits im Visier der US-Kriegsplaner befindet, machte Condoleezza Rice, die Sicherheitsberaterin des Präsidenten Bush, am Sonntag, dem 18. November 2001, deutlich: »Wir haben schon vor dem 11. September gewußt, daß Saddam Hussein ein überaus gefährlicher Mensch ist. Er stellt eine Gefahr dar für sein eigenes Volk. Saddam Hussein ist eine Bedrohung für die Region im Nahen Osten – und er stellt eine Gefahr dar auch für uns.«

Hartnäckig wird der Vorwurf erhoben: »Der Heilige Krieg wird von Irak gefördert«

Die Worte der US-Sicherheitsberaterin lassen keinen Zweifel daran, daß der amerikanische Präsident den irakischen Staatschef für einen Diktator hält, der eine Gefahr darstellt, und der beim Kampf gegen den weltweiten Terrorismus entmachtet werden muß. Condoleezza Rice ist bekannt dafür, daß sie ausspricht, was George W. Bush jr. denkt. Die Worte der Sicherheitsberaterin spiegeln die Entschlossenheit des Präsidenten wider, die Chance zu nutzen und jetzt die Gefahr Saddam Hussein auszuschalten. Condoleezza Rice läßt keinen Zweifel daran, daß die Entscheidung bereits gefallen ist. George W. Bush hat das amerikanische Volk wissen lassen, es werde in diesem Kampf gegen den Terrorismus eine Phase II geben. Anfang Dezember 2001 gab es kaum noch Zweifel daran, daß Saddam Hussein das Ziel sein werde.

Sein Besitz biologischer Waffen steht außer Zweifel. Die Waffeninspektoren der Vereinten Nationen, die bis 1998 das Waffenarsenal des Irak durchforscht haben, fanden im biochemischen Werk Al Hakim am Rande von Baghdad genügend Beweise. Sie entdeckten Behälter, in denen der aktive »Bacillus thuringiensis« gezüchtet wurde, der allerdings Grundbestandteil der Erzeugung von Pestiziden, von Pflanzenschutzmitteln ist. Sie fanden andere Behälter, deren Inhalt aus verschiedenen Arten von »Bacillus anthracis« bestand. Die Verantwortung für die Bazillenproduktion lag bei der Mikrobiologin Rihab Taha. Dieser noch jungen Frau war es gelungen, den Waffeninspektoren zunächst deutlich zu machen, daß die Züchtung von »Bacillus anthracis« die Vorstufe darstelle zur Produktion von Medikamenten.

Die Waffeninspektoren verfolgten hartnäckig Spuren. Sie entdeckten schließlich doch, daß im Werk Al Hakim Granaten und Raketen mit »Bacillus anthracis« gefüllt worden sind, daß mit Viren experimentiert worden war, die in der Lage sind, Pockenerkrankungen auszulösen.

Als die Waffeninspektoren 1998 das Werk Al Hakim verließen, hatten sie das Gefühl, es sei ihnen nur der kleinste Teil dessen aufgefallen, was Irak an biologischen Waffen herzustellen in der Lage war. Die Inspektoren verließen das Land mit dem beunruhigenden Gefühl, es werde den Mikrobiologen gelingen, innerhalb kurzer Zeit eine äußerst gefährliche Waffe zu produzieren. Präsident Bill Clinton und dessen Nachfolger George W. Bush jr. hielten über zehn Jahre daran fest, daß Irak kein vollwertiges Mitglied der internationalen Staatengemeinschaft werden dürfe – solange das Land von Saddam Hussein beherrscht werde. Die amerikanische Politik war auf »Containment« ausgerichtet, auf »Eindämmung« der Gefahr, die von Irak ausging: Die USA verfolgten sogar eine Politik des »double Containment« – eingedämmt wurden Entwicklungen, die dem irakischen und dem iranischen Ehrgeiz dienten. Beide Länder wurden von den Verantwortlichen in Washington als Ursprungsstaaten des Terrorismus betrachtet. Sie übersahen völlig, daß der Gedanke des Dschihad nicht in Baghdad und nicht in Teheran entwickelt worden ist, sondern auf saudiarabischem Boden.

Ohne sich über den wahren Sachverhalt belehren zu lassen, hielten Clinton und Bush jr. starr an ihrer Eindämmungspolitik fest, obgleich im Februar 2000 das Internationale Komitee des Roten Kreuzes in einem Bericht die Sanktionen verdammte, die gegen Irak aufrechterhalten wurden. Die Zuständigen für das beschränkte Einfuhrprogramm von Lebensmitteln und Medikamenten – Hans von Sponeck und Jutta Burghardt – protestierten. Sie konnten es nicht mehr ertragen, daß die Schwachen und Armen des Irak unter der Einfuhrsperre zu leiden hatten; sie legten ihre Ämter nieder. Die US-Regierung nahm diese Rücktritte übel. Hans von Sponeck und Jutta Burghardt bekamen den Vorwurf zu hören, sie zeigten zuviel Sympathie für Saddam Hussein und sie seien nicht bereit, Härte zu beweisen.

Immer wieder versuchten Politiker aus europäischen Staaten die Embargobestimmungen demonstrativ zu umgehen. Vittorio Sgarbi, Mitglied des Europäischen Parlaments, flog im April 2000 mit einem gecharterten Flugzeug von Amman aus nach Baghdad. Seine Absicht war, gegen die UN-Sanktionen zu protestieren. Im April 2000 wollte der Kongreßabgeordnete Tony Hall gegen die »Containmentpolitik« der eigenen Regierung protestieren – er flog als erster Amerikaner von Amman aus nach Baghdad. An Ort und Stelle sah er, welcher Schaden durch ein Jahrzehnt der Sanktionen angerichtet worden ist. Tony Hall stellte fest, daß sich nicht so sehr der Mangel an Nahrungsmitteln für die Iraker negativ ausgewirkt hatte, sondern daß der moralische Schaden wohl nicht mehr zu beheben sei. Wenn die gesamte Bevölkerung eines Staates in der Isolation leben müsse, ohne Kontakt zur übrigen Welt, dann entstehe Haß gegen den Urheber dieser Isolation. Der Haß aber deformiere den Charakter – aus Haß entstehe Neigung zur Gewalt. Noch aber sei in Irak kaum jemand bereit, Gewalt anzuwenden gegen die USA. Es sei noch immer Gelegenheit, das irakische Volk für den Westen zu gewinnen.

Bei der Rückkehr nach Washington sprach Tony Hall ausführlich über die schwierigen Umstände, mit denen das irakische Volk fertig zu werden versuche. Es gelang ihm, Interesse für den Irak zu wecken. Bald wandten sich 70 Kongreßabgeordnete an den US-Präsidenten mit der Bitte, er möge die Wirtschaftssanktionen aufheben und allein noch den militärischen Bereich des Embargos beibehalten.

Alle Bemühungen, eine Lockerung des »Containment« zu erreichen, schlugen fehl. Je näher die Präsidentschaftswahlen in den USA rückten, desto weniger entwickelte sich die Bereitschaft, dem Regime des Saddam Hussein entgegenzukommen.

Im Frühjahr 2000 sah sich Präsident Clinton veranlaßt, Luftangriffe gegen das Flugabwehrsystem der Iraker ausführen zu lassen. Der Grund dafür war, daß irakische Radargeräte amerikanische Kampfflugzeuge elektronisch erfaßt hatten. Dies aber war den Irakern gemäß den Sanktionsbestimmungen nicht erlaubt. Luftangriffe sollten das irakische Militär daran erinnern, daß es keine Souveränität über den eigenen Luftraum besaß. Im April 2000 kamen bei diesen Attacken sechzehn Zivilisten ums Leben. Mohammed Sayyed as-Sahaf, der irakische Außenminister, teilte dem Generalsekretär der Vereinten Nationen mit, daß bisher 295 Iraker seit dem Ende der Operation »Desert Storm« durch Luftangriffe getötet worden seien; 860 seien verwundet worden. Mohammed Sayyed as-Sahaf brachte seine Empörung zum Ausdruck: »Die Luftangriffe sind durch nichts zu rechtfertigen.« Er deutete an, Irak sei das Opfer des amerikanischen »Staatsterrorismus«.

Im April 2000 klagte die amerikanische Regierung Saddam Hussein an, sein Land produziere und teste Mittelstreckenraketen. Irak stelle damit eine Bedrohung für Israel dar. Obgleich die UN-Resolution 687 vom April 1991 dem Irak Produktion und Tests dieser Waffe ausdrücklich gestattete, verlangte die US-Regierung, der Irak müsse derartige Aktivitäten einstellen.

In November 2000 konnte sich George W. Bush nach etlichen Komplikationen als Sieger der Präsidentschaftswahlen in den USA präsentieren. Vom Tag der Übernahme des hohen Amtes an machte Bush deutlich, daß er die »Containmentpolitik« gegen Irak fortsetzen werde – bis zum Sturz des Saddam Hussein. Deutlich wurde seine Absicht, zu erreichen, was dem Vater nicht gelungen war: Den »Teufel von Baghdad« zu beseitigen.

Er bemühte sich, diese Absicht dadurch zu rechtfertigen, daß er im Jahr 2001 den Verdacht äußern ließ, Saddam Hussein stehe in Verbindung mit Osama Bin Laden. Jubel erzeugte der amerikanische Präsident Ende November 2001, als er vor Offizieren und Mannschaften der Luftlandetruppen verkündete: »Afghanistan ist erst der Anfang! Wir werden diesen Krieg auf andere Länder ausdehnen!« Die Offiziere und Soldaten wußten, gegen welche Länder der Einsatzbefehl demnächst erfolgen wird: Sie wollten gegen Irak kämpfen.

Die Begeisterten sind in Fort Campbell in Kentucky stationiert. George W. Bush ist zu ihnen gekommen, um seine Verbundenheit mit den Soldaten zu demonstrieren, die für den nächsten Einsatz bestimmt sind. Er nennt den Irak direkt nicht, wenn er sagt: »Es gibt noch andere Terroristen, die Amerika und seine Freunde bedrohen. Und es gibt andere Länder, die den Terrorismus unterstützen. Wo immer sie sich verbergen, wo immer sie Pläne schmieden, wir werden die Terroristen aufspüren!« Zuvor schon hatte, auf einer internationalen Konferenz in Genf, die sich mit der Gefährlichkeit biologischer Waffen befaßte, der Undersecretary of State for Arms Control direkt Irak angeklagt, er produziere Biowaffen, die dem internationalen Terrorismus nützlich sein könnten. Der Undersecretary hütete sich allerdings, Saddam Hussein mit Osama Bin Laden in Verbindung zu bringen. Er meinte jedoch: »Irak hat die Zeitspanne genützt seit dem Abzug der Waffeninspektoren vor drei Jahren. Er besitzt offensive biologische Waffen. Daß Saddam Hussein Derartiges produziert, steht fest!«

Am 28. November warnt die Bundesrepublik vor einer Ausweitung des Konflikts in Richtung Irak. Außenminister Joschka Fischer meinte vor den Abgeordneten aller Fraktionen des Deutschen Bundestags: »Alle europäischen Nationen würden eine Einbeziehung des Irak in den Konflikt mit großer Skepsis zur Kenntnis nehmen – dies ist diplomatisch ausgedrückt.«

Der aus dem Irak stammende Politologe Kanan Makija warnte: »Es wird nicht gelingen, den Wandel im Regierungspalast von

Baghdad, den der Irak so dringend braucht, durch Bombardierung herbeizuführen. Es wäre klüger, sich umzusehen, ob es nicht eine Opposition im Lande gibt, die stark genug ist, den Wandel zu erzwingen.« Und der Politologe nennt ausdrücklich die Schiiten.

Von den rund 25 Millionen Einwohnern des Landes gehören mindesten 15 Millionen der schiitischen Ausprägung des Islam an. Die Schiiten glauben daran, daß nur direkte Nachkommen des Propheten Mohammed das Recht haben, die Gläubigen zu regieren. Im Nachbarland Iran hatte Ayatollah Ruhollah Chomeini für die »Heilige Familie«, für die Nachkommen des Propheten, das Tor zur Macht geöffnet; seit dem Sturz des Schahs regiert die »Heilige Familie« – im Irak aber ist sie von der Regierung ausgeschlossen. Dort herrschen die Sunniten, die nichts vom Prinzip halten, daß die Regierungsgewalt der »Heiligen Familie« vorbehalten sein soll. Saddam Hussein ist Sunnit; er herrscht über die schiitische Mehrheit. Wer Saddam Hussein stürzen will, der muß sich mit den Führern der Schiiten verbünden; sie sind in der Stadt Basra am Shatt al Arab zu finden.

Der Vorschlag des in den USA lebenden Kanan Makija verhallte in Washington nicht ungehört. Außenminister Colin Powell traf sich am 29. November 2001 mit dem ägyptischen Außenminister Ahmed Maher, der die USA dringend davor warnte, die Wurzeln des Dschihad und des Terrorismus in Irak zu suchen. Ahmed Maher betonte, die USA könnten nicht mit Verständnis der islamischen Welt rechnen, wenn Militärschläge gegen ein arabisches Land erfolgten, das absolut nicht der Mithilfe zum Terrorismus überführt worden sei. Werde Irak angegriffen, sei damit zu rechnen, daß in Cairo Unruhen ausbrechen, die von den ägyptischen Sicherheitskräften nur schwer zu bändigen sein werden. Außenminister Ahmed Maher verlangte von George W. Bush und seinem Außenminister Verständnis für die schwierige Lage der ägyptischen Regierung, die ein Volk zu führen habe, das bei Angriffen auf arabisch-islamische Staaten sensibel reagiert. Das Problem »Dschihad« werde nun einmal am Nil anders gesehen als in Washington.

Einzig der britische Premierminister zeigte sich entschlossen, auch im Falle eines Angriffs auf Irak an der Seite der USA zu bleiben: »Ich habe immer gesagt, es werde eine zweite Phase des Kampfes geben. Diese zweite Phase besteht darin, daß der internationale Terrorismus in allen seinen Formen bekämpft wird.«

Auch wenn in dieser Unterhausrede am 28. November der Staatsname »Irak« nicht fällt, ist es kein Geheimnis, daß das Land an Euphrat und Tigris gemeint ist.

Anfang Dezember 2001 beginnt sich in Washington ein Meinungsumschwung abzuzeichnen. Die Vordenker in diesem Prozeß sind Wayne Downing, der Berater des Präsidenten in Geheimdienstangelegenheiten, und Anthony Zinni, ein pensionierter General der Marines, der von George W. Bush soeben dazu bestimmt worden ist, als Sondergesandter für Beruhigung im Konflikt zwischen Israelis und Palästinensern zu sorgen. Beide traten dafür ein, Kontakt aufzunehmen mit Ahmed Chalabi, dem Vorsitzenden des Iraqi National Congress, der in London seinen Sitz hat. Dieser irakische Nationalkongreß bemüht sich, die Interessen aller Exiliraker zusammenzufassen, die in Opposition zum Regime des Saddam Hussein stehen. Verbündeter des Ahmed Chalabi ist Khidhir Hamza – er war einmal Leiter des irakischen Nuklearprogramms.

In Übereinstimmung mit Donald Rumsfeld, dem US-Verteidigungsminister, unterbreiteten Downing und Zinni den beiden Irakern einen Vorschlag. Er sah vor, daß amerikanische Truppen eine Zone im Süden des Irak besetzen, die ohnehin von schiitischen Sippen bewohnt wird. Die Schiiten sind im Irak in der Mehrheit. In der Südzone, die unter amerikanischem Schutz bleibt, wird eine Regierung für den gesamten Irak gebildet. Diese Regierung besteht aus Schiiten und Sunniten. Sie stellt Streitkräfte auf in denen Schiiten und Sunniten dienen sollen. Die Armee wird von den USA finanziert, ausgebildet und betreut. Die Armee wird die Bezeichnung tragen »Streitkräfte der Südallianz«.

Deutlich wird das afghanische Vorbild – die »Nordallianz«. Sie war im nördlichen Winkel Afghanistans von den USA so lange am Leben gehalten worden, bis die Zeit der »Befreiung« des ganzen Landes gekommen war.

Der Hintergedanke dieses Vorschlags ist, daß diese Südzone eine Attraktion für die irakischen Schiiten werden kann. Sie werden versuchen, sich aus dem »Gefängnis« des Saddam Hussein zu lösen, um sich in Basra am Schatt al Arab zu melden. Basra war als Hauptstadt der Südzone vorgesehen.

Verteidigungsminister Rumsfeld, so war zu hören, sei sehr einverstanden mit der Absicht, Saddam Hussein auf diese Weise »auszutrocknen«. Sie war, nach seiner Kalkulation, mit geringem Personalaufwand durchzuführen – und sie entsprach der Vorstellung des Präsidenten George W. Bush jr., das Werk seines Vaters fortzusetzen, der den Südirak im Jahr 1991 hatte erobern lassen. Damals hatte Bush senior seine Truppen wieder abziehen müssen, ohne das Ziel erreicht zu haben, Saddam aus dem Präsidentenpalast von Baghdad zu vertreiben. Schmerzlich haben Bush Vater und Sohn die höhnenden Worte des Irakers nach der Abwahl des älteren Bush empfunden: »Mister Bush verschwindet im Mülleimer der Weltgeschichte!«

Die Nachbarstaaten des Irak sind durchaus damit einverstanden, daß in Baghdad ein Regimewechsel erzwungen wird. Kuwaits Informationsminister Ahmad al Fahad al Sebah sagt: »Wenn es schon einen Krieg gegen den Terrorismus gibt, dann muß er sich auch gegen Irak wenden. Irak ist Teil des internationalen Terrorismus!«

Am 17. Januar 2002 teilt Saddam Hussein dem Volk von Baghdad mit, Irak besitze die »richtigen Waffen« zur Abwehr eines amerikanischen Angriffs. Die Masse jubelt: »Wir sind bereit!«

Doch zu Beginn des Jahres 2002 ist der Kampf der »Phase One« noch nicht entschieden. Noch wird in Afghanistan geschossen. Im umkämpften Land regt sich Anfang Dezember 2001 Kritik gegen die Kriegführung der US-Amerikaner.

»Warum treffen sie Zivilisten?«

Die Frage stellt Hadsch Mohammed Zaman, der Machthaber, der Jalalabad kontrolliert. Zu seiner Unterstützung erfolgt der Einsatz der amerikanischen Luftwaffe, doch er ist keineswegs dankbar. Seine Kritik wird intensiver: »Das, was die Amerikaner da machen, ist miserabel für uns alle! Hunderte von Afghanen, die überhaupt nicht am Krieg beteiligt waren, sind getötet oder verwundet worden.« Hadsch Mohammed Zaman bezieht sich sehr konkret auf die Bombardierung des Dorfes Tora Bora. Als er darauf hingewiesen wird, daß das Pentagon versichert, es sei kein Angriff gegen Tora Bora geflogen worden, sagt Hadsch Mohammed Zaman schroff: »Das Pentagon lügt!« Er fügt nach einer Pause hinzu: »Die Amerikaner nehmen keine Rücksicht auf uns. Sind wir keine menschlichen Wesen?«

Bald entsteht allerdings die Gewißheit, daß sich die Einsatzleitung der US-Luftwaffe in die Irre führen läßt: Sie folgt häufig Zielanweisungen, die von afghanischen Kriegsherren stammen. Bei der Ausführung der Angriffe stellt es sich heraus, daß nicht Stellungen der Al Qaida und der Taliban getroffen wurden, sondern Dörfer der rivalisierenden Nachbarstämme. Die US-Piloten werden in gutem Glauben zum Einsatz in Stammeskriegen mißbraucht.

Das US-Zentralkommando in Florida versichert, es besitze tatsächlich keine Unterlagen über einen Angriff auf Tora Bora. Attackiert worden sei das Dorf Parchir Agam, doch es befinde sich 40 Kilometer südwestlich von Jalalabad. Hadsch Mohammed Zaman beharrt darauf, es seien Ende November hunderte von Frauen, Männern und Kindern getötet worden.

Am 3. Dezember trafen sich Stammessheikhs der Region in Jalalabad, um über ein gemeinsame Vorgehen zu beraten. Nur am Rande ist die Afghanistankonferenz, die in Bonn während dieser Tage stattfindet, ein Thema. Die Paschtunen von Jalalabad fühlen sich bei diesem Treffen nicht vertreten. Nach ihrer Meinung ist diese Konferenz nur unter dem Druck der USA zustande gekommen. Das Ergebnis wird für sie nicht bindend sein.

Die Stammesältesten fassen vor allem einen Beschluß: Der amerikanische Präsident wird aufgefordert, sofort mit den Bombardierungen aufzuhören. Der US-Luftwaffe wird vorgeworfen, sie ziele unpräzise und sie decke ganze Flächen mit Bomben zu. Angekündigt wurde, daß die Paschtunenkämpfer allein, ohne fremde Hilfe, den Sturm auf Tora Bora durchführen würden. Sie verlangten vom Kommando der US-Streitkräfte, nicht versuchen zu wollen, an der Eroberung teilzunehmen. Alin Schah, der Kommandeur des Vorstoßes in die Berge, kündigte an, am Dienstag, dem 4. Dezember 2001, werde sich die Truppe morgens früh um 3 Uhr 30 von Jalalabad aus in Bewegung setzen.

An diesem Tag stellte sich der stellvertretende Innenminister der Talibanregierung, Mullah Khaksar, in Kabul den Truppen des Generals Dostum. Er sagte voraus, es werde in den Bergen heftige Kämpfe geben. Mullah Mohammed Omar habe sich in den Norden begeben mit einer beachtlichen Anzahl von Bewaffneten. Es sei nicht damit zu rechnen, daß er sich ergebe: »Er wird kämpfen, bis er den Tod gefunden hat.«

Am Morgen des 5. Dezember werden die Befürchtungen der afghanischen Kommandeure wahr, die amerikanischen Bombenangriffe brächten nur Unglück: Eine Bombe, 900 kg schwer, detonierte in der Stellung amerikanischer Marineinfanteristen nördlich von Kandahar. Zwei US-Marines wurden getötet; zwanzig wurden verletzt.

Über die Ursache des Unglücks gibt es nur Vermutungen. Wahrscheinlich ist, daß in das Steuerungssystem der Bombe falsche Koordinaten eingegeben worden waren. Der Sprengkörper war 500 Meter neben dem vorgesehenen Ziel detoniert.

Um die Mittagszeit des 5. Dezember teilen die örtlichen afghanischen Kommandeure in Jalalabad mit, das Höhlensystem von Tora Bora sei erobert. Diese Erfolgsmeldung wird im Hauptquartier der Nordallianz bezweifelt.

»Wenn Al Qaida in Afghanistan erledigt ist, bleibt noch viel zu tun!«

Der stellvertretende US-Verteidigungsminister Paul Wolfowitz gab diese Prognose ab. Er bekräftigte Aussagen des Präsidenten, der Kampf gegen den Terrorismus werde »globale Dimensionen« erreichen. Nun sei es an der Zeit, den »Schläfern« aufzulauern, die in der ganzen Welt darauf warten, zum Einsatz zu kommen.

Beunruhigende Nachrichten hatten das Weiße Haus Anfang Dezember erreicht. Da war in einem unauffälligen Haus in Kabul ein Fund gemacht worden, der erstaunlich war. In einem unmöblierten Zimmer lagen auf dem Boden zerrissene Blätter, die ganz offensichtlich zu einem gebundenen Buch gehört hatten. Die Blätter waren englisch beschriftet und mit Zeichnungen versehen. Die Einzelseiten ließen sich ordnen und wieder zu einem Buch zusammenfügen. Es stellte sich heraus, daß da dem CIA ein »Handbuch des Dschihad« in die Hand gefallen war. Da dieses Exemplar gedruckt war, mußte damit gerechnet werden, daß das »Handbuch des Terrorismus« in vielen Exemplaren existierte und sich in vielen Händen befand.

Eine mit Zeichnungen versehene Anweisung befaßte sich damit, durch welche Treffer ein Mensch rasch getötet werden konnte. Der Kopf des Opfers war mit der Ziffer 1 gekennzeichnet. Schüsse auf den Kopf waren allen anderen Treffern vorzuziehen. Das Zentrum des Gesichts war als bevorzugtes Ziel angemerkt. War der Kopf zu sehr geschützt, sollte auf das Herz gezielt werden. War die Entfernung zwischen dem Schützen und dem Opfer zu groß, sollte der Bauchbereich anvisiert werden.

Das »Handbuch des Dschihad« enthält Bauanweisungen für einfache Sprengkörper, die mit Zeituhren verbunden sind. Da ist ein Plan zu finden, wie in einer normalen Couch der Sprengstoff so versteckt werden kann, daß ihn zunächst niemand entdeckt, daß er jedoch dann explodiert, wenn sich jemand auf diese Couch setzt.

Das Handbuch gibt auch Anweisungen, wie sich ein Dschihad-Kämpfer verhalten soll, der sich verfolgt fühlt: Er habe sich in acht zu nehmen vor jedem, der an Hausecken Zeitung liest; der Zeitungsleser könnte hinter dem Blatt bereits eine Pistole bereithalten. Am besten geschützt sei derjenige, der sich nicht allein, sondern in einer Menschenmenge auf der Straße bewegt.

Daß das Handbuch auch für Personen benutzbar sein soll, denen Geschriebenes fremd ist, beweisen die einfachen Zeichnungen, die den Text illustrieren. Da ist der Zeitungsleser zu sehen, der bereits die Pistole gezückt hat; da ist die Silhouette des Opfers gezeichnet, der in den Kopf, in das Herz oder in den Bauch getroffen werden soll.

Derartige Handbücher müssen zum Beispiel in den Flüchtlingslagern der Palästinenser im Libanon gesucht werden. Eine Zelle von Al Qaida ist im Lager Ain al Helwe im Südlibanon festgestellt worden. Ihr Einfluß im Lager ist derart stark, daß sie keine staatliche Autorität duldet – keine Polizei und keine Sicherheitskräfte des Libanon können in die Lagerstadt eindringen. Ain al Helwe bildet ein Reservoir für Kämpfer des Dschihad – wo immer sie auch gebraucht werden.

»Dschihad al Islamija« will dem Frieden den Todesstoß versetzen

Die islamische Kampforganisation der Palästinenser hatte sich lange auf diesen Zeitpunkt vorbereitet: Dschihad al Islamija und Hamas wollten gemeinsam den Israelis einen Schlag versetzen. Die Aktion begann am Samstag, dem 1. Dezember 2001. Zwei bärtige junge Männer schossen mit Maschinenpistolen auf Menschen, die – nach Ende der Sabbatruhe – in einer Einkaufsstraße von Jerusalem unterwegs waren. Sie töteten zwei Passanten und wurden dann von Polizisten erschossen.

Am nächsten Tag um die Mittagszeit bestieg ein junger Mann etwas außerhalb von Haifa den Bus Nummer 16. Was dann geschah erzählte der Fahrer, der schwerverletzt überlebt hatte, später im Krankenhaus:

»Da hatte ein Mann zuviel bezahlt. Ich wollte ihm Geld zurückgeben. Er stand aber bereits im hinteren Teil des Busses, dort, wo sich die meisten Fahrgäste befanden. Ich rief dem Mann zu, er bekomme noch Geld von mir. In diesem Augenblick erfolgte die Detonation!«

Der Mann, der vom Fahrer Geld bekommen sollte, hatte den Sprengstoff gezündet, den er am Leib getragen hatte.

Der Fahrer von Bus 17, der hinter der Nummer 16 mit seinem Fahrzeug die Haltestelle verlassen wollte, hörte und spürte die Detonation, von der die Luft erschüttert wurde. Er sah, daß eine gewaltige Flamme aus dem Bus vor ihm herausbrach. Sie umhüllte den Bus. Als die Flamme in sich zusammenfiel, da war kein Bus mehr zu sehen. Auf der Straße lagen Trümmer aus Eisen und Blech und dazwischen Leichenteile.

Der Bus Nummer 17 war von der Wucht der Detonation geschüttelt und hochgehoben worden; er war schwer beschädigt. Er rollte einen Abhang hinunter und blieb an einem Felsblock stehen. Jeder der Fahrgäste war verletzt; einige sogar schwer.

Die Sprengladung war besonders teuflisch erdacht. Der eigentliche Sprengstoff war gespickt mit eisernen Nägeln. Diese Nägel waren mit gewaltigem Schwung auseinandergefegt. Sie waren schuld an den schweren Verletzungen der Fahrgäste im Bus 16. 25 Personen waren sofort tot.

Die Organisationen Hamas und Dschihad übernahmen sofort die Verantwortung für diese Anschläge. Ihre Rechtfertigung: »Wir haben uns gerächt für die Ermordung des Mohammed Abu Hamud!« Er war eine der führenden Persönlichkeiten der islamisch orientierten Hamas-Organisation gewesen – er gehörte zur älteren Generation. Die israelischen Sicherheitsorgane hatten ihm vorgeworfen, er sei verantwortlich gewesen für die Ausführung von Sprengstoffanschlägen in Israel. Zur Strafe sei er gezielt hingerichtet worden.

Der Tod der insgesamt 27 Israelis – die zwei Toten vom Samstag mitgerechnet – veranlaßte die Bush-Administration zum Kurswechsel. Bisher hatte der Präsident und sein Außenminister darauf gedrängt, daß Ministerpräsident Ariel Sharon die israelischen Truppen von den autonomen Palästinensergebieten fernhielt. Nun aber sagte Außenminister Colin Powell, der Ministerpräsident habe freie Hand, den Palästinensern die Antwort zu geben, die er für richtig halte – die USA würden sich nicht einmischen.

Jassir Arafat wußte, daß die Palästinenser im autonomen Gebiet schwere Tage zu erwarten hatten. Ariel Sharon befand sich auf dem Weg nach Washington zu Gesprächen mit George W. Bush. Es war damit zu rechnen, daß er sofort nach diesem Treffen für die Palästinenser bittere Entscheidungen fällen würde. Arafat versuchte den schlimmsten Schlag dadurch abfedern zu können, daß er für die Autonomiegebiete den Notstand erklärte. Der Sinn der

Notstandsausrufung, so sagte er, sei es, »die Israelis daran zu hindern, ihre blutigen Pläne gegen unser Volk auszuführen. Diese Pläne haben das Ziel, unsere palästinensische Nation zu vernichten.«

Das Verhängnis für den Friedensprozeß: Hamas und Dschihad sind populärer als Arafats Fatah

Seit dem Jahr 1999 zeigt sich deutlich, daß die Beliebtheit des Präsidenten der Autonomiebehörde schwindet. Er hatte versprochen, die Palästinenser würden einen eigenen souveränen Staat erhalten – mit der Hauptstadt Jerusalem. Er hatte verkündet, es werde wirtschaftlichen Aufschwung geben und internationale Anerkennung. Seine Vision vom friedlichen Zusammenleben der Palästinenser und der Israelis hatte sich in Nichts aufgelöst. In den Augen des palästinensischen Volkes war seine Versöhnungspolitik gescheitert.

Davon hatten Hamas und Dschihad al Islamija profitiert. Sheikh Ahmed Yassin hatte nichts versprochen als harten Kampf mit den Israelis – und seine Voraussagen waren eingetroffen. Er war glaubwürdig geblieben, während Arafat als Aufschneider bezeichnet werden konnte.

Der Heilige Krieg der beiden islamischen Kampforganisationen wurde von den Palästinensern insgesamt als einziger Ausweg aus der verfahrenen Situation betrachtet. Vorbild für die Kampfgruppen »Dschihad al Islamija« und Hamas ist die libanesische »Hisb'Allah«, die »Partei Allahs«, die im Mai des Jahres 2000 die israelischen Streitkräfte zur Räumung des Südlibanon gezwungen hatte.

Die Israelis hatten sich schon seit dem Jahr 1982 im Küstenstreifen südlich der libanesischen Stadt Saida eingenistet. Politiker wie Ariel Sharon, Benjamin Netanyahu und Ehud Barak hatten beabsichtigt, das Küstengebiet jenseits der israelischen Nordgrenze für immer als Puffer zum unruhigen Libanon zu behalten – dort bestand häufig die Gefahr, daß radikale arabische Gruppierungen Unruhe stifteten.

Die Verantwortlichen in Beirut – gleichgültig, ob sie Christen oder Moslems waren – beklagten, Israel halte ein Sechstel des libanesischen Territoriums besetzt. Sie behaupteten jedoch, keine Chance zu haben, diesen Zustand zu verändern. Sie gaben sich keine Mühe, einen Ausweg zu suchen; sie waren damit zufrieden, sich als Opfer zu fühlen.

Die Armee des kleinen Staates war schwach – und zerfiel in christliche und moslemische Einheiten. Sie hatte nicht die Kraft, sich für die Befreiung des Südlibanon einzusetzen. Die Armeeführung kam angesichts der Stärke der israelischen Armee gar nicht auf den Gedanken, israelische Stützpunkte im Süden anzugreifen. In dieser Situation beschränkten sich die Verantwortlichen des Libanon darauf, zu hoffen, daß sich die USA für die »Rechte der Libanesen« einsetzten.

Die US-Regierung aber hatte seit 1982 das Interesse am Libanon verloren. Damals hatte Ronald Reagan versucht, durch seine Marines die Verhältnisse des Libanon ordnen zu lassen. In falscher Einschätzung der politisch-religiösen Machtpositionen im Lande zwischen Syrien, Jordanien und dem Mittelmeer, hatten die USA eindeutig auf den maronitischen, und damit christlichen Präsidenten Amin Gemayel gesetzt. Die Sunniten, Schiiten und Drusen hatten sich benachteiligt gefühlt – sie waren beleidigt gewesen. Die Schiiten und Drusen organisierten damals Widerstand gegen die US-Marines, die im Bereich des Flughafens von Beirut ihre wesentlichen Stellungen besaßen. Die Milizen der Schiiten und Drusen feuerten mit Granatwerfern auf die Gräben der Marines. Diese antworteten mit Geschossen schwersten Kalibers, sie trafen jedoch nur das freie Land.

In ihrer Überheblichkeit und Sorglosigkeit wurden schließlich die US-Marines Opfer einer schiitischen Kampfgruppe, die durch Iran unterstützt wurde: Ein Selbstmordattentäter steuerte ungehindert einen mit Sprengstoff beladenen Lastwagen am frühen Morgen vor den Eingang eines Gebäudes, in dem 500 Marines schliefen. Nahezu 300 amerikanische Soldaten verloren ihr Leben. Die Wachen, die sich hatten übertölpeln lassen, berichteten übereinstimmend, der Fahrer des Lastwagens habe »eigentümlich überirdisch gelächelt«. Dies war die erste Begegnung der US-Soldaten gewesen mit einem Krieger des Dschihad.

Das Pentagon zog erschreckt die Konsequenz: Rückzug der amerikanischen Truppen aus dem Libanon. Die Folge: Die Libanesen sahen sich allein gelassen bei der Bewältigung ihrer Probleme. Die Israelis glaubten, sie könnten ungehindert über den Süden des Libanon verfügen.

Als Ordnungshüter hatte das israelische Verteidigungsministerium eine Hilfstruppe mobilisiert, die aus kooperationsbereiten Libanesen bestand – die »Südlibanesische Armee«, die »SLA«. Sie wurde vom Verteidigungsministerium in Jerusalem mit monatlich drei Millionen Dollar finanziert. Die SLA verfügte über schwere Maschinengewehre, über mittlere Artillerie und über Panzer.

Doch die Kampfmoral der SLA-Soldaten war nicht stabil. Sie waren nicht motiviert, für die Sache der Israeli zu kämpfen. Viele hatten das Gefühl, Verräter an ihrem Heimatland Libanon zu sein; sie schossen nur ungern auf andere Libanesen – auch wenn sie zur Kampforganisation »Hisb'Allah« gehörten.

Die Kommandeure der »Hisb'Allah«, deren Ziel es war, den Süden des Libanon zu befreien, wußten, warum sie ihre Aktionen auf die SLA konzentrierten. Im Abwehrkampf wurden deren Offiziere und Soldaten demoralisiert: Sie waren sich bewußt, daß sie auf der falschen Seite standen.

Besondere Wirkung erzielten die Selbstmordattentäter der »Hisb'Allah«. Ihre Kampfmethode: Sie schleusten sich auf Straßen im südlichen Libanongebirge mit alten »Pick-up-trucks«, die mit Gemüse beladen zu sein schienen, in Fahrzeugkonvois der SLA ein. Die Wagen waren in Wahrheit vollgepackt mit Sprengstoff; darüber lag nur wenig Gemüse. Befand sich der vermeintliche Gemüsewagen in günstiger Position, dann ließ der Selbstmordattentäter – der manchmal auch eine Frau war – die Ladung seines »Pick-up-trucks« detonieren. Wenig blieb übrig vom Wagen des Attentäters und von den übrigen Fahrzeugen der Kolonne.

Die israelische Armee sah sich nicht in der Lage, die Situation an ihrer Nordgrenze zu stabilisieren. Die Kampfkraft der SLA schwand immer mehr. Die Offiziere und Soldaten ertrugen es nicht, daß sie mit Frauen und Männern konfrontiert waren, die »Dschihad« gegen sie führten – den »Heiligen Krieg«. Viele SLA-

Männer desertierten; sie verließen die Truppe und gingen zurück zu ihren Sippen.

Da die SLA schwach wurde, kamen die israelischen Soldaten im Südlibanon selbst ins Visier der »Hisb'Allah«. Um hohe Verluste zu vermeiden, hat sich Ministerpräsident Ehud Barak im Mai des Jahres 2000 gezwungen gesehen, den Rückzug der eigenen Truppe auf israelisches Territorium anzuordnen. Dieser Rückzug glich einer Flucht. Die Folge war, daß Offiziere und Soldaten der SLA von Panik befallen nach Israel auswichen.

Sieger war die »Hisb'Allah«. Ihre gelben Fahnen mit grünem Kampfemblem flatterten über dem befreiten Gebiet. Ins Bewußtsein der Araber insgesamt prägte sich die Erfahrung ein: »Hisb'Allah« hat die israelischen Feinde durch Kampf vertrieben.

Der Sieg der »Hisb'Allah« brachte im Mai 2000 Jassir Arafat, den Präsidenten der Palestinian National Authority, in eine schwierige Situation: Er stand seit Jahren in Verhandlungen mit der israelischen Regierung über die Freigabe der palästinensischen Gebiete westlich des Jordan. Seine Verhandlungsführer hatten verbale Erfolge erzielt, Zusagen und Versprechungen erhalten, Abkommen unterzeichnet. Doch der Abzug der israelischen Armee war nicht erfolgt. Jeder israelische Ministerpräsident hatte gezögert, Gebiete räumen zu lassen, die – nach Aussage der Fünf Bücher Mose – zum »Land der Vorväter« gehört hatten, zum Territorium der biblischen Patriarchen.

Sheikh Ahmed Yassin, der gelähmte und dennoch starke Mann einer islamisch-orientierten palästinensischen Kampforganisation, konnte auf das Beispiel der »Hisb'Allah« verweisen: »Das Beispiel zeigt, daß nicht Verhandlungen den Erfolg bringen, sondern allein der Kampf derer, die sich aufopfern!« Sheikh Ahmed Yassin rief insgeheim die jungen Männer Palästinas zum Opfer auf. Viele folgten seinem Aufruf. Beweis dafür sind die jungen Palästinenser, die am 1. und 2. Dezember 2001 bei Anschlägen gestorben sind.

Ariel Sharons Ziel: Arafat zum Dschihad-Terroristen zu stempeln

»Das Zentrum der Hamas-Bewegung, die islamische Universität von Gaza, blieb völlig unbehelligt bei den Vergeltungsschlägen der israelischen Luftwaffe. Die Rache traf nicht diejenigen, die in Wahrheit verantwortlich waren für das Aufflammen des »Heiligen Krieges« im israelisch beherrschten Gebiet. Getroffen wurde Arafats Autorität. Er war der Verlierer im Kampf der israelischen Streitkräfte gegen Dschihad.

In der Nacht zum 3. Dezember 2001 griffen »Helikopter gunships« – Kampfhubschrauber – das augenfälligste Symbol der Souveränität und Autorität des Jassir Arafat an: Die Hubschrauber, die neben seinem Amtssitz geparkt waren. Sie waren, für alle sichtbar, das Zeichen seiner Macht. Durch sie hatte er sich aus dem Gazastreifen erheben können, um über die Misere der Flüchtlingslager und über die Städte und Dörfer, die noch immer von israelischen Streitkräften besetzt sind, hinwegzufliegen, um würdig und eindrucksvoll in Ramallah im Westufergebiet des Jordan landen zu können. Die drei Hubschrauber waren für Jassir Arafat selbst der Beweis gewesen, daß er Staatsoberhäuptern gleichgestellt war, die – wann immer sie es für erforderlich hielten – einen Flug im eigenen Transportmittel anordnen konnten.

Ministerpräsident Ariel Sharon war es selbst, der die Zerstörung der drei Hubschrauber angeordnet hatte. Es war ganz offensichtlich seine Absicht, Jassir Arafat zu demütigen. Arafat sollte daran gehindert werden, beweglich zu sein. Die Erfüllung seiner Pflichten sollte ihm erschwert werden. Ariel Sharon hatte eine »symbolische Bestrafung« des »Chairman« gefordert.

Arafat hatte Grund, sich am 3. Dezember über diese Aussage von Ari Fleischer zu wundern – Fleischer ist der Pressesprecher des Weißen Hauses: »Israel hat ein Recht, sich selbst zu verteidigen. Nichts anderes ist in der vergangenen Nacht geschehen.«

Daß Israel nicht von Arafats Polizeistreitkräften herausgefordert worden ist, sondern von den »Opferwilligen« des Ahmed Yassin, wollten die Verantwortlichen des Weißen Hauses offensichtlich nicht zur Kenntnis nehmen. Sie folgten blind der These des Ariel Sharon: »Arafat ist für alle Anschläge ganz persönlich verantwortlich. Er muß deshalb ganz persönlich zur Rechenschaft gezogen werden!«

Diese Feststellung, die Ariel Scharon getroffen hat, wirkte sich im Weißen Haus und im Pentagon nachhaltig aus: »Arafat ist mit Osama Bin Laden gleichzusetzen!« Die Absicht des israelischen Ministerpräsidenten ist es, dem amerikanischen Präsidenten und seinem Außenminister Colin Powell für alle Zeiten deutlich zu machen, daß Arafat nichts anderes ist als ein Terrorist – und daß er – genauso wie Osama Bin Laden – unschädlich gemacht werden muß.

Israel hat – allem Anschein nach – Anfang Dezember 2001 begonnen, diese Aufgabe selbst zu erfüllen. Die israelische Luftwaffe erweckte den Eindruck, als jage sie Arafat: Kampfflugzeuge beschossen seinen Bürokomplex in Ramallah. Sie feuerten Raketen auf eine Zweigstelle seines Hauptquartiers in Jenin – dort hatte er sich allerdings bisher nur selten aufgehalten. Während der folgenden Tage attackierten Kampfhubschrauber immer wieder die Polizeistation, die zu Arafats Regierungssitz in Gaza gehört. Bemerkenswert sind die geringen Verluste an Menschen, die von den Palästinensern zu registrieren sind. Sie konnten deshalb niedrig gehalten werden, weil derartige Gebäude rechtzeitig evakuiert wurden.

Daß er offensichtlich den »Terroristen Arafat« noch immer schone, mußte sich Ariel Sharon von Mitgliedern seines Kabinetts vorwerfen lassen, die jedoch nicht nationale Interessen des Staates Israel im Auge behielten, sondern einen parteiinternen Streit im Likudblock. Der neuernannte Tourismusminister Benny Elon, der eine rechtsorientierte Partei vertritt, verlangte von Sharon die eindeutige Aussage, Arafats Autonomiebehörde sei ein »›terroristischer Verein‹, der den Terroristen Heimat biete. Die Autonomiebehörde sei ein Feind Israels.«

Benny Elon machte durch Wortwahl deutlich, daß er eigentlich im Sinn hatte, den amerikanischen Präsidenten George W. Bush anzusprechen und ihn gegen Arafat zu programmieren: Benny Elon gebrauchte Bushs Ausdruck »to harbor«. Arafat regiere »an entity that harbors terrorism«. Bush hatte versprochen, jeden Staat und jede Institution »which harbors terroism« werde verfolgt – folgerichtig auch die palästinensische Autonomiebehörde, die vom »Terroristen« Jassir Arafat geleitet werde.

Als Ariel Sharon am 3. Dezember von seinem Treffen mit dem US-Präsidenten aus Washington zurückkehrte, erweckte er den Eindruck, Bush und er seien sich darin einig, daß Jassir Arafat der Schuldige sei, wenn im Nahen Osten kein Frieden und keine Stabilität zu erreichen sei. Arafat sei das Hindernis auf dem Weg zu einer friedlichen Lösung der Probleme in der Region.

Dabei waren gerade zwei Wochen vergangen, seit der amerikanische Außenminister Colin Powell am 19. November in Louisville, Kentucky, Worte gesprochen hatte, die im Kreis von Jassir Arafat als ausgesprochen positiv aufgefaßt worden waren. Powell hatte gesagt, Präsident Bush und er setzten sich für die Gründung eines Staates der Palästinenser ein. Dieser Staat müsse bald schon entstehen. Seine Schaffung bilde die Grundlage für den künftigen Frieden in der Region.

Von Jassir Arafat waren diese Worte so aufgefaßt worden, daß ganz selbstverständlich er der Staatschef dieses souveränen Palästina sein werde. Es existiert jedoch ein entschlossener Gegner der friedlichen Einigung mit Israel: Ahmed Yassin, der Lenker der islamisch-orientierten palästinensischen Kampforganisation. Seine »opferbereiten« jungen Männer hatten Anfang Dezember 2001 durch Sprengstoffanschläge den Ansatz zur Staatsgründung, den Colin Powell hatte erreichen wollen, auf brutale Weise zerstört.

Präsident Bush blockiert die Konten von Hamas

Am 4. Dezember 2001 ist es den US-Fahndern gelungen, Geldquellen der islamischen palästinensischen Kampforganisation aufzuspüren. George W. Bush verkündet den Erfolg selbst: Die in Richardson in Texas angesiedelte Wohlfahrtsorganisation »Holy Land Foundation for Relief and Development« habe im auslaufenden Jahr 13 Millionen Dollar an Spenden eingesammelt. Die Spender seien US-Bürger gewesen, die geglaubt haben, sie würden in Israel – »im Heiligen Land« – Hilfsprojekte unterstützen. Das Geld sei in Wahrheit für Hamas ausgegeben worden.

Der Präsident gab im Weißen Haus eine Erklärung zu diesem Sachverhalt ab. Er sagte: »Dieses Geld ist dafür ausgegeben worden, Kinder im Sinne von Hamas zu erziehen. Sie sind aufgezogen worden, um Selbstmordattentäter zu werden. Wir haben nicht nur die Tätigkeit der Holy Land Foundation for Relief and Development unterbunden, sondern auch die Finanzaktivität einer Bank im Westufergebiet des Jordan, die mit Instituten in den USA und in Europa in Verbindung stand. Heute um Mitternacht sind die Konten eingefroren worden Damit haben wir einen beachtlichen Schritt im Kampf gegen den weltweiten Terrorismus vollbracht. Unsere Botschaft ist: Wer Geschäfte mit dem Terror macht, der wird es mit uns zu tun haben – mit den Vereinigten Staaten von Amerika!«

Die Holy Land Foundation for Relief and Development genoß in den USA Steuerbefreiung. Sie ist 1989 gegründet worden mit dem Ziel, palästinensischen Flüchtlingen in Jordanien, im Libanon und in Palästina zu helfen. Die Foundation hatte erreicht, von jeglicher Steuer in den USA befreit zu sein. Die Organisation wehrt sich nun gegen die Vorwürfe des US-Präsidenten. Im Internet teilt sie mit: »Unsere Mission besteht darin, durch praktische Lösungen menschliches Leid zu mindern. Wir fördern humanitäre Programme. Wir helfen denen, die durch Krieg oder durch Naturkatastrophen in Not geraten sind.«

Der Treasury Secretary der USA, Paul O'Neill, entgegnet: »Die Holy Land Foundation spielt eine Maskerade. Sie ist gegründet worden, um Geld zu sammeln für Hamas. Die Organisation hat den einen Zweck, in den USA Geld einzusammeln, um den Terror zu finanzieren.«

Hamas will »Dschihad« und nicht den Palästinenserstaat

Mitte November 2000 sprachen sich 60% der Israelis im Rahmen einer durchaus professionell durchgeführten Befragung dafür aus, daß die Palästinenser das Recht haben, einen Palästinenserstaat zu schaffen. Dieses Ergebnis war erstaunlich nach mehr als einem Jahr des blutigen Kampfes Intifada II. Auf der Grundlage dieses Umfrageergebnisses war der Entschluß des US-Präsidenten gewachsen, den Gedanken an einen Palästinenserstaat zu fördern.

Die wichtigsten Staatsmänner der Welt hatten sich dafür ausgesprochen, daß das palästinensische Volk baldmöglichst über ein Land verfügen müsse, das allein ihm gehöre. Diskussion gab es nur darüber, zu welchem Zeitpunkt die Ausrufung dieses Palästinenserstaates erfolgen solle. Die Selbstmordattentäter jedoch hatten einen radikalen Stimmungswandel ausgelöst. Die Sympathien für Arafat schwanden.

Nabil Shaath, der Minister für Planung und Internationale Kooperation der Palestinian National Authority, sah die Schwierigkeiten voraus, die mit dem direkten moralischen Feldzug gegen Arafat verbunden sind. Shaath, der zu Arafats Organisation Al Fatah gehört, sagte in der ersten Dezemberwoche: »Warum greifen die Israelis Arafat an – und nicht Hamas oder Dschihad al Islamija? Sie wollen Arafat vernichten, ihn töten – oder vielleicht auch nur aus dem Land treiben. Wenn die Israelis den Frieden wollen, sollen sie wirklich gegen diejenigen vorgehen, die den Friedensprozeß verhindern. Arafat hat die Verhaftung der Personen angeordnet, die zur Führungsgruppe von Hamas und Dschihad al Islamija gehören. Von Israel ist er dabei nicht unterstützt worden!«

Unterstützung hat Arafat allerdings auch nicht aus den eigenen Reihen erfahren. Marwan Barghuti, der Arafat in Ramallah im Westufergebiet des Jordan vertritt, spricht deutlich aus, daß er gegen Arafats Absichten eintritt, Hamas und Dschihad al Islamija zu zerschlagen: »Hamas und Dschihad al Islamija sind Teil der nationalen palästinensischen Befreiungsbewegung. Sie haben ein Recht darauf, in ihrer Art gegen die israelische Besetzung des Landes zu kämpfen.« Mit gedämpfter Stimme klagt er: »Solche Verhaftungen waren früher Sache der Israelis. Jetzt aber sollen wir unsere eigenen Brüder verhaften!«

Marwan Barghuti sieht die Gefahr eines internen Krieges zwischen Al Fatah, Hamas und Dschihad al Islamija.

Wie Marwan Barghuti denken zum Jahreswechsel 2001/2002 die meisten Palästinenser. Eine Untersuchung der palästinensischen Universität Bir Zeit im Westufergebiet des Jordan zeigt, daß ganz besonders die jungen Menschen der Meinung sind, daß allein die Strategie des Einsatzes von »Selbstmordattentätern« Erfolg in der Auseinandersetzung mit Israel haben könne. Nur wenige setzen Hoffnung auf Arafats Verhandlungswillen.

Mohammed Ghazal, einer der politischen Denker der islamischen Kampforganisation Hamas, analysiert die Situation: »1996 waren wir in derselben Lage. Unsere Kämpfer waren im Einsatz gegen Israel. Sie opferten sich auf. Da begann Arafat eine Polizeiaktion gegen uns. 600 unserer Kämpfer wurden verhaftet. Arafat hat sogar Prediger in einigen Moscheen von Gaza auswechseln lassen. Wer uns nahestand, der durfte die Freitagspredigt nicht mehr halten. Es hat Arafat nichts genutzt. Im Jahr 1996 liefen alle Verhandlungen ins Nichts. Die Israelis haben es ihm nicht honoriert, daß er unsere Leute hat verhaften lassen. Man hatte ihm vorher viel versprochen und nichts gehalten!«

Mohammed Ghazal ist der Meinung, Arafat werde sich hüten, energisch gegen Hamas durchzugreifen. Er würde sich selbst gefährden. Mohammed Ghazal verweist auf den Verlauf der Polizeiaktion am 6. Dezember 2001 in Gaza: Sheikh Ahmed Yassin sollte unter »Hausarrest« gestellt werden. Das Resultat: Hunderte junger Männer blockierten die Straße, die zum Haus des gelähmten Geistlichen führt. Die Polizei war gezwungen, sich zurückzuziehen. Die Polizeiführung fürchtete, die Emotionen der Menschen in Gaza würden aufflammen, wenn die Anordnung Arafats, Ahmed Yassins Haus abzuriegeln, in die Tat umgesetzt werden würde.

Verhaftet wurden einige Hamas-Funktionäre der mittleren Führungsebene. Die Prozedur der Festnahmen machte den Beteiligten und den Augenzeugen deutlich, daß ein herzliches Verhältnis bestand, zwischen den Sicherheitskräften und den Hamas-Aktivisten: Man begrüßte sich zunächst sehr herzlich und umarmte sich lange. Der Verhaftete war jeweils gerne bereit, Arafats Sicherheitskräften zum »Ort des Gewahrsams« zu folgen. Es wurde ihm mitgeteilt, im palästinensischen Gefängnis sei er sicher – dort werde er nicht von israelischen Scharfschützen gejagt. Dieses Argument wirkte meist.

Arafats Absicht bestand nicht darin, die Organisationen Hamas und Dschihad al Islamija zu zerschlagen. Diese Gewaltmaßnahme hätte Schwächung der palästinensischen Kampfkraft bedeutet, die Arafat nicht glaubte verantworten zu können. Seine Sicherheitskräfte verschonten die Denker und Planer von Hamas und Dschihad. Zum Ärger von Ariel Sharon. Der israelische Ministerpräsident wiederum teilte Colin Powell mit, er sei mit dem »Chairman« äußerst unzufrieden. Der amerikanische Außenminister nützte die Gelegenheit eines Treffens der Verantwortlichen der North Atlantic Treaty Organization in Brüssel, um in einer Rede Arafat indirekt anzusprechen. Powell verlangte vom Präsidenten der Palestinian National Authority, er müsse sämtliche Palästinenser, die sich für den »Heiligen Krieg« einsetzten, »unschädlich« machen. Diese Anstrengung sei Voraussetzung für eine Wiederaufnahme der Friedensgespräche. Powell betonte, er sei sich bewußt, daß sich die Chefs von Hamas und Dschihad al Islamija Arafats Autorität nicht freiwillig beugen wollten – gerade deshalb aber sei es für Arafat wichtig, sich durchzusetzen, wenn er politisch überleben wolle.

Sharon fordert: »Hamas und Dschihad al Islamija sind Al Qaida gleichzusetzen«

Am Tag, als die Selbstmordanschläge in Israel 27 Tote forderten, traf sich Ariel Sharon in Washington mit Präsident Bush zu einer kurzen Unterredung. Der Ministerpräsident verlangte, Bush müsse die beiden islamisch-orientierten Palästinensergruppen auf die Liste der terroristischen Vereinigungen setzen, die ausgerottet werden müßten. Die Ereignisse vom ersten Dezemberwochenende 2001 hätten die Gefährlichkeit beider Organisationen bewiesen. Sie seien nicht allein als Feinde des Staates Israel zu betrachten, sondern auch als Feinde der Vereinigten Staaten von Amerika. Dies bedeute, daß die US-Streitkräfte verpflichtet seien, ebenfalls gegen Hamas und Dschihad al Islamija vorzugehen – mit allen ihnen zur Verfügung stehenden Mitteln. Condoleezza Rice, die Sicherheitsberaterin des Präsidenten, ist in diesem Fall Verbündete des Präsidenten. Sie sagt – ohne die Namen der Organisationen zu nennen: »Wir müssen die Wurzeln des Terrorismus ausreißen, wo wir sie finden. Diese Wurzeln müssen für immer vertilgt werden.«

Condoleezza Rice kritisiert, daß die USA in dieser Angelegenheit vom »königlichen Regime« in Saudi-Arabien ermahnt werden, mit ihren Schlägen »zurückhaltend« zu sein.

Die Sicherheitsberaterin meint: »Wenn die regierende Familie as-Saud attackiert wird, dann schlägt sie selbst brutal zu. Sind die Vereinigten Staaten oder Israel das Ziel der Terroristen, dann wird uns ›Mäßigung‹ empfohlen.«

Condoleezza Rice ist vorsichtig in ihrer Aussage in der Öffentlichkeit, doch ihre Mitarbeiter lassen wissen, daß sie empört ist über arabische Regierungen, die nicht bereit sind, zu akzeptieren, daß die USA im islamischen Fundamentalismus grundsätzlich eine Gefahr sehen. Ihre Meinung steht im Gegensatz zum Standpunkt des Husni Mubarak, der zwischen Fundamentalismus und Terrorismus trennen will. Condoleezza Rice wirft Husni Mubarak und Arafat vor, sie seien »korrumpiert« von den Terroristen. Deshalb sei Arafat auch nicht in der Lage, den gemeinsamen Charakter von Al Qaida und Dschihad al Islamija zu erkennen. Die Selbstmordattentäter seien nichts anderes als die Selbstmordflieger, die das World Trade Center attackiert hätten.

Trotz diesen eindeutigen Äußerungen seiner Sicherheitsberaterin legte sich Präsident Bush im Gespräch mit Ariel Sharon nicht fest – er machte keine Zusage, daß sich US-Streikräfte am Kampf gegen Hamas und gegen Dschihad al Islamija beteiligten. Er gestand jedoch dem israelischen Ministerpräsidenten zu, sein Land habe das Recht, sich mit allen Mitteln zu verteidigen. Dies bedeutete, daß sich Ariel Sharon nicht für jede Aktion gegen Aktivisten der islamisch-orientierten Organisationen zu rechtfertigen braucht.

Das Zugeständnis des Präsidenten hatte sofort Folgen: Am 10. Dezember beschoß ein israelischer Kampfhubschrauber bei Hebron das Kraftfahrzeug des Hebroner Verantwortlichen der Organisation Dschihad al Islamija, Mohammed Sider, auf einem freien Platz zwischen Häusern. Die Hubschrauberbesatzung feuerte drei Raketen ab. Das Fahrzeug wurde getroffen, und Mohammed Sider wurde leicht verletzt. Eine der drei Raketen zerfetzte die Körper von zwei auf dem Platz spielenden Kindern; sie waren vier und sechzehn Jahre alt. Der Tod der beiden Jungen löste Wut aus im Gebiet westlich des Jordan und im Gazastreifen. Bei den Vertretern von Dschihad al Islamija meldeten sich hunderte von Freiwilligen, die bereit sind, ihr Leben einzusetzen, um Israelis zu töten.

Am 11. Dezember setzte die israelische Luftwaffe den Krieg fort: Sie beschoß Gebäude der Palästinensereinheit »Force 17« in Gaza und in Ramallah. Die »Force 17« ist die Leibgarde des Präsidenten der Palestinian National Authority. Der Krieg der Israelis richtet sich gegen Arafat.

Die Kriegserklärung war nur wenige Stunden zuvor erfolgt. Das Kabinett des Ariel Sharon hat beschlossen, die »Force 17« als »terroristische Organisation« zu betrachten – und damit selbstverständlich ihren Kommandeur Jassir Arafat als Terroristenchef.

Aus Sorge, Ariel Sharon könnte die Rückkehr nach Gaza und Ramallah verhindern, hat Arafat den Flug zur islamischen Konferenz nach Doha am Persischen Golf abgesagt. Es hätte geschehen können, daß die israelische Regierung dem »Terroristen Arafat« den Aufenthalt im »Autonomen Gebiet der Palästinenser« verwehrt. Mit Bitterkeit erinnert sich Arafat daran, daß es noch gar nicht lange her ist, daß Ariel Sharon den eigenen Sohn Omri in geheimer Mission zu ihm nach Gaza geschickt hatte – mit der Botschaft, man könne sich im Fall Jerusalem noch immer einigen. Diese Begegnung war ohne Ergebnis geblieben.

Die Anwesenheit von Omri Sharon in Gaza war deshalb streng geheimgehalten worden, weil Arafat befürchtet hatte, eine Demonstration islamischer Kräfte würde vor seinem Amtssitz stattfinden. Wut und Haß der Menschen von Gaza könnten sich gegen den Sohn des Mannes entladen, dessen Name in den Palästinensergebieten mit Gefühlen des Zorns ausgesprochen wird.

»Der Islam wird die Welt beherrschen«

Diese Worte – in Arabisch geschrieben – stehen an der Wand eines Krankensaals im Hospital von Quetta. Der Ort liegt an der Grenze zu Pakistan.

In den Betten des Krankensaals liegen vier junge arabische Männer. Von einem ist der Name bekannt: Abdel Rahman. Vermutet wird, er sei der Sohn des Dr. Omar Abdel Rahman, der in den USA festgehalten wird. Doch Abdel Rahman will sich dazu nicht äußern. Daß er in New York aufgewachsen sein muß, ist daraus abzulesen, daß er den Dialekt der Bewohner von Manhattan spricht.

Abdel Rahman ist am Bein verwundet. Die Schußwunden, so meint er, stammen von amerikanischen Geschossen – auch die seiner Kameraden. Der amerikanische Journalist John Pomfret von der Washington Post versucht, mit dem Verwundeten über dessen Zeit in Manhattan zu reden, doch Abdel Rahman reagiert mit haßerfüllten Worten:

»Wenn ich ein Gewehr hätte, ich würde dich sofort umlegen! Verschwinde aus meinem Gesicht!« Als sich seinem Bett der Arzt Mohammed Imram nähert, schreit der Verwundete: »Sie dürfen auf keinen Fall mein Bein amputieren. Ich brauche es noch – ich muß beweglich sein, um Amerikaner töten zu können!«

Vom Amerikaner John Pomfret gefragt, warum er die Amerikaner hasse, gibt Abdel Rahman diese Antwort: »Die Amerikaner bringen uns um! Sie töten Kinder! Ich hasse die Amerikaner und ich weiß, daß sie mich auch hassen. Die Amerikaner führen Krieg gegen den Islam und überhaupt nicht gegen Terroristen!«

Auf die Frage des amerikanischen Journalisten, ob er wirklich überzeugt sei, daß der Islam eines Tages die Welt beherrschen werde, sagt Abdel Rahman: »Dafür kämpfen wir, und wir werden gewinnen – mit Hilfe Allahs! Es ist dem Islam von Allah bestimmt, die Überzeugung aller Menschen zu sein.« Der Kampf habe jetzt begonnen, und er werde lange dauern.

Abdel Rahman erzählt nur wenig von sich selbst. Er sei 36 Jahre alt und er habe noch Jahre des Kampfes vor sich. Wohin er sich vom Krankenhaus in Quetta aus begeben werde, sagt er nicht.

Ganz offensichtlich hat der Al Qaida-Kämpfer Abdel Rahman in Pakistan nichts zu befürchten. Die Grenze war ihm nicht versperrt. In Quetta ist der Sammelpunkt für verstreute Anhänger des Osama Bin Laden. Diese »arabischen Legionäre« werden nicht einmal registriert. Hilfsorganisationen, ausgestattet mit fremdem Geld, kümmern sich darum, die Heimatlosen – die jedoch von ihrer Aufgabe, Kämpfer für Allah zu sein, noch immer überzeugt sind – mit Lebensmitteln und Unterkünften zu versorgen. Während der ersten Dezembertage treffen 2000 Al Qaida-Leute in Quetta ein. Sie sind entweder Araber, oder sie sind Tschetschenen. Es war Osama Bin Laden offenbar gelungen, junge Männer aus dem Volk der Tschetschenen zu rekrutieren und nach Afghanistan zu bringen. Sie lebten bei Mazar-i-Sharif; mehr als einhundert von ihnen hatten Familien gegründet. Sie flohen vor den Truppen der Nordallianz zunächst in Richtung Kabul. Sie erreichten mit Hilfe eines Paschtunenstammes die Region von Quetta. Dort warten sie darauf, an irgendeinem Platz der islamischen Welt gebraucht zu werden.

Eine Wurzel des »Dschihad« soll in Somalia vernichtet werden

Diesmal soll die Bundeswehr von Anfang an dabeisein. Anfang Dezember 2001 befinden sich 17 Mitglieder einer deutschen Militärdelegation im kleinen Staat Dschibuti am Horn von Afrika.

Ein Regierungsvertreter von Dschibuti sagt: »Die Deutschen befinden sich hier, um ein Basislager für deutsche Verbände aufzubauen, die am internationalen Krieg gegen den Terrorismus teilnehmen. Sie werden unsere Hafeneinrichtungen nutzen, um ihre Schiffe und ihre Soldaten zu versorgen.«

Vorgesehen ist, daß Verbände der deutschen Streitkräfte den US-Truppen zur Seite stehen bei der Suche nach aktiven oder »schlafenden« Zellen der Organisation Al Qaida, die sich, so vermutet CIA, in Somalia befinden sollen. Diese Zellen sollen sich im Rahmen der lokalen Gruppierung »Al Ittihad al Islamija« gebildet haben. Dieser Name läßt sich mit »Einheit des Islam« übersetzen.

Die US-Fahnder sind der Meinung, Al Ittihad al Islamija trage die Verantwortung dafür, daß im Oktober 1993 achtzehn amerikanische Soldaten in Mogadischu brutal hingemordet worden sind. Daß damals Fernsehbilder in aller Welt gezeigt wurden, auf denen zu sehen war, wie die nackten Leichen der Soldaten durch die Straßen geschleift worden sind, wurde in den USA als Schmach und Demütigung empfunden. Bis heute sind diese Bilder unvergessen. Die Planer im Pentagon sind überzeugt, Osama Bin Laden habe damals, schon im Oktober 1993, die Organisation Al Ittihad al Islamija zum Frevel an Amerikanern aufgehetzt. Rache zu üben ist ein wesentlicher Antrieb für den geplanten Schlag gegen Somalia.

Die US-Soldaten waren 1992 nach Somalia geschickt worden mit dem Auftrag, in dem von Anarchie befallenen Land für Ordnung zu sorgen. Hunger, Elend und Gewalt beherrschten die Region des »Horns von Afrika«, das in den Indischen Ozean hineinragt. Dürre hatte über Jahre hin die Ernten vernichtet; Stammesfürsten tyrannisierten die Menschen; sechs Sippen stritten um die Vorherrschaft; die Ressourcen des Landes wurden für Vorbereitungen eines Krieges mit Äthiopien verschleudert. Das islamische Somalia wollte den Konflikt mit christlichen Ländern Afrikas.

Schätzungen der Vereinten Nationen informierten damals darüber, daß bereits 250 000 Menschen Opfer der Not des Landes geworden seien. Die Zentrale der UN in New York fühlte sich aufgerufen, zu helfen. Doch ihre Vertreter vor Ort machten die Erfahrung, daß die mächtigen Kriegsherren, die rivalisierenden

Stammeschefs, die Lebensmitteltransporte in ihren Gebieten stoppten und die Güter beschlagnahmten, um sie teuer zu verkaufen. Die Aufgabe der US-Truppen bestand im Jahr 1992 darin, den Lebensmitteltransporten den Weg freizumachen zu den Hungernden und Hilfsbedürftigen.

Der Gewalttätigste der Kriegsherren war Farah Aidid. Er trug den Titel »General«. Ihm gehorchten starke Clans im Gebiet von Mogadischu. Er war dabei, andere Stämme im Land zu unterwerfen. General Aidid sah sich schon als Herrscher über das gesamte Land Somalia. Ihn störte die Hilfsaktion der Vereinten Nationen und der US-Armee; die Präsenz amerikanischer Soldaten erschwerte den Prozeß der Festigung seiner Macht. Er wurde zum Feind der US-Truppen in Somalia.

Der Kriegsherr Aidid hatte zunächst versprochen, er werde sich aus Mogadischu zurückziehen, damit dort eine provisorische Regierung etabliert werden könnte – unter Aufsicht amerikanischer Kommandeure. Doch General Aidid hielt diese Zusage nicht ein. Daraufhin entschlossen sich die amerikanischen Befehlshaber, Aidid und seine Miliz mit Gewalt zu vertreiben. Im Januar 1993 attackierten Kampfhubschrauber vom Typ Cobra die Kasernen der Aidid-Miliz im Norden von Mogadischu. Die Kasernen wurden zwar weitgehend zerstört, doch damit war die Kampfkraft der Miliz keineswegs gebrochen. Immer wieder griffen Aidids Anhänger amerikanische Basen an. Am 25. Juni 1993 wurden mitten in Mogadischu 28 UN-Soldaten, die Pakistaner waren, getötet.

Da sich die Taktik und die Kampfmittel der US-Truppen und ihrer Verbündeten als ungeeignet für einen Sieg über Aidid erwiesen hatten, wurde für seine Gefangennahme ein Kopfgeld von 25 000 Dollar ausgesetzt – doch niemand wollte es sich verdienen.

In der New Yorker Presse erschienen kritische Artikel, die den Sinn des Somaliakrieges in Frage stellten. Die Meinung setzte sich durch, die Kriegführung verfolge kein eindeutiges Ziel, und deshalb sei der Feldzug nicht zu gewinnen. Der Tod der 18 Amerikaner Anfang Oktober 1993 machte das Scheitern der Mission »Restore Hope« deutlich. Die Suche nach Farah Aidid wurde eingestellt. Präsident Clinton mußte sich dazu entschließen, den Rückzug einzuleiten. Die Truppen der USA und der Vereinten Nationen verließen im Februar 1994 das zerstrittene Land.

Doch Somalia kam nicht zur Ruhe. In der zweiten Hälfte des vergangenen Jahrzehnts flammten die Kämpfe zwischen den Clans heftiger auf als zuvor. Im Juni 1996 starb der Kriegsherr Aidid an den Folgen einer Schußverletzung. Sein Sohn Husein Mohammed Farah Aidid übernahm die Position des Vaters, doch seine Autorität wurde bestritten und bekämpft. Es gelang dem Sohn nicht, sich in Mogadischu durchzusetzen. Allein dort kämpften bald vier Kriegsherren um die Macht. Der Versuch, die streitenden Sheikhs in einer »Übergangsregierung« an einen Tisch zu bringen, scheiterte, weil jeder der vier Staatspräsident sein wollte. Ein »Übergangspräsident« residiert seit Mitte des Jahres 2000 in Mogadischu, doch niemand folgt seinen Anweisungen. Er kann den Zerfall des Staates in Provinzen, die autonom sein wollen, nicht verhindern. Somaliland, Puntland und Somalia erheben Anspruch darauf, eines Tages eigenständige Staaten zu werden.

Husein Mohammed Farah Aidid hatte glaubt, er könne mit Hilfe der islamischen Kampforganisation Al Ittihad al Islamija die anderen Clanchefs und deren Milizen unterwerfen, doch er unterlag. Er floh nach Äthiopien. Zuvor war er, gemäß dem Programm von Al Ittihad al Islamija, ein Gegner des christlich orientierten Regimes des Staates Äthiopien gewesen; jetzt aber wurde Aidid dessen Freund. Der Kurswechsel wurde perfekt vollzogen: Der junge Aidid beschuldigte die »Übergangsregierung«, sie sei verstrickt in Geschäfte mit Al Ittihad al Islamija, die wiederum weitgehend identisch sei mit einer Zelle von Al Qaida. Als George W. Bush amerikanischer Präsident geworden war, erhielt er Briefe von Husein Mohammed Farah Aidid, die ihn über die Verbindung Somalias zum internationalen Terrorismus aufklärten. Aidid junior, vom Vater zum Feind der USA erzogen, spielt sich nun als Freund der Amerikaner im Kampf gegen den Terrorismus auf – und was er mitteilt, wird geglaubt.

Aidid beschuldigt das Finanzinstitut Al Barakat, das in Dubai ansässig ist, es werde von Al Ittihad al Islamija und von Al Qaida gesteuert. Der Vorwurf: Jährlich bringe die Bank 500 Millionen Dollar nach Mogadischu. Die Gelder stammten aus dem Drogenhandel; sie würden umgeleitet auf Konten von Al Ittihad al Islamija und Al Qaida.

Präsident Bush hat sich diesen Vorwurf zu eigen gemacht. Er hält das Finanzinstitut Al Barakat für den »Mittelpunkt eines Finanznetzwerks, das die Terrororganisation Al Qaida mit Geld versorgt«. Bush ordnete das Einfrieren der Konten von Al Barakat in den USA an. Damit sind Bankgeschäfte des wichtigsten Finanzinstituts des Landes Somalia nahezu unmöglich gemacht worden. Al Barakat war gezwungen, den internationalen Zahlungsverkehr einzustellen.

Al Barakat weist den Vorwurf zurück. Die Leitung der Bank teilte mit, sie betreibe ein Dienstleistungsunternehmen, das allein dem Zweck diene, das Geld, das Tausende von somalischen Staatsangehörigen in den USA verdienten, den Verwandten in der Heimat zu überweisen. Da diese Gelder nun »eingefroren« seien, stünden sie den Familienmitgliedern nicht zur Verfügung; sie seien vom Hungertod bedroht.

Präsident Bush glaubt der Leitung der Bank nicht. Er hält die Maßnahme des »Einfrierens« der Al Barakat-Konten für einen entscheidenden Schritt auf dem Weg zum Sieg über den internationalen Terrorismus.

Die Verantwortlichen im Weißen Haus und im Pentagon, die zukünftige Phasen des Konflikts zu planen haben, denken daran, der Organisation Al Qaida jegliche Möglichkeit zu nehmen, irgendwo in der Welt Trainingscamps aufzubauen und zu unterhalten. Ihre gemeinsame Meinung: Was in Afghanistan über Jahre hin möglich gewesen ist, dürfe sich nicht in Somalia wiederholen – für Dschihad dürfe es keine neue Chance geben. Verlangt wird deshalb, sobald als nur möglich, ein militärischer Schlag gegen Somalia.

Die Ostafrika-Kenner im Pentagon aber bezweifeln, daß sich Somalia dafür eigne, Unterschlupf für Dschihadkämpfer zu bieten. Das Land ist nicht geprägt durch wilde Gebirgsmassive und Schluchten, in denen Camps und Basen versteckt werden können. Nur im Norden steigt das Ogo Highland bergig an.

Es weist Erhebungen bis zu einer Höhe von 2400 Metern auf. Doch dieses sich sanft entwickelnde Gebirge läßt sich nicht mit Hindukusch und mit der Region von Tora Bora vergleichen.

Somalia ist mit einer Fläche von 637 000 qkm weit ausgedehnt, doch sind die Landschaften meist eben. Sie bieten keinen natürlichen Schutz – auch nicht vor der sengend heißen Sonne. Nicht umsonst heißt ein Teil dieser Ebene Gukan – das ausgedörrte Land.

Zu denen, die vor einem militärischen Einsatz in Somalia warnen, gehört auch der stellvertretende Defence Secretary der USA, Paul Wolfowitz. Er sagt: »Wir müssen uns auf Afghanistan konzentrieren. Es hat sich in der Geschichte immer als falsch herausgestellt, die Operationsfelder der Kriege auszudehnen.«

Wolfowitz steht unter dem Druck der Öffentlichkeit in den USA, die wissen will, wie es geschehen kann, daß der Chefterrorist Osama Bin Laden trotz intensiver Jagd noch nicht gefunden werden konnte. Ob Bin Laden und Mullah Mohammed Omar sich noch in Afghanistan aufhalten, ist auch dem stellvertretenden Verteidigungsminister zweifelhaft. Er meint: »Der Krieg am Boden wird von Afghanen geführt. Von Anti-Talibanverbänden.« Was er nicht ausspricht, ist der Gedanke, da könne manches unter der Hand ausgehandelt werden – nach afghanischer Tradition. Da war Funkverkehr abgehört worden zwischen dem afghanischen Kommandeur Zaman, der zur Nordallianz zählt, und Kämpfern der Al Qaida in Tora Bora. Eine Stimme sagte: »Wir sind Gäste deines Landes und wir wollen das Land verlassen. Dazu benötigen wir sicheres Geleit.« Der Kommandeur Zaman antwortete: »Euer Blut ist unser Blut. Eure Frauen sind unsere Schwestern. Eure Kinder sind unsere Kinder.« Nach dieser rituellen Einleitung gab Zaman Hinweise, auf welchen Pfaden die Al Qaida-Kämpfer das von ihm beherrschte Gebiet verlassen können.

Die Belastung, mit leeren Händen vor den Medienvertretern zu stehen und nichts über den Verbleib von Osama Bin Laden sagen zu können, mindert sich Mitte Dezember 2001. Paul Wolfowitz konnte zwar nicht den wirklichen, lebenden oder toten Osama Bin Laden präsentieren – doch wenigstens ein Videoband.

Bin Ladens Geständnis: »Wir haben die Opfer des Feindes kalkuliert«

Die Videoaufnahme zeigt einen freudig erregten und stolzen Osama Bin Laden. Er ist begeistert und glücklich über den Erfolg, den seine Männer am 11. September 2001 erzielt haben: »Ich und diejenigen, die mit mir geplant haben, sind davon ausgegangen, daß drei oder vier Etagen vom Einschlag betroffen sein würden. Wir sind dann überrascht worden: Beide Türme des World Trade Centers brachen völlig in sich zusammen. Das war mehr als wir erhoffen konnten.«

Das Videoband soll bei der Durchsuchung einer Wohnung in Jalalabad, in der Leute von Al Qaida gelebt hatten, gefunden worden sein. Über die Umstände des Fundes machen weder das Weiße Haus noch das Pentagon nähere Angaben.

Die Geschichte vom »zufälligen Fund« wird am 4. Januar 2002 von der Zeitung »The International Jerusalem Post« als Finte dargestellt. In Wahrheit sei die Videoaufnahme mit Wissen eines saudiarabischen Kontaktmannes bei Osama bin Laden entstanden. Der Kontaktmann habe das Band nach Saudi-Arabien gebracht. Es sei dann dem CIA übergeben worden. Der saudiarabische Geheimdienst aber habe die Bitte geäußert, seine Funktion in dieser Angelegenheit nicht zu enthüllen. Die US-Regierung aber habe gerade mit diesem Band die Schuld des Osama bin Laden am Anschlag auf das World Trade Center beweisen wollen. Die Saudis hätten der Veröffentlichung zugestimmt unter der Bedingung, daß gesagt wurde, das Band sei zufällig in Jalalabad gefunden worden.

Die Aufnahme ist ganz offensichtlich von einem Amateur gemacht worden – die Qualität von Bild und Ton ist schlecht; das Bild ist meist unscharf und viele Textpassagen sind überhaupt nicht zu verstehen. Spezialisten von CIA sind der Meinung, daß die Aufnahme mit Wissen von Osama Bin Laden gemacht worden ist, wahrscheinlich sogar auf dessen Wunsch –

dokumentiert sie doch seinen »Triumph über Amerika«. Sie zeigt, daß er bewundert wird; vor allem durch einen Gast aus dem Königreich Saudi-Arabien, der ergriffen und manchmal begeistert zuhört.

Der Gast wird nicht mit Namen genannt. Zu bemerken ist, daß er und Osama miteinander vertraut sind – schon aus früherer Zeit. Der Anlaß des Gesprächs ist ein Essen im Hause des Chefs von Al Qaida in Kandahar. Zeitweise ist die Datumseinblendung zu erkennen: »l9. November 2001«.

Es ist der Tag der Eroberung von Mazar-i-Sharif durch die Nordallianz.

Der Sheikh aus Saudi-Arabien wird hin und wieder gezeigt; auch er trägt, wie der Chef von Al Qaida eine weiße Mütze. Zwei Mitglieder des Stabs von Osama Bin Laden sind anwesend. Sie beteiligen sich nur am Gelächter, das Osama und der Gast anstimmen. Sie lachen darüber, daß Sulaiman Abu Gheith, der für Al Qaida westliche Medien zu beobachten hat, im voraus nichts von der Aktion gewußt habe. Sulaiman Abu Gheith sei am 11. September angestürzt gekommen, um die Neuigkeit vom großen Ereignis in Manhattan zu berichten.

Osama Bin Laden lacht mit den anderen. Er meint: »Ich war überglücklich, als das erste Flugzeug tatsächlich einschlug. Ich habe gleich zu Sulaiman Abu Gheith gesagt, er solle aufpassen, da werde noch mehr geschehen. Da passierte gleich darauf der zweite Einschlag. Die Brüder im Glauben, die mit mir die Nachricht hörten, waren außerordentlich glücklich, als das zweite Flugzeug das World Trade Center traf.«

Der geistliche Sheikh aus Saudi-Arabien wird ins Blickfeld der Kamera gerückt. Er sagt: »Jeder preist und lobt dich für das, was du fertiggebracht hast. Es war möglich durch die besondere Gnade Allahs. Durch das, was geschehen ist, weist uns Allah auf den richtigen Weg. Was geschehen ist, betrachte ich als die gesegnete Frucht des Dschihad.«

Osama Bin Laden spricht darüber, daß er Erfahrung habe für die Bewertung von Struktur und Festigkeit von Gebäuden – schließlich besitzt seine Familie ein Bauunternehmen. Er habe selbst auf diesem Gebiet gearbeitet. Es sei ihm bewußt gewesen, daß der

Treibstoff aus den Tanks der Flugzeuge mit äußerst hoher Temperatur verbrennen würde. Eine Hitze würde dabei entstehen, die Stahlträger zum Glühen und zum Schmelzen bringe. Osama Bin Laden bemerkte noch einmal, er habe nicht damit gerechnet, daß von diesem Schmelzprozeß auch die tieferen Stockwerke unterhalb der Einschlagstelle betroffen sein würden. Und er betonte: »Allah sei dafür gepriesen!«

Dem Sheikh aus Saudi-Arabien erzählt Osama Bin Laden, nicht alle Männer, die an der Aktion vom 11. September beteiligt gewesen seien, hätten davon gewußt, daß sie Märtyrer für den Glauben werden würden. Sie hätten gedacht, es handle sich um eine der bisher schon üblichen Flugzeugentführung mit beschränktem Risiko. In jedem Flugzeug sei nur einer informiert gewesen. Dazu habe natürlich Mohammed Atta gehört, der von Anfang an zum Anführer bestimmt gewesen sei. »Die Brüder im Glauben, die diese Operation auszuführen hatten, kannten sich bis zu diesem Zeitpunkt meist nicht. Erst kurz bevor sie an Bord gingen, lernten die meisten einander kennen. Und erst da erfuhren alle, was geplant war. Wir wollten kein Risiko eingehen.«

Ein Ziel, so meint Osama Bin Laden im Verlauf der Videoaufnahme: »Dieses Ereignis hat manche Leute dazu gebracht, über den wahren Islam nachzudenken. Dies hat dem Islam sehr genützt! Mir ist aufgetragen und befohlen worden, diesen Kampf zu führen, so lange, bis auch das Volk der USA sagt: »Es gibt nur den einen Gott Allah, und Mohammed ist sein Prophet.«

Seltsames berichtet Osama Bin Laden während dieser Videoaufnahme: »In den Nächten vor dem Geschehen in New York, träumte einem Mann in meinem Lager davon, es werde etwas geschehen mit einem großen Gebäude in Amerika. Ich glaubte schon, das Geheimnis könnte verraten werden. Ich sagte zu diesem Mann, er dürfe zu niemand ein Wort von einem großen Gebäude in Amerika sagen. Der Traum könnte jemand auf Gedanken bringen.«

Für den amerikanischen Präsidenten stellt der Inhalt der Videoaufnahme den eindeutigen Beweis dar, daß Osama Bin Laden der wirkliche Verantwortliche für die Anschläge in New York und Washington ist. In arabischen Hauptstädten kann die Aufnahme nur wenige von der Schuld des Moslem Osama Bin Laden überzeugen. Viele sind der Meinung, Bild und Ton seien gefälscht. Der Sinn der Fälschung bestehe darin, daß dem Islam geschadet werde. Es sei die Absicht, den Islam in Mißkredit zu bringen. Damit werde die Voraussetzung geschaffen für den Krieg des Westens gegen den Glauben an Allah.

Vielfach ist in Cairo, in Damaskus und in Amman die Meinung zu hören, der israelische Geheimdienst Mossad habe die Videoaufnahmen mit raffinierter Technik so »getrickst«, daß in Bild und Ton ein Moslem dargestellt werde, der den Westen insgesamt als Feind betrachtet und der den Kampf gegen die USA mit allen Mitteln fortsetzen wolle. Das Videoband sei ein Teil der westlichen Verschwörung gegen den Islam. Daß Osama Bin Laden und der Sheikh aus Saudi-Arabien am Ende der Aufnahme gemeinsam Verse aus einer Dichtung aufsagen, die wahrscheinlich aus Saudi-Arabien stammt, überzeugt auch nicht von der Echtheit des auf dem Videoband gezeigten Geschehens.

Der Pressesprecher des Weißen Hauses, Ari Fleischer, kommentierte: »Präsident Bush hat Teile der Aufzeichnung am 29. November gesehen. Was er sah, war für ihn keine Überraschung. Er war immer überzeugt gewesen, Osama Bin Laden stecke hinter der ganzen Angelegenheit!«

Besiegt der »Dschihad« Arafats Friedenswillen?

Am Abend des 12. Dezember 2001 ist ein israelischer Linienbus unterwegs auf der Straße, die zwei Palästinenserstädte – Nablus und Kalkilya – miteinander verbindet. Es war der Zubringerbus zur Siedlung »Emanuel«, die auf einem Hügel gebaut ist. Die Siedlung »Emanuel« wird bewohnt von 3200 israelischen Siedlern, die überaus gläubige Juden sind. Sie nennen sich »Haredim« – »die nur vor Gott zittern«.

Der Linienbus war hundert Meter von der Einfahrt der Siedlung »Emanuel« entfernt, als drei junge Palästinenser, die im Straßengraben niedergekauert saßen, plötzlich aufstanden. Einer brachte eine Sprengladung, die schon vorbereitet gewesen war, direkt an den Vorderrädern des Busses zur Detonation. Einer warf Handgranaten gegen den Bus. Der Dritte schoß mit seinem Sturmgewehr M 16 gegen die Fensterscheiben des Fahrzeugs. Die Detonation der Sprengladung hatte den vorderen Teil des Busses aufgerissen, doch er rollte noch 200 Meter weiter. Der Schütze feuerte auf ein israelisches Militärfahrzeug, das dem Bus gefolgt war, doch der Fahrer beschleunigte entschlossen. Der Schütze wurde überrollt und getötet. Die zwei anderen Attentäter konnten entkommen.

Von den 50 Insassen des Busses waren neun tot; mehr als dreißig wurden verletzt – einige schwer.

Eine halbe Stunde nach dem Anschlag – es war inzwischen dunkel geworden – sendete das israelische Fernsehen Livebilder vom Eingang der Siedlung »Emanuel«. Das Programm war eigens dafür unterbrochen worden. Zu sehen waren Tote, die unter Decken auf der Straße lagen; Ärzte, die Verwundete versorgten; Scheinwerfer, die eine öde Landschaft erleuchteten, um die Jagd nach den Attentätern zu erleichtern.

Zur selben Zeit zündeten zwei Selbstmordattentäter den Sprengstoff, den sie am Leib trugen. Dieser Anschlag ereignete sich nahe der israelischen Siedlung Gush Katif im Gazastreifen. Dabei wurden einige Siedler leicht verletzt.

Noch in der Nacht nach den Anschlägen erklärten die Organisationen Dschihad al Islamija und Hamas gemeinsam, sie seien verantwortlich für die »Aktion des Kampfes gegen den jüdischen Feind, der rechtswidrig arabisches Land besetzt halte. Die Siedlung ›Emanuel‹ sei auf palästinensischem Boden erbaut worden. Die Palästinenser seien deshalb im Recht, wenn sie gegen Israel den Heiligen Krieg führten.«

Raanan Gissin, der Sprecher des israelischen Ministerpräsidenten aber meinte: »Schuld ist allein Jassir Arafat, der nichts gegen den Terrorismus unternommen hat!«

Ariel Sharon selbst treibt die Auseinandersetzung mit dem Präsidenten der Palestinian National Authority auf die Spitze: »Arafats Zeit ist um! Er ist für Israel absolut unwichtig geworden – Arafat ist für uns irrelevant!«

Stunden nach den Anschlägen fahren israelische Panzer in Ramallah ein. Sie beziehen Position unmittelbar vor Arafats Amtssitz. Der Präsident ist ein Gefangener der Israelis.

Über den israelischen Rundfunk wird verkündet, es sei Arafat verboten, das Gebäude, in dem er einmal gearbeitet habe, zu verlassen. Doch es bleibt ihm ein wichtiges Arbeitsgerät: Die Telefonverbindung ins Ausland. Er kann weiterhin Kontakt aufnehmen zu Colin Powell im State Department und zum Amt des deutschen Außenministers. Aus Washington und aus Brüssel ist zu hören. Arafat bleibe auch weiterhin der Ansprechpartner, der zuständig sei für die Sache der Palästinenser.

Zum Zeichen, daß der Palestinian National Authority die Gelegenheit genommen werden soll, zu den Palästinensern und zur Außenwelt zu sprechen, wird der 100 Meter hohe Sendemast der Palestinian Broadcasting Corporation in Ramallah gesprengt. Arafat ist »mundtot« gemacht.

Das Haus des Mannes in Ramallah, dem Arafat am meisten vertraute und den er ausersehen hatte, sein Nachfolger zu werden – sein Name ist Marwan Barghuti – wird am 13. Dezember besetzt. Barghuti hatte sein Haus rechtzeitig verlassen. Auch dem möglichen Nachfolger sollte keine Chance bleiben, für die Palästinenser aktiv zu werden. Da war auf palästinensischer Seite niemand mehr, der noch die Freiheit besaß, für das palästinensische Volk zu verhandeln.

Daß Ariel Sharon entschlossen ist, den Kampf gegen die Anhänger des Dschihad durch die eigenen Truppen führen zu lassen, zeigt sich am 14. Dezember. Der israelische Geheimdienst vermutet, daß sich in der Kleinstadt Salfit bei Nablus »Extremisten« verstecken. Aufgrund dieses Verdachts schickt die Armee zwanzig Panzer nach Salfit. Sie werden mit Schüssen empfangen – und sie feuern zurück. Sechs Palästinenser sterben. Dreißig werden festgenommen. An jenem Tag werden auch in Hebron und im Dorf Assira al Schima bei Nablus Palästinenser verhaftet.

Die Lehre vom guten und vom bösen Terrorismus – der gute Terrorismus nennt sich Dschihad

Der arabische Fernsehsender Al Jezira besitzt die Aufzeichnung eines Gesprächs mit Osama Bin Laden, das am 20. Oktober in Afghanistan aufgenommen wurde. Es ist der Tag, an dem Ariel Sharon von Arafat die Auslieferung der Attentäter verlangt, die den israelischen Tourismusminister Rechawam Zeevi erschossen hatten. Arafat reagiert auf diese Forderung nicht. Die Eskalation des Konflikts beginnt. Die zwei Ebenen dieses Konflikts vermischen sich: Der Streit um Palästina und der Krieg in Afghanistan sind nicht mehr zu trennen. Osama Bin Laden wird zum Idol mancher Palästinenser, die von Arafat enttäuscht sind.

Mit gutem Grund veröffentlicht die Fernsehstation Al Jezira die Aufzeichnung des Gesprächs zwischen ihrem Reporter und Osama Bin Laden nicht. Das Band war insgeheim dem britischen Premierminister Tony Blair zugespielt worden, der dann empfohlen hatte, das Interview nicht zu senden. Seine Begründung: »Was der Chef von Al Qaida sagt, wirkt aufpeitschend!« Gemeint ist, die Aussage könnte islamisch-arabische Menschen anstacheln, sich am Dschihad gegen Israel und gegen die USA beteiligen zu wollen.

Der Agentur New York Times Services liegt der Text vor. Sie hält diese Passage für bemerkenswert: »Der Kampf wird jetzt innerhalb der Vereinigten Staaten von Amerika geführt. Wir werden ihn fortsetzen, oder wir werden sterben und dabei unserem Schöpfer begegnen!«

Der britische Premierminister Blair ist der Meinung, die Unterscheidung zwischen »gutem und bösem Terror« sei unzulässig. Diese Unterscheidung hat Osama Bin Laden getroffen. Er sagt: »Bösen Terror üben Amerika und Israel aus, wenn sie unser Volk attackieren. Guten Terror üben wir aus, wenn wir Aktionen unternehmen, die verhindern sollen, daß der böse Terror stattfindet!«

Wie rasch sich der Brandherd des Terrorismus ausweiten kann, zeigt ein Ereignis, das Mitte Dezember Aufmerksamkeit der Zukunftsplaner der USA erregt.

Eine neue Dimension: Dschihad gegen den Hindustaat Indien

Am 13. Dezember 2001 entsteht in Washington die Furcht, ein Krieg könne entbrennen zwischen Indien und Pakistan. Die US-Botschaft in New Delhi wird vom State Department ermächtigt, zu erklären, die Attacke auf das Parlament und die Abgeordneten sei »ein besonders brutaler Akt des Terrorismus« gewesen.

Fünf Männer in Uniformen, wie sie von Angehörigen der Sicherheitskräfte getragen werden, waren in einem weißen Personenwagen mit rotem Blinklicht – solche Fahrzeuge werden von den Abgeordneten benützt – vor dem Parlamentsgebäude vorgefahren. Dank ihrer Tarnung wurden sie von den Wachen nicht behindert. Die fünf Männer stiegen aus dem Fahrzeug aus und schossen sofort. Sie waren bewaffnet mit Sturmgewehren. Verteidigungsminister George Fernandes beschreibt die Situation so: »Sie feuerten ziellos. Ihre Absicht war, in das Gebäude einzudringen. Daran wurden sie von Sicherheitsbeamten gehindert. Die Angreifer wandten sich einem anderen Eingang zu. Sie schossen auf die Wachen. Handgranaten, gegen den Eingang geworfen, sollten ihnen den Weg öffnen. Doch jetzt wurden sie getroffen.«

Am Ende der Schießerei waren zwölf Männer tot. Vier der Angreifer starben durch Geschosse der Polizei, einer hatte sich selbst durch die Detonation von Sprengstoff umgebracht. Die anderen Opfer waren ein Gärtner, ein Fahrer und fünf Sicherheitsbeamte. Die Parlamentsabgeordneten blieben verschont.

Noch am selben 13. Dezember beschloß die Regierung eine Resolution mit diesem Kernsatz: »Wir werden die Terroristen liquidieren – und ihre Sponsoren auch, wo sie sich befinden mögen.«

Gemeint ist Pakistan, das die indische Provinz in sein Gebiet eingliedern will. Die Bewohner von Kaschmir sind Moslems, deren Mehrheit sich nicht wohl fühlt im hinudistisch orientierten Staatsverband Indien. Die Männer, die den Überfall ausgeführt haben auf das Parlament in New Delhi, wollten auf den Kaschmirkonflikt aufmerksam machen.

Der pakistanische Staatspräsident Pervez Musharraf, der während der Auseinandersetzung in Afghanistan keinen Krieg mit Indien führen will, hat in einem Brief an das indische Staatsoberhaupt sein Bedauern über den Vorfall ausgedrückt. Es müsse verhindert werden, daß durch derartige Anschläge der Konflikt zwischen Indien und Pakistan hell aufbrenne. Zur gleichen Zeit alarmiert Präsident Musharraf die pakistanische Armee.

Die Wortgefechte werden innerhalb weniger Stunden schärfer. Der indische Außenminister Singh sagt: »Wir haben Beweise, daß Pakistan das Mordkommando geschickt hat. Wir kennen die Position der Camps, in denen Dschihad gepredigt wird und in denen Dschihadkämpfer ausgebildet werden. Jetzt beginnt die letzte Phase im Kampf gegen den Dschihad. Wir werden uns an der entscheidenden Schlacht beteiligen!«

Präsident Pervez Musharraf ist nicht bereit, sich für den Anschlag auf das indische Parlament am 13. Dezember 2001 zu entschuldigen. Sein Argument: Pakistan habe die fünf Bewaffneten nicht nach New Delhi geschickt. Pakistan sei nicht der Hort des Terrorismus, des Dschihad. Als Musharraf am 22. Dezember von George Bush angerufen und mit der Forderung konfrontiert wird, er möge die Basen zweier islamischer Terrororganisationen in seinem Land besetzen und schließen lassen, da entgegnete der pakistanische Präsident, seine Sicherheitskräfte seien in der Lage, die Trainingscamps zu kontrollieren. Pakistan sei keine Quelle der Gewalt.

Zu diesem Zeitpunkt aber ist einer der am Anschlag beteiligten Dschihadkämpfer bereit, sich zum Ablauf der Attacke zu äußern. Sein Name: Mohammed Afzal. Er hält sich versteckt, doch er ist über sein Mobiltelefon zu sprechen. Mohammed Afzal erzählt, warum der Überfall nicht den gewünschten Erfolg gehabt habe. Reportern berichtet er, seine Aufgabe sei es gewesen, die Männer, die im weißen Personenwagen mit rotem Blinklicht etwas abseits des Parlamentsgebäudes gewartet hatten, mit Informationen zu versehen über das Geschehen auf dem Vorplatz des Gebäudes. Er habe einen Fernsehapparat vor sich gehabt; er habe auf dem Bildschirm die Anfahrt der Abgeordneten beobachtet. Er wartete auf den Augenblick der Ankunft des Ministerpräsidenten – doch dessen Wagen traf nicht ein. Die Eröffnung der Parlamentssitzung sei um zehn Minuten verschoben worden.

Mohammed Afzal erzählt, die Attentäter seien unruhig geworden; sie hätten geglaubt, sich nicht länger unauffällig verhalten zu können. Auf einmal sei sein Bildschirm dunkel geworden – Stromausfall in New Delhi. Er war nicht mehr in der Lage, über die Vorgänge auf dem Parlamentsvorplatz zu informieren. Einer der wartenden Dschihadkämpfer schrie durch das Mobiltelefon, Afzal sei ein Idiot. Dann gab der Mann das Zeichen zum Angriff – ohne eine wichtige Persönlichkeit als Ziel vor sich zu haben. So wurde kein Politiker von Bedeutung getroffen.

Der mißglückte Überfall vom 13. Dezember 2001 wird von der einflußreichen Partei der Hindunationalisten in New Delhi als Grund für den offenen Krieg gegen das islamische Land Pakistan angesehen. Die Meinung ist zu hören, das »Problem Kaschmir« und die pakistanischen Ansprüche auf diesen islamischen Landstrich müßten ein für allemal gelöst und ausgelöscht werden. Die ersten Konsequenzen werden von indischer Seite am 23. Dezember 2001 gezogen: Die Verkehrsverbindungen zwischen Indien und Pakistan werden unterbrochen – Busse und Eisenbahnen verkehren nicht mehr zwischen den beiden Ländern. Zum ersten Mal in der Geschichte der beiden Nachbarländer sind die diplomatischen Beziehungen ernsthaft gefährdet: Der Vertreter Indiens in Islamabad wird zurückgerufen. Beide Staaten mobilisieren ihre Streitkräfte. Indien demonstriert seine waffentechnische Überlegenheit: Die Armee besitzt die Mittelstreckenrakete Agni II. Die Raketenbatterien werden zum Einsatz vorbereitet. Der offene Konflikt kann zu jeder Stunde ausbrechen.

Colin Powell, der US-Außenminister, der in Islamabad und in New Delhi als angesehene Persönlichkeit gilt, mahnt zu Vernunft und Gelassenheit. Doch die Dschihad-Organisation »Dschaisch e Mohammed« – die Armee des Propheten Mohammed – will den Konflikt anheizen. Sie lehnt zwar die Verantwortung für den Anschlag auf das Parlamentsgebäude in New Delhi ab, doch Dschaisch e Mohammed meldet die Ausführung besser und effektiver organisierter Anschläge an: »Wir werden Attacken unternehmen, die einen Schock auslösen in der Region und in der gesamten Welt! Unsere Attacken werden die Geschichte verändern!«

Bekannt ist, daß »die Armee des Propheten Mohammed« ihre Ausbildungslager in der Gegend nördlich von Islamabad besitzt. Es erweist sich jetzt, daß dort Präsident Pervez Musharraf wenig zu sagen hat. Dies ist das Land der Organisation Dschaisch e Mohammed, die wiederum enge Kontakte zur Gruppierung Al Qaida unterhält. In dieser Zone der islamischen Autonomie besteht die Möglichkeit der Neuformierung der Kräfte des Qaida-Netzes.

Die pakistanische Regierung ist in einer schwierigen Lage. Sie hat bis in die jüngste Zeit hinein die Organisation Dschaisch e Mohammed mit Waffen und Geld unterstützt, um ihr den Kampf für pakistanische Ansprüche auf Kaschmir zu ermöglichen. Der pakistanische Terror war staatlich gefördert worden. Der Dschihad galt als patriotische Pflicht. Die Kämpfer der »Armee des Propheten Mohammed« können nicht begreifen, daß sie auf einmal vom pakistanischen Geheimdienst SIS als Feinde behandelt werden, die zu entwaffnen und einzusperren sind. Selbst das Personal von SIS kann nur schwer verstehen, daß eine Organisation, die den Kampf um die Unabhängigkeit des islamischen Kaschmir führt, plötzlich diffamiert wird.

Präsident Musharraf argumentiert, in Pakistans Interesse dürfe der Geheimdienst die Unterstützung von Organisationen nicht fortsetzen, die des Dschihad verdächtigt würden. Auf dem Spiel stehen Milliardenkredite, die von den USA dem Regime in Islamabad versprochen worden sind. Pakistans Wirtschaft ist darauf angewiesen. Von Pervez Musharraf wird Härte verlangt im Kampf gegen den »internationalen Terrorismus«.

George W. Bush: »2002 wird ein Jahr des Krieges gegen den Terrorismus«

Am Sonntag vor Weihnachten 2001 hat der US-Präsident diese Voraussage ausgesprochen. Er sprach an jenem Tag im Weißen Haus vor Journalisten. Er ließ wissen, daß er entschlossen ist, im Jahr 2002 den Konflikt mit den Unterstützern des »Heiligen Krieges« fortzusetzen. Er rief alle Länder zur Mithilfe bei diesem Kampf auf; wer dafür Unterstützung brauche, der könne mit den USA rechnen: »Wenn sich eine Regierung an uns wendet mit der Bitte, wir sollten mit Sondereinheiten aushelfen, dann sind wir gerne bereit dazu!« George W. Bush ließ durchblicken, daß ein derartiges Ersuchen bereits von der Regierung der Philippinen ausgesprochen worden sei. Die Regierung in Manila sei gewillt, mit dem islamisch orientierten Terrorismus auf den Südphilippinen aufzuräumen.

Die Philippinen stellen die nordöstlichste Inselgruppe des Malaiischen Archipels dar. Nur 4,3% der Bevölkerung sind Moslems; die Mehrheit bekennt sich zum christlichen Glauben römisch-katholischer Ausprägung (85%). Gegen deren Vorherrschaft wehren sich die Moslems. Sie leben auf den südlichen Inseln der Philippinen.

Die Moslems der Inselgruppe sind zwar heute Minderheit, doch sie stellen – historisch gesehen – eine starke politische Kraft dar. Jahrhunderte bevor die Christen auf den Inseln zwischen Australien und dem chinesischen Festland Fuß gefaßt hatten, waren islamische Prediger übers Meer gekommen und hatten den Glauben an Allah und an den Propheten Mohammed verbreitet. Auf den Suluinseln waren islamische Emirate entstanden, die jeweils von einem Sultan beherrscht wurden.

Die Sultane entwickelten ein reiches kulturelles Erbe auf islamischer Tradition. Die Herrscher zeichneten sich dadurch aus, daß sie es vermieden, miteinander zu streiten. Die einzelnen Inseln isolierten sich nicht, sondern sie kooperierten – und bildeten sogar eine Verteidigungsgemeinschaft. Sie bewährte sich bei der Abwehr der spanischen »Konquistadoren«, die im Jahr 1521 begannen, die von der iberischen Heimat weit entfernten Inseln zu kolonisieren. Den Spaniern gelang die Eroberung der Inselgruppe sehr langsam. Im Jahr 1543 war die Kolonisierung so weit fortgeschritten, daß die Inseln insgesamt nach dem spanischen Monarchen Philipp II. die »Philippinen« genannt werden konnten.

333 Jahre lang unterstanden die Philippinen spanischer Kontrolle. Im Jahr 1898 (Vertrag von Paris) ging die Inselgruppe in amerikanischen Besitz über. Sie wurde im Zweiten Weltkrieg von den Japanern erobert; nach deren Niederlage wurde die Republic of the Philippines unabhängig.

Eine ruhige Entwicklung war der Republik nicht vergönnt. Diktatorische Präsidenten, wie Ferdinando Edralin Marcos, fanden kein Konzept für Einigung und wirtschaftlichen Aufschwung; sie sorgten vor allem für eigenen Reichtum.

Vom Jahr 1521 an standen die islamischen Emirate der Südphilippinen im Abwehrkampf gegen die christlichen Herrscher. Dies änderte sich auch nicht, als die Inselgruppe in neuerer Zeit ein unabhängiger Staat wurde. Im Gegenteil: Die Zentralregierung begann eine Politik der Christianisierung der Südinseln. Den Moslems, die »Moros« genannt wurden, nahm das herrschende Regime Land weg. Diese Enteignungsmaßnahmen lösten Empörung aus. Im März 1968 fanden erste blutige Krawalle statt. Moslems wurden getötet – niemand weiß, wie viele. Die »Moros« organisierten sich daraufhin im Muslim Independence Movement und forderten die Gründung eines unabhängigen islamischen Staates. Sie stellten Guerillagruppen auf, die gegen die Streitkräfte der Zentralregierung kämpften.

Im September 1972 sah sich Präsident Marcos gezwungen, das Kriegsrecht auszurufen. Die Moros reagierten durch Aufstellung bewaffneter Verbände im Rahmen der »Moro National Liberation Front«. Die Gefechte entwickelten sich zu Schlachten. Präsident

Marcos mußte anerkennen, daß die Moros eine beachtliche militärische Stärke erlangt hatten. Er suchte nach einem potenten Vermittler – der libysche Revolutionsführer Moammar al-Kathafi sprang bereitwillig ein. In seiner Hauptstadt wurde im Dezember 1976 ein Abkommen zwischen Marcos und der Führung der Moro National Liberation Front unterzeichnet. Seither genießt Moammar al-Kathafi bei den Moslemrebellen der Südinseln hohes Ansehen.

Doch mit der Unterzeichnung des Abkommens von Tripoli war der Konflikt nicht bereinigt. Die Moros glaubten auch weiterhin, vom in Manila herrschenden Regime ungerecht behandelt zu werden. Den islamischen Gebieten standen keine Entwicklungsgelder zur Verfügung – dort wurden keine Straßen und keine Schulen gebaut. Die Moro National Liberation Front fühlte sich gezwungen, gegen die christlichen Regierenden weiterhin Guerillakrieg zu führen. Bis zum Jahr 1980 waren rund 50 000 Menschen in diesem Glaubenskrieg – der jedoch vor allem um Privilegien geführt wurde – ums Leben gekommen.

Bis zum Jahr 2000 hat sich diese Zahl verdoppelt. Die islamische Widerstandsbewegung gegen die christliche Zentralregierung ist keineswegs schwächer geworden. Auf der philippinischen Insel Mindanao hat sich die Gruppierung Abu Sayyaf als stark herausgestellt. Sie wird weiterhin vom libyschen Revolutionsführer Moammar al-Kathafi unterstützt.

Die Gruppierung Abu Sayyaf ist durch die Entführung von Touristen und durch Lösegelderpressungen bekannt geworden. In derartigen Fällen hat sich libysche Vermittlung als nützlich erwiesen.

Die Organisation Abu Sayyaf hat sich gehütet, durch Aktionen oder auch nur durch verbale Attacken Position gegen die USA zu beziehen. Die Chefs von Abu Sayyaf wollen nicht vom dichten Dschungel der Suluinseln aus den Untergang Amerikas und der westlichen Welt bewirken – ihr Ziel ist es allein, die christliche Herrschaft abzuschütteln und ein autonomes Gebiet der Moro zu schaffen. Das Kampfziel der Moros ist regional begrenzt.

Beschränkt sind allerdings die finanziellen Mittel der Organisation Abu Sayyaf. Auf Gelder aus Libyen ist kein Verlaß. Moammar al-Kathafi erweist sich als Partner, der rasch das Interesse verliert

– und der sich anderen Projekten zuwendet. Hilfe des noch immer finanzstarken Netzes der Al Qaida wird gerne angenommen. Der US-Geheimdienst verfügt über Informationen, daß Al Qaida die Erlaubnis der Gruppe Abu Sayyaf erhalten hat, auf Mindanao Trainingscamps zu errichten. CIA glaubt jedoch auch zu wissen, daß die Begeisterung junger Araber für den Aufenthalt in feucht-heißen Dschungelzonen nicht groß ist.

Die Bereitschaft des amerikanischen Präsidenten Bush im »Kriegsjahr« 2002 Geld und Energie für den weltweiten Kampf gegen den Terrorismus freizusetzen, hat die philippinische Präsidentin Gloria Macapagal Arroyo ermutigt, die USA um Hilfe für den Dschungelkrieg gegen die Gruppe Abu Sayyaf zu bitten. Die Präsidentin will endlich der permanenten islamischen Herausforderung ein Ende bereiten, die eine Gefahr darstellt für die Einheit der Philippinen.

Die Präsidentin hat nach dem 11. September 2001 Washington besucht, um über eine mögliche amerikanische Hilfe zu beraten. Sie hat dabei deutlich gemacht, daß sie allein die Interessen ihres Inselstaates gewahrt sehen will – daß sie nicht den Einfluß der USA verstärken will. Die Erinnerung ist stark in Manila, daß die USA von 1898 an bis zum Ende des Zweiten Weltkriegs die Herren über die Philippinen waren; eine Rückkehr in die Zeit der US-Dominanz will niemand. Gloria Macapagal Arroyo betrachtet als Fundament der Stabilität der Region die »Association of South East Asia Nations«, die einen Staatenkomplex umfaßt, in dem 420 Millionen Menschen leben, die nicht zu den Armen der Welt zählen. Die Länder der »Association of South East Asia Nations« (ASEAN) sind beliebte Handelspartner für die Geschäftswelt der USA.

ASEAN zeichnet sich dadurch aus, daß in ihr Völker vereinigt sind, die den Glaubensrichtungen Buddhismus, Konfuzianismus, Christentum und Islam angehören – und die dennoch Zusammenhalt bewahren ohne in Glaubensstreit zu verfallen. Mitglieder der ASEAN sind Indonesien, Malaysia, die Philippinen, Singapur und Thailand.

Die Mitglieder der Abu Sayyaf-Gruppe erstreben – wenn es ihnen gelingen sollte, einen eigenständigen islamischen Staat im Süden der Philippinen zu schaffen – keine Mitgliedschaft in der

»Association of South East Asian Nations« an. Sie sehen in asiatischen Moslems, die sich zu ASEAN bekennen, Verräter am wahren Islam. Ihre Verachtung richtet sich besonders gegen die Moslems, die in Indonesien leben – dem südlichen Nachbarn der Philippinen. In Indonesien bekennen sich 91,3% der Bewohner zum Islam; 5,8% sind Christen; 1,5% sind hinduistischen Glaubens.

Auch Indonesien steht auf der Liste der Staaten, die in Verdacht geraten sind, sie könnten dem Terrorismus Zuflucht bieten.

Das Staatsgebiet umfaßt den Hauptteil des Malaiischen Archipels und besteht aus Inseln unterschiedlicher Größe. Eine der Inseln mittlerer Größe ist Sulawesi (Celebes) mit 190 000 qkm. Dort herrscht das ganze Jahr hindurch ein feuchtes Klima; zu allen Jahreszeiten fällt Regen. Das Land ist mit dichtem Wald bedeckt.

Auf der Insel Sulawesi brachen Anfang Dezember des Jahres 2001 Unruhen aus. Bewaffnete Moslems überfielen eine kleine Stadt, die von Christen bewohnt wird. Hunderte von Häusern gingen in Flammen auf; sieben Christen wurden getötet. Die augenfällige Ursache des Konflikts, der seit 1999 immer wieder aufbricht, ist Neid: Keine Seite gönnt der anderen Besitz von fruchtbarem Boden. In Wahrheit sitzen die Wurzeln tiefer: Die Angreifer gehören einer islamischen Glaubensrichtung an, die verlangt, daß alle Menschen nach den Grundsätzen des Koran zu leben haben – auch die Christen.

Im westlichen Teil der Insel Java schwelt der Brand des Glaubenskrieges schon seit 1948. In den Bergen begann der Kampf mit dem Ziel, einen islamisch ausgerichteten Staat zu begründen. Die Bewegung hatte sich den Namen Dar al Islam gegeben – »das Haus des Islam«. Sie wollte vollenden, was im Jahr 1948 versäumt worden ist: Den Menschen der tausend Inseln eine Verfassung zu geben, die den Koran zur Grundlage hat. Damals hatten Moslems, denen der Glaube nicht so wichtig ist, der holländischen Besatzungszeit ein Ende gesetzt. Die Fremden wurden vertrieben, doch ihre Art zu denken und zu handeln beherrschte die Inselbewohner auch weiterhin. Die europäische Einstellung zu Gott fand ihren Niederschlag in der Verfassung von Indonesien: Dort wird der »eine und allmächtige Gott« erwähnt, doch ob Allah damit gemeint ist, blieb offen. Indonesien hatte sich eine weltliche Staatsform gewählt, die orientiert war am holländischen Vorbild. Der Staat wurde getragen von Indonesiern, die nur der »Statistik nach« Moslems waren.

Es zeigte sich bald, daß die islamische Bevölkerungsmehrheit sich in zwei ungleiche Teile aufspaltete: Die »Abangan« waren die Moslems, die den Islam nicht als politisch wirksame Kraft ansahen; die »Santri« aber wollten durchsetzen, daß der Prophet Mohammed auch in unserer Zeit als die Persönlichkeit anzusehen ist, die in allen Bereichen des menschlichen Lebens die Richtung bestimmt – also auch in der Politik.

Die »Santri« als Träger der Revolution »Dar al Islam« glaubten, sie könnten es erreichen, bei der ersten allgemeinen Wahl Indonesiens im Jahr 1955 die Mehrheit zu gewinnen, doch sie konnten nur 40% der Stimmen auf ihrer Liste vereinigen. 40% waren schon ein beträchtlicher Stimmenanteil, er reichte jedoch nicht aus, um eine Gesetzgebungsprozedur in Gang zu bringen, die an Inhalt und Geist des Koran orientiert war. Die Verfassung von 1948 blieb in Kraft.

Damit wollten sich die »Santri« nicht abgeben. Sie leisteten gewalttätig Widerstand gegen die Staatsgewalt. Die Rebellion breitete sich von Java auf andere Inseln aus. Diese Entwicklung zwang den Präsidenten Sukarno dazu, im Jahr 1957 das Kriegsrecht auszurufen. Jetzt kämpfte die Armee gegen die Rebellen der Bewegung »Dar al Islam«. Die Zahl der Toten belief sich bald auf mehr als 50 000.

Im Oktober 1965 fand der Bürgerkrieg ein abruptes Ende: Die Kommunisten putschten gegen die bürgerliche Regierung; sie waren nahe dabei zu siegen. Für die »Santri« war der Gedanke unerträglich, in ihrem Land könnten ungläubige Marxisten die Macht in der Hand haben. Die »Santri« gaben den Kampf gegen die Regierungstruppen auf – sie halfen bei der Niederschlagung der kommunistischen Revolution.

Präsident Suharto, der ab März 1966 der starke Mann in Indonesien war, hatte zunächst durchaus die Absicht, sich den »Santri« dankbar zu erweisen – er wollte ihre führenden Köpfe an der Regierung beteiligen –, doch er bekam bald zu spüren, daß sie nicht Koalitionspartner sein wollten, die Rücksicht zu nehmen hatten: Sie wollten selbst und allein den Regierungskurs bestimmen.

Präsident Suharto aber wollte den Moslems nur die Chance geben, »Akte der Frömmigkeit« auszuführen – zu beten und für die Ärmeren im Lande zu sorgen. Er wollte verhindern, daß die Gesetze des Koran Gültigkeit bekämen im Leben der Menschen. Die Gläubigen sollten sich nicht in die »öffentlichen Angelegenheiten« einmischen. Suharto erweckte zwar den Eindruck, er fördere die Stärke des Islam – in Wahrheit übten seine Sicherheitsorgane Kontrolle aus: Der Staat gab Zuschüsse für die Pilgerfahrt der Gläubigen nach Mekka; auf diese Weise konnte festgestellt werden, wer sich als besonders glaubenseifrig erwies. Suharto stellte Beträge zur Verfügung für den Neubau von Moscheen, und er ließ Gehälter ausbezahlen für die Prediger. Wer Geld nahm, der mußte sich vorschreiben lassen, was er predigte. Verboten war Kritik an der Staatsführung und an der sozialen Ordnung in Indonesien. Verboten in der Moschee war auch die Propagierung der Ideen islamisch-orientierter Parteien. Nur einer Forderung der »Santri« gab Präsident Suharto nach: Er ließ in Jakarta Nachtclubs schließen. Diese Maßnahme wurde als Beweis dargestellt, daß Indonesien ein Land sei, in dem der Geist des Islam herrsche. Zur gleichen Zeit jedoch wurde der Religionsminister, der aus der Hierarchie der Geistlichen stammte, durch einen Armeeoffizier abgelöst – mit der Begründung, diese Position sei damit aufgewertet worden und besitze eine höhere Autorität im Staat.

Die Mehrheit der Moslems zählte sich nicht zu den »Santri«, zu den wahrhaft überzeugten Gläubigen. Die Masse war mit den Maßnahmen des Präsidenten Suharto durchaus einverstanden. Die Minderheit aber wurde desto aktiver. Als die Regierung im Jahr 1973 die Ehegesetze in Indonesien dem westlichen juristischen Kodex anpassen wollte, sorgten islamische Aktivisten dafür, daß Protestdemonstrationen in der Hauptstadt den Erhalt der islamischen Vorschriften verlangten. Der Protest war schließlich derart massiv, daß die Regierung nachgeben mußte.

Dieser Sieg hatte Langzeitwirkung: Die Zahl der Moslems, die ihren Glauben ernst nahmen, stieg an. In der Mitte der 80er Jahre bemerkten westliche Beobachter – zum Beispiel Daniel Pipes, der Dozent für Geschichte an der Harvard Universität – das Anschwellen der orthodoxen islamischen Bewegung in Städten und Dörfern Indonesiens: »Die Zahl der Moscheen hat zugenommen; die Koranschulen sind gut besucht; die Freitagspredigten der Geistlichen haben regen Zuspruch.«

Unbeachtet blieb jedoch das Entstehen radikaler Gruppierungen, die den »Heiligen Krieg gegen die Regierung der Ungläubigen« führen wollten. Eine dieser Gruppierungen nannte sich »Commando Dschihad«. Selbst als bekannt wurde, daß diese Gruppierung seit dem Ende der 80er Jahre aus Iran mit Waffen und Geld ausgestattet wurde, nahm kaum jemand in Indonesien und im Ausland diese Entwicklung ernst. In Jakarta war sogar der Standpunkt zu hören, die indonesische Regierung habe die Gründung von »Commando Dschihad« angeregt, um durch die radikalen islamischen Parolen dieser Kampfgruppe die gesamte Bewegung der »Santri« in Mißkredit zu bringen.

Der schwelende Konflikt zwischen »Dar al Islam« und den Moslems, die nur in der Bevölkerungsstatistik von Bedeutung sind, hält seither an. Die Führung von »Dar al Islam« ist dafür bekannt, daß sie Kontakt gehalten hat zu Al Qaida; sie hat jedoch nie deren antiamerikanische Parolen übernommen. Der Kampf von »Dar al Islam« war darauf konzentriert, auf nationalem Gebiet dem Islam die Vorherrschaft zu erringen.

Sobald der indonesische Präsident Megawati Sukarnoputri das Gefühl hatte, der Krieg des Jahres 2002 der USA gegen den weltweiten Terrorismus könnte auch Ziele in Südostasien im Visier haben, machte er den amerikanischen Außenminister behutsam darauf aufmerksam, daß in den Vereinigten Staaten das Verständnis für die Situation in Südostasien fehle. Es sei wohl bemerkt worden, daß sich Washington über Jahre hin gar nicht für dieses Gebiet interessiert habe. Es sei jetzt nicht angebracht, plötzlich über »Krieg gegen Fundamentalismus in Südostasien« zu sprechen. Kriegerische Töne seien gerade in diesem Fall nicht angebracht. Die USA hätten keinen Anlaß, sich bedroht zu fühlen. Präsident Sukarnoputri betonte, es wäre schade, wenn auf den Philippinen und auf den Inseln Indonesiens als Folge amerikanischer Aktionen der Eindruck entstünde, die USA seien eine kolonialistische und imperialistische Macht.

Das Pentagon und das State Department in Washington wurden darauf hingewiesen, daß die Association of South East Asian Nations das geeignete Instrument sei, um Gefahren durch die islamischen Fundamentalisten zu begegnen. Die Streitkräfte der Mitgliedsländer und deren Sicherheitsorgane würden ausreichen, um jeden Versuch, einen Heiligen Krieg führen zu wollen, einzudämmen.

Präsidentin Gloria Macapagal Arroyo hat am Ende ihres Washingtonbesuchs im Herbst 2001 den Antrag gestellt, die amerikanische Regierung möge ein Ausbildungsprogramm für die Sicherheitskräfte der Philippinen entwickeln, das die Möglichkeit schaffe, der Gruppe Abu Sayyaf tatsächlich Herr zu werden. Nicht erwünscht aber sei die aktive Teilnahme amerikanischer Soldaten an der Suche nach Terroristen auf den Philippinen.

Der indonesische Präsident wies darauf hin, daß der Terrorismus in der Welt eine Ursache habe – diese Ursache sei die Armut. Sukarnoputri machte den Vorschlag, Präsident George W. Bush möge erklären, das Jahr 2002 werde nicht ein Jahr des Krieges gegen den Terrorismus sein, sondern ein Jahr des Krieges gegen die Armut.

Den praktischen Krieg im Dschungel aber wollen die Staaten der ASEAN mit eigenen Streitkräften führen. Am 30. Dezember 2001 töteten philippinische Soldaten elf »Moslemrebellen« im Süden ihres Inselstaates. Zwei Regierungssoldaten verloren dabei ihr Leben. Wenige Tage später lauerten Regierungstruppen auf der Insel Jolo den Angehörigen der Abu Sayyaf-Truppe auf. Die Moslemrebellen wurden erschossen.

Ein vergessener Dichter ermutigt zum »Dschihad«

»Eine Religion, die nicht Power ausübt, bleibt leere Philosophie.« Diese These stammt von Mohammed Iqbal, einem Moslem aus dem indischen Kulturkreis. Er ist im Jahr 1877 in Sialkot geboren worden. Diese Stadt war damals indisch – heute gehört sie zu Pakistan.

Die Familie des Mohammed Iqbal betrieb einen Laden in Sialkot; sie gehörte zu den Stadtbewohnern, die deutlich machten, daß sie überzeugte Moslems waren. Der junge Iqbal war begabt. Er wurde nach Lahore geschickt auf ein College, das von den Engländern verwaltet wurde. Mit Hilfe staatlicher Förderung konnte er in Cambridge studieren. Seine Doktorarbeit aber reichte er bei der Münchner Universität ein. Das Thema lautete: »Die Entwicklung der Metaphysik in Persien.«

Die Schrift entfaltete Aspekte des Islam, die damals, um das Jahr 1908, in Europa unbekannt waren.

Nach der Rückkehr in seinen indischen Kulturkreis war Iqbal zunächst als Rechtsanwalt tätig, doch dann wurde sein poetisches Talent entdeckt – das von der Sprache und vom Geist des Koran inspiriert war. Seine Satzperioden regten dazu an, rezitiert, und sogar auswendig gelernt zu werden. Iqbal hatte auch in Europa die Gläubigkeit seiner Jugendzeit nicht vergessen. Doch er hat die Naivität der islamischen Weltsicht verloren. Weniger wichtig ist ihm das Heil des Menschen und die Erringung des Zugangs zum Paradies. Iqbal sieht in der Offenbarung des Propheten Mohammed ein politisches Vermächtnis, dessen Beachtung Mittel sein kann, um Probleme der Gegenwart zu bewältigen.

Im Jahr 1910 veröffentlicht der 33jährige eine Schrift unter dem Titel »Der Islam als soziales und politisches Ideal.« Dargestellt ist, daß der Islam die Aufgabe hat, nationalistische Vorstellungen zu überwinden. Der Nationalismus sei eine destruktive Ideologie, deren Konsequenz der Imperialismus europäischer Staaten sei. Der Nationalismus verhindere überall in der Welt die gemeinsame Bemühung der Menschheit, die Armut zu überwinden.

Daß, im Gegensatz zum Nationalismus, der Islam zur Schaffung einer besseren Welt dienlich sein könne, sei im Lauf der Geschichte der Menschheit bewiesen worden. Die Zeit des Propheten Mohammed und der Kalifen, die auf ihn folgten, sei eine Periode gewesen, in der sich der Islam bewährt habe.

Mohammed Iqbal gehörte zu den Denkern, die daran erinnerten, daß die islamische Welt über Jahrhunderte hin auf kulturellem Gebiet führend war, daß sich um das Jahr 800 – in der Regierungszeit des Kalifen Harun al Rashid – das islamische Großreich durch Mathematiker, Astronomen, Mediziner und Dichter ausgezeichnet hatte. Dieser Höhenflug islamischer Denker müsse wieder erreicht werden.

Mohammed Iqbal bedauerte den augenblicklichen Zustand der Welt der Moslems: Verlorengegangen ist der Wille zur Einigkeit und zur Einheit. Der Dichter Iqbal feiert die Vergangenheit; der islamische Denker Iqbal aber fordert Aktivität zur Wiederbelebung des Glanzes der früheren Zeit in der Gegenwart. Der Einzelmensch ist aufgerufen, das soziale und das politische Ideal »Islam« zu verwirklichen. Drei Stufen, so meint Iqbal, seien dabei hilfreich: Der einzelne ist verpflichtet, die Gesetze einzuhalten, die im Koran vorgeschrieben sind; der einzelne hat sich selbst im Zaum zu halten; der einzelne muß im Bewußtsein leben, er sei »Stellvertreter« des allmächtigen Gottes auf Erden.

Mohammed Iqbal gebraucht den Begriff »Viceregent«, den er aus dem Sprachgebrauch der britischen Kolonialherren entnimmt. Gemeint ist bei der Verwendung durch den indisch-islamischen Denker Iqbal, das einzelne Individuum habe sich so zu verhalten, als sei er Stellvertreter Allahs und beauftragt, in Allahs Sinne zu handeln. Auszuschließen sei jedoch ein passives Verhalten der Menschen. Der einzelne dürfe nicht darauf warten, daß Allah handle – »asketische Resignation« sei nicht gefragt, sondern ein »aktives Leben«.

Im Jahre 1922 hat die britische Krone den Dichter Iqbal zum Ritter geschlagen – in Anerkennung seiner Leistung als Poet im gemeinsamen britisch-indischen Reich. Damals ist seine politische Bedeutung nicht erkannt worden. Iqbal entfaltet heute seine Wirkung in der islamischen Welt der Gegenwart. Zitiert werden seine Verse, in der die gegenwärtige Aufspaltung des »Dar al Islam«, des islamischen Gesamtgebäudes, der Idealvorstellung vom »Haus Allahs« als Einheit gegenübersteht. Zitiert werden vor allem jedoch die Verse, die zur Aufgabe der Existenz des einzelnen auffordern im Interesse der Gläubigen insgesamt:

> »Ich opfere mich, daß die Welt heller werde.
> Daß sich Freude ausbreite unter den Menschen.«

Iqbal ist am 21. April 1938 gestorben.

Dschihad per Video

Daß Osama Bin Laden die Gedichte des Mohammed Iqbal kennt, ist zweifelhaft – daß seine Denkweise mit der des indisch-islamischen Poeten verwandt ist, kann aus den Äußerungen entnommen werden, die auf Videobändern verbreitet werden.

Bald nach der Veröffentlichung der ersten Äußerung durch den Fernsehsender Al Jezira, der im Emirat Qatar arbeitet, machten sich Orientalisten daran, den Text gründlich zu analysieren. Die Analytiker wollen ungenannt bleiben, doch sie haben der »Washington Post« ihre Erkenntnisse zur Verfügung gestellt. Da wird in arabischer Sprache ein Satz identifiziert, dessen Inhalt stark an Worte des Mohammed Iqbal erinnert:

»Sich selbst aufzuopfern, um der Sache Allahs zu dienen, ist besser als Bücher und Pamphlete zu schreiben.«

An einer anderen Stelle macht Osama Bin Laden deutlich, daß Dr. Omar Ahmed Ali Abdel Rahman sein Lehrmeister war:

»Die Geistlichen sind meist zu weich in ihrer Nachfolge des Propheten Mohammed. Sie wollen nicht wahrhaben, daß wir aufgefordert sind zu töteten – und zwar so lange, bis die Ungläubigen bereit sind, zu schwören, daß sie sich Allah unterwerfen!«

Angefügt werden muß, daß der renommierte deutsche Orientalist Gernot Rotter der Meinung ist, derart eindeutige Sätze seien im Text der Videoaufnahme nicht zu hören. Er habe den Äußerungen des Osama Bin Laden auch keine eindeutige Übernahme der Verantwortung für den Anschlag vom 11. September entnehmen können.

Am 27. Dezember 2001 veröffentlicht der TV-Sender »Al Jezira« eine weitere Videoaufnahme des Chefs von Al Qaida. Er wirkt grau und müde. Seine Aussage aber ist präzise:

»Unser Terrorismus ist ein von Allah gesegneter Terrorismus, denn er dient dazu Personen, die Unrecht verüben, daran zu hindern, dies auch weiterhin zu tun. Wir wollen die USA veranlassen, endlich ihre Unterstützung für Israel zu unterlassen. Israel tötet unsere Söhne! Unser Terrorismus ist gegen Amerika gerichtet. Wir müssen die amerikanische Wirtschaft treffen.«

Osama Bin Laden greift den Westen und ganz besonders die USA an, sie seien besessen vom Haß auf den Islam. »Dieser Haß besitzt ein unbeschreibbares Ausmaß. Die Menschen, die in Afghanistan während der letzten Wochen unter den amerikanischen Luftangriffen zu leiden hatten, kennen diesen Haß sehr gut. Viele Dörfer sind einfach ausgelöscht worden. Die Bewohner waren unschuldig an allem was vorging. Hunderttausende wurden durch die amerikanischen Bomben aus ihren Dörfern vertrieben – hinaus in die Kälte des Winters.«

Mit diesen Worten findet Osama Bin Laden Aufmerksamkeit bei den Stammeschefs in Afghanistan, die seit Anfang Dezember 2001 die US-Luftwaffe auffordern, die Bombardierungen einzustellen. Das Pentagon lehnte die Erfüllung dieser Forderung ab, auch wenn Zivilisten Opfer der Luftangriffe wurden: Am 21. Dezember starben 65 Afghanen, die in einem Autokonvoi nach Kabul unterwegs waren – sie wollten dem neuen Präsidenten Afghanistans ihre Aufwartung machen. Sechs Tage später kamen 25 Frauen und Kinder während eines Bombardements ums Leben. Viele stellten sich im Land um den Hindukusch an jenem Tag wieder einmal die Frage: »Warum greifen die Amerikaner unsere Frauen und Kinder an?«

An diese Frage knüpft Osama Bin Laden während seiner Videoansprache an: »In Nairobi wurde bei der Sprengung der US-Botschaft eine Bombe von 2000 Kilogramm verwendet. Diese Bombe wurde damals als ›Massenvernichtungswaffe‹ bezeichnet. Und nun verwenden die Amerikaner Bomben mit 7000 Kilogramm Sprengstoff. Dazu ist keine Bemerkung zu hören!«

Osama Bin Laden gibt zum Zeitpunkt der Aufnahme der Rede an, sie sei »drei Monate nach dem von Allah gesegneten Angriff auf die Ungläubigen und zwei Monate nach dem Beginn des schändlichen Angriffs der USA auf den Islam« entstanden.

Wo die Rede des Chefs der Al Qaida aufgenommen worden ist, wird aus dem Text nicht deutlich. Ratlos äußert sich Verteidigungsminister Donald Rumsfeld am Jahresende 2001: »Osama

Bin Laden befindet sich entweder in Afghanistan oder in irgendeinem anderen Land – oder er ist tot.«

Kein Ende des »Dschihad« abzusehen

Am 17. Januar 2002 wirft ein Palästinenser in der israelischen Stadt Hadera Handgranaten auf eine Hochzeitsgesellschaft. Er tötet sieben Hochzeitsgäste und verletzt zwanzig. Der israelische Ministerpräsident Ariel Sharon schickt Panzer zu Arafats Hauptquartier in Ramallah. Der Gegenschlag beginnt.

Die Kette der Gewalt reißt über Monate und Jahresabschnitte hinweg nicht ab: Auf palästinensische Anschläge folgen Strafaktionen der israelischen Armee. Die islamische Organisation Hamas stellt den Kampf gegen den jüdischen Staat jeweils nur kurzfristig ein. Ihre Führung setzt »Dschihad« konsequent fort.

In Jerusalem werden am Abend des 19. August 2003 Wochen der Ruhe jäh unterbrochen. Auf dem Rückweg vom Gebet an der Klagemauer fahren junge Israelis im Bus auf der Ha'Nevaeim, der Straße des Propheten, als das vollbesetzte Fahrzeug von einer Detonation zerrissen wird. 20 Fahrgäste sterben sofort. Mehr als hundert werden verletzt. Die israelische Luftwaffe reagiert sofort durch den gezielten Angriff auf das Auto des Hamasführers Ismail Abu Shanab, dessen Gesicht durch die Medien bekannt geworden ist – er war der Sprecher von Hamas, im Gebiet von Gaza. Auf die Tötung des Hamasaktivisten reagiert die islamische Kampforganisation mit der Aufkündigung jeglicher Absprachen zur Verhinderung der Fortsetzung von »Dschihad«.

Die Entwicklung wird überlagert vom Irak-Konflikt

Nahezu zeitgleich zum Anschlag auf den Bus in Jerusalem ereignet sich eine Detonation in Bagdad. Sie bekräftigt die Ansicht des US-Präsidenten Bush, das Zentrum des Terrors befinde sich in der irakischen Hauptstadt. Er ist entschlossen, den Kampf gegen »Dschihad« an Euphrat und Tigris zu führen. Saddam Hussein galt und gilt für ihn als Drahtzieher des »Dschihad«. Der entscheidende Schlag gegen den irakischen Diktator sollte bereits am Abend des 20. März 2003 geführt werden – durch eine »decapitating attack«. Am Nachmittag jenes Märztages war der Präsident vom Geheimdienstchef George Tenet informiert worden, Saddam Hussein befinde sich, zusammen mit seiner Machtclique, in einem genau zu definierenden Gebäudekomplex in Baghdad. Während der Abenddämmerung schlugen lasergesteuerte Marschflugkörper zielgenau in diesen Komplex ein. Die Absicht war, den Diktator zu töten und damit das Regime zu »enthaupten«. Wäre diese »decapitating attack« erfolgreich gewesen, hätte sich – nach der Kalkulation der Präsidentenberater – der Krieg erübrigt. Es stellte sich jedoch bald heraus, daß die Geheimdienstinformationen falsch waren. Saddam Hussein zeigte sich kurz darauf in einem naheliegenden Stadtviertel der jubelnden Masse.

Rund siebzig Tage nach Kriegsbeginn verkündete Präsident Bush, die wesentlichen Aktionen des Krieges gegen Irak seien beendet. Wiederum 100 Tage nach dieser Verkündigung des Kriegsendes stellte der Präsident fest: »Wir machen gute Fortschritte!« Inzwischen aber waren 56 US-Soldaten getötet und 404 verwundet worden. George W. Bush ließ sich nicht beirren: »Der Irak ist sicherer geworden!«

Die Absicht im Frühjahr 2003 war, das Land um Euphrat und Tigris von einem amerikanischen Hochkommissar verwalten zu lassen. Das Beispiel wurde in General Douglas Mac Arthur gesehen, der nach dem Zweiten Weltkrieg erfolgreich Japan in einen Demokratisierungsprozeß geführt hatte. Doch im Jahr 2003 konnte der erfolgreiche Administrator nicht gefunden werden. Zwei Generäle erwiesen sich als Fehlbesetzung: Tommy Franks, der Kommandierende General am Golf, und General Jay Garner. Auf die Offiziere folgte ein Zivilist: Paul Bremer. Auch ihm gelang es nicht, Irak zu befrieden. Die Sicherheitslage wurde immer gefährlicher. US-Soldaten und irakische Polizisten wurden aus dem Hinterhalt erschossen. Wasserleitungen und Stromkabel wurden unterbrochen. Ganze Stadtviertel von Baghdad blieben ohne Versorgung. Verantwortlich gemacht wurden die amerikanischen Besatzer. Diese Meinung ist zu hören: »Zu Saddams Zeiten war der Irak stabiler, herrschte kein Mangel an Wasser und Strom.«

Den Irakern wird Mitte August 2003 die Schwäche der USA deutlich. New York und wichtige Städte der USA versinken in völliger Dunkelheit. Die Stromversorgung ist ausgefallen. Daß kein Anschlag daran schuld ist, glaubt rund um den Persischen Golf kaum jemand. Der Stromausfall wird den »Rächern« zugeschrieben, den »Treuen um Saddam Hussein«. Sie artikulieren und organisieren sich durch »Islamic Web Sites«, die eine »culture« des »Dschihad« programmieren mit dem Ziel »to kill the crusaders that gather in our land«.

Das Resultat dieser Propaganda wird deutlich am 19. August 2003: Ein mit Sprengstoff beladener Lastkraftwagen fährt auf das Portal des Canal-Hotels in Baghdad zu. Dort befindet sich seit 1993 der Baghdader Sitz der Vereinten Nationen. Um 16.30 Uhr Ortszeit wird das Gebäude durch eine Detonation zerstört. 20 Menschen sterben, unter ihnen der UN-Sonderbeauftragte Sergio de Mello.

Die Organisatoren dieses Attentats unterscheiden nicht zwischen US-Amerikanern und Mitarbeitern dar Vereinten Nationen. Beide sind für sie Eindringlinge und darauf bedacht, den Irakern die Fremdherrschaft aufzuzwingen. Daß die Vereinten Nationen in Baghdad präsent sind, um den Irakern zu helfen, wird am Tigris bezweifelt.

Nicht vergessen werden darf, daß die Mehrheit der Bevölkerung des Irak zur Religionsgruppe der Schiiten gehört. Sie lehnen kompromißlos jeden »Christen« ab. Demokratie westlicher Prägung ist für die Schiiten keine wünschenswerte Regierungsform. Der Grundsatz der Schiiten heißt: »Die Souveränität liegt nicht beim Volk, sondern allein bei Allah!« Allah aber, davon sind die Schiiten überzeugt, haßt die Amerikaner. Der schiitische Irak ist nicht westlich zu orientieren. Der Gedanke an »Dschihad« wuchert weiter an Euphrat und Tigris.

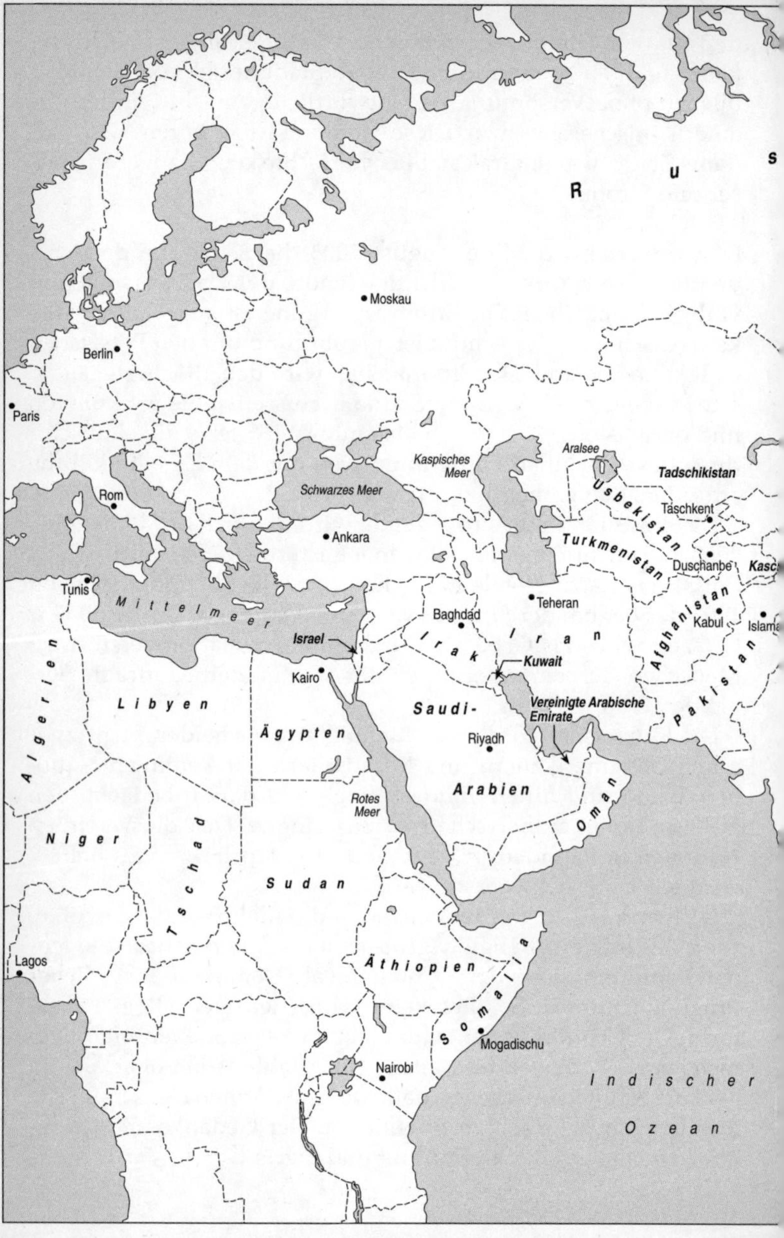

R u s
Moskau
Berlin
Paris
Rom
Tunis
Mittelmeer
Schwarzes Meer
Ankara
Kaspisches Meer
Aralsee
Tadschikistan
Usbekistan
Taschkent
Turkmenistan
Duschanbe
Kasc
Teheran
Baghdad
Irak
Iran
Afghanistan
Kabul
Islama
Pakistan
Israel
Kairo
Kuwait
Vereinigte Arabische Emirate
Saudi-Arabien
Riyadh
Oman
Algerien
Libyen
Ägypten
Rotes Meer
Niger
Tschad
Sudan
Äthiopien
Somalia
Mogadischu
Lagos
Nairobi
Indischer Ozean

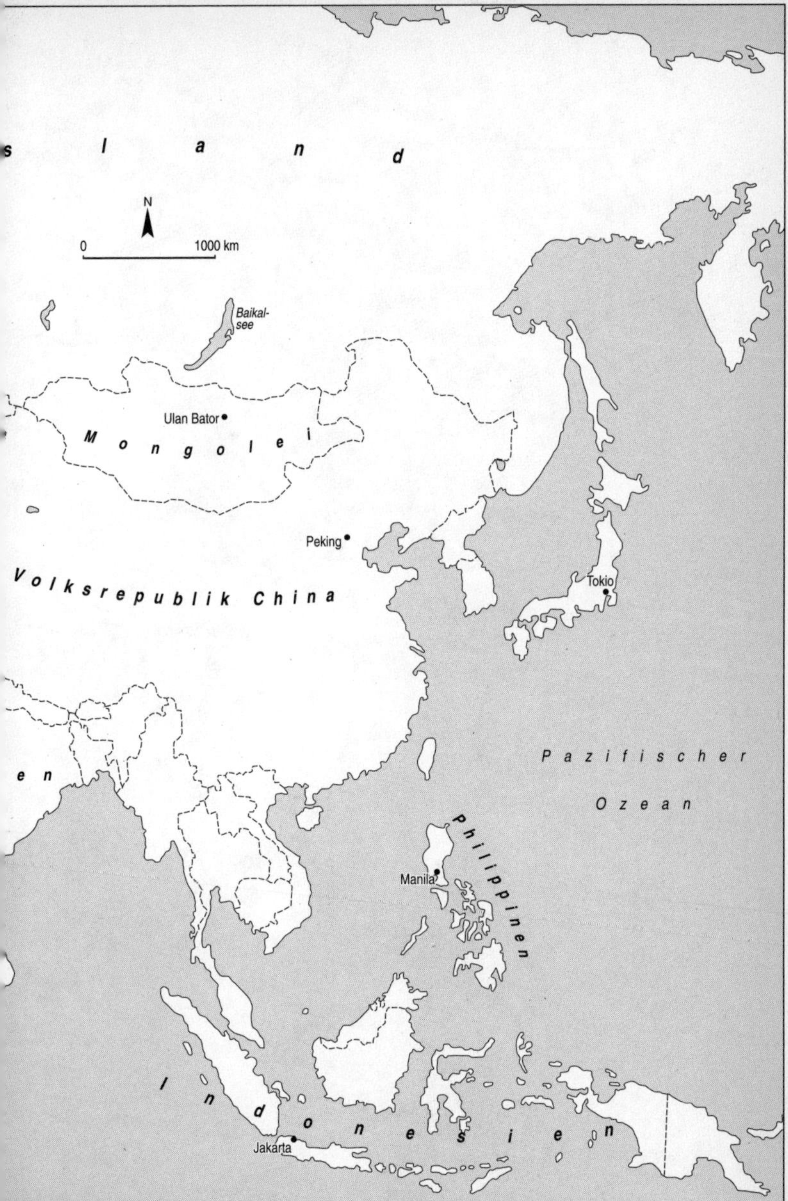

s l a n d
N
0
1000 km
Baikal-
see
Ulan Bator
M o n g o l e i
Peking
V o l k s r e p u b l i k C h i n a
Tokio
e n
P a z i f i s c h e r
O z e a n
P h i l i p p i n e n
Manila
I n d o n e s i e n
Jakarta

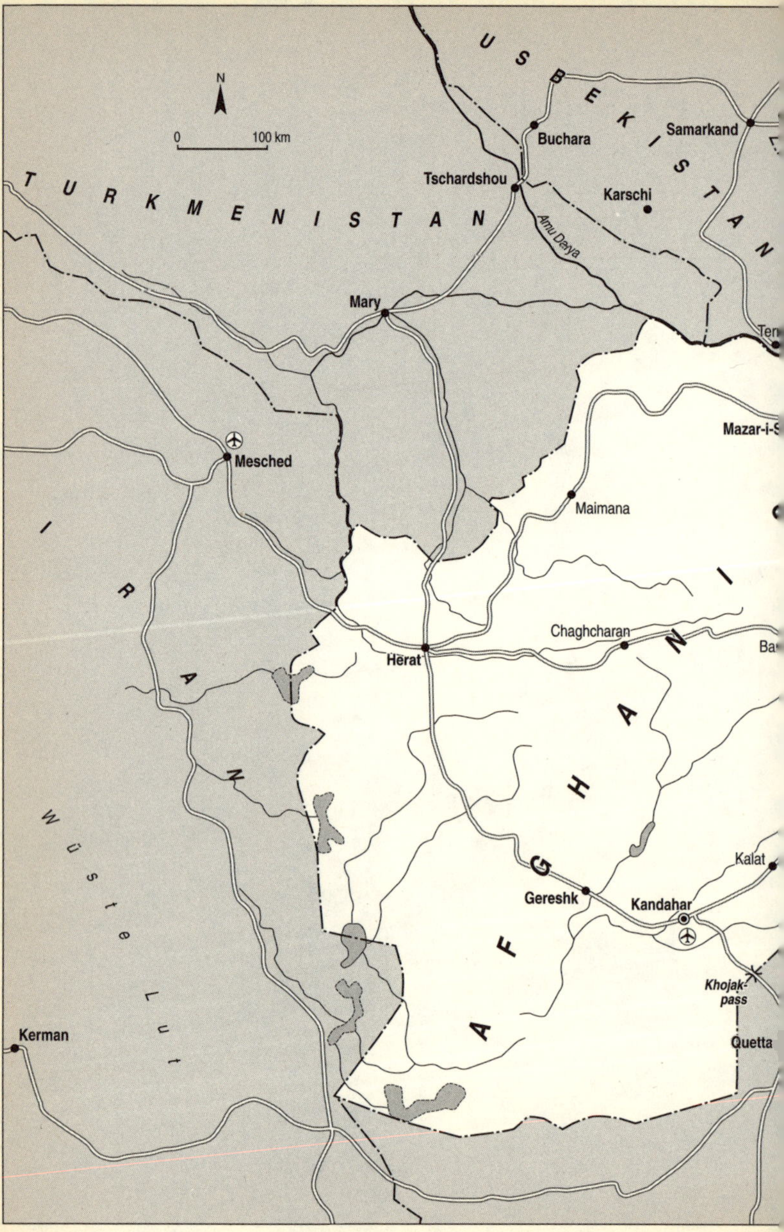
N
0
100 km
TURKMENISTAN
USBEKISTAN
Buchara
Samarkand
Tschardshou
Karschi
Amu Darya
Mary
Mesched
IRAN
Wüste Lut
Maimana
Chaghcharan
Herat
Kalat
Gereshk
Kandahar
Khojak-pass
Quetta
Kerman

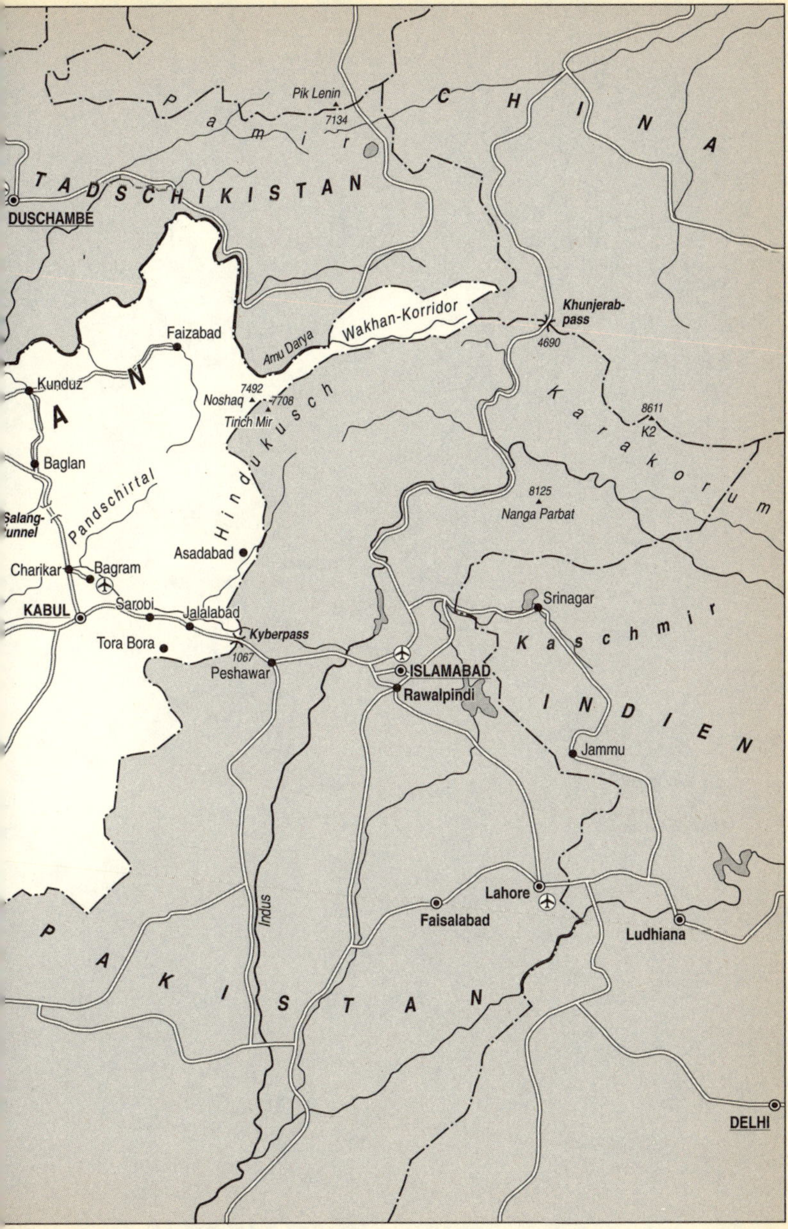

Pamir
Pik Lenin
7134
CHINA
TADSCHIKISTAN
DUSCHAMBE
Khunjerab-pass
4690
Wakhan-Korridor
Amu Darya
Faizabad
Kunduz
AN
7492
Noshaq
7708
Tirich Mir
Hindukusch
Karakorum
8611
K2
Baglan
Pandschirtal
Salang-Tunnel
8125
Nanga Parbat
Asadabad
Charikar
Bagram
Srinagar
KABUL
Sarobi
Jalalabad
Kyberpass
Kaschmir
Tora Bora
1067
Peshawar
ISLAMABAD
Rawalpindi
INDIEN
Jammu
Indus
Lahore
Faisalabad
Ludhiana
PAKISTAN
DELHI

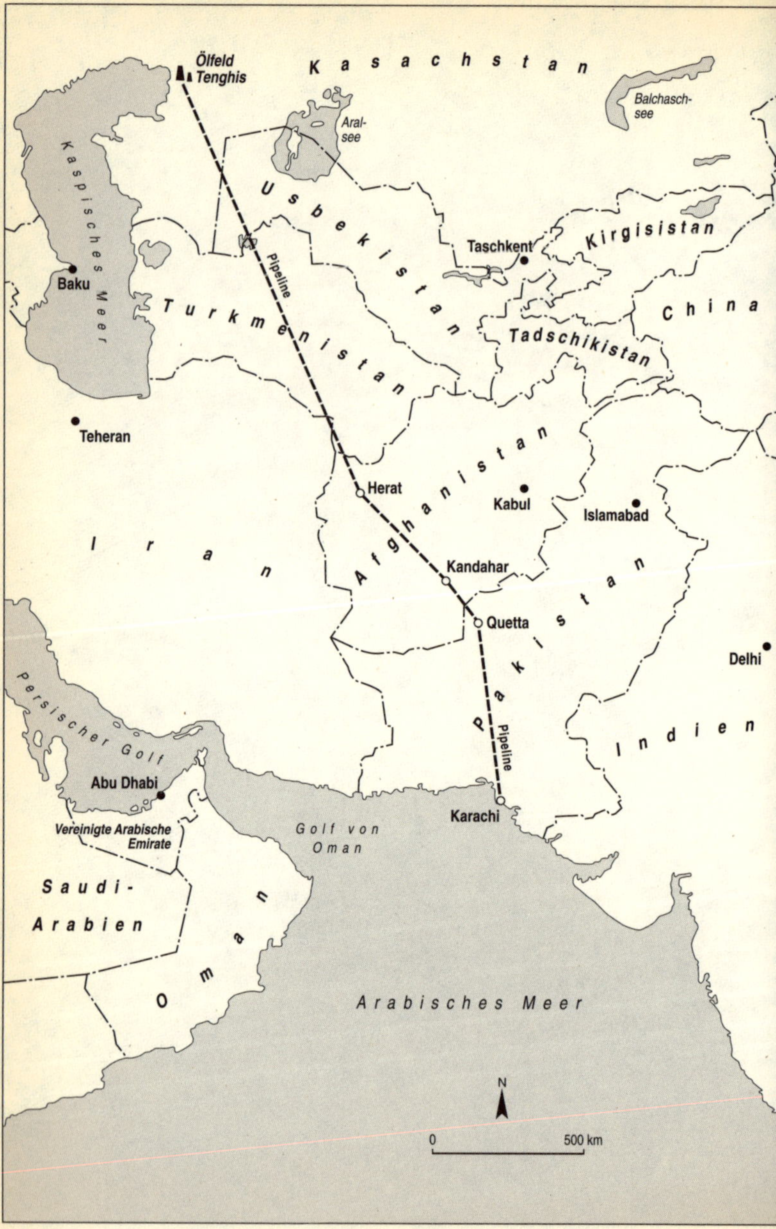
Ölfeld
Tenghis
Kasachstan
Aral-
see
Balchasch-
see
Kaspisches Meer
Usbekistan
Pipeline
Baku
Turkmenistan
Taschkent
Kirgisistan
China
Tadschikistan
Teheran
Afghanistan
Herat
Kabul
Islamabad
Iran
Kandahar
Quetta
Pakistan
Delhi
Persischer Golf
Pipeline
Indien
Abu Dhabi
Karachi
Vereinigte Arabische
Emirate
Golf von
Oman
Saudi-
Arabien
Oman
Arabisches Meer
N
0
500 km

Bibliographie (Auswahl)

Malik, Muhammed Usman, Annemarie Schimmel: Pakistan. Tübingen u. Basel 1979.

Pipes, Daniel: In the path of god. Islam and political power. New York 1983.

Pohly, Michael, Kahlid Duran: Osama Bin Laden und der internationale Terrorismus. München 2001.

Rashid, Ahmad: Taliban, Islam, Oil and the new great game in Central Asia. London 2000.

Regional Surveys of the World: The Middle East and North Africa. London 2001.

Sinha, Sri Prakash: Afghanistan im Aufruhr. Freiburg, Zürich 1980.

Sultani, Djamal, François Missen: Le Syndrome du Kaboul, un Afghan raconte. Aix-en-Provence 1980.

Wiebe, Dietrich: Afghanistan, ein mittelasiatisches Entwicklungsland im Umbruch. Stuttgart 1984.

Wiegandt, Winfried F.: Afghanistan, nicht aus heiterem Himmel. Zürich 1980.

Ausgewertet wurden:

- durch Satellitenanlage empfangbare Programme des iranischen, irakischen und saudiarabischen Fernsehens
- sowie periodisch erscheinende Informationsquellen

The Economist
Frankfurter Allgemeine Zeitung
Focus
Jerusalem Post (international)
Newsweek
Der Spiegel
Süddeutsche Zeitung
Time

Personenregister